생성형 AI 제미나이 활용 가능!

13가지 구글 앱, 61개 핵심 기능 완전 정복!
지메일·캘린더·드라이브·스프레드시트까지!

된다! 업무에 바로 쓰는 구글 활용법

🔍 구글 앱, 이제 AI 시대에 걸맞게 쓰자!

스마트 워크 전문가 더피처피티 이광희 지음

이 책 한 권이면 다 된다!
구글 분야 1위!

이지스 퍼블리싱

능력과 가치를 높이고 싶다면
된다! 시리즈를 만나 보세요.
당신이 성장하도록 돕겠습니다.

된다! 업무에 바로 쓰는 구글 활용법
Gotcha! Mastering Google for Productivity at Work

• 이 책은 2021년 1월에 출간한 《된다! 스마트 워크를 위한 구글 업무 활용법》의 개정판입니다.

개정판 발행 • 2025년 4월 10일
초판 발행 • 2021년 1월 10일

지은이 • 이광희
펴낸이 • 이지연
펴낸곳 • 이지스퍼블리싱(주)
출판사 등록번호 • 제313-2010-123호
주소 • 서울시 마포구 잔다리로 109 이지스빌딩 3층 (우편번호 04003)
대표전화 • 02-325-1722 | **팩스** • 02-326-1723
홈페이지 • www.easyspub.co.kr | **페이스북** • www.facebook.com/easyspub
Do it! 스터디룸 카페 • cafe.naver.com/doitstudyroom | **인스타그램** • instagram.com/easyspub_it

총괄 • 최윤미 | **기획 및 책임편집** • 임승빈 | **IT 1팀** • 임승빈, 이수경, 지수민
교정교열 • 박명희 | **표지 디자인** • 트인글터 • **본문 디자인** • 트인글터 | **인쇄** • 보광문화사
마케팅 • 권정하 | **독자지원** • 박애림, 이세진, 김수경 | **영업 및 교재 문의** • 이주동, 김요한(support@easyspub.co.kr)

• 잘못된 책은 구입한 서점에서 바꿔 드립니다.
• 이 책에 실린 모든 내용, 디자인, 이미지, 편집 구성의 저작권은 이지스퍼블리싱(주)와 지은이에게 있습니다.

 이 책을 저작권자의 허락 없이 무단 복제 및 전재(복사, 스캔, PDF 파일 공유)하면 저작권법 제136조에 따라 **5년** 이하의 징역 또는 **5천만 원** 이하의 벌금을 부과할 수 있습니다. 무단 게재나 불법 스캔본 등을 발견하면 출판사나 한국저작권보호원에 신고해 주십시오(불법 복제 신고 https://www.copy112.or.kr).

ISBN 979-11-6303-697-5 13000
가격 21,000원

개인의 역량은 물론 중요하다.
그러나 협업 방식과 전략은
개인의 역량을 조절할 수 있는 변수이므로
더욱 중요하다.

Talent is extremely important.
But then there's a multiplier from how those players work together
and the strategy they employ.

일론 머스크
Elon Musk(테슬라 CEO)

머리말

불필요한 시간은 줄이고 성과를 올리는
'새로운 방식'으로 일하는 방법을 소개합니다!

사람들은 일반적으로 변화를 싫어하고 두려워 저항하기도 합니다. 그래서 새로운 업무가 추가되거나 프로세스가 변할 때마다 스트레스를 받죠. 그래서인지 많은 기업에서는 오래 전에 정형화된 업무 방식을 아직도 고수합니다. 여러분의 업무 방식은 어떤가요? 혹시 매번 자료를 만들어 단계별로 오프라인 서면 결재를 받거나 출장 중인 상급자가 돌아올 때까지 기다리고 있나요?

지금 우리는 5G 통신과 스마트폰이 보편화된 시대에 살고 있으며, 생성형 AI까지 등장하여 많은 변화가 일어나고 있습니다. 시대가 변한 만큼 업무 방식도 자연스럽게 변해 가고 있습니다. 여기 새로운 업무 방식을 소개합니다. 바로 온라인에서 실시간으로 협업하는 '스마트 워크'입니다.

언제 어디서든 협업하고 소통하고 문제를 해결할 수 있는
'구글 앱 13가지와 업무 활용법 61가지' 대공개!

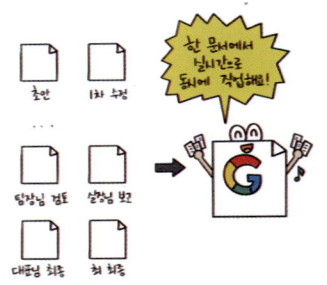

요즈음 우리나라 사람들은 대부분 스마트폰을 가지고 있고 PC뿐 아니라 노트북이나 태블릿도 함께 사용하는 경우도 많습니다. 스마트 기기로 단순히 메시지를 보내고 웹 서핑을 하거나 영상만 보고 있다면 이 책을 한번 읽어 보세요. 그리고 책에서 소개하는 다양한 구글 서비스를 업무에 활용해 보세요! 구글은 검색뿐만 아니라 커뮤니케이션, 일정 및 데이터 관리 그리고 많은 사람들이 협업할 수 있도록 다양한 서비스를 제공합니다. 구글 서비스를 잘 활용하면 시간과 장소를 구애받지 않고 언제 어디서나 일할 수 있답니다.

구글 계정만 있다면 무료로 사용할 수 있는 13가지 구글 앱의 활용 방법 61가지를 이 책에 담았습니다. 헷갈리지 않도록 실제로 일하는 순서로 구성했습니다. 이 책을 공부하고 나면 외장 하드나 USB가 없어도 자료를 확인하고 활용하는 것은 물론이고 다른 사람과 실시간으로 협업하고 소통할 수 있습니다. 즉, 언제 어디서나 일할 수 있는 '스마트 워크'의 기본을 완성할 수 있습니다.

이 책에서는 구글 서비스를 활용해 개인 생활은 물론 업무 효율을 극대화할 수 있는 구글 활용법의 모든 것을 공개합니다.

'우리 엄마도 할 수 있는 책'을 만들고 싶었어요.
이 책과 함께 쉽고 빠르게 스마트 워크에 입문하세요!

이 책을 읽기 전에 미리 알아야 할 사전 지식은 필요 없습니다. 스마트 워크란 단어를 몰라도 됩니다. 컴퓨터 사용이 익숙하지 않아도 됩니다. 이 책의 콘셉트는 '우리 엄마도 할 수 있는 구글을 활용한 스마트 워크'이기 때문입니다. 그만큼 쉽게 실습할 수 있도록 설명했으니까요. 그러면서도 요즘 업무에 필요한 구글의 모든 것을 담으려고 노력했습니다. 제가 직접 쓰고 활용하는 기능은 물론, 스마트 워크를 활용할 때 반드시 알아야 할 내용을 체계적으로 소개했습니다. 수많은 강의를 다니면서 받아 온 다양한 질문도 담았습니다. 그 밖에 다른 서적이나 SNS에서 다루지 않은 유용한 꿀팁이나 정보까지 세심하게 풀어냈습니다.

이 책을 만드는 데 도움을 주신 분들께 감사드립니다.

먼저, 프리랜서 강사가 될 수 있도록 기회를 열어준 고경민 님, 항상 감사합니다! 무명 강사에게 성장의 열매를 선물한 갓준호 님, 깊이 감사드립니다. 저를 잔디와의 인연으로 연결해 주신 갓-Jessica 최예빈 님과 이 책의 탄생에 큰 역할을 해 주신 토스랩의 양진호(Jin) 이사님께 특별한 감사 인사를 드립니다. 두 분의 도움이 없었다면 이 책은 세상에 나올 수 없을 거예요. 정말 감사드려요! 온라인에서 성장의 기회를 마련해 주신 텐덤 유원일 대표님과 베어유 담당자 여러분, 감사드립니다. 강사의 뼈대를 세워 주신 하이테커 백성욱 대표님, 인트윈컴퍼니 최세헌 대표님께도 항상 깊이 감사하는 마음 잊지 않겠습니다. 기업과 학교에 강의를 할 수 있도록 지원해 주신 NH농협 정영훈 팀장님과 정주은 선생님께도 늘 감사한 마음입니다.

또한, 이 책의 집필 기회를 주신 이지스퍼블리싱의 이지연 대표님, 미팅 때마다 밝은 에너지로 이끌어 주신 최윤미 본부장님, 임승빈 팀장님께 진심으로 감사드립니다.

항상 죄송하고 감사한 마음뿐인 사랑하는 부모님께도 이 책을 통해 깊은 감사의 마음을 전합니다. 그리고 천안에서 정착할 수 있도록 많은 도움을 준 준희 형 가족과 재희 가족, 언제나 감사드립니다. 따뜻한 정을 나누며 함께 지내는 '호주머니'와 타온이 친구 가족분들께도 진심으로 감사드립니다.

벌써 4쇄를 넘어 개정판까지 이 책과 제 강의를 아껴 주시는 독자분들께도 진심 어린 감사의 마음을 전합니다. 마지막으로 평소 표현하지 못했지만 늘 큰 힘이 되어 주는 사랑하는 아내 김지현 님께 이 책을 바칩니다. 그리고 지금처럼만 예쁘고 건강하고 사랑스럽게 자라렴, 우리 딸 라온!

이 글을 쓰면서도 생산성 향상을 위해 연구하는
더피처피티 이광희 드림

운영 팀, 프리랜서 강사 등 실무자들의 강력 추천!
구글 스마트 워크는 이 책 하나면 다 된다!

눈으로 이해하고, 손으로 따라 하기에 부담 없는 책!

아직도 구글을 검색과 메일로만 생각하는 사람이 많습니다. 구글 스프레드시트, 구글 드라이브 등을 사용해 본 적이 없어 막연히 부담을 느끼지만, 구글에는 스마트 워크와 협업에서 필수인 보석 같은 기능이 있습니다. 이 책은 다양한 구글 서비스를 하나하나 따라 하는 방식으로 구성하여 구글 스마트 워크를 쉽게 익힐 수 있게 도와줍니다. 그동안 구글에 부담을 느끼거나 실패했다면 기본과 실습에 집중한 《된다! 업무에 바로 쓰는 구글 활용법》과 함께 도전해 보세요. 다년간 강의 기술을 녹여 낸 저자의 꼼꼼하고 쉬운 설명으로 구글을 정복할 수 있습니다.

이청규 _배달의민족 IT 서비스 운영 팀 구글 워크스페이스 관리자

구글을 활용해 '스마트'하게 일하고 싶은 사람을 위한 친절한 가이드북!

지금은 디지털 전환(digital transformation) 시대. 기업은 물론 개인까지도 어떻게 하면 더 '스마트'한 방식으로 일할 수 있을지 고민하고 또 새로운 업무 방식에 도전하고 있습니다. 디지털 기술을 기반으로 일하는 방식 중에 구글 스마트 워크는 가장 주목받고 있습니다. 이러한 상황에서 저자의 수많은 현장 강의와 컨설팅 경험을 바탕으로 구글을 활용해 '스마트'하게 일하는 방법을 상세히 정리한 《된다! 업무에 바로 쓰는 구글 활용법》의 출간을 환영합니다. 이 책은 새롭게 일하는 방식을 도입해서 업무 효율성을 높이고 싶은 조직과 개인을 위한 멋진 안내서 역할을 할 것입니다.

정지훈 _(사)비영리IT지원센터 이사, 비영리 스마트 워크 컨설턴트

불편한 줄도 모르고 사용하던 기능이 편해지는 경험을 해보세요!

'믿고 추천하는 강사' 이광희 저자의 강의는 아무것도 모르는 초보자도 금세 수준급 실력자가 되도록 만듭니다. 이 책 역시 저자가 수년간 현장에서 강의하며 터득한 눈높이로 구글 입문자에게 꼭 필요한 핵심 내용만 정말 쉽게 정리해 둔 매뉴얼 비법서입니다.

책을 읽다 보니 자연스레 컴퓨터를 켜고, 구글에 접속해 하나하나 따라 하는 나를 발견할 수 있었습니다. 불편한 줄도 모르고 익숙해서 사용하던 다양한 기능도 이 책에서 알려 준 방법대로 따라 하다 보니 어느새 쉽고 간편하게 모든 게 바뀌었네요! 이 책을 읽고 나면 구글이 여러분의 든든한 업무 파트너가 되어 있을 것이며, 당신의 일은 훨씬 더 스마트해질 거예요!

김인숙 _유튜브 채널 〈뭐해먹고살지?〉 운영, 퍼스널 브랜딩 전문가

스타트업에 추천! 구글로 생산성은 물론 매출까지 올릴 수 있어요!

회사에 구글을 도입하고 싶은데 막막하다면 이 책의 첫 장부터 차근차근 따라 해보세요. 현실로 다가온 비대면 시대에 맞춰 구글로 생산성은 물론 매출까지 올릴 수 있습니다. 뿐만 아니라 각 장이 끝날 때마다 수록한 능력자 7명의 인터뷰도 꼭 읽어 보세요. 협업 틀로 생산성을 높인 성공 비법을 얻을 수 있습니다.

최예빈 _(전)토스랩 잔디 CX 팀장, (현)네이버제트 콘텐츠 팀

온라인에서 실시간으로 협업하는 방법을 A부터 Z까지 배울 수 있어요!

《된다! 업무에 바로 쓰는 구글 활용법》은 스마트 워크의 기본 개념 이해부터 저자의 구글 활용 노하우까지 일목요연하게 잘 정리되어 있습니다. 스마트 워크에 도전하고 싶었지만 방법을 몰라 막막했거나, 혼자서 시도해 봤지만 어려움을 경험한 분들에게 친절한 안내서가 될 것입니다. '온라인에서 실시간으로 협업하는 스마트 워크 시대'에 일잘러가 되고 싶다면 1독을 권합니다.

복주환 _《생각정리 스킬》, 《생각정리 스피치》, 《생각정리 기획력》 저자

책 한 권으로 1:1 스마트 워크 컨설팅을 받는 기분!

회사를 운영하면서 동시에 다양한 활동을 하다 보니 어쩔 수 없이 일의 병목 현상이 생기곤 했습니다. 그때마다 이 책의 저자 이광희 님이 구글로 하는 스마트 워크 방법을 추천해 주었습니다. 이렇게 하면 훨씬 수월해질 거라고. 실제로 구글 스마트 워크를 회사에 도입했고, 작업을 빠르게 마칠 수 있었습니다. 저자의 조언이 이 책에 고스란히 담겨 있습니다. 스마트 워크에 관한 조언을 구하고 싶다면 이 책을 꼭 읽어 보세요!

조규림 _유튜브 채널 〈N잡러 조규림〉 운영, 교육컨설팅회사 K-인플루언서 대표

책 속에 스마트 워커 인터뷰도 있어요!

프리랜서 강사, 마케터, 외국계 기업 매니저, 회사 대표까지! 실무에서 '스마트 워크'를 적용해 성공한 스마트 워커들의 생생한 인터뷰를 들어 보세요.

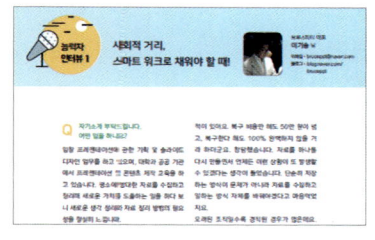

차례

첫째마당 구글과 함께하는 스마트 워크

01 일하는 방식의 새로운 변화, 스마트 워크 ······ 18
01-1 회사 서버는 어디에 있나요? ······ 19
- 사서 쓰는 시대에서 빌려 쓰는 시대로 ······ 19
- 아직도 어제와 똑같은 방식으로 일하고 있나요? ······ 20

01-2 스마트 워크의 개념과 핵심 요소 ······ 22
- 스마트 워크의 오해와 진실 ······ 22
- 스마트 워크 5가지 핵심 요소 ······ 23

01-3 스마트 워크의 동반자, 구글 ······ 26
- 하면 된다! } 구글 서비스 살펴보기 ······ 27

02 구글 크롬 설치하고 계정 설정하기 ······ 29
02-1 구글 활용의 시작, 크롬 브라우저 설치하고 계정 만들기 ······ 30
- 윈도우 기본 브라우저 엣지 대신 크롬을! ······ 30
- 하면 된다! } 크롬 설치하고 환경 설정하기 ······ 31
- 어디서든 스마트폰으로 작업할 수 있도록 앱 설치하기 ······ 35

02-2 크롬에 계정 동기화하기 ······ 37
- 동기화가 중요한 이유 ······ 37
- 하면 된다! } 내 입맛대로 크롬 설정하고 동기화하기 ······ 38
- 알아 두면 좋은 구글 계정 관련 설정 방법 3가지 ······ 41
- 다른 사람의 PC나 공용 PC에서는 시크릿 모드를 사용하세요 ······ 43

02-3 크롬과 구글 검색 엔진 제대로 쓰기 ······ 44
- 검색 연산자를 활용해 빠르고 정확하게 구글링하기 ······ 44
- 하면 된다! } 크롬의 검색 창에서 구글 외에 다른 검색 엔진으로 바로 검색하기 ······ 46
- 하면 된다! } 구글의 주요 서비스에 빠르게 접속하기 ······ 48

능력자 인터뷰 1 사회적 거리, 스마트 워크로 채워야 할 때! — 이기송 님 ······ 52

둘째마당 스마트 워크의 기초 – 메일·메모·사진 관리

03 모든 구글 서비스의 허브, 지메일 ······ 54
03-1 전 세계 수많은 사람들이 지메일을 쓰는 이유는 뭘까? ······ 55
03-2 쌓여 있는 이메일을 분류하고 처리하는 노하우 ······ 57
- 하면 된다! } 라벨링으로 이메일 분류하고 보관하기 ······ 57
- 하면 된다! } 광고나 당장 보지 않아도 되는 정보성 메일 자동 분류하기 ······ 60
- 하면 된다! } 중요한 메일은 놓치지 않기 ······ 61

03-3 수많은 이메일 중에서 원하는 메일 찾기, 검색 연산자 ······ 62
- 지메일 검색 기능으로 지금 당장 필요한 메일 빠르게 찾기 ······ 62
- 하면 된다! } 첨부 파일이 포함된 메일 찾기 ······ 63

　　　　　검색 연산자를 이용해 메일 찾기 ·· 64

03-4 업무용 이메일에는 서명을 반드시 등록하자! ······································· 67
　　　　　하면 된다! 〉 이메일 서명 등록하기 ··· 68

03-5 지메일 기본 설정, 이렇게 바꿔 두면 편해요 ··· 70
　　　　　페이지당 보여 주는 메일 개수 늘리기 ·· 70
　　　　　답장할 때 '전체답장'이 되도록 설정 바꾸기 ··· 71
　　　　　주고받은 메일이 대화형식으로 나열되는 건 추천하지 않아요 ································· 71
　　　　　부재중일 때는 자동응답으로! ·· 72
　　　　　자주 사용하는 설명이나 반복되는 답장은 템플릿으로 저장하자 ··························· 73

03-6 아차! 이메일 전송 취소 시간을 20~30초로 늘리세요 ··························· 75

03-7 늦은 시간에 이메일 알림은 노 매너! 예약 이메일 보내기 ····················· 77
　　　　　하면 된다! 〉 메일 예약 발송하기 ··· 77

03-8 이메일에 열람 기간과 비밀번호 지정해 보안성 높이기, 비밀 모드 ········ 80
　　　　　하면 된다! 〉 비밀 모드로 메일에 열람 가능 기간과 비밀번호 설정하기 ··············· 81

03-9 지메일 화면, 내 취향대로 바꾸기 ·· 84
　　　　　메일 목록 간격 조정하기 ··· 84
　　　　　블랙 테마로 바꾸기 ·· 85

　　　　　능력자 인터뷰 2 　나의 첫 스마트 워크는 중학교 때 예약 문자 보내기 — 전시진 님 ········ 89

04 　회사, 집 어디서든 협업하고 공유해요, 구글 킵 ·· 91

04-1 스마트폰의 메모 앱과 구글 킵 메모는 다른가요? ····································· 92
　　　　　언제 어디서나 기록·확인할 수 있는 클라우드 메모 앱 ··· 92
　　　　　하면 된다! 〉 구글 킵에서 종류별로 메모 사용해 보기 ··· 93
　　　　　하면 된다! 〉 이미지 안의 글자 추출하기 ··· 97
　　　　　메모 입력 창의 다른 아이콘 알아 두기 ··· 98
　　　　　구글 킵 화면의 기본 메뉴 알아보기 ··· 99
　　　　　하면 된다! 〉 메모별 라벨 지정하기 ··· 99

04-2 웹 사이트의 기사나 정보 그대로 스크랩하기 ··· 102
　　　　　하면 된다! 〉 PC에서 웹 페이지 스크랩하기 ··· 102
　　　　　하면 된다! 〉 모바일에서 웹 페이지 스크랩하기 ··· 106

04-3 특정 장소에 가면 확인할 내용을 알려 줘요, 장소 알림 ························· 108
　　　　　하면 된다! 〉 구글 킵의 메모에 시간과 장소 설정하기 ··· 108

04-4 구글 킵으로 다른 사람과 협업하기 ·· 110
　　　　　하면 된다! 〉 공동작업자 추가하기 ··· 110

　　　　　능력자 인터뷰 3 　사용자의 업무 방식을 변화시키는 스마트 워크 — 김기동 님 ········ 112

차례

05 사진·동영상 관리 서비스의 일인자, 구글 포토 ···· 113

05-1 구글 포토 기본 사용법 ···· 114
- 구글 포토로 할 수 있는 것 ···· 115
- 하면 된다! } 구글 포토 앱 설치하고 저장 방식 설정하기 ···· 115
- 하면 된다! } PC에서 사진, 동영상 가져와 구글 포토에 업로드하기 ···· 117
- 구글 포토의 동기화와 저장 정책 알아 두기 ···· 118
- 기기 저장 용량 확보하기 ···· 119

05-2 사진 관리, 이렇게 하면 쉬워요 ···· 120
- 하면 된다! } 검색 기능으로 사진 빠르게 찾기 ···· 121
- 구글이 자동으로 그룹화하는 인물 및 반려동물 ···· 124
- 사진이 실시간으로 업데이트되는 라이브 공유 앨범 ···· 126
- 하면 된다! } 라이브 공유 앨범 만들기 ···· 127

05-3 만료 기한 없이 사진과 동영상 공유하기, 무제한 링크 공유 ···· 129
- 하면 된다! } 링크로 사진·동영상 공유하기 ···· 129

05-4 사진 한곳에 모으기, 공동작업 기능 ···· 132
- 하면 된다! } 구글 포토토 공동작업자와 사진 모으기 ···· 133

능력자 인터뷰 4 작은 팀부터 단계적으로 적용해 보세요! — 양진호 님 ···· 136

셋째마당
스마트 워크의 꽃 – 구글 협업 도구

06 구글 협업 도구의 특징 ···· 138

06-1 구글 협업 도구, 이렇게 쓸 수 있어요 ···· 139
- MS 오피스와 구글 협업 도구, 뭐가 다를까? ···· 139
- 구글 협업 도구의 활용 사례 살펴보기 ···· 140

06-2 구글 협업 도구의 장점과 한계 ···· 143
- 언제 어디서나 작업할 수 있어요! ···· 143
- 프로그램을 실행하지 않아도 실시간 공동 협업을 할 수 있어요! ···· 143
- 파일 관리 스트레스, '자동 버전 기록'이 해결해 줘요! ···· 144
- 구글 협업 도구는 무리해서 사용하지 마세요! ···· 144

07 어디서든 보고서를 작성할 수 있어요, 구글 문서 ···· 146

07-1 구글 문서의 기본 기능 살펴보기 ···· 147
- 찾아가고 기다리는 불편한 업무는 이제 그만! ···· 147
- 하면 된다! } 구글 문서 시작하기 ···· 149
- 하면 된다! } 한 화면에서 동시에, 작업 시간 단축! ···· 151

07-2 구글 문서의 특별한 기능 3가지 — 특수 문자, 음성 입력, 문서 번역 ···· 154
- 한자, 외국어, 특수 문자 입력하기 ···· 154
- 음성 입력하기 ···· 155
- 문서 번역하기 ···· 156

07-3 구글 문서로 실시간 협업하기 ··· 158
　　하면 된다!〉 문서 공유하기 ··· 158
　　하면 된다!〉 댓글 작성자 권한으로 작업하기 ····················· 163
　　공동작업자가 문서를 직접 수정하는 편집자 권한은 추천하지 않아요 ······ 167
　　완성한 문서 배포하기 ·· 168

08 어디서든 발표할 수 있어요, 구글 프레젠테이션 ········ 171

08-1 구글 프레젠테이션의 기본 기능 살펴보기 ···················· 172
　　파워포인트와 구글 프레젠테이션 ·································· 172
　　구글 프레젠테이션의 한계 ·· 173
　　하면 된다!〉 구글 프레젠테이션에 유튜브 동영상 넣기 ······· 173

08-2 구글 프레젠테이션으로 실시간 협업하기 ···················· 179
　　댓글 달기 ·· 179
　　실시간 집단 지성 모으기 ·· 180
　　PPTX와 PDF 파일로 저장하기 ····································· 180

08-3 익명으로 실시간 질문받고 답변하기, 청중 Q&A ········· 181
　　하면 된다!〉 청중 Q&A로 질문하고 표시하기 ···················· 182

　　능력자 인터뷰 5　스마트 워킹을 하려면 먼저 규칙을 정리해야 해요! — 유원일 님 ··· 189

09 실시간으로 관리할 수 있는 엑셀, 구글 스프레드시트 ······ 190

09-1 구글 스프레드시트의 기본 기능 살펴보기 ···················· 191
　　엑셀과 구글 스프레드시트 ·· 191
　　구글 스프레드시트의 한계 ·· 192
　　하면 된다!〉 체크박스 기능 활용하기 ································ 193

09-2 IMPORT 함수를 이용해 데이터 자동으로 가져오기 ····· 196
　　하면 된다!〉 웹 페이지의 표 데이터를 자동으로 가져오기 ···· 196
　　하면 된다!〉 특정 키워드의 뉴스 기사를 실시간으로 수집하기 ······ 198

09-3 알아 두면 좋은 협업 도구의 다양한 기능 ····················· 202
　　상업용으로도 활용할 수 있는 무료 글꼴 추가하기 ··········· 202
　　하면 된다!〉 글꼴 추가하기 ·· 202
　　새 문서를 1초 만에 만들기, 서비스명.new ····················· 204
　　이 문서는 어디에 저장되는 걸까? ································· 205
　　모든 작업 파일은 자동으로 버전 관리가 돼요 ················· 206
　　구글 서비스의 단축키 보기 ··· 209

　　능력자 인터뷰 6　여러 회사에서 스마트 워킹을 도입했어요! — 김신명 님 ······· 210

차례

⑩ 모든 파일은 클라우드 공간에, 구글 드라이브 ······ 212

10-1 나에게 맞게 구글 드라이브 설정하기 ····· 213
　USB를 더 이상 사용하지 않는 이유 ····· 213
　하면 된다! ▶ 일하기 편하게 구글 드라이브 설정 바꾸고 시작하기 ····· 214
　하면 된다! ▶ 파일 업로드와 다운로드 방법 익히기 ····· 217
　하면 된다! ▶ 구글 드라이브의 파일·폴더 공유하기 ····· 219

10-2 구글 드라이브로 다른 서비스 파일 협업하기 ····· 221
　하면 된다! ▶ 구글 드라이브에서 MS 오피스 파일 작업하기 ····· 221
　하면 된다! ▶ 구글 드라이브에서 PDF 파일 작업하기 ····· 224
　하면 된다! ▶ 그림 파일에서 텍스트를 구글 문서로 추출하기 ····· 225
　하면 된다! ▶ 이미지와 한글 파일에 댓글 달기 ····· 226
　구글 드라이브의 고급 검색 연산자 사용하기 ····· 227
　구글 드라이브를 동기화하거나 가상 네트워크 드라이브로 자동 연결하기 ····· 228
　하면 된다! ▶ 구글 드라이브 앱으로 스캔하기 ····· 229

⑪ 구글의 생성형 AI 제미나이와 기업 사용자를 위한 구글 워크스페이스 ◆ ····· 232

11-1 구글의 생성형 AI 제미나이 ····· 233
　생성형 AI란? ····· 233
　제미나이는 구글에서 운영하는 생성형 AI 서비스 ····· 234
　제미나이 활용 조건 ····· 234
　하면 된다! ▶ 구글 제미나이 접속하고 사용하기 ····· 235
　하면 된다! ▶ 확장 프로그램 추가해서 제미나이 결과 받기 ····· 239
　하면 된다! ▶ 구글 협업 도구 내에서 제미나이 사용하기 ····· 241

11-2 보안과 체계적 관리는 구글 워크스페이스로! ····· 244
　개인 계정과 기업용 워크스페이스의 가장 큰 차이점은 보안! ····· 244
　구글 워크스페이스에서 할 수 있는 것 ····· 245
　구글 서비스와 업무 프로세스 이해하기 ····· 246
　구글 워크스페이스 비용 살펴보기 ····· 246
　구글 워크스페이스 도입 절차 ····· 247

넷째마당
어디서든 스마트 워크 – 일정 관리와 커뮤니케이션

⑫ 따로 또 같이 쓰는 클라우드 일정 관리, 구글 캘린더 ····· 250

12-1 클라우드 캘린더로 일정 관리를 해야 하는 이유 ····· 251
　구글 캘린더는 언제 어디서나 확인할 수 있어요 ····· 251
　회의나 미팅을 잡는 데 시간을 뺏기지 않아요 ····· 252
　구글의 다른 서비스와 연동해서 생산성을 더더욱 높일 수 있어요 ····· 252

12-2 낯선 구글 캘린더, 어렵지 않아요 ·················· 254
구글 캘린더 화면 이해하기 ·················· 254
하면 된다! 〉 캘린더의 종류 분류하고 정리하기 ·················· 255
일정 추가하기 ·················· 257
일정에 참석자 추가하기 ·················· 258
회의나 미팅 장소 추가하기 ·················· 258
하면 된다! 〉 매주 반복되는 일정 등록하기 ·················· 260

12-3 캘린더 공유하고, 공유받은 캘린더 구독하기 ·················· 262
팀원의 업무 캘린더를 구독해 일정을 관리할 수 있어요 ·················· 262
함께 사용하는 공간(회사 자산)을 확인하는 캘린더도 만들면 유용해요 ··· 263
하면 된다! 〉 캘린더 공유하고 구독하기 ·················· 263
하면 된다! 〉 상대방이 구글 계정을 사용하지 않는다면? 웹 링크로
　　　　　　　캘린더 공유하기 ·················· 265

13 재택근무와 비대면 업무를 위한 화상 회의, 구글 미트 ·················· 268

13-1 화상 회의 준비하기 ·················· 269
비대면 업무 시대! 화상 회의, 두려워하지 마세요 ·················· 269
회의를 시작하기 전에 꼭 체크하세요! ·················· 270

13-2 구글 미트의 기본 사용법 배우기 ·················· 272
구글 미트에서 화상 회의 시작하기 ·················· 272
구글 캘린더에서 화상 회의 시작하기 ·················· 273
하면 된다! 〉 구글 미트의 기본 기능과 설정 살펴보기 ·················· 275
하면 된다! 〉 전체 회의 영상 녹화하기 ·················· 277

13-3 구글 미트로 화상 회의할 때 유용한 팁 3가지 ·················· 279
상황에 따라 카메라와 마이크를 꺼두세요 ·················· 279
카메라 화질(해상도)을 높여 보세요 ·················· 279
시각 효과를 적용해 보세요 ·················· 280

14 실시간으로 조사하고 결과 정리까지, 구글 설문지 ·················· 282

14-1 참여도는 올리고 설문 결과는 자동으로 정리하는 구글 설문지 ·················· 283
기존의 설문 조사 방식은 이제 먼 옛날이야기가 됐어요! ·················· 283
누구나 스마트폰으로 1분이면 설문 완료! 참여도가 올라가요! ·················· 284
설문 결과를 정리하느라 고생하지 않아도 돼요! ·················· 284
구글 설문지 미리 보기 ·················· 285

14-2 누구나 쉽게 만드는 온라인 설문지 ·················· 288
하면 된다! 〉 온라인 설문지 만들기 ·················· 288

차례

14-3 스프레드시트로 설문 결과 받아 보기 ················· 294
　　하면 된다!▶ 설문 조사 결과를 구글 스프레드시트로 정리하기 ············· 294

14-4 다른 설문지에서 질문 가져오기 ···················· 296
　　하면 된다!▶ 다른 설문지 질문 가져오기 ················· 296

　　능력자 인터뷰 7 　미국 IT 기업의 스마트 워크, 이렇게 한다! — 나원택 님 ········· 298

　　스페셜 　개인 생활도 스마트하게! 알아 두면 유용한 구글 서비스 11가지 ········· 302

다섯째마당
스마트 워크의 완성 – 사이트와 보안

15　웹 사이트도 구글로 만든다, 사이트 도구 ················ 308

15-1 클릭 몇 번으로 웹 사이트를 만든다! ················ 309
　　간단한 웹 사이트나 페이지를 내가 직접 만들고 관리할 순 없을까? ········· 309

15-2 이벤트 웹 페이지 만들기 ···················· 312
　　하면 된다!▶ '고객 초청 세미나' 웹 페이지 콘텐츠 구성하기 ············· 312
　　하면 된다!▶ 완성한 웹 페이지의 웹 주소 만들고 게시하기 ············· 316

15-3 '회사명.com'으로 사이트 주소 바꾸기 ················ 316
　　방법 1 짧은 주소로 바꾸기 ····················· 316
　　방법 2 한글 도메인 사용하기 ····················· 318

16　보안과 문제 해결 ························· 320

16-1 내 구글 보안 상태 한눈에 보기 ···················· 321

16-2 잃어버린 내 기기의 위치 찾기 ···················· 323

16-3 원격 로그아웃하기 ························· 324
　　하면 된다!▶ 내 계정으로 로그인된 모든 기기 로그아웃하기 ············· 324

16-4 정기적으로 백업하세요! 테이크아웃 ················· 326
　　하면 된다!▶ 구글 데이터 백업하기 ··················· 326

16-5 구글 서비스 장애, 대시보드에서 확인하기 ··············· 329

16-6 구글 고객센터에서 더 많은 정보 확인하기 ··············· 330

16-7 크롬 브라우저 초기화하기 ···················· 331

16-8 크롬 방문 기록과 구글 활동 정보 삭제하기 ··············· 332
　　하면 된다!▶ 크롬에서 방문 기록 삭제하기 ··················· 332
　　하면 된다!▶ 구글 계정에서 내 활동 삭제하기 ··················· 333

　　스페셜 　학습도 스마트하게! 알아 두면 유용한 구글 서비스 6가지 ········· 336

찾아보기 ···························· 340

이렇게 활용하세요!

구글 업데이트 소식과 추천 웹 사이트까지!
저자가 운영하는 웹 페이지에 방문해 보세요!

구글은 크고 작은 업데이트가 많은 것으로 유명합니다. 그러다 보니 개인이 최신 기능이나 수정된 사항을 하나씩 확인할 수 없죠. 그래서 구글 업데이트 소식을 빠르게 확인할 수 있는 페이지를 준비했습니다. 이 페이지에서는 책에 나온 링크를 직접 입력하지 않고 클릭만으로 쉽게 이동할 수 있는 버튼도 있습니다. 한번 방문해 보세요!

더피처피티의 〈스마트 워크〉: bit.ly/구글업무활용법

함께 공부하며 성장하는 사람들이 모인 곳
Do it! 스터디 룸을 소개합니다!

혼자 공부하다 보면 지치기 쉬운데, 같은 목표를 가진 사람들과 함께하면 더 큰 성취감을 느낄 수 있습니다. Do it! 스터디룸에서 새로운 학습 동료들과 함께 성장해 보세요! 게다가 공부만 하면 책을 선물로 받을 수 있는 '두잇 공부단', 미션을 수행하며 학습까지 챙길 수 있는 '된다스!' 등 다채로운 이벤트도 준비되어 있으니 절대 놓치지 말고 참여해 보세요!

Do it! 스터디룸: cafe.naver.com/doitstudyroom

저자 직강 온라인 클래스(유료) 소개

수강생 만족도 98%에 빛나는 저자 직강 온라인 클래스를 소개합니다! 생생하고 깊이 있는 학습을 원한다면, 저자가 직접 진행하는 동영상 강의도 참고해 보세요. 풍부한 설명과 실질적인 노하우가 담긴 이 강의는 온라인 클래스 플랫폼 '베어유'와 'MKYU'에서 만나 볼 수 있습니다.

저자 온라인 강의: www.이광희강사.com

이렇게 활용하세요!

회원 가입하면 '이달의 전자책'이 무료!
이지스퍼블리싱 출판사 사이트에 회원 가입하세요!

IT 업계의 소식이나 개발자 관련 책 정보를 얻고 싶다면 이지스퍼블리싱 홈페이지를 방문해 보세요! 회원으로 가입하면 매달 소식지로 '이달의 전자책'을 무료로 받을 수 있습니다!

이지스퍼블리싱 홈페이지: www.easyspub.co.kr

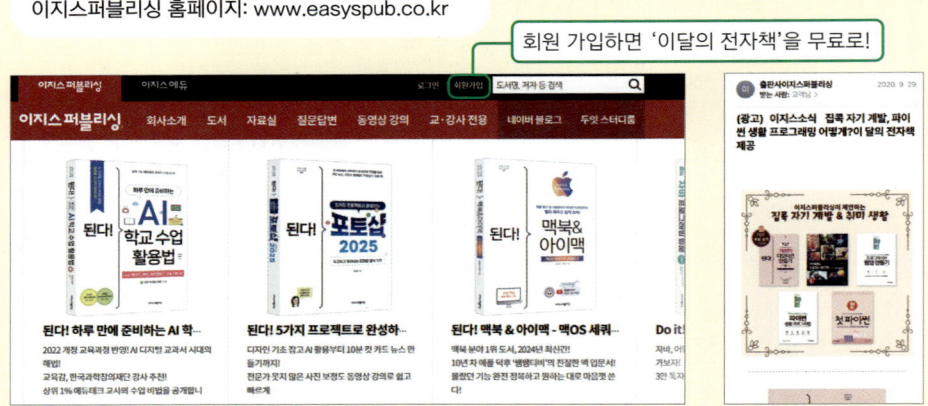

> 일러두기
> - 이 책은 PC를 중심으로 설명하며, 스마트폰 관련 내용은 별도로 다루었습니다.
> - 이 책에서 사용하는 용어는 구글에서 사용하는 기준에 따라 표기했습니다.
> - 이 책에 나온 사이트 주소는 구글 서비스명을 강조하기 위해 대문자로 작성되었으나, 소문자로 입력해도 사이트 접속이 가능합니다.

첫째마당

구글과 함께하는
스마트 워크

01 • 일하는 방식의 새로운 변화, 스마트 워크
02 • 구글 크롬 설치하고 계정 설정하기

01 일하는 방식의 새로운 변화, **스마트 워크**

이번 장에서는 전통적인 업무 방식과
새로운 업무 방식의 차이를 비교해 보고,
온라인 중심의 새로운 업무 환경으로 주목받는
스마트 워크의 기본 개념을 알아봅니다.
아울러 스마트 워크 플랫폼으로써 구글의 가능성을 살펴봅니다.

01-1 회사 서버는 어디에 있나요?
01-2 스마트 워크의 개념과 핵심 요소
01-3 스마트 워크의 동반자, 구글

01-1

회사 서버는
어디에 있나요?

 이런! 파일 서버 용량이 꽉 차서 더 이상 저장되지 않네.

빨리 서버 용량 증설 작업을 해야겠네요. 내일부터 명절 연휴인데 어떡하죠?

 뭘 어떡해. 야근을 해서라도 빨리 손을 봐야지. 에휴~

서버 관리 좀 그만 했으면 좋겠어요! ㅠㅠ

사서 쓰는 시대에서 빌려 쓰는 시대로

일반적으로 기업에서는 자체 ERP 서버, 파일 서버 등을 운영합니다. 규모가 작은 기업에서는 창고나 사무실 한쪽에 서버를 두었고, 큰 기업들은 IDC 센터 등에서 서버를 운영했죠. 문제는 이 서버가 관리 대상이어서 인력과 운영에 적지 않은 비용이 소요된다는 것입니다. 그리고 컴퓨터의 특성상 일정 기간 사용하면 용량을 늘리거나 새로운 장비로 교체해야 하는데, 이 또한 비용이 많이 듭니다.

▶ IDC 센터: 기업이나 개인의 서버 장비 등을 관리 대행 또는 임대해 주는 시설

어느 중소 기업에 설치된 업무용 서버

그런데 근래 들어 서버를 운영하는 데 필요한 인프라를 대여해 주는 서비스가 생겨나면서 기업의 부담과 비용을 줄여 주고 있습니다. 아마존 웹 서비스(Amazon Web Services; AWS)도 그중 하나인데요. 이러한 서비스는 대량의 서버와 공간, 네트워크 장비를 구축해서 사용자가 필요한 만큼 빌려 쓸 수 있게 해줍니다.

이러한 대여 서비스는 전문 인력이 관리해 주므로 품질 관리와 유지 보수 면에서도 직접 운영하는 것과 비교해 보면 효율성이 더 좋습니다.

인프라 대여 서비스는 비용뿐만 아니라 업무 환경의 효율화라는 측면에서도 앞으로 다양한 영역으로 확장되고 더욱 활발해질 것입니다. 따라서 자신의 업무에 어떤 서비스가 필요한지 잘 생각해 보고 가장 적절한 것을 선택할 수 있어야 합니다.

아직도 어제와 똑같은 방식으로 일하고 있나요?

업무 방식도 변하고 있습니다. 그동안 우리는 개인 컴퓨터 안에 파일을 생성하고 저장하여 활용하는 방식을 사용해 왔습니다. 예를 들어 MS 워드로 문서를 작성하는 경우 새 문서를 열어 내용을 작성한 뒤, PC의 하드디스크에 파일로 저장하고 이를 메신저나 이메일로 전송하는 방식이었죠. 하지만 **지금은 클라우드 서버에 파일을 생성하고 이를 링크로 공유하며 실시간으로 공동 수정하는 시대**로 바뀌었습니다.

클라우드를 이용하는 업무 방식은 온라인 협업 플랫폼으로서 품질과 시간을 더 빠르고 효율적으로 관리할 수 있게 해줍니다. 이에 따라 많은 기업에서는 앞다투어 클라우드 환경을 구축하고 있습니다.

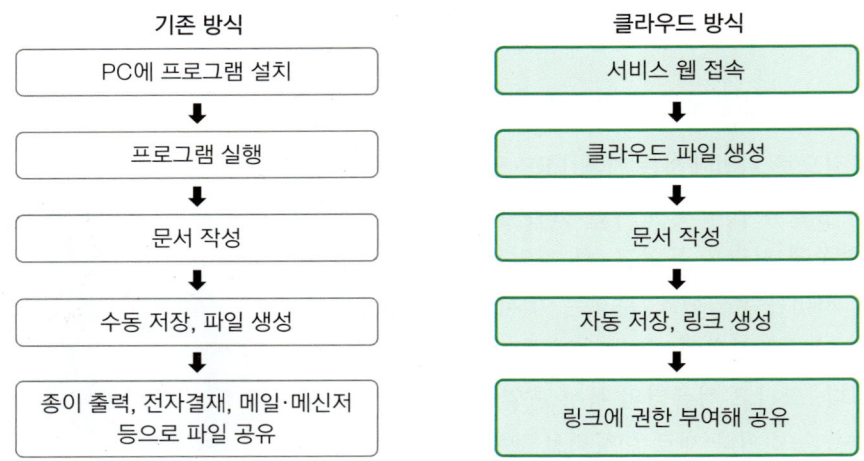

삼성전자와 SK그룹은 HR 시스템을 클라우드로 변경했고, 대한항공은 구글의 협업 플랫폼인 구글 워크스페이스를 전격 도입했습니다. 기업뿐만 아니라 이제는 우리나라 정부도 비효율적이던 업무 방식을 탈피하고자 클라우드에 파일을 저장하는 등 업무 환경을 과감하게 개선하고 있습니다.

출처: 고용노동부 블로그(blog.naver.com/life_n_work)

HR 시스템이란 무엇인가요?

HR은 human과 resource의 첫 글자를 합한 것으로 '인적 자원'을 의미합니다. HR 시스템은 인적 자원 관리를 위한 개념과 목표, 그리고 운영 규정과 절차를 담고 있습니다. HR 시스템의 운영 단계나 시행 방식은 회사마다 약간씩 다르지만 기본 운영 단계는 채용, 평가, 보상, 승진, 교육, 배치, 퇴직으로 구성됩니다.

01-2

스마트 워크의
개념과 핵심 요소

 명절 당일에 서버 작업을 했다고요? 요즘 시대에?

 그러게요. 서버를 IDC 센터에 두면 될 텐데요….

 IDC 센터요? 에이~ 이제 클라우드 서버를 써야죠!

스마트 워크의 오해와 진실

2017년 워라밸(work and life balance) 열풍으로 개인의 삶과 가족과의 시간이 중시되기 시작했습니다. 2018년에는 주 52시간 근무제가 도입되며, 근무 시간 내 효율성을 고민하는 기업과 개인이 늘어났습니다. 2020년 코로나19 대유행은 비대면 및 재택 근무를 활성화해 업무 환경 변화를 촉진했습니다. 2022년 챗GPT(ChatGPT)와 같은 AI 도구의 등장으로 업무 자동화와 생산성 향상의 가능성이 열렸으며, 이를 통해 반복 업무를 줄이고 창의적인 작업에 집중하려는 움직임이 확대되고 있습니다.

스마트 워크(smart work)를 영어 단어 그대로 해석하면 똑똑하게 일하는 것이라는 뜻입니다. 그럼 기존의 비효율적이던 업무 방식을 버리고 똑똑한 방법을 도입해 일하면 그게 스마트 워크가 될까요?

결론부터 말하자면 아닙니다. 스마트 워크는 고려해야 할 요소가 매우 많습니다. 이번에는 어학 사전 말고 인터넷 브라우저 검색 창에 **스마트 워크**를 검색해 볼게요. 상단 검색 결과인 [지식백과]를 보면 다음과 같이 정의되어 있습니다.

<용어로 보는 IT>
스마트 워크란 시간과 장소에 얽매이지 않고 언제 어디서나 일할 수 있는 체제를 말한다.

< ICT 시사용어 300>
언제 어디서나 직장 일을 볼 수 있는 정보통신기술 환경을 가리키는 말

출처: 네이버 지식백과

[지식백과]의 내용을 보면 **언제 어디서나**가 중복되어 나옵니다. 이 정의에 따르면 스마트 워크란 언제 어디서나 일할 수 있어야 한다고 해석할 수 있습니다. 그렇다면 회사 밖에서 일하는 것, 예를 들어 회사 컴퓨터에 원격 프로그램을 설정해 두고 집이나 근처 카페에서 노트북이나 모바일로 회사 컴퓨터에 원격으로 접속해 일한다면 스마트 워크일까요? 이 상황이 아주 틀린 것은 아니지만 아직은 조금 더 생각할 부분이 있습니다.

스마트 워크의 5가지 핵심 요소

스마트 워크를 회사 업무 프로세스에 스마트 앱이나 스마트 도구를 적용하는 것쯤으로 단순하게 생각했다가 실패한 기업이 많습니다. 이런 실패를 경험하지 않으려면 **스마트 워크를 구성하는 5가지 핵심 요소**를 제대로 이해해야 합니다.

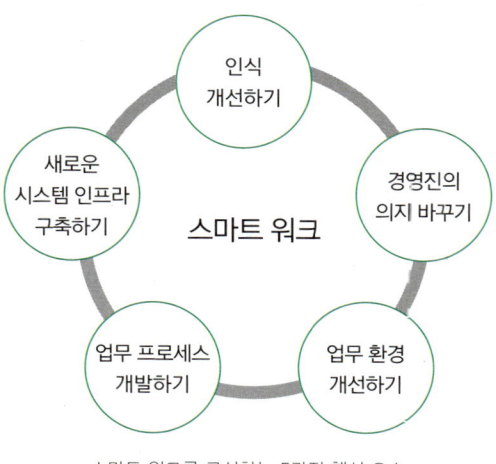

스마트 워크를 구성하는 5가지 핵심 요소

01 · 일하는 방식의 새로운 변화, 스마트 워크   **23**

- **인식 개선하기**

직원들은 변화를 매우 싫어합니다. 스마트 워크의 필요성을 충분히 설명하고 이해시키지 않은 채 경영진이나 TF(task force) 팀이 무작정 프로세스를 바꾼다면 실무자는 새로운 업무 방식을 긍정적으로 받아들이지 않습니다. 가장 먼저 전 직원을 대상으로 스마트 워크가 왜 필요한지, 왜 프로세스를 효율적으로 바꿔야 하는지 인식 개선 프로그램을 실행하고 관련 지식을 교육하는 방식으로 진행하는 것이 좋습니다.

- **새로운 시스템 인프라 구축하기**

회사에서는 대부분 IDC 센터에 서버를 두고 자체 인트라넷을 구축하여 게시판과 메일 등을 운영합니다. 그리고 파일의 외부 유출을 막기 위해 강력한 보안과 중앙 문서화 시스템을 구축합니다. 하지만 이러한 방식으로는 언제 어디서나 일할 수 있는 업무 시스템을 구축할 수 없습니다. 기존 시스템 인프라가 바뀌어야 새로운 스마트 워크 업무 환경을 구축할 수 있습니다.

- **업무 프로세스 개발하기**

보수적인 기업의 업무 방식은 팀원 → 팀장 → 부장 → 임원 → 대표의 결재 순서로 진행됩니다. 보고 방식 또한 전통적인 체제에서 벗어나지 못하죠. 내부 ERP 시스템이 존재하지만 전자 문서를 출력하여 종이 문서와 함께 구두 보고를 하는 오래된 문화가 아직도 이어지고 있습니다. 스마트 워크를 도입하려면 실시간으로 업무를 소통할 수 있는 프로세스, 빠른 결재, 팀 시너지를 낼 수 있는 애자일(agile) 문화 등이 필요합니다.

▶ 애자일(agile)이란 '기민한, 민첩한'이라는 뜻으로 부서간 경계를 허물고 팀원 개개인에게 의사 결정 권한을 부여해 업무를 신속하게 처리하는 방식을 말합니다.

- **업무 환경 개선하기**

칸막이 독서실에서 공부한 X, Y 세대는 회사의 칸막이 책상이 어색하지 않습니다. 하지만 카페에서 공부하는 요즘 신입사원은 칸막이 책상에 답답함을 느낍니다. 칸막이 시스템은 대화와 소통을 단절하는 큰 벽으로 작용합니다.

스마트 오피스를 살펴보면 몇 가지 특징이 있습니다. 우선 칸막이가 없는 탁 트인 공간이어서 소통하기 편합니다. 그리고 사내 카페가 있으면 다른 부서 사람과 만나 자연스럽게 업무 소통으로 이어질 수 있습니다. 이렇게 격식 없이 자연스럽게 업무 소통을 할 수 있는 공간의 변화도 스마트 워크의 중요한 요소입니다.

- **경영진의 의지 바꾸기**

스마트 워크의 핵심 요소 5가지 중에서 가장 중요합니다. '청바지를 입은 꼰대'라는 말을 들어 보았나요? 겉으로는 젊고 트렌디한 인상을 주지만 정작 속으로는 고집으로 가득 찬 회사 대표를 비꼬는 말인데요.

예를 들어 어떤 대표가 어디선가 스마트 워크가 좋다는 말을 듣고 와서는 총무 팀에 검토하라고 요청하거나 TF 팀을 구성해 스마트 워크를 도입하라는 지시를 내렸다고 가정해 봅시다. 그렇게 해서 직원의 인식을 개선하고 인프라·시스템·공간을 바꿔 스마트 워크를 잘 도입했지만, 정작 대표한테 보고할 때는 매번 해오던 대로 종이 문서와 함께 구두 보고가 이어지는 경우가 있습니다. 즉, 대표 자신은 변화하지 않으면서 직원만 바뀌라고 외친 셈이죠. 결국 직원은 스마트 워크 방식으로 새롭게 일하지만 보고를 위해 기존 방식으로 다시 일해야 하는 비효율적·비경제적인 문제가 발생합니다.

경영진의 의지부터 확실히 바뀌고 직원의 변화를 기대해야 스마트 워크 문화가 잘 정착할 수 있습니다. 예를 들어 아빠가 함께하는 가족 문화를 만들기 위해 귀가 시간을 저녁 8시로 정했는데 정작 아빠는 새벽에 들어오는 식이라고 생각하면 이해하기 쉽겠네요.

스마트 워크를 가벼운 마음으로 소개하려고 했는데 시작부터 복잡해 보이나요? 많은 사람들이 스마트 앱이나 기기를 사용하면 '이제 나도 스마트 워커가 되었다!'라고 생각할 수도 있을 것 같아서, 스마트 워크를 제대로 실현하는 것이 그렇게 단순하지 않다는 것을 전달하고 싶었습니다.

오늘 당장 회사 시스템(공간, 인프라, 시스템, 경영진의 의지 등)을 바꾸기는 어렵습니다. 하지만 이렇게 생각해 보면 좋겠습니다.

> "내가 지금 회사를 바꿀 수 없으니
> 일단 나부터 일하는 방식을 바꿔 보자."

앞으로 배워 나갈 내용을 여러분의 삶과 업무에 잘 적용한다면 효율적인 시간 관리와 정보 관리는 물론 일하는 방식의 변화를 이끌어 낼 수 있습니다. 지금 도전해도 충분합니다. 노력한 만큼 좋은 결실을 맺을 수 있을 테니까요. 그럼 시작해 볼까요?

01-3

스마트 워크의 동반자, 구글

 보고서 써야 하는데 이 PC에는 워드 프로그램이 설치되어 있지 않네요.

 우리도 이제 구글 문서를 사용하면 좋겠어요. 문서 작성은 물론 실시간으로 여럿이 함께 수정하고 공유할 수도 있어요.

 구글은 검색 서비스만 하는 줄 알았는데…. 이거 혹시 사용료 내야 하는 거 아닌가요?

 구글은 구글 문서 이외에도 구글 포토, 구글 드라이브 등 다양한 서비스를 제공하는데 대부분 무료예요!

여러분은 '구글' 하면 무엇이 가장 먼저 떠오르나요? 구글 검색 서비스와 안드로이드 폰이 가장 먼저 생각나지요? 이메일이나 파일 공유 서비스를 자주 이용한다면 지메일과 구글 드라이브 정도는 알 것입니다. IT 업계의 공룡답게 구글은 매우 다양한 서비스를 제공합니다. 구체적으로 어떤 서비스를 제공하는지 살펴본다면 아마 '이런 것까지?'라는 생각이 들 것입니다.

하면 된다! 〉 구글 서비스 살펴보기

1. PC에서 웹 브라우저를 실행해 Google.com에 접속하고 화면 왼쪽 상단에서 [Google 정보]를 클릭합니다.

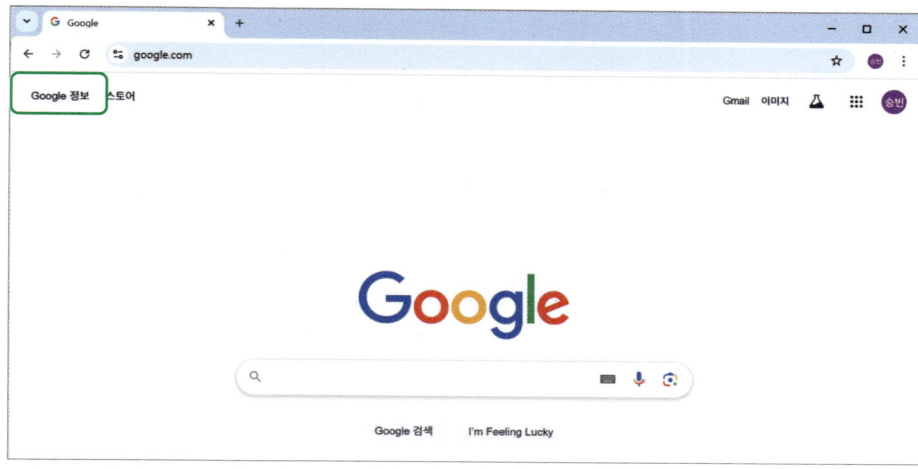

2. [제품] 탭을 클릭하고 스크롤을 내려 보세요. 구글이 서비스하는 거의 모든 제품과 기능을 볼 수 있습니다.

▶ about.google/products로 접속해도 됩니다.

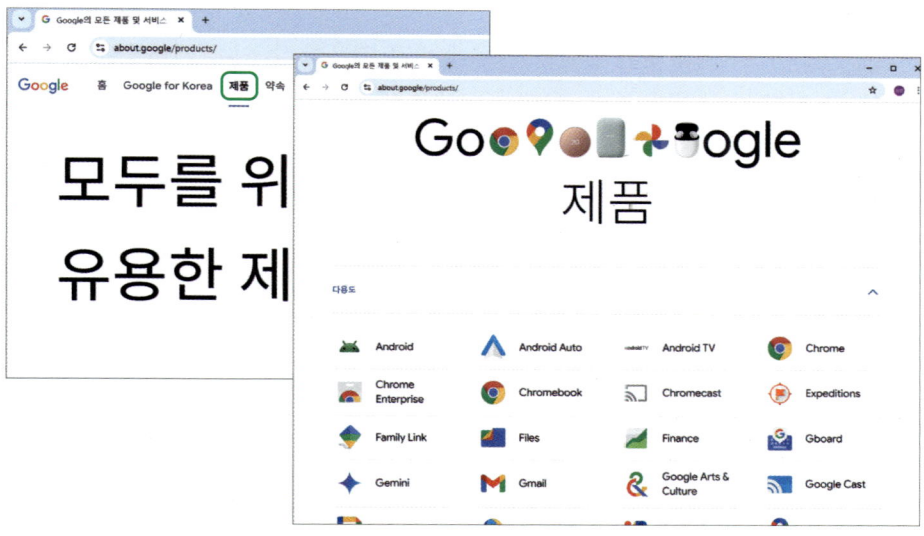

여러분은 이 수많은 구글 서비스 중에서 어떤 것을 알고 있나요? 모든 서비스를 다 알고 사용할 필요는 없습니다. 일단 주요한 서비스를 다음 표에 정리했습니다.

구분	주요 서비스
검색 및 탐색	검색, 지도, 번역, 어스, 크롬브라우저
미디어 및 엔터테인먼트	유튜브, 유튜브 뮤직, 구글 플레이 무비, 크롬캐스트
구글 기기	구글 픽셀(스마트폰), 네스트(스마트홈 IoT), 픽셀 태블릿, 크롬북(노트북)
커뮤니케이션	지메일, 구글 챗, 구글 미트
일정 및 데이터 관리	캘린더, 킵, 태스크, 포토
스마트한 업무 처리	워크스페이스, 드라이브, 문서, 스프레드시트, 슬라이드, 설문지, 사이트
비즈니스	구글 애즈, 애드센스, 구글 애널리틱스, 구글 비즈니스 프로필

구글이 제공하는 주요 서비스

구글이 제공하는 서비스는 광고 수익을 바탕으로 하므로, **대부분 무료로 사용**할 수 있습니다. 대부분의 인터넷 광고는 사용자에 비례해 광고 수익이 발생하는데, 구글의 광고 수익 구조도 이와 별반 다르지 않습니다. 구글은 무료로 서비스를 제공함으로써 더 많은 사용자를 확보하려고 합니다. 사용자가 많아질수록 더 많은 광고 수익을 벌어 들일 수 있으니까요.

여러분은 그저 자신의 개인 일상과 업무에 바로 적용할 수 있는 서비스가 있는지 살펴보고 잘 활용하기만 하면 됩니다. 이제부터 본격적으로 구글의 여러 서비스를 연동하고 관리하는 플랫폼인 구글 크롬을 살펴보겠습니다.

구글의 기업명이 'Google'로 결정된 재밌는 이야기

구글은 1996년 'BackRub'이라는 이름으로 시작되었습니다. 얼마 뒤 창업자인 래리 페이지(Larry Page)는 많은 정보를 모아서 체계화하자는 의미로 10100을 뜻하는 구골(Googol)을 새로운 이름으로 제안했으나, 동료인 Sean Anderson이 도메인 이름을 검색하던 중 'googol' 대신 실수로 'google'을 입력했고, 래리 페이지가 이 철자를 더 마음에 들어해 구글(Google)이라는 이름으로 현재까지 서비스해 오고 있습니다. 이렇듯 시작은 검색 포털 서비스였지만, 지금은 검색뿐만 아니라 IT와 관련된 거의 모든 분야에서 다양한 서비스를 제공하고 있습니다.

02 구글 크롬 설치하고 계정 설정하기

이번 장에서는 스마트 워크의 필수 도구인
구글 크롬을 직접 설치하고 구글 계정을 만들어 봅니다.
또한 다른 PC나 스마트폰에서도 구글 서비스를 이용하는
방법을 살펴봅니다. 이와 아울러 정확하고 빠르게
정보 검색을 할 수 있는 구글링 방법도 알아봅니다.

02-1 구글 활용의 시작, 크롬 브라우저 설치하고 계정 만들기
02-2 크롬에 계정 동기화하기
02-3 크롬과 구글 검색 엔진 제대로 쓰기
능력자 인터뷰 1 사회적 거리, 스마트 워크로 채워야 할 때! ― 이기송 님

02-1
구글 활용의 시작,
크롬 브라우저 설치하고 계정 만들기

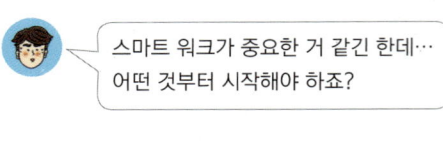

스마트 워크가 중요한 거 같긴 한데… 어떤 것부터 시작해야 하죠?

먼저 PC에 크롬 브라우저를 설치하고 사용자 계정을 만들어야겠죠.

음… 사용자 계정은 꼭 만들어야 하는 건가요?

구글 서비스를 100% 활용하려면 사용자 계정은 필수예요. 그리고 모바일 연동을 하려면 스마트폰에도 관련 앱을 설치해야 하고요.

윈도우 기본 브라우저 엣지 대신 크롬을!

예전 윈도우에는 기본적으로 인터넷 익스플로러(Internet Explorer)라는 웹 브라우저가 설치되어 있었습니다. 하지만 2022년에 단종되었죠. 이를 대신하여 현재는 엣지(Edge)라는 기본 웹 브라우저를 사용하고 있습니다. 물론 윈도우 기본 브라우저로도 구글 서비스를 사용할 수 있지만 일부 기능이 제대로 작동하지 않습니다. 따라서 구글 서비스를 제대로 활용하려면 구글이 만든 브라우저인 **크롬(Chrome) 을 별도로 설치**해야 합니다. 크롬을 사용하면 북마크(즐겨찾기)와 방문 기록은 물론 자신이 설정해 둔 환경 설정과 테마 등을 모두 클라우드에 동기화할 수 있습니다. 그리고 확장 프로그램을 설치하면 기본 기능 외에 추가로 더 많은 기능을 확장해서 사용할 수 있죠. 크롬을 설치하지 않았다면 다음 순서대로 크롬 먼저 설치해 주세요.

하면 된다! ⟩ 크롬 설치하고 환경 설정하기

1. 크롬 설치 파일 내려받기

웹 브라우저 주소 표시 창에 www.chrome.com을 입력해 크롬을 내려받을 수 있는 사이트로 접속한 후 [Chrome 다운로드]를 클릭하세요. 크롬 설치 파일을 내려받을 수 있습니다.

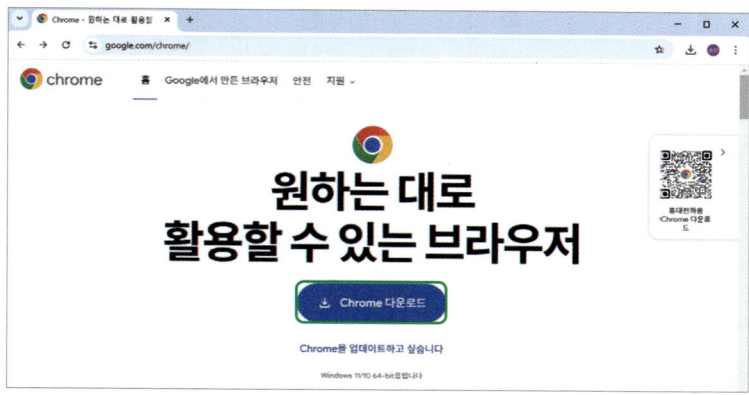

2. 오른쪽 위에 나타나는 설치 파일을 클릭해 실행하면 따로 설치 경로를 묻거나 설치 여부를 묻는 메시지 창 없이 자동으로 설치됩니다.

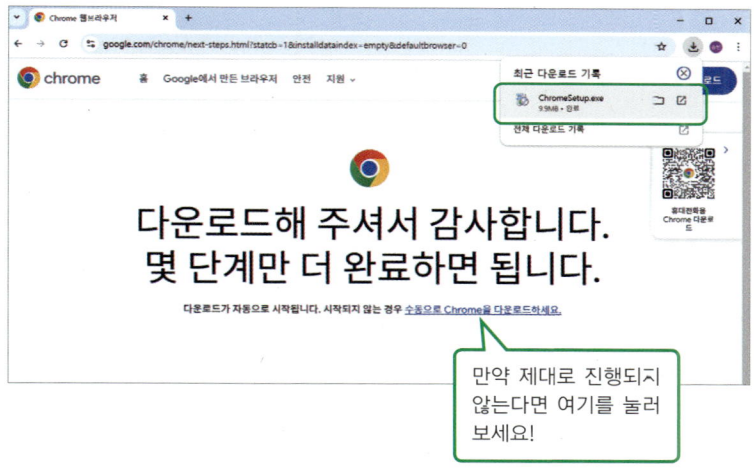

만약 제대로 진행되지 않는다면 여기를 눌러 보세요!

3. 구글 회원 가입 후 로그인하기

구글 크롬을 활용하려면 구글 계정을 만들어 로그인하는 것이 필수입니다. 설치한 크롬 브라우저를 실행한 후 첫 화면에서 [로그인]을 클릭합니다.

▶ 삼성 갤럭시나 안드로이드 폰을 사용하고 있다면 휴대폰에 로그인한 구글 ID를 활용해 주세요.

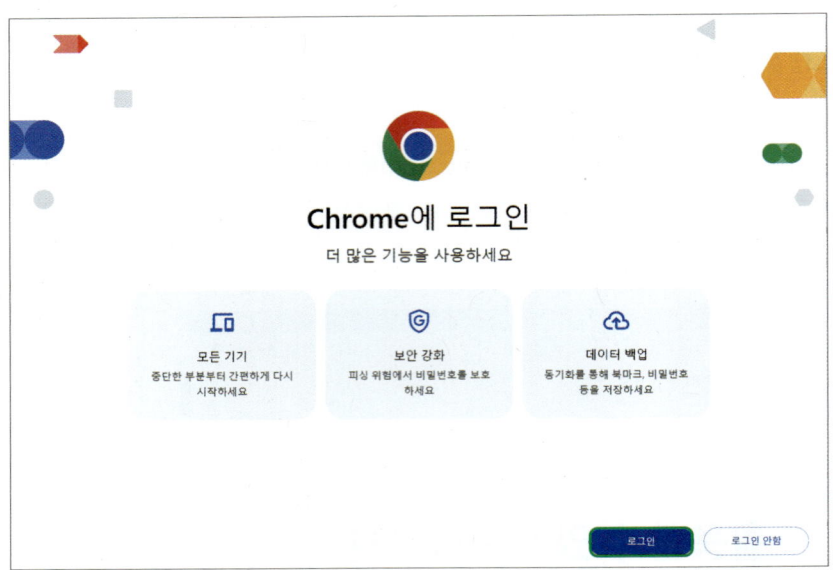

4. 로그인 화면이 나오면 [계정 만들기]를 클릭한 뒤, [개인용]을 선택합니다.

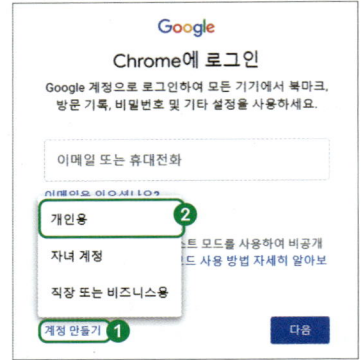

5. 필수 정보를 입력해 계정을 만듭니다.

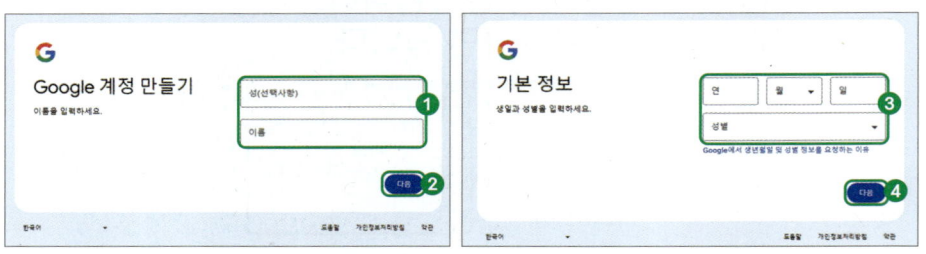

6. 이메일 ID 생성시 자동으로 제안하는 이메일을 선택해도 되지만 [내 Gmail 주소 만들기]로 나만의 이메일을 생성하는 것이 좋습니다. [다음]을 누르고 비밀번호도 설정하세요.

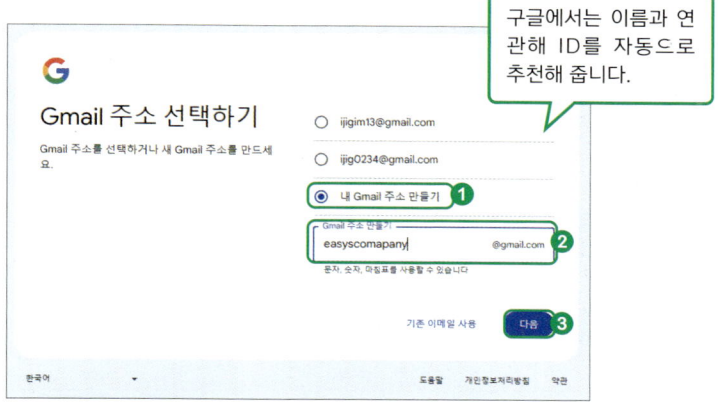

구글에서는 이름과 연관해 ID를 자동으로 추천해 줍니다.

7. 본인 인증을 위해 **핸드폰 번호를 입력**하고 [다음]을 눌러 인증 번호를 전송합니다. 이어서 문자로 전송받은 **코드를 입력**하고 [다음]을 누르세요.

8. 복구 이메일 추가는 [건너뛰기]를 선택해도 되지만, 비정상적인 로그인 활동이 발생하거나 계정이 잠겼을 때 비상 연락 이메일로 활용되므로 입력하는 것이 좋습니다. 다른 메일 주소를 입력한 후 [다음]을 누르세요.

02 • 구글 크롬 설치하고 계정 설정하기 **33**

9. 지금까지 입력한 정보를 검토합니다. 입력된 정보를 확인 후 [다음]을 누릅니다.

10. 약관을 확인한 후 [계정 만들기]를 누릅니다.

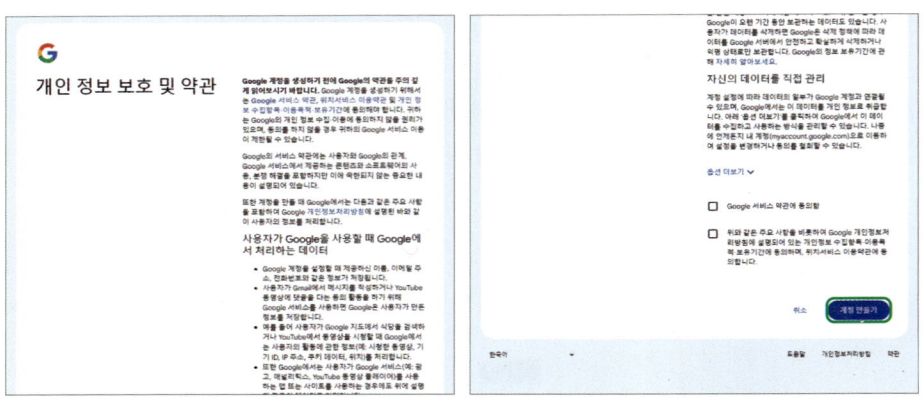

11. 동기화 사용 설정은 [사용]을 누르면 회원가입이 완료됩니다.

> **된다! 1분 팁** | **구글 계정이 이미 있다면 크롬에 동기화하세요**
>
> 기존의 구글 계정으로 로그인하면 크롬 동기화 설정을 안내하는 창이 나타납니다. 동기화를 설정하면 여러모로 편리하므로 [사용]을 선택하는 것이 좋습니다. 크롬에 자신의 계정을 동기화해 두면 북마크나 방문 기록, 비밀번호, 확장 프로그램, 기타 설정이 동기화되어 로그인만 해도 평소 작업 환경 상태에서 크롬을 사용할 수 있어 편리합니다.
> 동기화란 다른 PC나 스마트폰을 쓰더라도 로그인만 하면 나만의 환경 설정을 그대로 가져와 똑같은 환경을 만들 수 있는 것을 말합니다. 자세한 내용은 02-2절에서 다룹니다.

어디서든 스마트폰으로 작업할 수 있도록 앱 설치하기

스마트폰에서 구글 서비스를 이용하는 방법은 PC와는 조금 다릅니다. PC에서는 크롬을 설치해 서비스를 이용했지만 스마트폰에서는 서비스 앱을 각각 설치해야 합니다. 물론 스마트폰의 크롬 앱으로 각 서비스에 접속해도 되지만 크롬 앱만으로는 완벽하게 사용할 수 없습니다.

이 책에서 다루는 구글 앱을 전부 설치하고 실습을 따라 해 주세요!

스마트폰에 여러 가지 구글 서비스 앱을 설치한 모습

따라서 자주 사용하는 앱은 앱 스토어에서 찾아 설치해 주세요. 이때 주의할 점이 한 가지 있습니다. 간혹 이름이나 아이콘 모양이 비슷해서 어떤 것을 선택해야 할지 혼란스러울 수 있거든요.

예를 들어 구글 문서 앱을 찾기 위해 문서라고 검색하면 비슷한 문서 작업 앱이 여러 개 검색되는 것을 볼 수 있습니다. 엉뚱한 앱을 설치하지 않도록 서비스를 제공하는 회사명이 구글(Google LLC)인지 꼭 확인하세요.

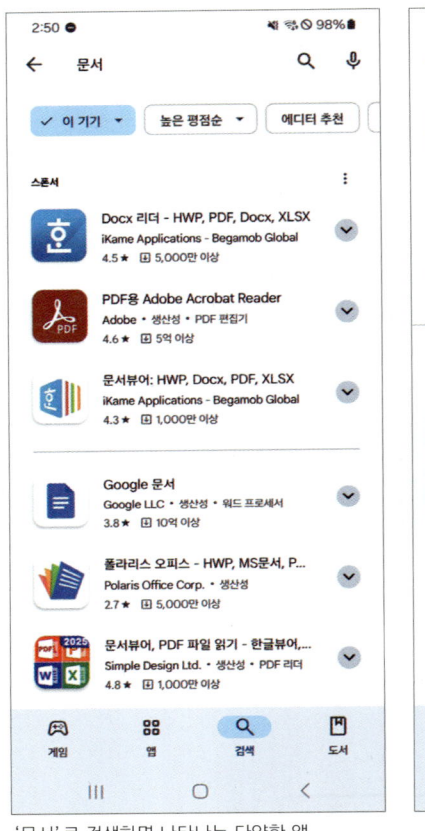

앱을 설치할 때는 회사명을 반드시 확인하세요.

'문서'로 검색하면 나타나는 다양한 앱

앱은 사용하는 스마트폰의 운영체제에 맞는 스토어에서 검색해서 설치하면 됩니다. 스마트폰의 운영체제는 크게 구글의 안드로이드와 애플의 iOS가 있죠. 안드로이드 운영체제인 삼성 갤럭시, LG 등은 플레이 스토어, iOS 운영체제인 아이폰은 앱 스토어에서 앱을 내려받아 설치할 수 있습니다. 앱을 설치했으면 실행해 구글 계정으로 로그인하세요. 그러면 준비 완료입니다.

02-2
크롬에 계정 동기화하기

동기화가 중요한 이유

예전에는 컴퓨터를 포맷할 때 즐겨찾기를 따로 백업해 두지 않으면 모두 날아갔습니다. 그래서 익스플로러 즐겨찾기 백업 프로그램이 따로 있었죠. 이렇듯 익스플로러는 포맷한 후에 원래 설정 상태로 돌아가려면 별도의 작업 과정이 필요했으며 액티브엑스(Active X)도 모두 새로 설치해야 했습니다.

반면에 크롬은 계정별로 동기화할 수 있어서 갑작스럽게 다른 PC를 사용하더라도 크롬에 자신의 계정으로 로그인만 하면 내 PC와 똑같은 설정을 사용할 수 있습니다. 또한 앱이나 확장 프로그램도 매번 새로 설치할 필요 없이 곧바로 사용할 수 있습니다. 정말 편리한 기능이죠.

그럼 크롬에서 어떤 항목을 동기화할 수 있는지 살펴보고 필수 항목을 동기화해 보겠습니다.

▶ 공용 PC나 다른 사람의 PC를 사용할 때는 시크릿 모드(Ctrl+Shift+N)를 사용하면 개인 정보가 남지 않도록 할 수 있습니다. 시크릿 모드는 43쪽을 참고하세요.

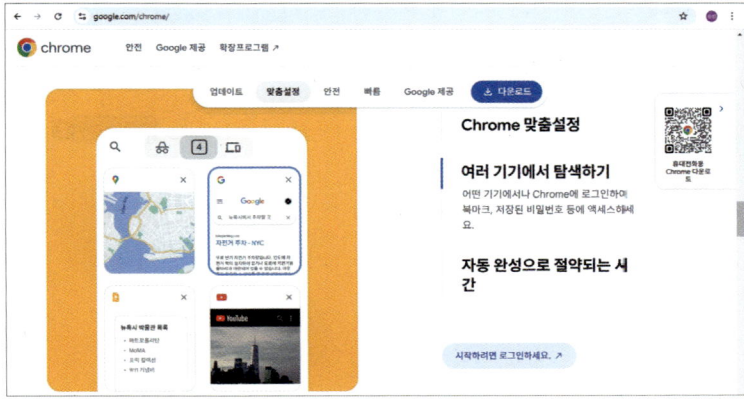

하면 된다! ▶ 내 입맛대로 크롬 설정하고 동기화하기

1. 크롬 설정 창 열기

크롬을 실행한 뒤 화면 오른쪽 상단에서 [Chrome 맞춤 설정 및 제어 ⋮] → 설정] 을 차례로 클릭합니다.

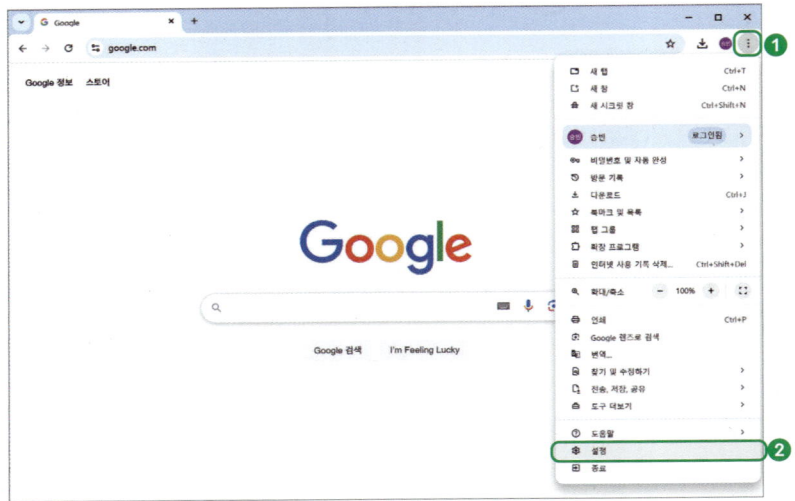

2. [내 Google 서비스 설정]에서 [동기화 사용] 버튼이 활성화되어 있다면 동기화가 되지 않고 있는 상태입니다. [동기화 사용]을 누르고 동기화 사용 설정을 [사용] 을 클릭합니다.

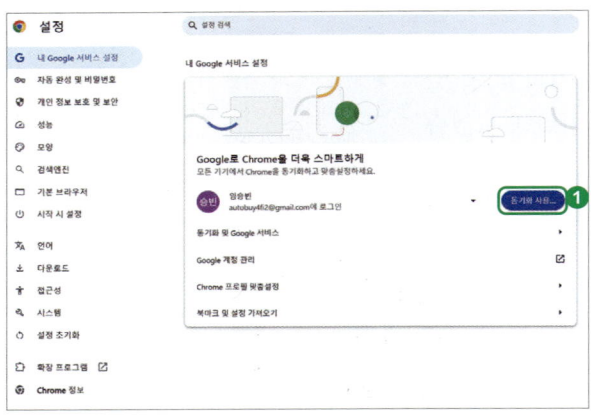
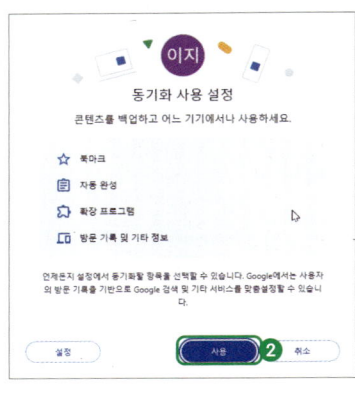

3. 다시 [내 Google 서비스 설정] 창으로 돌아가 이렇게 호-면이 나온다면 동기화 사용 중인 상태입니다.

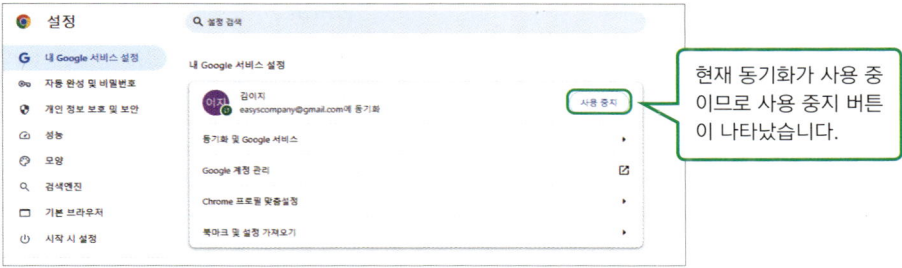

현재 동기화가 사용 중 이므로 사용 중지 버튼 이 나타났습니다.

4. [동기화 및 Google 서비스]를 클릭한 뒤 [동기화 관리] 메뉴에서 동기화 항목을 살펴보세요.

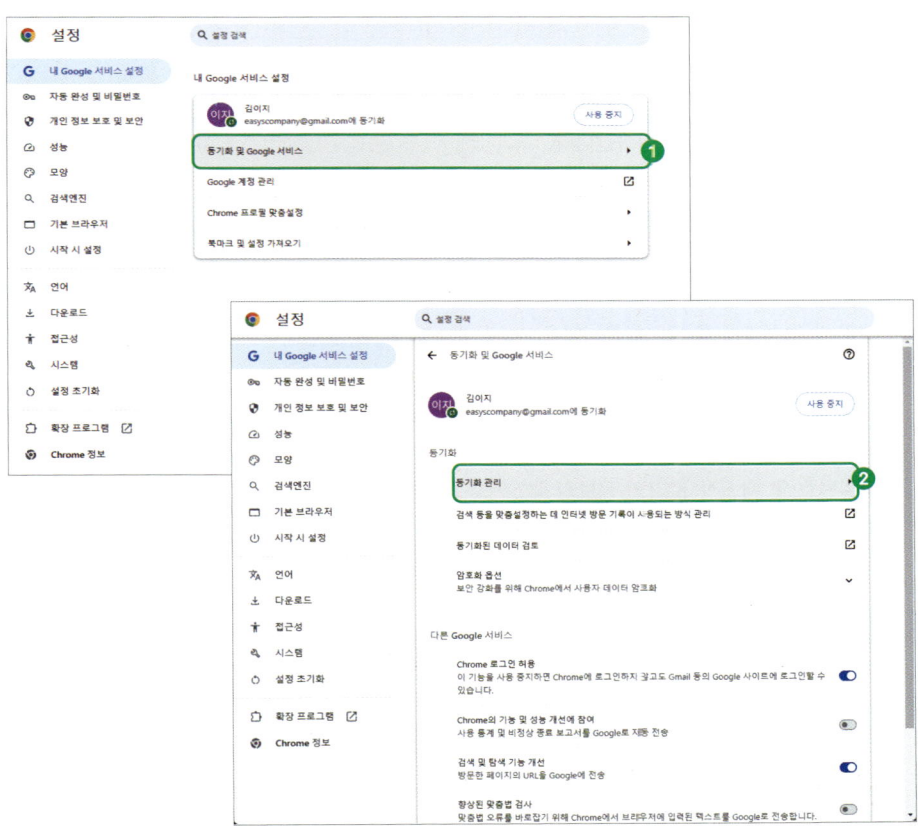

02 · 그글 크롬 설치하고 계정 설정하기

5. 각 항목별 자세한 설명은 다음과 같습니다.

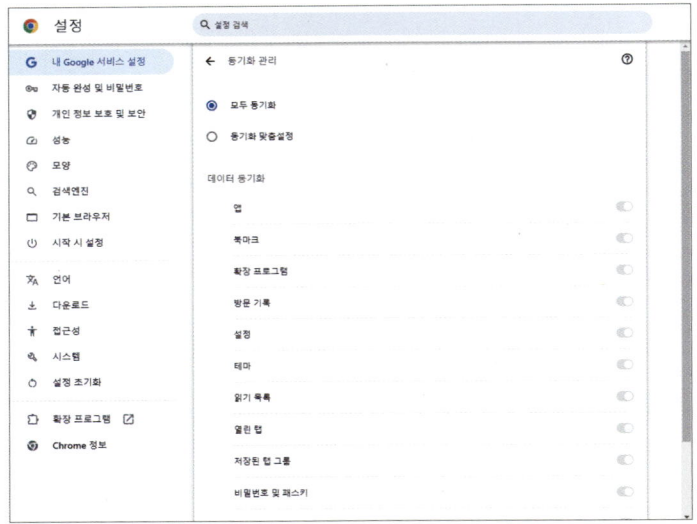

크롬에서 동기화할 수 있는 항목의 종류
- **앱**: 설치된 크롬 앱을 동기화합니다.
- **북마크**: 저장한 북마크를 동기화하여 쉽게 접근할 수 있습니다.
- **확장 프로그램**: 설치한 확장 프로그램을 동기화합니다.
- **방문 기록**: 웹사이트 방문 기록을 동기화합니다.
- **설정**: 크롬의 설정을 동기화하여 동일한 환경을 유지합니다.
- **테마**: 선택한 테마를 동기화합니다.
- **읽기 목록**: 저장한 읽기 목록을 동기화합니다.
- **열린 탭**: 열린 탭을 동기화하여 다른 기기에서 이어서 작업할 수 있습니다.
- **저장된 탭 그룹**: 탭 그룹을 동기화하여 동일한 그룹을 사용할 수 있습니다.
- **비밀번호 및 패스키**: 로그인 정보와 패스키를 동기화합니다.
- **주소 및 기타**: 주소, 전화번호 등을 동기화하여 자동으로 입력됩니다.

6. 설정을 바꾸는 순간 자동 저장되므로 [저장] 버튼을 찾지 않아도 됩니다.

아이디와 비밀번호를 동기화하면 유출될까 봐 걱정돼요

구글은 아직까지 해킹이나 정보 유출 사례가 없을 정도로 보안이 탄탄하므로 동기화 기능을 사용하는 걸 꺼려하지 않아도 됩니다. 동기화한 후 저장된 아이디와 비밀번호는 비밀번호 관리자(passwords.google.com)에서 관리할 수 있습니다.

비밀번호 관리자 페이지

알아 두면 좋은 구글 계정 관련 설정 방법 3가지

• **기본 검색 엔진 바꾸기**

크롬을 처음 설치하고 나면 기본적으로 검색 엔진이 구글로 설정됩니다. 구글 검색 엔진을 네이버나 다음 등 다른 검색 엔진으로 바꿀 수 있습니다. 크롬의 [설정 → 검색엔진 → 변경]을 눌러 검색 엔진을 선택하면 됩니다. 저는 네이버를 추천할게요.

▶ 여기서 제공하는 브라우저 외에 다른 검색 엔진을 추가하는 방법은 아쉽게도 없습니다.

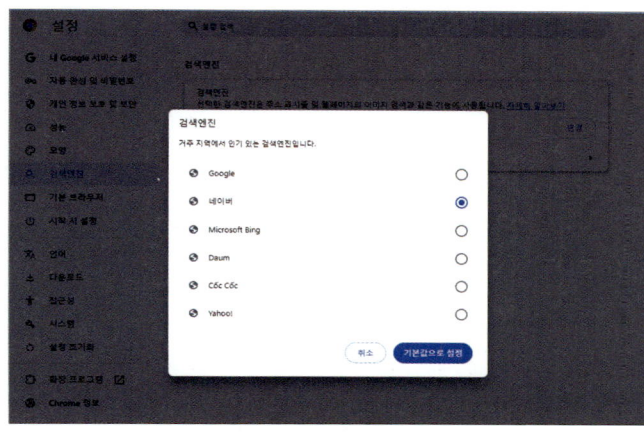

02 • 구글 크롬 설치하고 계정 설정하기 41

- **내려받은 파일 폴더 바꾸기**

크롬에서 파일을 내려받으면 기본적으로 윈도우의 [다운로드] 폴더에 자동으로 저장됩니다. 만약 바탕화면이나 그 외의 다른 폴더로 바꾸고 싶다면 [설정 → 다운로드 → 변경]을 누르세요. 파일 경로를 선택하는 창에서 원하는 폴더나 위치를 지정하면 됩니다.

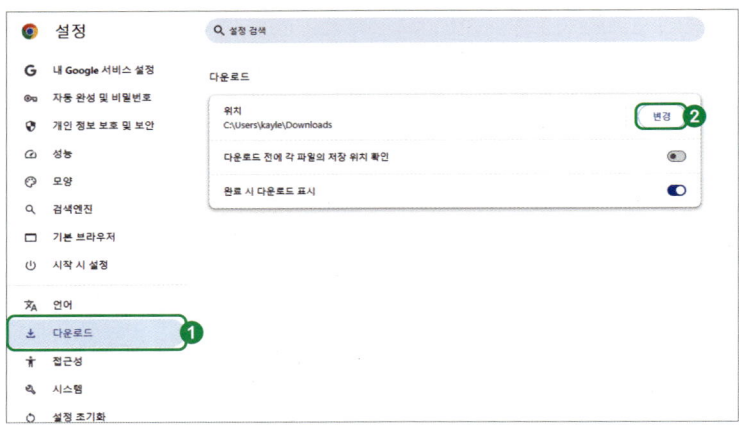

- **광고를 지우는 알림 허용에 관한 설정**

크롬에서 귀찮은 광고 알람이 뜬다면 chrome://settings/content/notifications 를 입력해 알림 설정에 들어가 보세요. 알림 허용에 관한 설정을 할 수 있습니다. 알림을 모두 끄려면 [사이트에서 알림을 전송하도록 허용하지 않음]을 체크하면 됩니다.

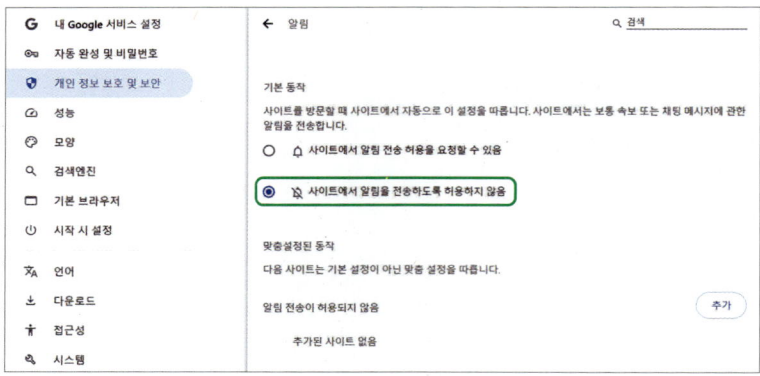

다른 사람의 PC나 공용 PC에서는 시크릿 모드를 사용하세요

만약 공용 PC나 다른 사람의 PC를 사용해야 하는 일이 생긴다면 개인 정보나 기록이 남지 않도록 주 의해야 합니다. 크롬 창에서 Ctrl+Shift+N을 눌러 시크릿 모드로 전환해서 사용해 보세요.

시크릿 모드 상태에서는 다른 사이트에서 로그인을 하더라도 인터넷 방문 기록이나 계정 정보 등이 저장되지 않아 유출될 걱정 없이 안전하게 사용할 수 있습니다.

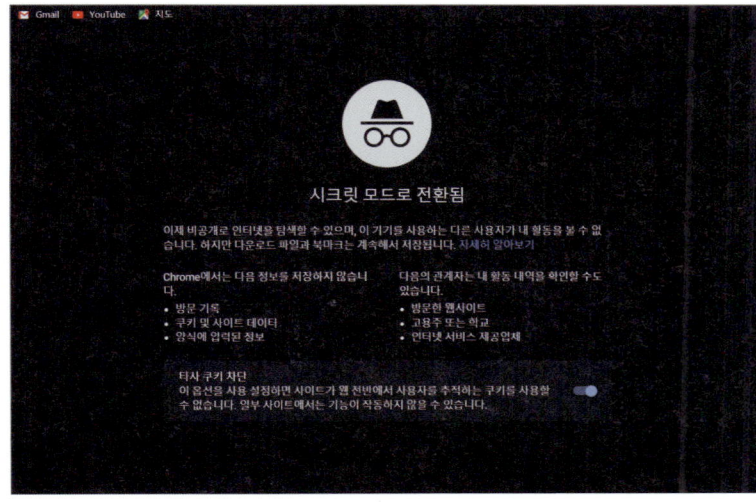

02-3
크롬과 구글 검색 엔진 제대로 쓰기

검색 연산자를 활용해 빠르고 정확하게 구글링하기

필요한 정보를 검색하는 게 일상이 된 우리는 하루에도 몇 번이고 검색 엔진을 이용합니다. 하지만 내가 찾고 싶어 하는 내용과 관련 없는 글이나 두루뭉술하게 방문객 수나 조회 수만 높이려는 영양가 없는 콘텐츠 때문에 시간을 허비하는 경우가 많습니다.

이러한 정보 검색 실패를 줄이려면 우수한 검색 엔진을 선택하고 효과적인 검색 방법을 사용해야 합니다. 구글 검색 엔진은 다른 검색 엔진에 비해 정보량이나 정보 처리 능력이 우수하므로 전 세계에서 가장 많이 사용하고 있습니다.

정보 검색에서 구글이 널리 쓰이다 보니 이제는 구글로 정보를 검색한다는 뜻인 '구글링'이 정보 검색과 동의어로 사용되기도 하는데요. 구글링을 잘하는 사람은 어떻게 검색하는지 살펴볼까요?

일반적인 검색어 입력

검색 연산자를 이용한 검색어 입력

이렇게 intitle:, " "(큰 따옴표)와 같이 검색어의 앞뒤에 다양한 문자, 기호를 추가해 검색을 도와주는 요소를 **검색 연산자**라고 합니다. 검색 연산자를 사용하면, 좀 더 효과적으로 구글링을 할 수 있습니다.

다음은 대표적인 검색 연산자와 사용 방법입니다.

방법 1 원하는 단어나 문장을 " " 안에 넣어 검색해 보세요. 완벽한 단어나 문장을 검색해 줍니다.

예 "갤럭시 S25"

방법 2 연관 단어나 비슷한 말을 같이 검색해 보세요. 두 검색어 사이에 **and**와 **or**를 넣어 검색하세요.

예 "갤럭시 S25" or "Galaxy S25"

방법 3 제외할 단어에 – 를 붙여 불필요한 검색 결과를 줄여 보세요.

예 "갤럭시 S25" or "Galaxy S25" -아이폰 -iphone

방법 4 특정 파일 확장자의 자료를 찾고 싶다면 검색어 앞에 **filetype:**을 사용해 보세요.

예 filetype:docx 이력서 양식

방법 5 특정 사이트 내에서 검색하고 싶다면 검색어 앞에 **site:**를 사용해 보세요.

예 site:nts.go.kr filetype:xlsx 세금계산서

방법 6 제목으로 찾고 싶다면 검색어 앞에 intitle:을 사용해 보세요.

⑩ intitle:"구글 드라이브 검색"

방법 7 숫자 사이에 ..를 넣어 범위를 제한해 줍니다.

⑩ 아이패드 판매량 2020..2024

▶ 이 밖에도 다양한 검색 연산자를 사용할 수 있습니다. 더 많은 내용을 알고 싶다면 구글 고객센터를 참고하세요(support.google.com/websearch/answer/2466433).

> **된다! 1분 팁 | 주소 창에서 바로 검색하기**
>
> 크롬은 검색할 때마다 검색 페이지로 이동하는 시간을 절약할 수 있도록 화면 상단 주소 창에서 바로 검색할 수 있답니다. 처음엔 어색하지만 익숙해지면 정말 편리한 기능입니다.

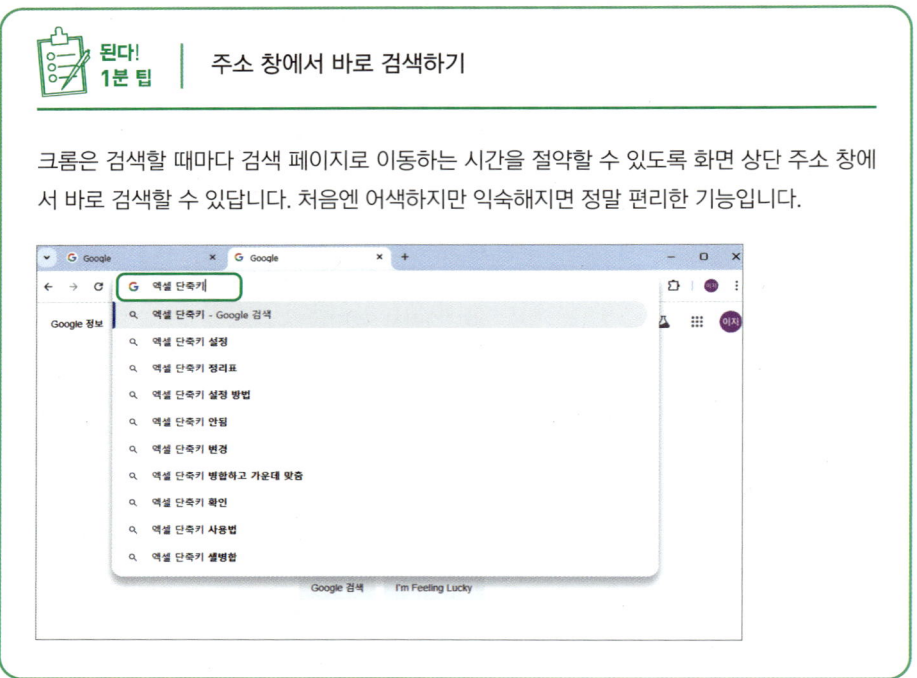

하면 된다! 〉 크롬의 주소 창에서 구글 외에 다른 검색 엔진으로 바로 검색하기

크롬의 주소 창은 기본적으로 크롬 설정에서 지정해 둔 검색 엔진으로 검색합니다. 만약 네이버 등 다른 사이트에서 검색한 기록이 크롬의 주소 창에 남아 있다면 그 사이트에 접속하지 않고도 곧바로 검색 결과를 볼 수 있습니다.

> 예 **크롬에서 네이버 검색 결과 바로 보기**
> ① 크롬 실행 → 네이버 웹 사이트에 접속 → 네이버 검색 창에서 검색
> ② 크롬 실행 → 크롬 검색 창에서 바로 검색해서 네이버 검색 결과 보기

1. 대표적인 검색 엔진인 네이버로 실습해 볼게요. 크롬 화면의 주소 창에 naver.com을 입력해 네이버에 접속한 뒤, 원하는 단어를 검색합니다.

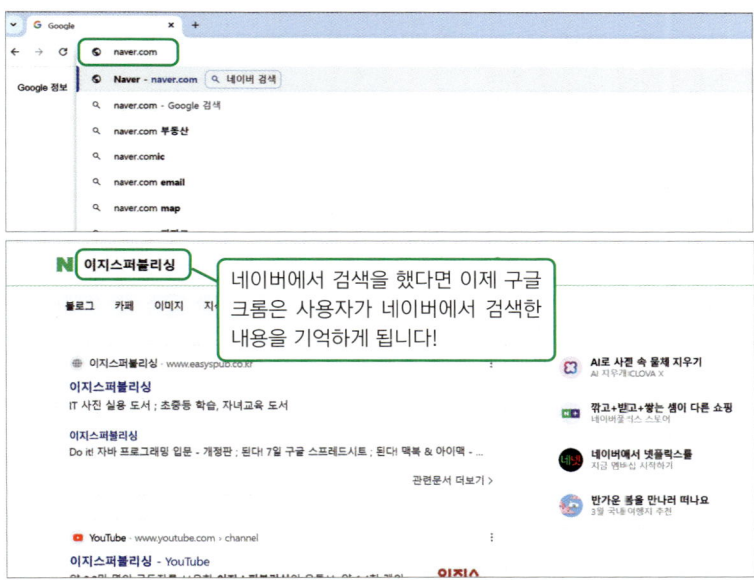

2. 이제 크롬의 주소 창에서 바로 네이버 검색 서비스를 이용할 수 있습니다. 주소 창에 naver의 초성 몇 자만 입력하면 naver.com이 자동 완성됩니다. 이때 [Tab]을 누르면 naver 검색이라고 이름이 바뀌는 것을 볼 수 있습니다. 이제 원하는 검색어를 입력한 뒤, [Enter]를 눌러 검색 결과를 살펴보세요.

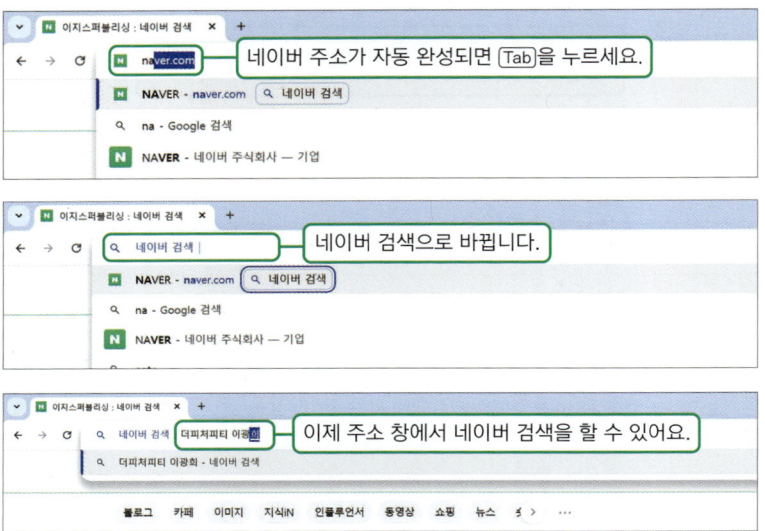

3. 바로 네이버 화면에 검색 결과가 나타납니다. 이처럼 우리가 자주 접속하는 사이트에서 검색해야 할 때 활용해 보세요. 검색 속도가 정말 빨라질 거예요!

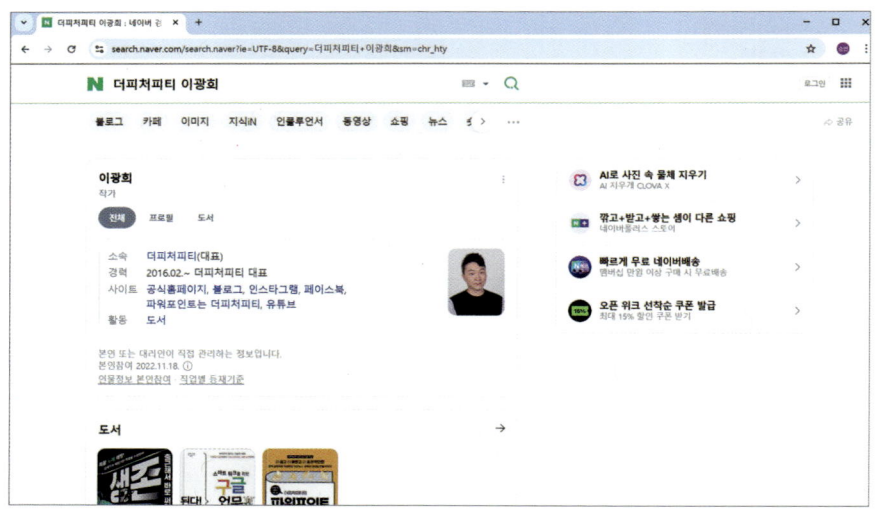

하면 된다! } 구글의 주요 서비스에 빠르게 접속하기

1. google.com에 접속해 보면 자주 사용하는 서비스로 빠르게 이동할 수 있는 메뉴가 있습니다. 화면 오른쪽 상단에서 [Google 앱 ⋮⋮⋮]을 클릭하면 사용자들이 많이 이용하는 서비스의 아이콘을 확인할 수 있습니다. 이 아이콘을 클릭하면 해당 서비스로 이동할 수 있습니다.

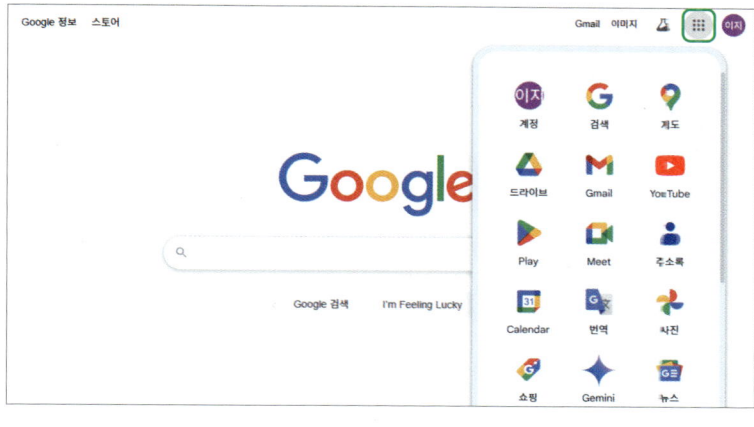

2. 이 아이콘을 드래그해 사용자가 자주 사용하는 서비스부터 순서대로 배치할 수 있습니다.

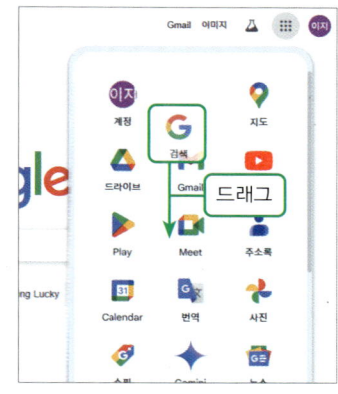

> **된다! 1분 팁** | 구글은 프로그램을 따로 설치하지 않아도 되나요?
>
> 예전에 프로그램을 이용하려면 먼저 설치 파일을 활용하여 프로그램을 설치한 뒤 실행 파일로 프로그램을 구동하는 방식이었습니다. 프로그램의 설치 파일은 CD 형태로 구입하거나 인터넷에서 내려받아야 했으며, 컴퓨터의 저장 공간 용량을 차지했죠. 버전이 업그레이드되면 패치 작업도 해줘야 하는 등 여러모로 번거로웠습니다.
>
> 하지만 구글은 이 모든 작업을 할 필요가 없습니다. 구글은 클라우드에서 서비스를 바로 제공해 주는 SaaS(software as a service, 서비스형 소프트웨어)이어서 해당 서비스의 웹 사이트에 접속하기만 하면 바로 활용할 수 있습니다. 그래서 프로그램 설치나 주기적인 패치 작업이 필요 없으며 컴퓨터의 저장 공간도 차지하지 않습니다. 구글 서비스는 모두 구글에서 직접 관리하므로 프로그램의 유지·보수와 관리 등은 전혀 신경 쓰지 않아도 됩니다.

구글에서 가장 많이 사용하는 대표적인 서비스는 다음과 같습니다. 다음 장부터 이 서비스를 제대로 사용하는 방법을 차근차근 소개해 드릴게요.

서비스 종류	분야	사이트 주소
드라이브	데이터 클라우드	DRIVE.google.com
포토	사진, 동영상 클라우드	PHOTOS.google.com
지메일	메일 서비스	GMAIL.google.com
문서	구글형 워드	DOCS.google.com
프레젠테이션	구글형 파워포인트	SLIDES.google.com
스프레드시트	구글형 엑셀	SHEETS.google.com
미트	화상 회의	MEET.google.com
설문지	설문 조사, 정보 수집	FORMS.google.com
사이트 도구	웹 페이지 제작	SITES.google.com
킵	간단한 메모	KEEP.google.com

	달력, 스케줄 관리	CALENDAR.google.com
캘린더		
클래스룸	온라인 학급 운영	CLASSROOM.google.com

> 사이트 주소 형태는 서비스명.google.com으로 되어 있습니다. 사이트명만 봐도 서비스 분야를 짐작할 수 있도록 단순해서 기억하기 쉽죠? 사이트 주소는 소문자로 입력해도 됩니다.

된다! 1분 팁 | 스마트폰 화면 그대로 윈도우 PC로 가져오기 — 휴대폰과 연결

윈도우PC에서 휴대폰을 사용하고 싶다면 휴대폰과 연결 앱을 활용해 보세요. 내 PC에 스마트폰 화면을 그대로 가져와 스마트폰의 알림은 물론 문자 발송, 사진 공유 등 업무 중에 매번 스마트폰을 만지지 않고도 스마트폰의 주요 기능을 활용할 수 있습니다. 심지어 앱별 개별 창으로 실행할 수 있습니다. PC에서는 휴대폰과 연결, 모바일에서는 Windows와 연결입니다. 이름은 다르지만 같은 앱입니다.

02 · 구글 크롬 설치하고 계정 설정하기 **51**

능력자 인터뷰 1

사회적 거리,
스마트 워크로 채워야 할 때!

브루스피티 대표
이기송 님

이메일 · bruceppt@naver.com
블로그 · blog.naver.com/bruceppt

Q 자기소개 부탁드립니다. 어떤 일을 하나요?

입찰 프레젠테이션에 관한 기획 및 슬라이드 디자인 업무를 하고 있으며, 대학과 공공 기관에서 프레젠테이션 및 콘텐츠 제작 교육을 하고 있습니다. 평소에 방대한 자료를 수집하고 정리해 새로운 가치를 도출하는 일을 하다 보니 새로운 생각 정리와 자료 정리 방법의 필요성을 절실히 느낍니다.

Q 스마트 워크를 개인의 일상이나 업무에서 어떻게 적용하는지요?

언제 어디서나 쉽게 접근하고 수정할 수 있는 것이 스마트 워크의 핵심이라고 생각합니다. 구글 서비스를 이용해서 연락처나 공유 자료를 준비해 두고 있습니다. 진행하는 프로젝트나 개인 일정은 구글 캘린더로 관리하고, 놓칠 수 있는 세부 일정은 마이크로소프트의 To-do를 함께 활용합니다.

사진과 영상 역시 구글 포토에 보관합니다. 자주 열람하는 자료는 드롭박스에 보관하여 실시간으로 백업합니다. 드롭박스는 혹시 자료가 손상되거나 덮어쓰기가 되더라도 원하는 지점에서 자료를 복원할 수 있어 편리합니다.

Q 스마트 워크를 시작한 계기가 궁금합니다.

10여 년간 모아 두었던 외장 하드가 망가진 적이 있어요. 복구 비용만 해도 50만 원이 넘고, 복구한다 해도 100% 완벽하지 않을 거라 하더군요. 참담했습니다. 자료를 하나둘 다시 만들면서 언제든 이런 상황이 또 발생할 수 있겠다는 생각이 들었습니다. 단순히 저장하는 방식이 문제가 아니라 자료를 수집하고 일하는 방식 자체를 바꿔야겠다고 마음먹었지요.

오래된 조직일수록 경직된 경우가 많은데요. 가장 중요한 건, 일을 하면서 불편한 점을 먼저 파악해 보고 해결책을 찾아서 스마트 워크로 하나씩 대체해 보는 것입니다. 가장 쉽고 작은 것부터 시작해 보세요.

Q 비대면 시대에 스마트 워크를 어떻게 활용할 수 있을까요?

이번 팬데믹이 가져온 변화 중에 가장 눈에 띄는 것은 바로 교육과 비즈니스의 환경 변화라고 생각합니다. 물리적으로 멀어진 사회적 거리를 다양한 디지털 기기와 서비스가 채워 주는 역할을 하는 요즘이야말로 업무 환경을 크게 탈바꿈할 수 있는 적기입니다.

'종이 없이, 언제 어디서나 편집할 수 있는' (paperless, anytime/anywhere, editable) 스마트 워크의 3가지 효용 가치를 업무에 접목한다면 불필요한 에너지를 줄이고 효율성을 높일 수 있을 것입니다.

둘째마당

스마트 워크의 기초
- 메일·메모·사진 관리

03 • 모든 구글 서비스의 허브, 지메일
04 • 회사, 집 어디서든 기록하고 공유해요, 구글 킵
05 • 사진·동영상 관리 서비스의 일인자, 구글 포토

03 모든 구글 서비스의 허브, 지메일

이메일은 업무에서 기본 도구인 것처럼 지메일도 구글을 이용한
스마트 워크 환경에서 가장 기본이 되는 서비스라고 할 수 있습니다.
이번 장에서는 다른 이메일 서비스와 차별화되는
지메일만의 강점과 효과적으로 사용하는 방법을 알아봅니다.

03-1 전 세계 수많은 사람들이 지메일을 쓰는 이유는 뭘까?

03-2 쌓여 있는 이메일을 분류하고 처리하는 노하우

03-3 수많은 이메일 중에서 원하는 메일 찾기, 검색 연산자

03-4 업무용 이메일에는 서명을 반드시 등록하자!

03-5 지메일 기본 설정, 이렇게 바꿔 두면 편해요

03-6 아차! 이메일 전송 취소 시간을 20~30초로 늘리세요

03-7 늦은 시간에 이메일 알림은 노 매너! 예약 이메일 보내기

03-8 이메일에 열람 기간과 비밀번호 지정해 보안성 높이기, 비밀 모드

03-9 지메일 화면, 내 취향대로 바꾸기

`능력자 인터뷰 2` 나의 첫 스마트 워크는 중학교 때 예약 문자 보내기 ─ 전시진 님

03-1

전 세계 수많은 사람들이 지메일을 쓰는 이유는 뭘까?

구글의 지메일(Gmail)은 전 세계에서 수많은 사람들이 사용하는 가장 인기 있는 이메일 서비스입니다. 사실 지메일의 용량이나 기본 기능은 다른 서비스와 비슷해요. 오히려 네이버나 다른 메일 서비스에 비해 디자인이 딱딱해 보여 처음엔 낯설기도 하죠.

지메일은 구글의 거의 모든 서비스와 연결하여 업무를 처리하는 기본 계정 역할을 하며 강력한 힘을 보여 줍니다. 이메일의 첨부 파일은 클라우드 저장 공간인 구글 드라이브를 이용하므로 용량에 대한 부담이 없습니다. 구글 캘린더에 등록해 둔 일정은 지메일로 곧바로 알려 줘 일정 관리를 꼼꼼하게 챙길 수 있죠.

또 문서 작업을 구글 협업 도구로 할 수 있으므로 매번 파일을 열지 않고도 지메일을 이용해서 실시간으로 의견을 보낼 수도 있습니다. 결제나 보안 알림도 모두 지메일에서 확인할 수 있습니다.

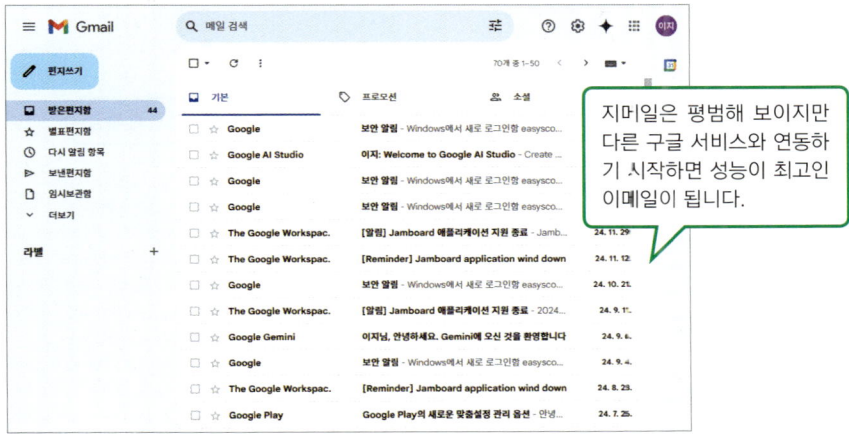

지메일은 평범해 보이지만 다른 구글 서비스와 연동하기 시작하면 성능이 최고인 이메일이 됩니다.

지메일을 단순히 메일을 주고받는 용도로만 사용하기엔 너무 아깝습니다. 이번 기회에 다른 구글 서비스와 연동해서 지메일을 사용해 보세요. 구글 서비스의 허브로서 지메일만의 장점을 체험할 수 있을 것입니다. 만약 지메일을 업무에 활용한다면 구글 서비스와 연동하는 것이 더욱 중요해집니다. 지메일로 업무에 사용된 서비스를 쉽고 간편하게 모니터링하고 통제할 수 있기 때문입니다.

 **구글 계정이 2~3개가 돼버렸는데 헷갈리지 않을까요?**

계정이 여러 개이거나 개인용 계정과 업무용 계정을 분리해서 관리하는 경우에도 계정을 바꿔 가며 사용할 수 있습니다. 지메일 화면 오른쪽 상단의 프로필 사진을 클릭하여 계정을 추가해 주세요. 그러면 필요할 때마다 계정을 바꿔 가며 사용할 수 있습니다(스마트폰의 지메일 앱에서도 같은 방식으로 계정을 바꾸면 됩니다).

지메일 뿐만 아니라 다른 구글 서비스에서도 자유롭게 계정을 추가하거나 바꿀 수 있어요.

스마트폰에서는 프로필 사진을 선택해 바꿀 계정을 직접 선택하는 방법도 있지만 더 간단하게 계정을 바꿀 수도 있습니다. 프로필 사진에 손가락을 올리고 스와이프해 보세요(아래쪽으로 터치한 채 쓸어내리기). 계정이 한 번에 바뀐답니다.

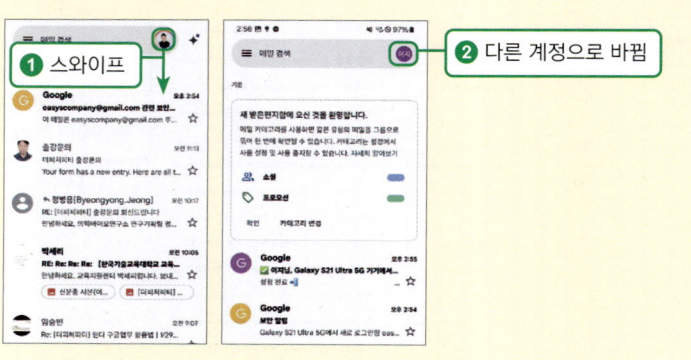

03-2

쌓여 있는 이메일을
분류하고 처리하는 노하우

주말을 보내고 월요일에 출근하면 쌓인 업무 메일과 구독하는 메일, 광고 메일 등을 처리하느라 많은 시간을 허비합니다. 메일을 처리하는 데 드는 시간을 줄이려면 폴더를 만들어 파일을 관리하듯 메일함을 이용하여 메일을 분류하고 보관하는 것이 좋습니다.

몇 가지 간단한 설정으로 받은 메일을 **지금 바로 처리할 메일, 나중에 처리할 메일, 시간 날 때 봐도 되는 구독하는 메일** 등으로 선별하고 보관하는 방법을 알아보겠습니다.

하면 된다! 〉 라벨링으로 이메일 분류하고 보관하기

먼저 [Google 앱 ▦ → Gmail]을 눌러 지메일에 접속합니다. 또는 Gmail.com을 입력해 지메일로 들어갑니다.

받은 편지함에 모든 메일이 뒤죽박죽 쌓이지 않도록 먼저 라벨을 정리해 보겠습니다. 이번 실습에서는 팀별로 라벨링합니다.

▶ 라벨링이란 메일을 분류해서 이름을 붙이는 과정을 말합니다. 회사나 업무 방식에 따라 자신에게 맞게 라벨링해 보세요.

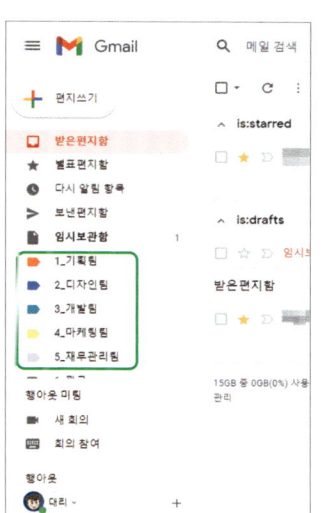

1. 지메일 화면의 왼쪽 메뉴 중에서 [+ 새 라벨 만들기]를 선택한 뒤 새 라벨 이름을 1_기획팀으로 입력하고 [만들기]를 클릭합니다.

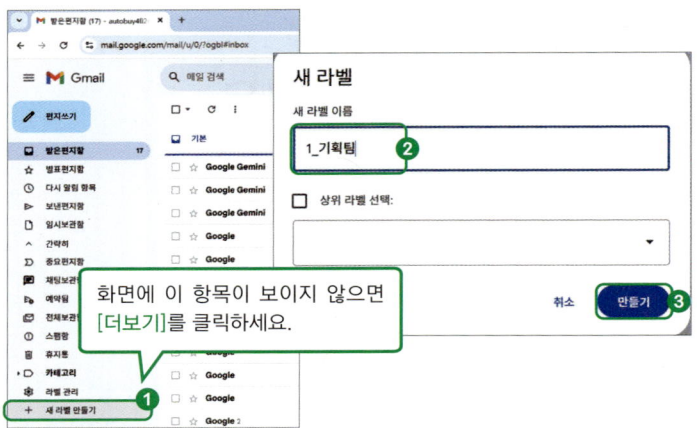

2. 라벨은 구분하기 쉽도록 색상을 지정해 주면 좋습니다. 라벨 오른쪽의 [설정 ⋮] → 라벨 색상]을 선택하면 아이콘을 마음에 드는 색상으로 바꿀 수 있습니다.

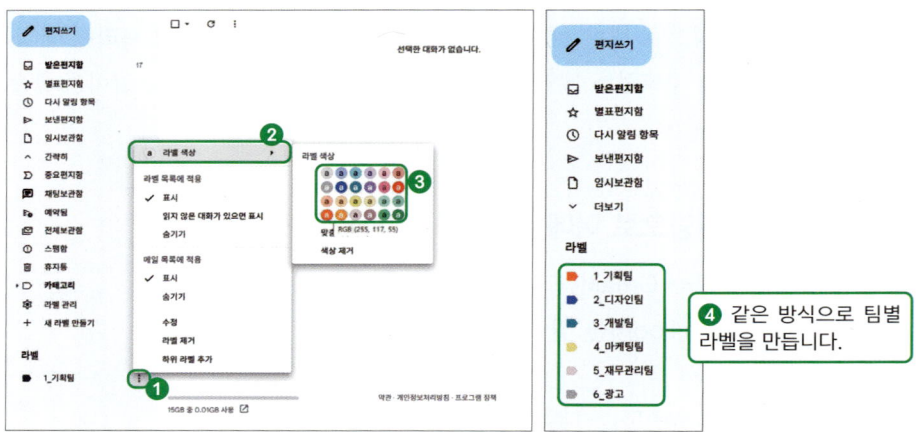

3. 라벨이 자동으로 지정되도록 설정하기

메일이 올 때마다 일일이 라벨을 지정해야 한다면 비효율적이겠죠? 같은 회사 직원이거나 자주 협업하는 외부 업체의 메일은 라벨이 자동으로 지정되도록 만들어 보겠습니다.

[메일 검색] 바 오른쪽에 있는 [☰(검색옵션 표시)]를 누르면 자신이 원하는 조건으로 메일을 검색하거나 자동 분류할 수 있는 창이 나타납니다. [1_기획팀] 라벨에 포함할 사람들의 메일 주소를 [보낸 사람] 입력 창에 입력하고 [필터 만들기]를 누릅니다.

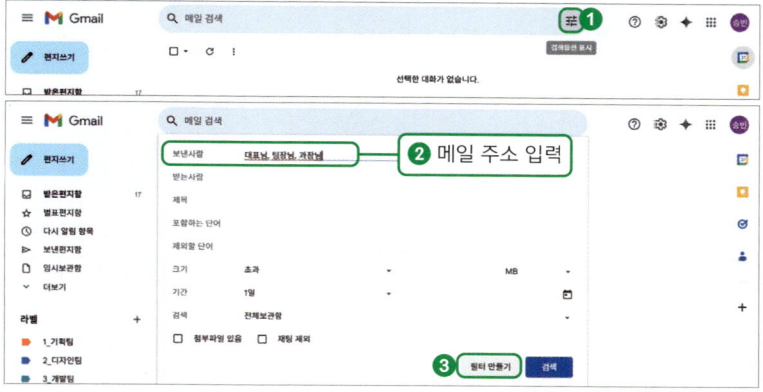

4. 메일을 어떻게 분류할지 설정하는 창이 나타납니다. 다음 그림과 같이 설정해 보세요.

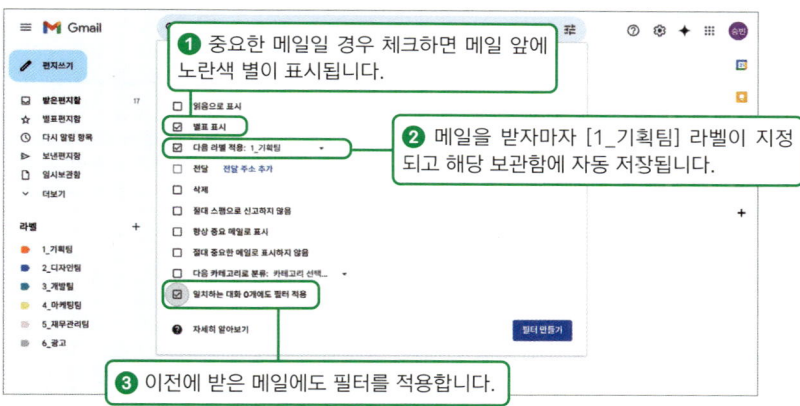

5. 이제 메일을 받을 때 제목과 함께 라벨이 자동으로 표시됩니다. 메일 구분은 물론 관리하기도 훨씬 편해진답니다.

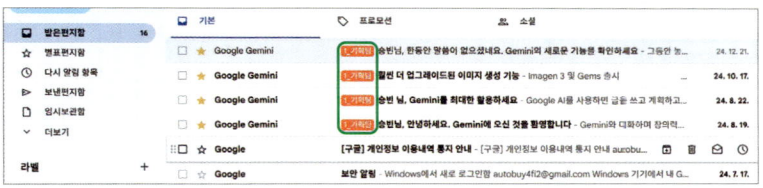

하면 된다! 〉 광고나 당장 보지 않아도 되는 정보성 메일 자동 분류하기

구독하는 뉴스레터, 정보성 메일이나 광고 등 지금 당장 보지 않아도 되는 메일이 있죠. 시간 날 때 또는 출퇴근하거나 이동하면서 확인해도 된다면 중요한 업무 메일과 섞이지 않고 자동 분류되도록 설정하세요.

1. 광고만 따로 묶기 위해 앞서 만든 6_광고 라벨을 활용해 보겠습니다. 만약 라벨을 만들지 않았다면 광고나 나중에 볼 메일이라는 라벨을 만든 후 실습을 진행해 주세요.

2. [메일 검색] 바 오른쪽에 있는 [(검색옵션 표시)]를 누른 후 [제목] 입력란에 (광고)라는 키워드를 넣고 [필터 만들기]를 클릭합니다.

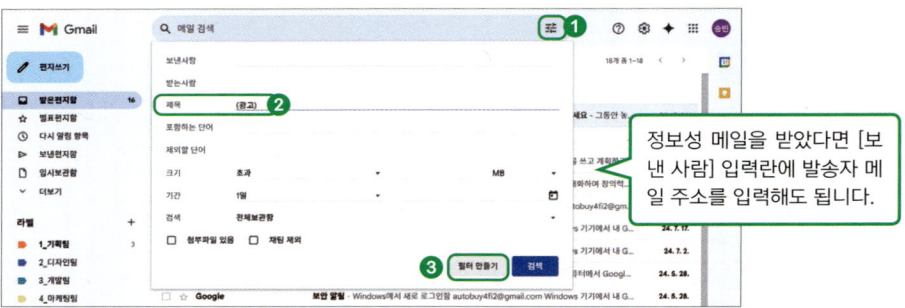

> 정보성 메일을 받았다면 [보낸 사람] 입력란에 발송자 메일 주소를 입력해도 됩니다.

3. 필터 설정하기

메일 제목에 (광고)라는 키워드가 들어간 경우 어떻게 분류할지 설정할 수 있는 창이 나타납니다. 다음 그림과 같이 설정해 보세요.

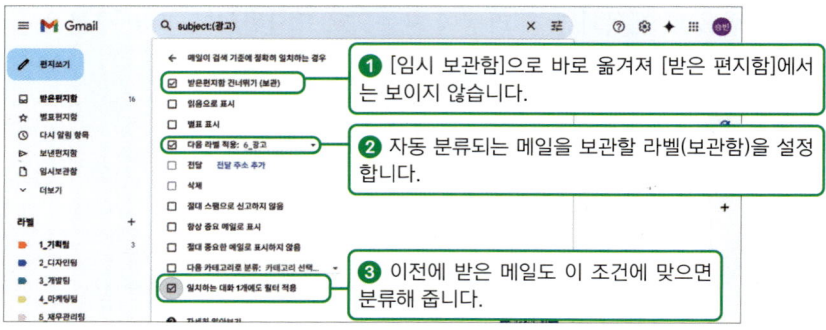

❶ [임시 보관함]으로 바로 옮겨져 [받은 편지함]에서는 보이지 않습니다.
❷ 자동 분류되는 메일을 보관할 라벨(보관함)을 설정합니다.
❸ 이전에 받은 메일도 이 조건에 맞으면 분류해 줍니다.

하면 된다! 〉 중요한 메일은 놓치지 않기

지메일은 업무 내용에 맞게 [받은 편지함]의 유형을 바꿀 수 있습니다. 메일 업무가 많지 않다면 [기본] 유형을 사용해도 충분합니다. 하지만 회사 규모가 커서 팀이 많고, 메일로 하는 업무가 많다면 의도치 않게 중요한 메일을 놓칠 수도 있습니다. 이런 경우 [받은 편지함] 유형을 별도로 지정해 주면 중요한 메일을 관리하기가 수월해집니다.

화면 오른쪽 위에서 [설정 ⚙]을 클릭하면 6가지 받은 편지함 유형이 밑에 펼쳐집니다. 이 중에 [별표 표시한 메일 먼저 표시]나 [받은 편지함 여러 개 사용하기]를 선택해서 사용해 보세요.

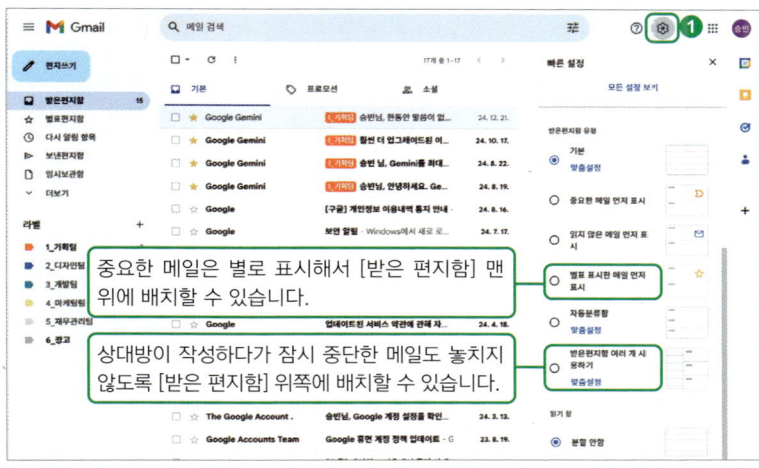

 된다! 1분 팁 | 메일 작성 창의 화면 크기 키우기

메일 작성 창이 작아서 답답하다면 ⤢를 눌러 확대해서 사용해 보세요. 메일 작성 창의 크기를 키우면 좀 더 넓은 화면에서 메일을 작성할 수 있어 편리합니다.

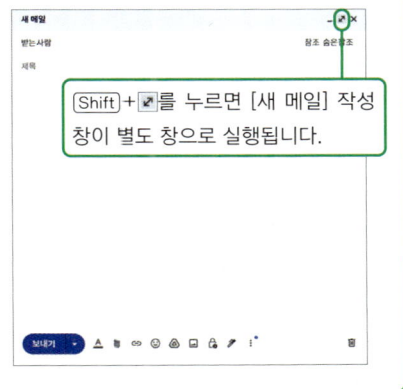

03 · 모든 구글 서비스의 허브, 지메일 **61**

03-3
수많은 이메일 중에서 원하는 메일 찾기, 검색 연산자

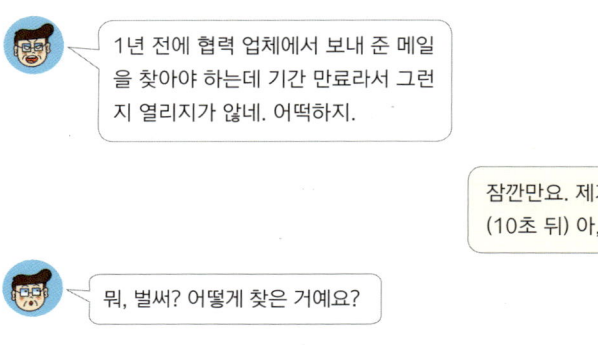

지메일 검색 기능으로 지금 당장 필요한 메일 빠르게 찾기

일하다 보면 갑자기 특정 메일을 찾아야 하는 경우가 있습니다. 그런데 엄청 쌓인 메일을 일일이 뒤적이며 시간을 허비할 수는 없겠죠? 보낸 사람의 이름이나 관련 키워드로 검색해 봐도 불필요한 메일까지 모두 나오니 답답할 뿐입니다.

찾고 싶은 메일을 콕 집어서 검색하고 싶을 때 지메일의 검색 기능을 이용하면 간단하게 해결됩니다. 여기서는 대표적으로 첨부 파일이 포함된 메일을 찾는 방법을 알아보겠습니다.

하면 된다! 〉 첨부 파일이 포함된 메일 찾기

먼저 이미지나 PDF 파일, 구글 문서나 스프레드시트 등 메일에 첨부되어 있는 파일을 찾아보겠습니다.

1. [메일 검색] 바 오른쪽에 있는 [⚙(검색옵션 표시)]를 누른 후 [제목]과 [포함하는 단어] 입력란에 검색어를 입력합니다. 그리고 왼쪽 하단의 [첨부파일 있음]에 체크하고 [검색]을 클릭합니다.

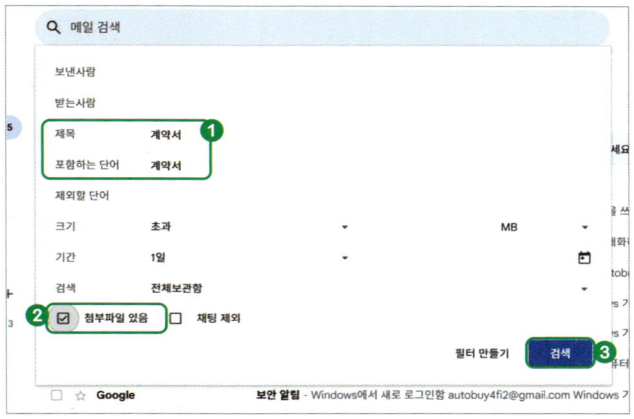

2. 입력한 검색어와 첨부 파일이 포함된 메일이 1차로 추려집니다. 이때 [메일 검색] 바 아래에서 파일 형식을 선택합니다. 여기서는 [PDF]를 선택합니다.

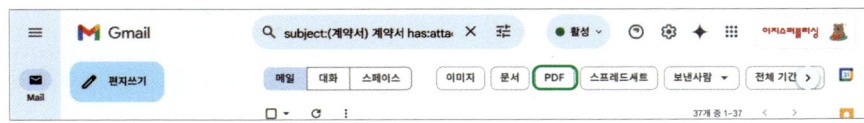

3. PDF 파일이 첨부 파일로 포함된 메일만 나타납니다.

03 • 모든 구글 서비스의 허브, 지메일 **63**

검색 연산자를 이용해 메일 찾기

이메일 주소와 키워드, 메일을 받았던 시기과 첨부 파일의 이름 등 기억나는 조건을 검색 연산자로 조합해 검색할 수 있습니다.

이메일 주소와 키워드, 메일을 받았던 시기와 첨부 파일 이름 등 기억나는 조건을 검색 연산자로 조합해 검색할 수 있습니다.

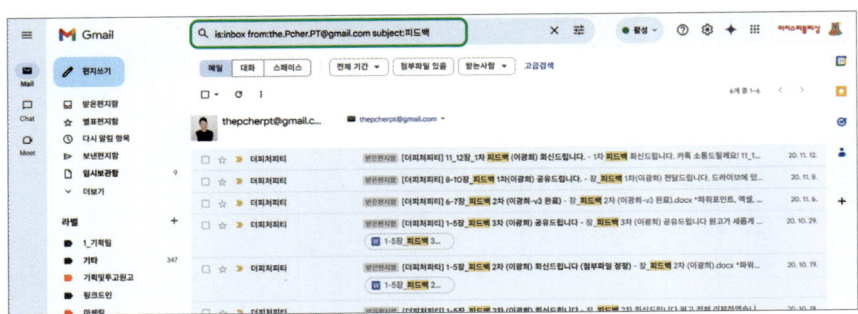

다음은 메일을 검색할 때 사용할 수 있는 검색 연산자입니다. 이 중에 자주 사용할 만한 검색 연산자 2~3개만 기억해 두면 편리하게 메일을 찾을 수 있습니다.

검색 조건	검색 연산자
[받은 편지함]	in:inbox is:inbox
[보낸 편지함]	in:sent is:sent
읽은 메일	in:read is:read
읽지 않은 메일	in:unread is:unread
보낸 사람의 이름이나 메일 주소	from:
받는 사람의 이름이나 메일 주소	to:
참조 또는 숨은 참조 입력란의 수신자	cc:
나의 이메일 주소	me

검색 조건	검색 연산자
여러 검색어	or { }
기준일 이전	before: older:
기준일 이후	after: newer:
메일 제목에 포함된 단어	subject:
정확한 단어 또는 문구	" "
특정 단어가 포함된 결과 제외	-
첨부 파일이 있는 메일만 추리기	has:attachment
특정 이름 또는 파일 형식의 첨부 파일	filename:
구글 드라이브의 첨부 파일이나 링크가 있는 메일	has:drive
유튜브 동영상이 포함된 메일	has:youtube

▶ 이 밖에 더 다양한 검색 연산자를 알고 싶다면 구글 고객센터(support.google.com/mail/answer/7190?hl=ko)를 참고하세요.

검색 연산자를 살펴 봤으니, 실제 사용하는 예시도 살펴 보겠습니다. 실습이 가능한 환경이라면 실제로 여러분의 지메일에서 실습해 보세요.

방법 1 [받은 편지함]에서 특정 사용자가 보낸 메일을 찾으려면 is:inbox from: 뒤에 메일 주소 또는 이름을 입력하세요.

예 is:inbox from:the.pcher.pt@gmail.com

방법 2 메일 제목에 키워드가 포함된 메일 찾으려면 subject: 연산자를, 정확한 단어를 검색하려면 " "를 사용하세요.

예 subject:"피드백"

방법 3 특정 기간의 메일 보기는 after:와 before: 뒤에 기간을, 첨부 파일은 filename: 뒤에 파일명 혹은 파일 확장자(pdf, jpg 등)를 입력하세요.

> 예 after:2025/01/01 before:2025/12/31 filename:대리운전

만약 받은 편지함의 메일이 많다면 검색 연산자 1~2개를 조합하는 것만으로는 한 번에 찾기 어려울 수 있습니다. 찾고자 하는 메일의 조건을 떠올린 후 다음과 같은 방식으로 검색 연산자를 여러 개 조합해 검색해 보세요.

방법 4 2024년 이전에(older:) 받은 편지함에서(in:inbox) 나를 참조한 메일(cc:) 중에서 메일 제목에(subject:) '신사업 TFT'라는 단어를 정확히(" ") 포함하면서 파워포인트 파일이 첨부된(filetype:) 메일을 찾고 싶어요.

> 예 older:2024/12/31 in:inbox cc:me subject:"신사업 TFT" filename:pptx

방법 5 2021년 이후에(newer:) 보낸 편지함에서(in:sent) id@company.com를 비밀 참조하면서(bcc:) 메일 제목에는(subject:) '인공지능'을 포함하지만, '초안'이라는 단어를 제외하고(-) 구글 드라이브 첨부 파일이나 링크가 있는(has:drive) 메일을 찾고 싶어요.

> 예 newer:2021/01/01 in:sent bcc:id@company.com subject:인공지능 -subject:초안 has:drive

방법 6 id@company.com 또는(or) the.pcher.pt@gmail.com가 보낸 메일(from:) 중에서 파일명에 '인공지능'이라는 단어가 있거나(or) 엑셀 파일이 첨부된(filetype:) 메일을 찾고 싶어요.

> 예 from:id@company or from:the.pcher.pt@gmail.com filename:인공지능 or filetype:xlsx

처음에는 검색 연산자가 익숙하지 않아 어렵게 느껴질 수 있겠지만, 간단한 것부터 조금씩 사용하고 익히다 보면 원하는 메일을 자유자재로 검색할 수 있는 능력자가 될 거예요!

03-4

업무용 이메일에는
서명을 반드시 등록하자!

신입사원으로 처음 회사에 취직하면 OJT(on-the-job training) 교육을 받습니다. OJT 교육에서 빠지지 않는 것이 바로 **이메일 서명을 꼭 등록**해 두라는 것입니다. 이메일 서명은 이메일을 작성할 때 본문 아래에 이름, 직급, 회사 이름, 회사 주소, 연락처, 이메일 주소 등의 정보가 자동으로 추가되는 기능입니다. 마치 메일 뒤에 자신의 명함을 붙여서 보내는 것과 같죠. 이렇게 하면 상대방이 발신자 정보와 연락처를 따로 물어보거나 찾지 않아도 되고 신뢰도도 높일 수 있습니다.

실무자라면 이메일 서명을 반드시 등록해 두세요!

그럼 이제부터 이메일 서명을 어떻게 만들고 등록하는지 살펴보겠습니다. 어렵지 않으니 천천히 따라해 보세요!

하면 된다! 〉 이메일 서명 등록하기

1. 지메일 화면 오른쪽 상단의 [설정 ⚙ → 모든 설정 보기 → 기본설정] 탭에서 스크롤을 내리면 [서명] 항목이 보입니다. [새로 만들기]를 클릭한 뒤 서명 이름을 지정해 줍니다.

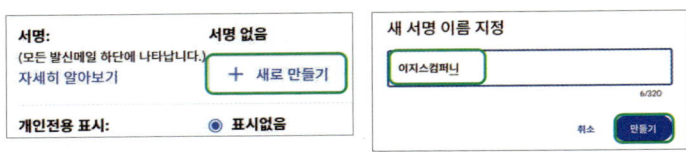

2. 회사 또는 개인 정보를 오른쪽 입력 창에 꼼꼼하게 입력합니다.

3. 서명 기본값도 설정해 줍니다.

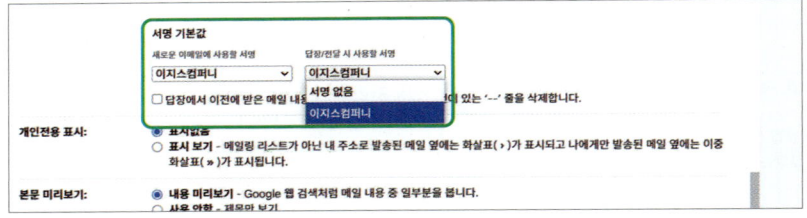

4. 모두 입력한 후 화면 맨 아래로 스크롤을 내려 [변경 사항 저장]을 누르는 것도 잊지 마세요. 이제 새 메일을 작성하면 메일 내용이 끝나는 아래쪽에 이메일 서명이 자동으로 들어가는 것을 확인할 수 있습니다.

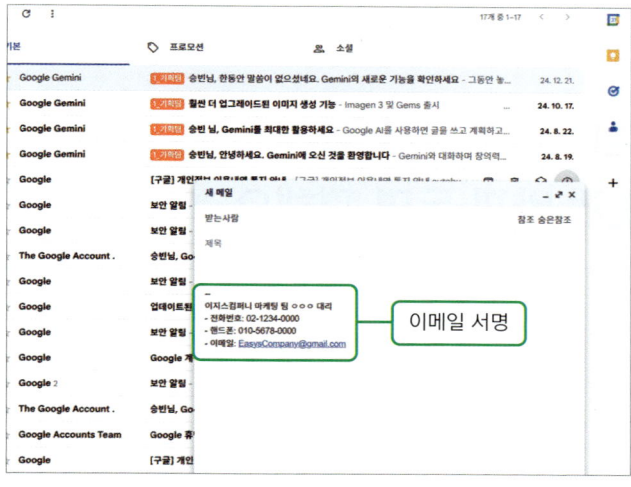

 **서명은 여러 개 등록해서 사용할 수 없나요?**

한 계정으로 상황에 따라 서명을 바꿔 보내야 할 때가 있습니다. 이런 경우에는 [설정 → 모든 설정 보기 → 기본설정]에서 서명 탭의 [새로 만들기]를 누르고 서명을 여러 개 등록해 둔 후 메일을 작성할 때 하단의 [서명 ✏️]을 클릭해 선택하면 됩니다.

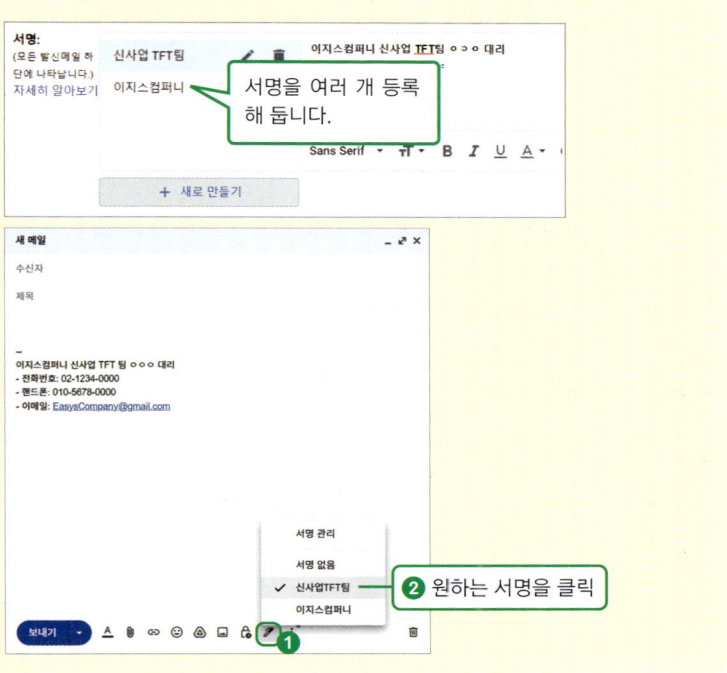

03-5

지메일 기본 설정,
이렇게 바꿔 두면 편해요

메일 화면의 오른쪽 상단에서 [설정 ⚙ → 모든 설정 보기]를 선택하면 지메일의 여러 기능을 세밀하게 설정할 수 있습니다. 이 중에서 미리 설정해 두면 유용한 몇 가지 기능을 알아보겠습니다.

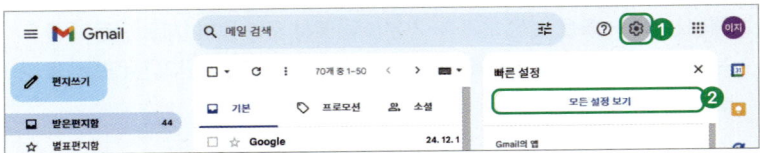

페이지당 보여 주는 메일 개수 늘리기

메일함의 화면이나 메일을 검색하면 보이는 메일 개수를 설정할 수 있습니다. [설정] 창의 [페이지당 표시 개수]에서 선택하면 됩니다. 예전에 컴퓨터나 인터넷이 느릴 때는 한 화면에 보이는 메일 개수를 적게 설정하기도 했으나, 이제 100개 정도는 어려움 없이 나타낼 수 있습니다.

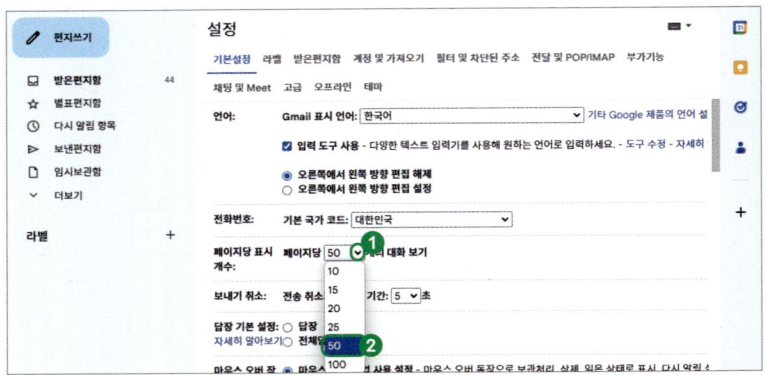

답장할 때 '전체답장'이 되도록 설정 바꾸기

지메일은 기본적으로 답장을 보낼 때 수신인 1명에게만 답장하도록 설정되어 있습니다. 하지만 업무상 메일을 보낸 사람 외에 [참조], 혹은 [숨은참조]로 여러 사람이 함께 메일을 볼 수 있도록 답장해야 하는 경우가 있습니다. 만약 매번 [전체답장]을 선택해야 한다면 매우 번거롭겠죠? [답장 기본 설정]을 [전체답장]으로 설정하면 편리합니다.

주고받은 메일이 대화형식으로 나열되는 건 추천하지 않아요

지메일은 기본적으로 하나의 메일 스레드(발신 후 답장, 재답장, 재답장 등이 이루어진 상태)를 수신·발신 내용을 묶어서 보여 줍니다. 이 기능이 편리해 보이지만 여러 명에게 같은 메일을 보낸 후 개별 회신되었을 때 관련 내용이 헷갈려 실수할 수 있으니 [대화형식으로 보기 사용 중지]로 설정하는 것을 추천합니다.

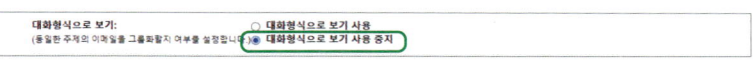

• 대화형식으로 보기 사용

이름 부분에 주고받은 메일의 개수가 표기됩니다. 그리고 메일을 클릭하면 주고받은 메일의 세부 내용이 교차로 배치되며 대화형식으로 볼 수 있습니다.

메일에 참여한 사람과 주고받은 메일 개수를 볼 수 있습니다.

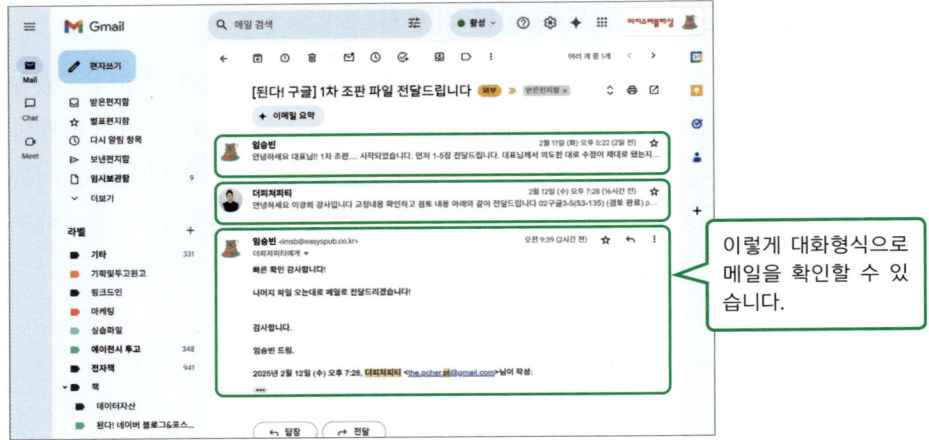

이렇게 대화형식으로 메일을 확인할 수 있습니다.

• **대화형식으로 보기 사용 중지**

수신자의 이름 검색으로 주고받은 메일이 낱개로 보이는 일반적인 보기 방식('대화형식으로 보기 사용 중지' 상태)입니다.

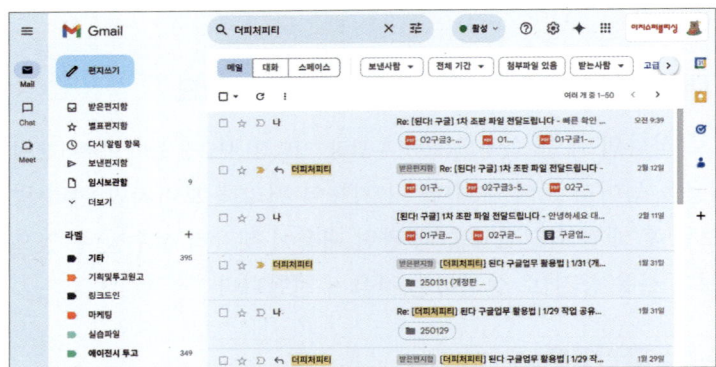

부재중일 때는 자동응답으로!

회의를 해야 하거나 휴가 기간이어서 바로 답변하기 어렵다면 [부재중 자동응답] 기능을 설정해 보세요.

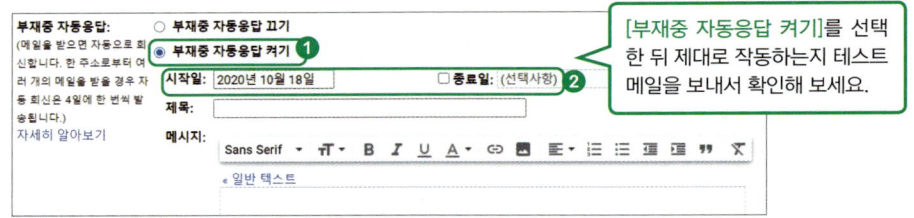

[부재중 자동응답 켜기]를 선택한 뒤 제대로 작동하는지 테스트 메일을 보내서 확인해 보세요.

자주 사용하는 설명이나 반복되는 답장은 템플릿으로 저장하자!

메일을 쓸 때 자주 사용하는 표현이나 상용구 또는 반복되는 내용이 있다면 템플릿으로 등록해 두면 편합니다. 템플릿은 [설정 → 모든 설정 보기 → 고급] 탭에서 [사용]을 선택하면 사용할 수 있습니다.

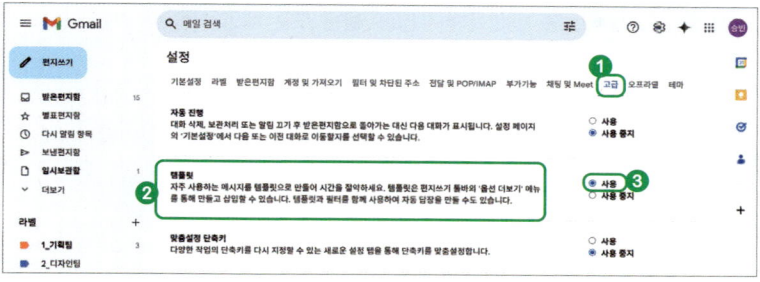

[새 메일] 작성 창에서 [더보기 ⋮]를 클릭하면 템플릿 메뉴가 활성화되는 것을 볼 수 있습니다. 템플릿을 만들려면 먼저 반복해서 사용하는 내용이나 답변 메일을 작성한 후, [템플릿 → 템플릿으로 임시보관 메일 저장 → 새 템플릿으로 저장]을 클릭해 저장하면 됩니다.

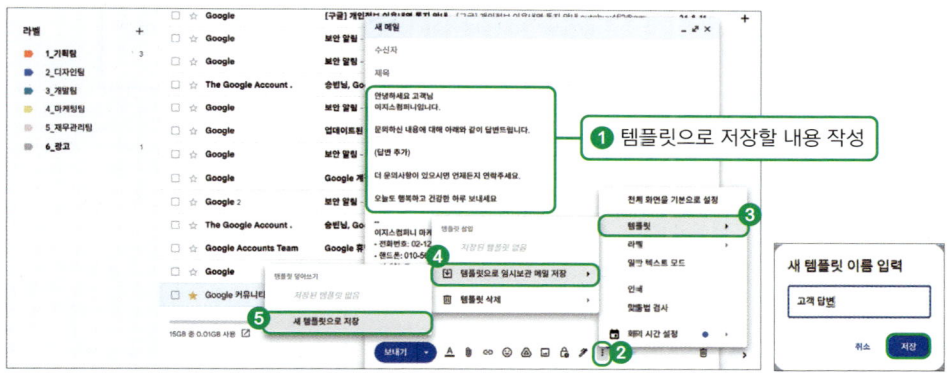

이제부터 메일을 보낼 때 [더보기 ⋮ → 템플릿]을 클릭한 뒤 저장해 둔 템플릿을 선택하면 [새 메일] 작성 창에 템플릿이 표시됩니다.

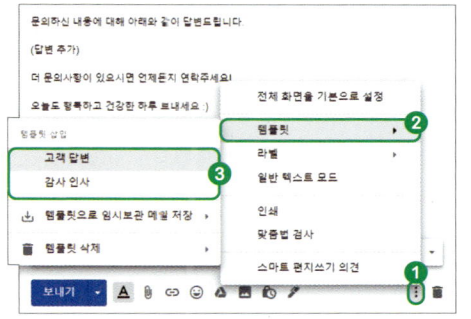

 **인터넷이 되지 않는 곳에서도 메일을 확인하거나 보낼 수 있나요?**

비행기로 긴 시간 이동하거나 인터넷을 할 수 없는 환경이어도 지메일의 오프라인 메일 기능을 활용하면 메일을 확인하고 보낼 수 있습니다.
[설정 → 모든 설정 보기]에서 [오프라인] 탭을 누른 후 [오프라인 메일 사용]을 체크해 기능을 활성화해 주세요. 물론 모든 메일을 볼 수 있는 것은 아닙니다. 최대 90일 이내의 메일만 확인할 수 있습니다.
컴퓨터의 임시 공간에는 최근 7일, 30일, 90일 중에서 설정한 기간 동안 메일을 암호화하여 저장하므로 인터넷이 되지 않아도 메일을 확인할 수 있는 것입니다.

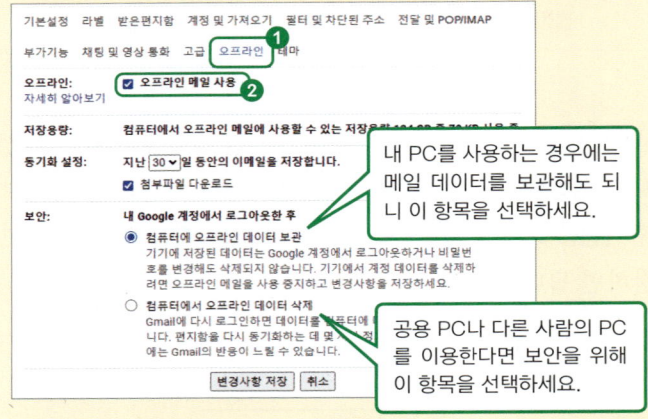

03-6

아차! 이메일 전송 취소 시간을
20~30초로 늘리세요

여러 가지 업무를 하다 보면 가끔씩 메일을 보내 놓고 아차! 후회하는 경우가 있죠? 내용을 빠뜨리거나 파일을 첨부하지 않은 경우도 있고, 참조할 사람이 갑자기 생각나는 경우도 있는데, 이미 엎질러 버린 물인 거죠. 다행히 지메일에는 [보내기]를 누르고 나서 곧바로 [실행취소]를 누르면 전송이 취소됩니다.

하지만 취소할 수 있는 시간이 5초로 설정되어 있어서 잠깐 고민하는 동안 [실행취소] 버튼이 사라져 버리죠. 이 시간을 좀 더 여유롭게 가질 수 있도록 메일 전송 취소 시간을 바꿔 보겠습니다.

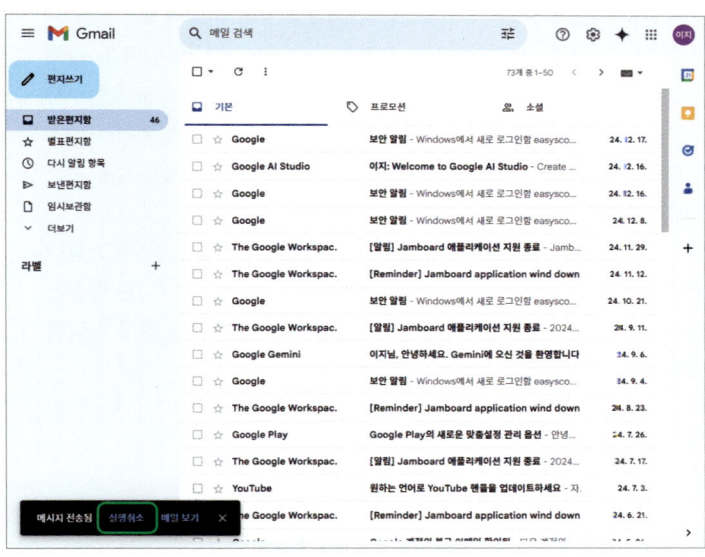

화면 오른쪽 상단에서 [설정]을 클릭한 후 [모든 설정 보기 → 기본설정]에서 [보내기 취소] 항목의 [전송 취소가 가능한 기간]을 최대치인 [30초]로 바꿉니다. 이렇게 하면 메일을 보내고 30초 이내에는 전송을 취소할 수 있습니다.

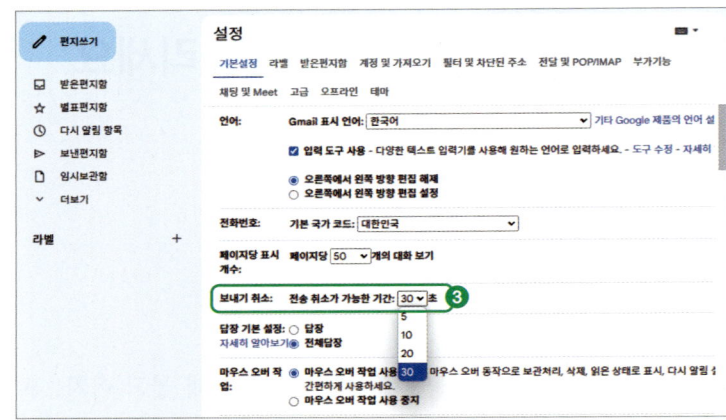

 **상대방이 지메일 계정을 사용하지 않는데 메일 전송을 취소할 수 있나요?**

네. 메일 전송을 취소할 수 있습니다. 네이버 메일에서는 네이버 계정끼리만 이 기능을 사용할 수 있지만, 지메일은 모든 메일 계정에서 메일 전송을 취소할 수 있습니다.

그리고 전송 취소를 하기 전에 상대방이 메일을 열어 버릴까 봐 걱정하는 분이 있습니다. 마치 카카오톡의 숫자 1이 사라지는 것처럼 말이죠. 하지만 걱정하지 마세요. 지메일의 메일 전송 취소 기능은 정확하게 표현하자면 '전송을 완료한 메일을 회수하는 기능'이 아니라 '지정해 둔 5~30초 이후 발신하는 기능'입니다. 즉, 메일 전송 취소가 아니라 '메일 발송 시간 지연'이라고 표현하는 게 정확합니다.

그러니 여러분이 '나는 실수가 적은 편이고 메일을 빠르게 발송'하고 싶다면 전송 취소를 할 수 있는 시간을 짧게 설정해 두고, 반대로 '나는 실수가 잦은 편이고 조금 늦더라도 오류 없이 메일을 정확하게 발송'하고 싶다면 최대치인 30초로 설정해 두세요. 30초를 추천합니다.

03-7

늦은 시간에 이메일 알림은 노 매너!
예약 이메일 보내기

새벽에 갑자기 스마트폰 알람이 울려 깜짝 놀라며 잠에서 깬 적이 있을 거예요. 잠이 깬 것도 싫지만 하필 그 알람 소리가 업무와 관련된 것이라면 더 짜증이 나죠. 워라밸은 내가 스스로 지키는 것도 중요하지만 타인의 워라밸도 신경 써야 합니다. 예전에 인터넷이 되지 않던 2G 휴대 전화의 문자 기능 중에서 꼭 빠지지 않는 것이 있습니다. 바로 **예약 발송** 기능이죠. 요즈음에는 스마트폰에 메일 앱을 설치하고 알람을 설정해서 사용하므로, 늦은 밤이나 새벽까지 작업하고 나서 메일을 보내기가 조심스럽습니다. 행여나 업무 담당자나 고객의 잠을 깨우거나 소중한 휴식 시간을 방해할까 걱정되기 때문이죠.

지메일을 사용한다면 예약 발송 기능을 반드시 알아 둬야 합니다. [보내기 예약] 버튼은 잘 보이지 않으니 미리 알아 두면 유용해요!

하면 된다! } 메일 예약 발송하기

1. 메일을 다 작성하고 나서 [보내기] 버튼을 바로 누르지 말고 버튼 바로 오른쪽의 ▲을 누르고 [보내기 예약]을 클릭합니다.

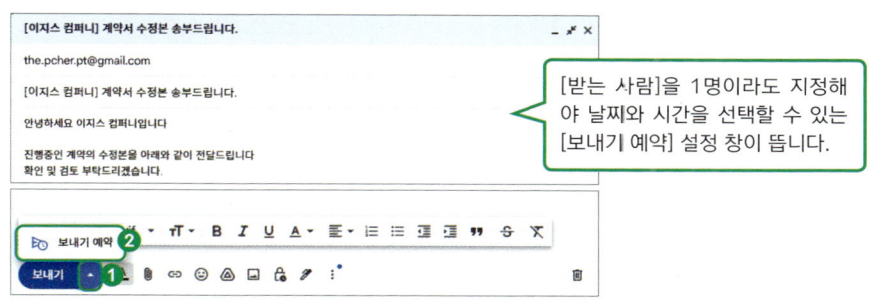

[받는 사람]을 1명이라도 지정해야 날짜와 시간을 선택할 수 있는 [보내기 예약] 설정 창이 뜹니다.

2. 메일을 작성한 날짜를 기준으로 [내일 아침], [오늘 오후] 등 자동 설정된 일정 중에 선택할 수 있습니다. 이 밖에도 [날짜 및 시간 선택]을 클릭해 특정한 날짜와 시간을 직접 입력할 수도 있습니다.

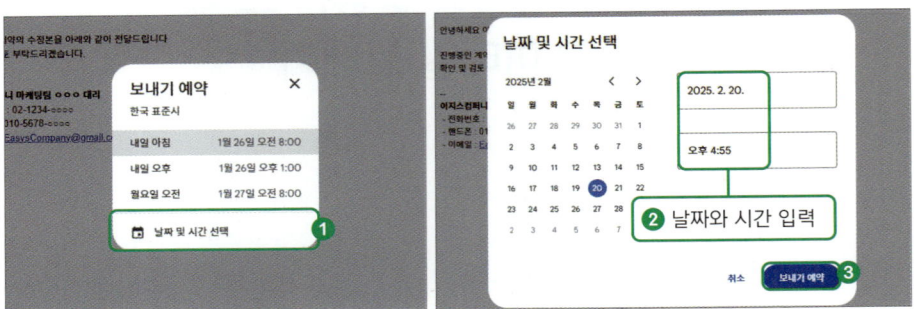

3. 메일을 발송한 직후에는 화면 왼쪽 하단에 알림 메시지와 함께 [실행 취소] 및 [메일 보기]를 선택할 수 있습니다. 보낸 메일 내용이나 일정을 수정하고 싶다면 [실행 취소]를 선택하고, 보낸 메일을 한번 더 확인하고 싶다면 [메일 보기]를 클릭하세요.

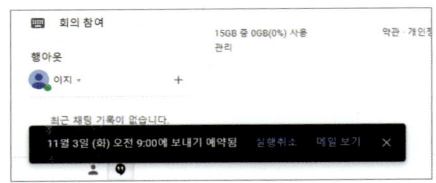

4. 예약 발송한 메일은 [예약됨]에 보관됩니다. 메일이 아직 발송되지 않았으므로 [예약됨 → 보내기 취소] 클릭하면 발송 취소를 할 수 있습니다.

이제 상대방의 상황을 고려하며 업무 시간이나 출근 시간에 맞춰 예약 발송을 해 보세요.

 된다! 1분 팁 | 사진만 찍으면 명함의 연락처가 자동 저장된다 - 리멤버

새로운 사람을 만나면 가장 먼저 인사를 나누고 명함을 주고받습니다. 물론 모든 사람의 연락처를 저장할 필요는 없지만 매번 명함철에 보관하거나 명함 속 작은 글자를 보면서 스마트폰에 일일이 직접 입력하려면 귀찮아집니다.

이 번거로운 작업을 해결해 주는 편리한 서비스가 있습니다. 스마트폰에 '리멤버' 앱을 설치하고 명함을 촬영만 하면 됩니다. OCR 문자 인식 기술로 명함 속 정보가 디지털로 저장되기 때문입니다. 또한 스마트폰 연락처에도 자동 저장되도록 설정해 두면 앱과 스마트폰 연락처에 저장되고 PC에서도 확인할 수 있어 매우 편리합니다.

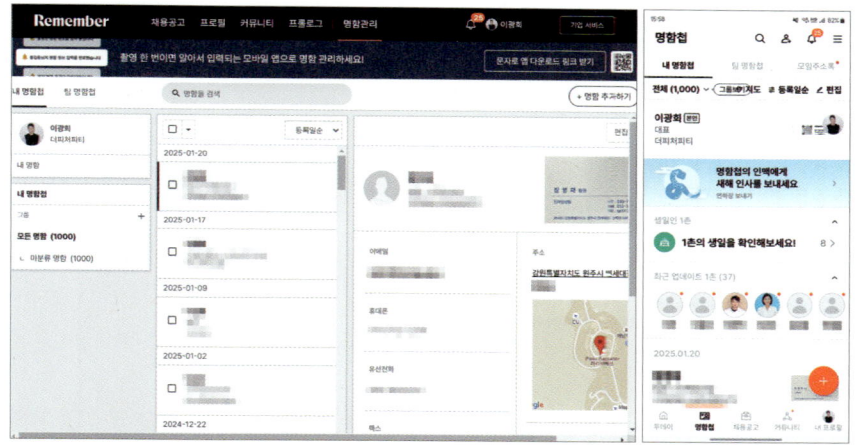

리멤버의 PC 화면   리멤버의 모바일 화면

03-8

이메일에 열람 기간과 비밀번호 지정해 보안성 높이기, 비밀 모드

계약서 초안이나 강의 자료 등과 같이 정해진 기간이나 날짜에만 해당 메일을 확인할 수 있도록 제한을 둬야 하는 경우가 있습니다. 또는 공용으로 쓰는 이메일 주소에 특정인만 확인할 수 있도록 메일에 암호를 걸어서 보내야 할 때도 있습니다. 이럴 때 비밀 모드를 사용해 보세요.

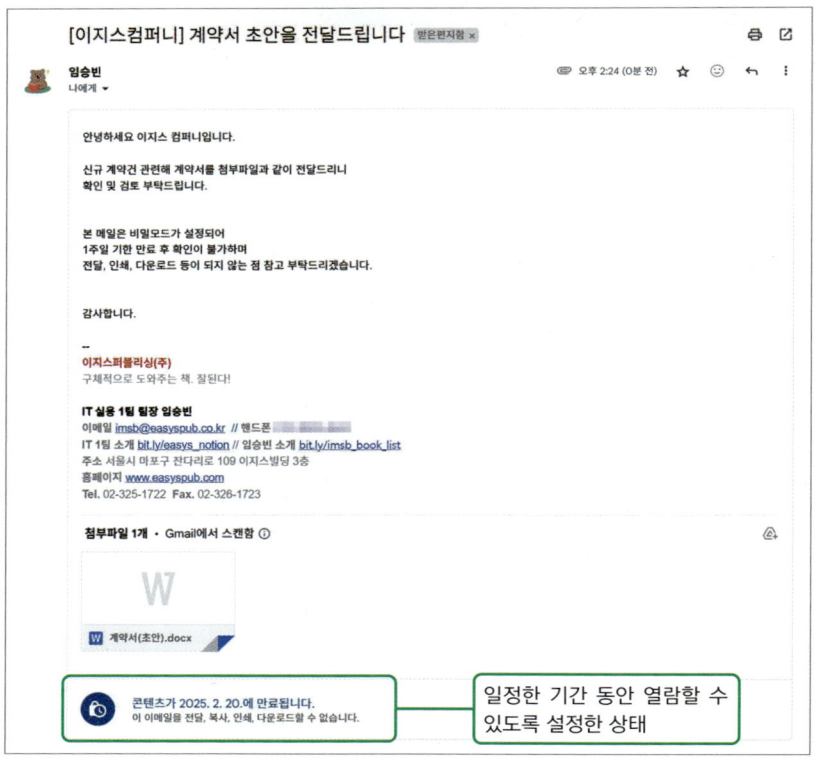

일정한 기간 동안 열람할 수 있도록 설정한 상태

우선 비밀 모드로 보낸 메일은 보안성이 뛰어납니다. 메일을 받은 사람이 다른 사람에게 전달할 수 없고 본문 내용을 복사할 수도 없습니다. 인쇄하거나 내려받을 수도 없죠. 즉, 수신자만 메일을 볼 수 있습니다.

하면 된다! } 비밀 모드로 메일에 열람 가능 기간과 비밀번호 설정하기

1. 비밀 모드는 이메일 작성 창 아래쪽에 있는 [비밀 모드 전환 🔒]을 클릭해 만료일과 비밀번호를 설정할 수 있습니다.

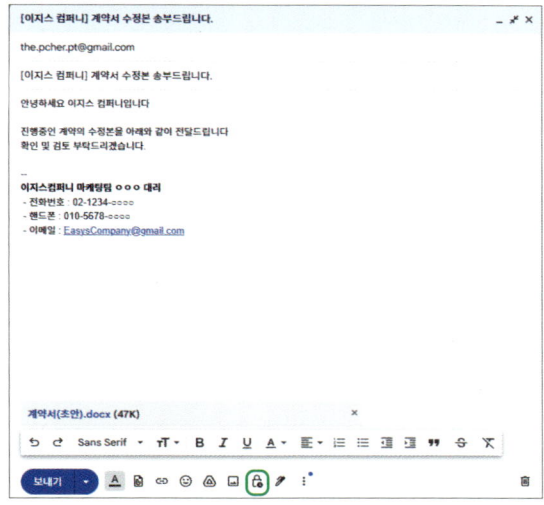

2. 메일 열람 만료일 설정하기

이메일의 열람 기간은 1일부터 5년 중 선택할 수 있습니다. 이렇게 선택한 만료일 기간까지만 이메일을 볼 수 있습니다. 만약 메일을 발송하고 나서 만료일을 바꾸고 싶다면 보낸편지함에서 다시 설정하면 됩니다.

만료일이 지나면 메일을 볼 수 없습니다.

3. 비밀번호 설정해 메일 보내기

정말 중요한 메일이어서 메일에 암호를 설정해야 하거나 공용 ID여서 암호를 아는 사람만 메일을 열람하게 하고 싶다면 SMS 비밀번호를 설정해서 보내면 됩니다. [SMS 비밀번호]를 선택하고 [저장]을 누른 다음, 메일을 작성해서 [보내기]를 클릭하면 [전화번호 확인] 창이 나타납니다. 수신자 전화번호를 입력한 뒤 [전송]을 누르면 SMS 비밀번호가 설정된 비밀 모드 메일이 발송됩니다.

4. 메일을 받은 사람은 메일을 열고 자신의 전화번호가 맞는지 확인합니다. 그리고 [비밀번호 전송]을 클릭하면 문자 메시지로 비밀번호를 받아 메일을 확인할 수 있습니다.

 **비밀 모드가 설정된 기간이 만료되면 메일을 다시 확인할 수 없나요?**

비밀 모드로 설정한 기간이 만료되었어도 기간을 변경하면 다시 확인할 수 있습니다. [보낸 편지함]에서 비밀 모드로 발신된 메일을 클릭해 [액세스 권한 갱신]을 누르면 유효 기간을 재설정할 수 있습니다.

만약 유효 기간이 있는 메일을 더 이상 확인하지 못하도록 막고 싶다면 [액세스 권한 취소]를 클릭해 주세요. 상대방이 메일을 더 이상 확인할 수 없습니다.

발신자의 기능 설정

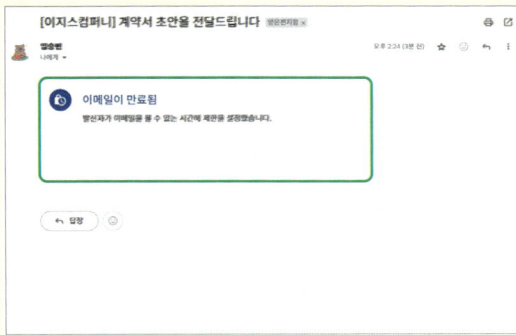

수신자의 메일 확인 화면

03-9

지메일 화면, 내 취향대로 바꾸기

메일 목록 간격 설정하기

보고 싶은 내용이나 기기의 화면 크기에 따라 메일 목록의 간격을 조정할 수 있어요. 메일 목록의 간격은 화면 오른쪽 상단에서 [설정 ⚙]을 클릭한 뒤 [구성]에서 바꿀 수 있습니다.

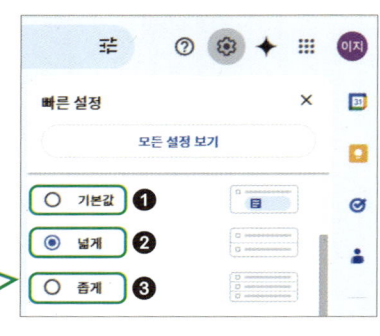

메일 목록 간격 설정은 스마트폰이나 태블릿 PC에는 적용되지 않습니다.

❶ **기본값**: 메일을 열지 않고도 목록에서 첨부 파일을 클릭해 확인할 수 있어 편리합니다.

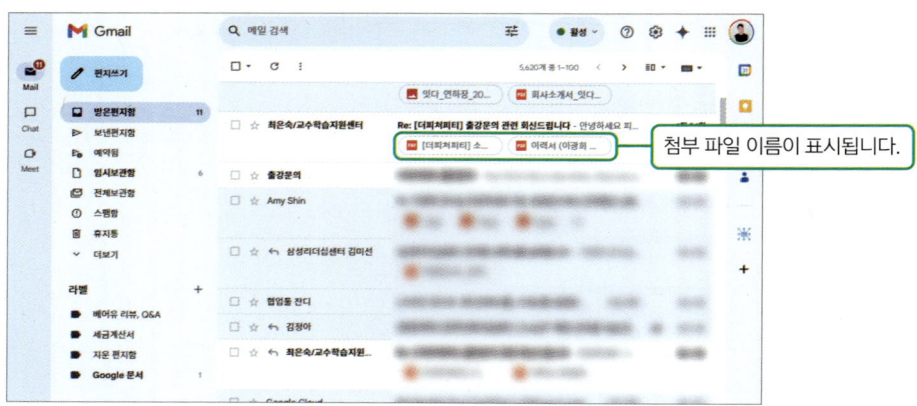

첨부 파일 이름이 표시됩니다.

❷ **넓게**: 기본값과 거의 같습니다. 하지만 목록에서 첨부 파일을 바로 확인할 수 없으니 추천하지 않습니다.

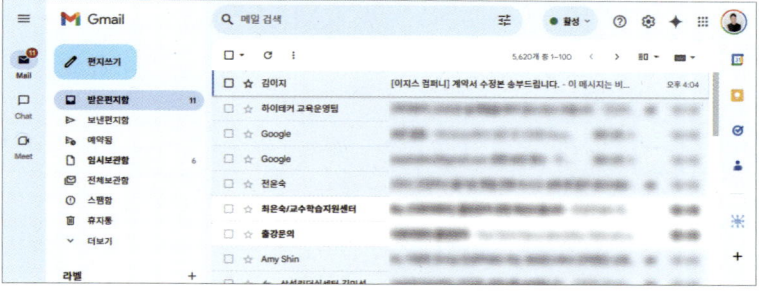

❸ **좁게**: 간격이 좁고 모든 메일을 한 줄로 표시해 주므로 같은 화면이어도 더 많은 메일을 볼 수 있습니다. 화면이 작은 노트북이나 모니터 환경이라면 추천합니다.

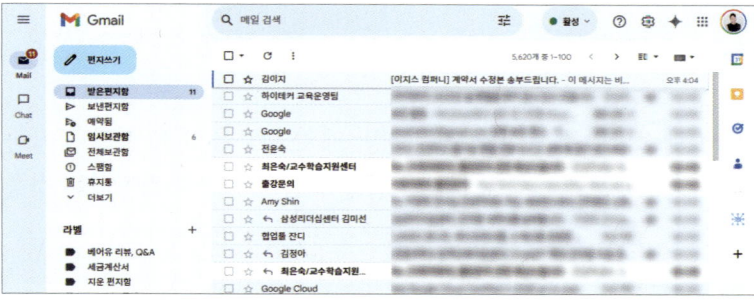

블랙 테마로 바꾸기

[설정]의 [테마] 항목에서 [모두 보기]를 클릭하면 여러 테마 중에서 선택하여 설정할 수 있습니다. 그중 [블랙] 테마를 추천합니다. 블랙 테마는 눈의 피로도를 줄이고 텍스트가 더 눈에 띄어 업무 집중도가 향상됩니다.

지메일에 블랙 테마가 적용된 모습입니다. 배경색과 글자색 등이 바뀐 걸 볼 수 있습니다.

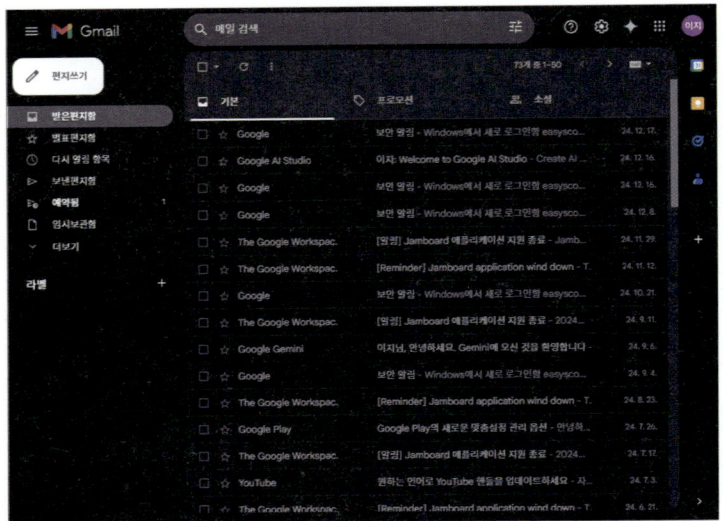

취향에 따라 화려한 배경화면을 설정할 수 있지만 메일 내용을 읽을 때마다 가독성을 해치거나 불편하기 때문에 가급적 [블랙] 테마나 단색 계열로 설정하는 것을 추천합니다.

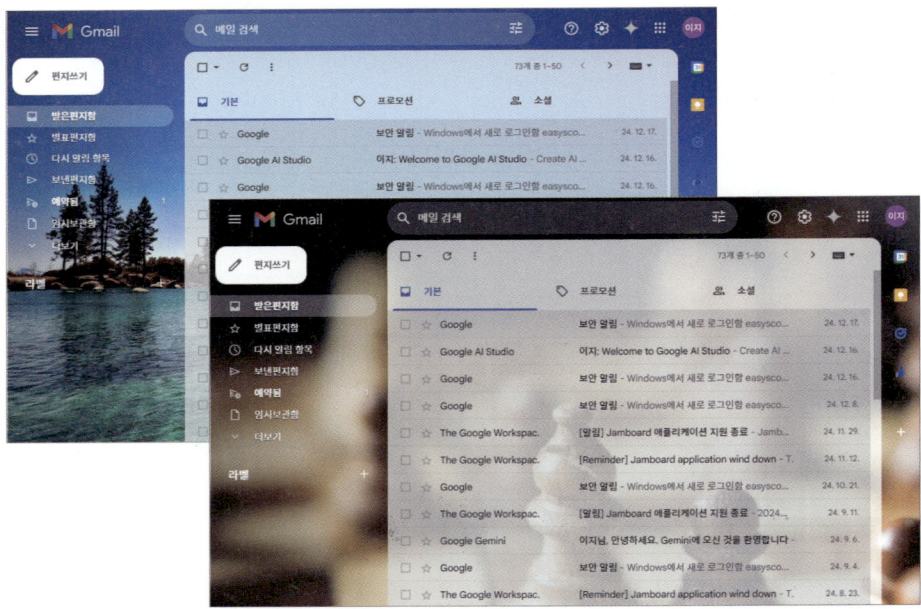

▶ 구글 워크스페이스 계정을 사용하는 경우에는 테마 메뉴가 없을 수도 있습니다. 그 경우 워크스페이스 관리자에게 기능 추가 요청을 해야 합니다.

된다! 1분 팁 | 지메일의 부가기능도 직접 추가할 수 있어요!

지메일에는 부가기능을 설치해 사용할 수 있습니다. 지메일 화면 오른쪽의 [부가기능 설치하기 +]를 누르면 나타나는 구글 워크스페이스 마켓플레이스에서 찾을 수 있습니다. 여기서는 활용도가 높은 부가기능 2가지를 소개합니다.

▶ 부가기능은 개인 개발자나 다른 기업에서 만들고 관리하는 서비스이므로, 기본 서비스에 비해 조금 불안정하거나 갑작스러운 변동 사항이 발생할 수 있습니다.

1. 내가 보낸 메일을 상대방이 읽었는지 확인하고 싶다면! — 메일트랙

메일트랙은 메일을 보낸 후 실시간으로 상대방의 수신 확인 여부를 알 수 있는 부가기능입니다. [부가기능 설치하기 +]를 누르고 구글 워크스페이스 마켓플레이스에서 mail track을 입력한 후 Enter 를 눌러 검색합니다.

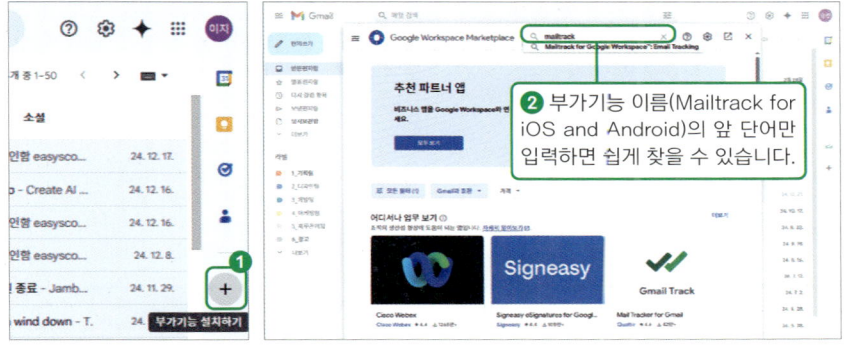

❷ 부가기능 이름(Mailtrack for iOS and Android)의 앞 단어만 입력하면 쉽게 찾을 수 있습니다.

지메일 　　　　　　　구글 워크스페이스 마켓플레이스

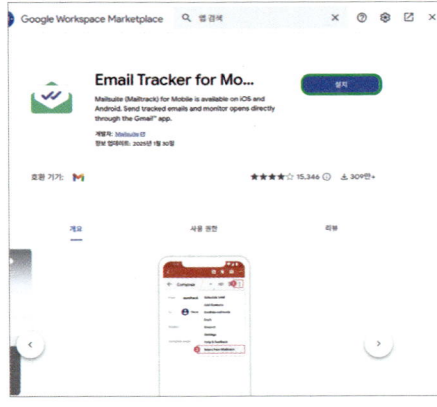
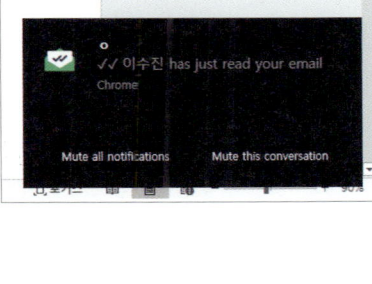

단, 무료 버전은 보낸 메일 하단에 로고와 함께 수신 확인을 체크하고 있다는 메시지가 함께 노출됩니다. 그러므로 상대방에게 메일 수신 확인을 알리고 싶지 않다면 유료 계정을 쓰는 것을 추천합니다.

2. 대용량 첨부 파일을 편하게 보내고 싶다면! - 구글 드라이브

하단의 [Drive에 저장된 파일 삽입]을 클릭하여 내 구글 드라이브 파일을 바로 보낼 수 있습니다. 아무리 큰 파일이라도 일일이 메일에 파일을 첨부하지 않고 링크로 전달할 수 있습니다. 그러면 나의 보낸편지함은 물론 상대방의 받은편지함의 용량도 차지하지 않기 때문에 편리하고 효율적입니다.

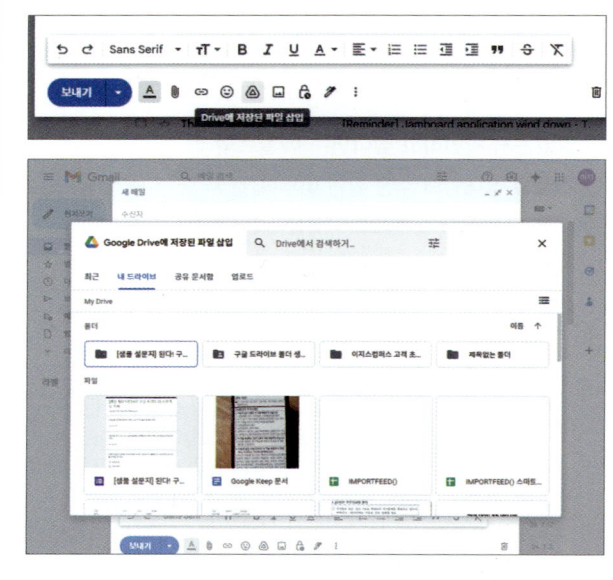

능력자 인터뷰 2

나의 첫 스마트 워크는 중학교 때 예약 문자 보내기

스마트 워크 컨설턴트
전시진 님

이메일 • milk@sireal.co
홈페이지 • sijin.me
블로그 • sijinii.com

Q 자기소개 부탁드립니다. 어떤 일을 하나요?

10년 전부터 Any.do, 에버노트, 트렐로, 구글 캘린더, Todoist 등의 도구를 취미 삼아 가지고 놀다가 관련 업계에 마케터로 취업해 근무했습니다.

퇴사한 후 지금은 스마트 워크 & 디지털 마케팅 프리랜서로 일하고 있고, 2018년부터 국내 스타트업을 중심으로 뜨겁게 주목받는 노션(Notion)이라는 생산성 도구의 국내 최대 사용자 모임을 운영하고 있습니다.

《업무와 일상을 정리하는 새로운 방법, 노션》이라는 책도 함께 썼으며 노션 강의와 기업 컨설팅도 진행하고 있습니다.

4년 전부터 콘텐츠 제작을 취미로 시작하다가 'sijinii.com'이라는 블로그와 브런치에서 글로 된 콘텐츠를, '시리얼(Sireal)'이라는 유튜브 채널에서 영상 콘텐츠를 제작해 왔습니다. 이 밖에 아웃스탠딩, 퍼블리에도 콘텐츠를 제작해 기고하고 있습니다.

Q 스마트 워크를 개인의 일상이나 업무에서 어떻게 적용하나요?

취미와 업무 모두 PC로 하다 보니 날마다 스마트 워크 플랫폼을 사용합니다. 예를 들면 크롬 확장 프로그램을 사용해서 복잡한 프로세스를 단순하게 만들어 작업 시간을 단축하거나, 구글 드라이브에 포트폴리오를 올리고 이를 관련 업체에 링크시켜 최신 정보가 자동으로 업데이트되도록 하거나, 마우스를 사용하지 않고도 웹 서핑을 하는 등 다양한 상황에서 스마트 워크를 적용하고 있습니다.

Q 언제부터 스마트 워크를 시작했나요? 특별한 계기가 있나요?

중학교 2학년 때 학교 숙제, 친구가 알려 주는 게임 꿀팁 사이트, 엄마의 심부름 등을 잊지 않으려고 예약 문자를 이용한 것이 첫 번째 스마트 워크였습니다.

예를 들어 학교에서 돌아와 컴퓨터 앞에 앉을 시간쯤에 친구가 알려 준 게임 꿀팁 사이트를 확인하라고 저에게 문자를 보내 두는 거죠. 그 당시에는 예약 문자를 보내 두는 게 당연하다고 생각했는데, 지금 생각해 보니 '아, 나는 어릴 때부터 싹수가 있었구나!' 싶습니다.

Q 스마트 워크를 한마디로 말한다면?

스마트 워크는 '이미 발송된 메일'이라고 생각합니다. 이미 보낸 메일은 취소할 수 없듯이, 스마트 워크로 편리하고 효율적인 환경을 한 번 경험하고 나면 다시는 과거로 돌아가고 싶지 않기 때문이에요.

스마트 워크는 크게 2가지 장점이 있습니다. 하나는 같은 업무를 더 빠르게 끝낼 수 있다는 것이고, 나머지 하나는 같은 시간에 더 좋은 성과를 낼 수 있다는 것입니다.

제가 사용하는 단축키, 자동화 같은 것들은 대부분 똑같은 업무를 더 빠르게 끝낼 수 있게 해주는 역할을 합니다. 여기저기 흩어진 자료를 빠르고 쉽게 찾을 수 있게 해주고, 10분 걸리는 일을 2분 만에 끝나게 해주죠. 즉, 같은 업무를 더 빠르게 하니 다른 일에 시간과 노력을 투자할 수 있을 만큼 더 좋은 성과를 낼 수 있다는 것입니다.

Q 스마트 워크를 이제 막 시작하려고 고민하는 개인이나 기업에게 하고 싶은 말이 있다면?

스마트 워크를 어려워하는 이유는 자신에게 필요한 게 무엇인지 모르기 때문입니다. 다른 사람이 스마트 워크로 업무를 빠르게 처리해내는 것을 보면 따라 해보고 싶은데 자신의 업무에 어떻게 적용해야 할지 모른다는 것이죠. 이런 분들에게는 인터넷 브라우저에서 검색해서 최대한 많은 사례를 접해 보라고 권합니다. 엑셀에도 우리가 모르는 수많은 함수가 있듯이 스마트 워크에도 상상을 초월하는 방법이 있습니다. 끈기를 가지고 하나씩 찾아보고 업무에 적용하다 보면 자신에게 또는 기업에게 맞는 최적의 스마트 워크 환경을 만들 수 있을 것입니다.

Q 스마트 워크는 비대면 시대에 어떻게 활용할 수 있을까요?

스타트업의 업무 방식과 협업 도구를 이해하고 익숙해질 필요가 있습니다. 작지만 빠르게 성장하고 싶은 스타트업은 최소 비용으로 최고 효과를 내기 위해 고군분투하고 있습니다. 국내뿐만 아니라 해외에 거주해도 필요한 인재라면 어떤 대가를 지불해서라도 모셔올 정도죠. 스마트 워크에 익숙한 인재는 비대면 업무 방식에 익숙하고, 자신만의 업무 규칙을 세워서 일하므로 성과 또한 높습니다.

따라서 스타트업의 비대면 업무 방식을 참고하면서도 협업 도구까지 사용해 본다면 조직을 더 효율적으로 성장시킬 수 있을 것입니다.

04 회사, 집 어디서든 협업하고 공유해요, **구글 킵**

이번 장에서는 회의 내용부터 갑자기 떠오른 아이디어까지
손쉽게 기록할 수 있는 메모 앱인 구글 킵을 알아봅니다.
기본 메모 기능은 물론 기사 스크랩과 알람 설정,
그리고 온라인 협업까지 할 수 있는
구글 킵의 다양한 활용법을 따라 하면서 익혀 보겠습니다.

04-1 스마트폰의 메모 앱과 구글 킵 메모는 다른가요?
04-2 웹 사이트의 기사나 정보 그대로 스크랩하기
04-3 특정 장소에 가면 확인할 내용을 알려 줘요, 장소 알림
04-4 구글 킵으로 다른 사람과 협업하기
`능력자 인터뷰 3` 사용자의 업무 방식을 변화시키는 스마트 워크 — 김기동 님

04-1

스마트폰의 메모 앱과 구글 킵 메모는 다른가요?

언제 어디서나 기록·확인할 수 있는 클라우드 메모 앱

여러분은 메모를 어디에 하나요? 아직도 회사에서 제공해 주는 다이어리에 메모하나요? 책상 한쪽에 다이어리를 두고 필요할 때마다 메모하기도 하고, 회의할 때 내용을 기록하기도 했지요? 그런데 다이어리는 항상 휴대하고 다녀야 하는 단점이 있습니다. 그래서 요즘엔 다이어리 대신 스마트폰의 기본 메모 앱을 활용하기도 합니다.

하지만 스마트폰의 기본 메모 앱은 그 스마트폰에서만 기록하고 볼 수 있습니다. 즉, 언제 어디서나 활용하기 어렵다는 것이지요. 그래서 디지털 메모를 잘하는 사람은 클라우드 메모 앱을 사용합니다. 대표적으로 에버노트, 원노트가 있고 최근에는 노션(Notion)이 인기가 많습니다. 이런 클라우드 메모 앱은 어떤 특징이 있을까요? 그것은 바로 **스마트폰 외에 PC, 노트북, 태블릿 PC 등 어떤 기기에서도 확인하고 기록할 수 있다는 것입니다**.

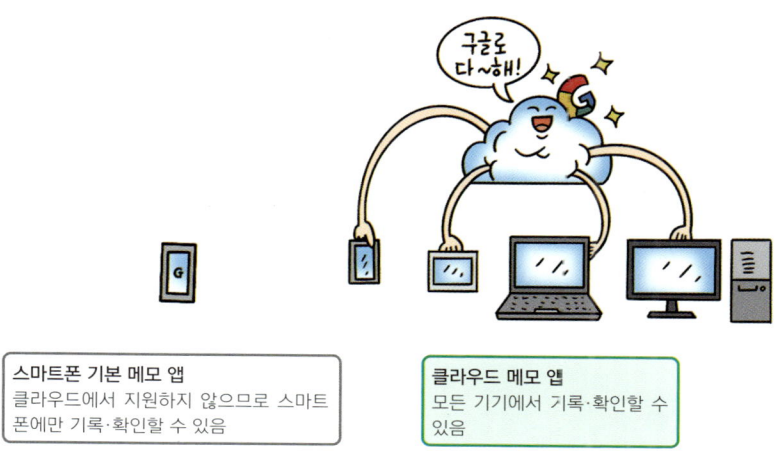

스마트폰 기본 메모 앱
클라우드에서 지원하지 않으므로 스마트폰에만 기록·확인할 수 있음

클라우드 메모 앱
모든 기기에서 기록·확인할 수 있음

클라우드 메모 앱 중에서 구글의 킵(Keep)을 강력히 추천합니다. 사실 기능이나 활용 면에서 보면 에버노트, 원노트, 노션이 훨씬 많은 것을 할 수 있습니다. 하지만 처음 클라우드 메모 앱을 사용하는 사람들에게는 기능이 많으면 오히려 혼란스럽고 어렵게 느껴집니다. 게다가 이런 서비스를 제대로 활용하려면 유료 결제를 해야 하죠. 구글 킵은 꼭 필요한 기능은 다 있는데다가 비용이 전혀 들지 않고 메모 개수에 상관없이 용량도 무제한이므로 부담없이 사용할 수 있습니다.

하면 된다! 〉 구글 킵에서 종류별로 메모 사용해 보기

1. 구글 킵을 사용하려면 PC에서는 KEEP.google.com에 접속하고, 스마트폰에서는 [Keep 메모] 앱을 설치해 실행합니다. 구글 킵은 우리가 일반적으로 사용하는 메모 앱 화면과 달라 낯설게 느껴질 수 있습니다. 하지만 화면이 친절한 구글답게 잠깐만 살펴봐도 어떻게 쓰면 될지 바로 짐작할 수 있지요.

▶ 이 책에서는 실습을 위해 PC 화면을 주로 사용합니다.

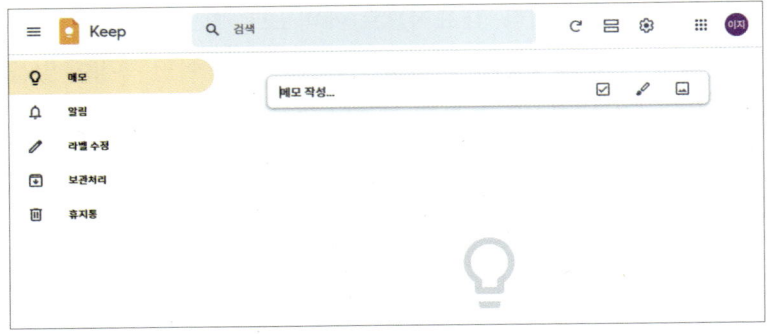

2. 텍스트 중심의 기본 메모 작성해보기

킵 화면이 나타나면 메모 입력 창에서 [메모 작성]을 클릭해 보세요. 텍스트 중심의 메모는 제목과 함께 바로 입력하면 됩니다. 메모를 다 입력하고 나서 [닫기]를 클릭하거나 메모 입력 창 바깥 영역을 클릭해도 메모 작성이 완료됩니다.

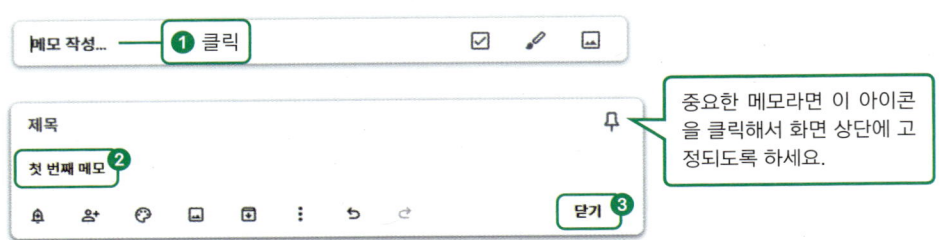

 **메모는 몇 자까지 쓸 수 있나요?**

킵 메모는 제목 999자, 본문 19999자까지 저장됩니다. 일반적으로 A4 용지 1장에 2,000자 정도 들어가므로 A4 용지로 총 10장쯤 메모할 수 있습니다.

3. 목록형 메모하기

해야 할 일이나 사야 할 물품 등을 목록 형태로 메모하고 싶다면 [메모 작성] 바 오른쪽에서 [새 목록 ☑] 아이콘을 선택하세요.

4. 메모 제목을 입력한 후 항목 추가 입력란에 항목 이름을 입력합니다. Enter를 누르면 항목을 계속 추가할 수 있습니다. 항목을 모두 입력했으면 [닫기]를 클릭해서 저장하세요.

5. 직접 그려서 메모하기

[메모 작성] 바 오른쪽에서 🖊(그림이 있는 새 메모) 아이콘을 선택하면 그림판이 실행되는데요. 갑자기 아이디어가 떠올랐을 때 마우스로 그림을 그려 메모할 수 있습니다. 펜이 있는 태블릿이나 스마트폰에서는 회의록이나 강의 노트를 기록할 수 있습니다.

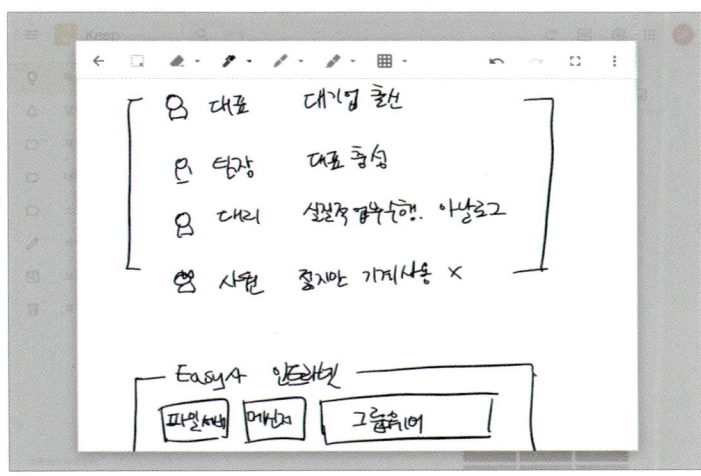

6. 사진을 함께 보여 주는 메모 추가하기

메모 입력 창 아래에서 🖼(이미지가 있는 새 메모) 아이콘을 선택하면 사진과 함께 텍스트를 추가하여 메모할 수 있습니다.

메모 하나에 이미지를 무제한으로 넣을 수 있습니다.

일반 메모에 사진을 넣어도 됩니다.

된다! 1분 팁 | 직접 사진을 찍거나 녹음해서 메모할 수도 있어요.

스마트폰 구글 킵 앱에는 [사진 촬영]과 [녹음]이 있습니다. [녹음] 메모는 음성 녹음 파일을 만듦과 동시에 실시간으로 음성을 텍스트로 입력하여 텍스트 메모로 기록합니다. 이 기능은 음성과 텍스트를 같이 활용할 수 있어서 미팅, 회의 등에 매우 유용합니다.

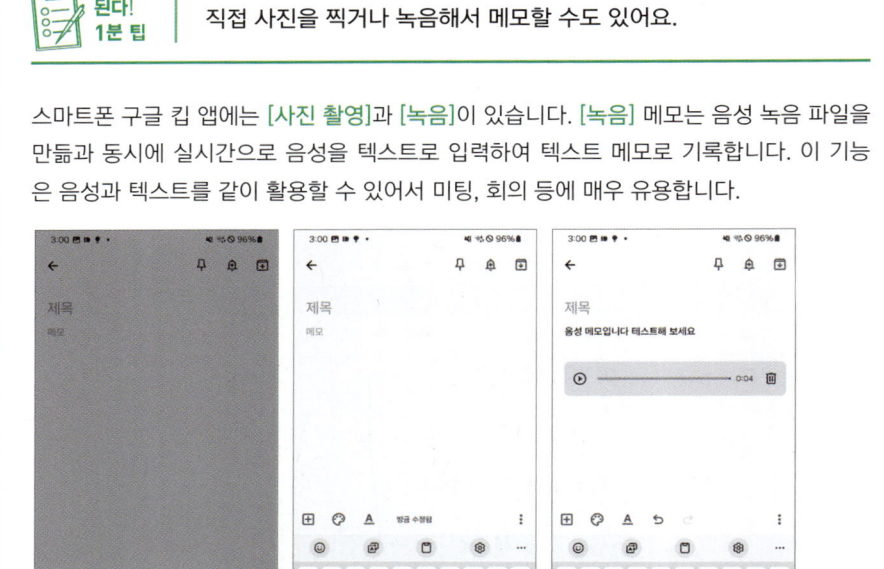

하면 된다! ❯ 이미지 안의 글자 추출하기

많은 직장인이 문서 작업 중 가장 싫어하는 것으로 출력물을 그대로 다시 입력하는 일을 꼽습니다. 시간도 많이 걸리고 보람도 그다지 크지 않을 뿐더러 팔목의 피로도는 매우 높은 작업이니까요. 하지만 구글 킵이 있다면 더욱 빠르고 편하게 일할 수 있습니다. 왜냐하면 이미지 안의 글자를 그대로 추출해 주는 기능이 있기 때문이죠!

1. 먼저 글자가 있는 사진으로 사진 메모를 작성합니다. 스마트폰의 [Keep 메모] 앱에서 [사진 촬영]을 선택해 바로 찍어서 저장해도 됩니다.

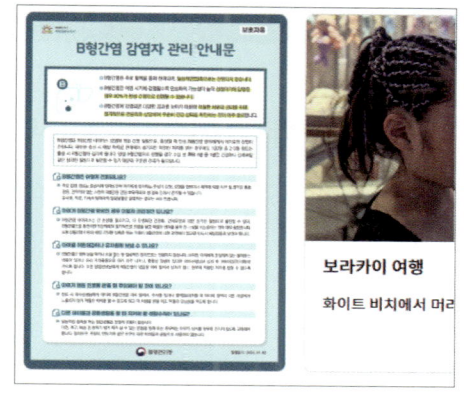

2. 사진 메모를 열고 [더보기 ⋮] → 이미지에서 텍스트 가져오기]를 선택합니다.

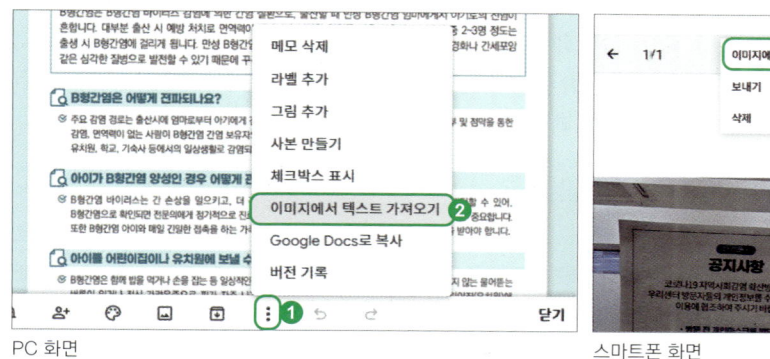
PC 화면

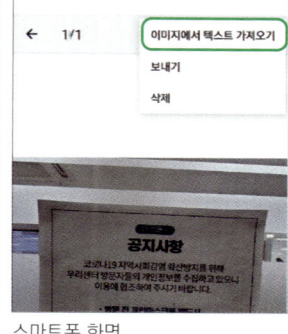
스마트폰 화면

3. 사진 속의 글자가 전부 메모로 추가된 것을 볼 수 있습니다. 그동안 우리는 이런 기능이 있는 줄도 모르고 문서를 보고 타이핑하던 시절이 아스라히 스쳐 지나갑니다. 역시 사람은 아는 만큼 편하게 살 수 있다는 것을 느꼈어요. 사진 메모는 이제부터 정말 자주 사용하는 기능이 되겠죠?

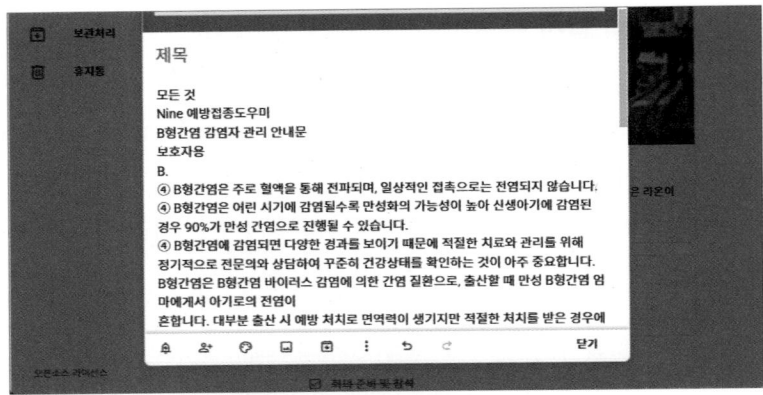

메모 입력 창의 다른 아이콘 알아 두기

메모 입력 창 하단에 메모할 때 함께 쓰면 유용한 기능이 배치되어 있습니다.

❶ **알림받기**: 시간과 장소 알림을 설정합니다.
❷ **공동작업자**: 특정 사람과 킵 메모를 공유합니다. 공유된 메모는 공유받은 사람 모두 수정·변경할 수 있습니다. 단, 구글 계정이 있는 사람만 공유할 수 있습니다.
❸ **배경 옵션**: 메모의 배경색을 바꿔 중요한 메모를 강조하거나 색깔별로 구분할 수 있습니다.
❹ **이미지 추가**: 원하는 사진을 추가할 수 있습니다.
❺ **보관처리**: 메모를 보관 처리합니다. 보관된 메모는 [메모] 목록에는 보이지 않지만 휴지통으로 이동하거나 영구 삭제 되지 않고 이곳으로 이동합니다. 지금 당장 메모를 보지 않지만 앞으로 확인할 수도 있거나 지워지면 안 될 메모를 보관 처리합니다. 또한 이곳에 있는 메모는 검색할 수 있습니다.
❻ **더보기**: 라벨이나 손 그림, 체크 상자를 추가할 수 있습니다.
❼ **실행취소**: 바로 앞에서 작업한 것을 취소합니다. 이 버튼보다 단축키 Ctrl + Z를 더 많이 사용합니다.
❽ **재실행**: 취소한 작업을 되돌립니다. 이 버튼보다 단축키 Ctrl + Y를 더 많이 사용합니다.
❾ **메모 고정**: 해당 메모를 맨 위에 고정합니다

구글 킵 화면의 기본 메뉴 알아보기

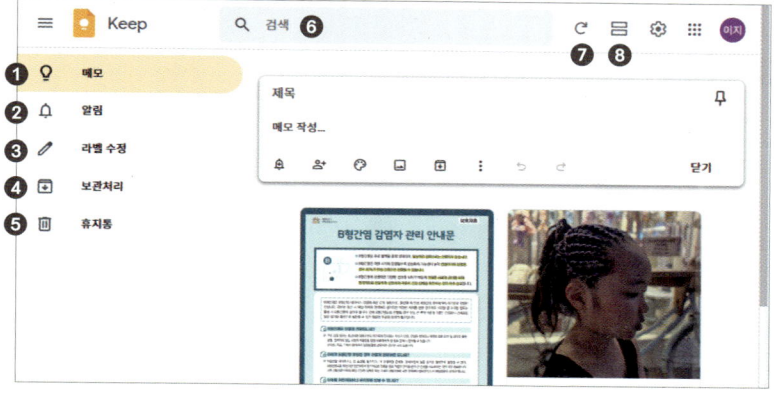

1. **메모:** 모든 메모를 볼 수 있는 킵 기본 화면입니다.
2. **알림:** 시간과 장소 알림 설정을 한 메모만 모아 볼 수 있습니다.
3. **라벨 수정(새 라벨 만들기):** 메모를 나만의 카테고리별로 정리할 수 있습니다. 윈도우의 폴더 개념이라고 생각하면 됩니다.
4. **보관처리(보관된 메모):** 메모를 삭제하지 않고 보관합니다.
5. **휴지통:** 메모를 삭제합니다. 휴지통에 보관된 메모는 7일 뒤에 자동 삭제됩니다.
6. **검색:** 메모를 검색합니다.
7. **새로고침:** 동기화를 수동으로 진행합니다.
8. **목록 보기 / 그리드로 보기:** 포스트잇 형태의 바둑판식 보기와 하나씩 나열된 목록 보기로 바꿀 수 있습니다.

하면 된다! 〉 메모별 라벨 지정하기

메모의 양이 많아지면 검색 기능만으로는 메모를 찾기 어렵습니다. 게다가 메모 관리도 되지 않아 어수선한 메모 환경이 되어 버리죠. 이런 상황을 방지하려면 메모를 라벨로 구분해서 기록하는 것이 좋습니다. 앞에서 지메일의 라벨을 붙였던 것 기억나죠? 마치 폴더를 생성하여 폴더별로 메모를 관리한다고 생각하면 됩니다.

1. 구글 킵 화면의 왼쪽 목록 중에서 [라벨 수정]을 클릭해 1. 개인, 2. 업무, 3. 스크랩 등 필요한 항목별로 라벨을 추가합니다. 오름차순 자동 정렬이므로 앞에 번호를 매겨 순서를 정해 보세요.

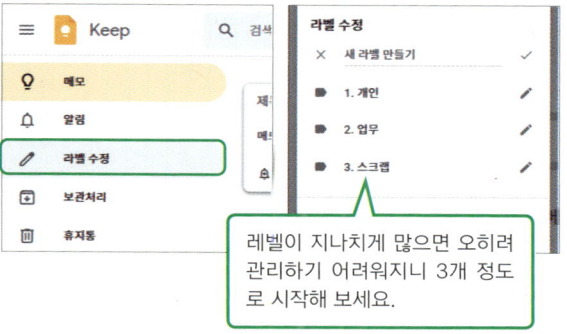

레벨이 지나치게 많으면 오히려 관리하기 어려워지니 3개 정도로 시작해 보세요.

2. 라벨을 지정할 메모 아래쪽에서 [더보기 ⋮ → 라벨 추가]를 선택합니다. 라벨은 중복해서 선택할 수 있습니다.

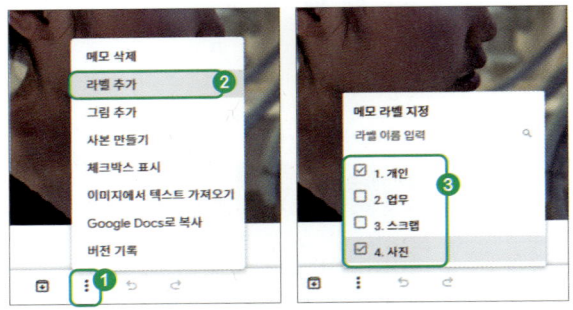

3. 이렇게 라벨을 추가하면 메모 하단에서 라벨을 확인할 수 있습니다. 화면 왼쪽에서 라벨을 선택해 해당 메모만 볼 수도 있습니다.

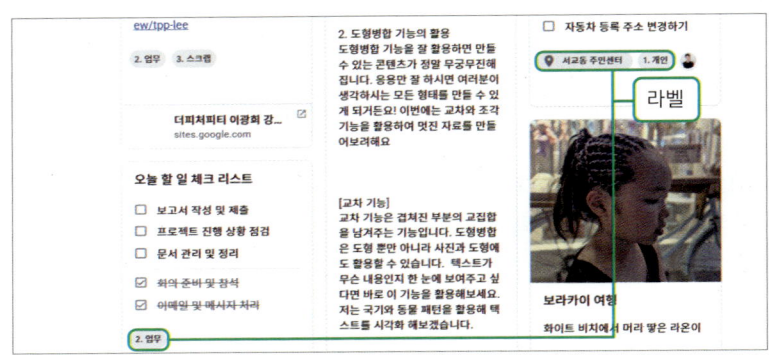

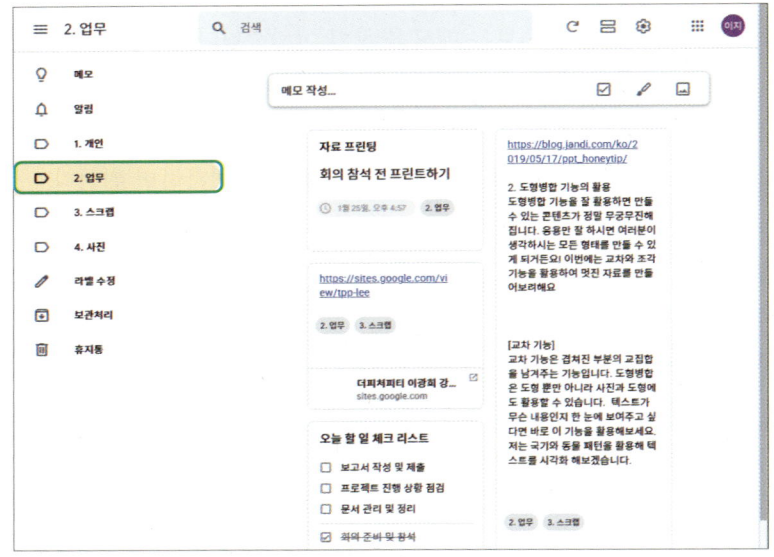

4. 라벨은 메모 입력 부분에 해시태그처럼 #을 입력하면 라벨 선택 창이 바로 나타나 쉽게 선택할 수 있습니다.

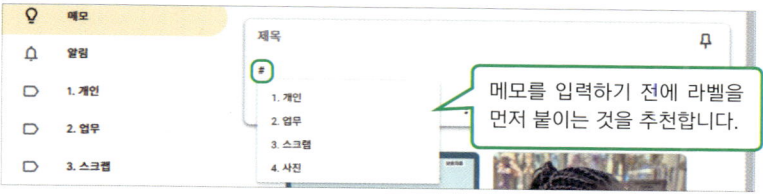

메모를 입력하기 전에 라벨을 먼저 붙이는 것을 추천합니다.

 된다! 1분 팁 | **스마트폰 홈 화면에 구글 킵 보이게 설정하기 - 위젯**

안드로이드폰을 사용한다면 위젯 기능을 이용해서 홈 화면에 구글 킵 메모 내용을 바로 볼 수 있게 설정할 수 있습니다. 홈 화면을 꾸욱 누른 후 [위젯] 아이콘을 선택하면 위젯 설정 창이 나타납니다. keep을 입력해서 검색하면 [Keep 메모] 위젯 아이콘을 선택할 수 있습니다.

Keep 메모 위젯은 빠른 캡처, 단일 메모, 메모 컬렉션으로 총 3가지가 있습니다. 메모를 한 번에 볼 수 있고 바로 메모할 수도 있는 메모 컬렉션을 추천합니다.

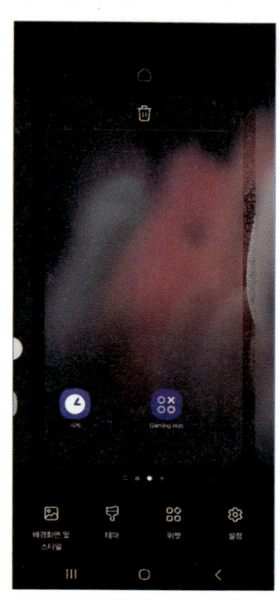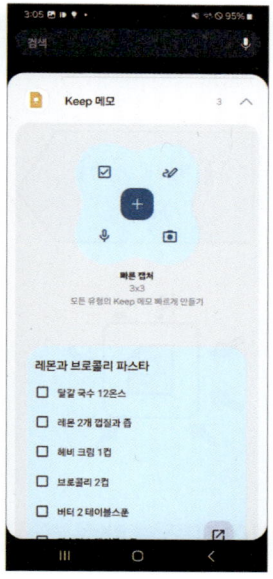

메모 목록

04-2
웹 사이트의 기사나 정보 그대로 스크랩하기

업무에 필요한 자료나 관심 분야 정보를 어떻게 모으고 관리하나요? 어딘가에 저장해 둔 것 같은데 결국 찾지 못해 또다시 인터넷 창을 뒤적이며 시간을 보낸 경험도 한번쯤 있을 거예요. 한때 에버 노트라는 서비스가 인기를 끈 이유도 웹 사이트의 기사나 정보 등을 쉽게 스크랩할 수 있기 때문입니다.

스크랩을 자주 한다면 클라우드 메모 앱인 구글 킵이 매우 유용합니다. 구글 킵은 다른 서비스와 잘 연동되므로 메일을 쓰다가, 또는 문서나 프레젠테이션 발표 자료를 만들다가 언제든지 킵에 있는 자료를 쉽게 끌어다가 넣을 수 있습니다.

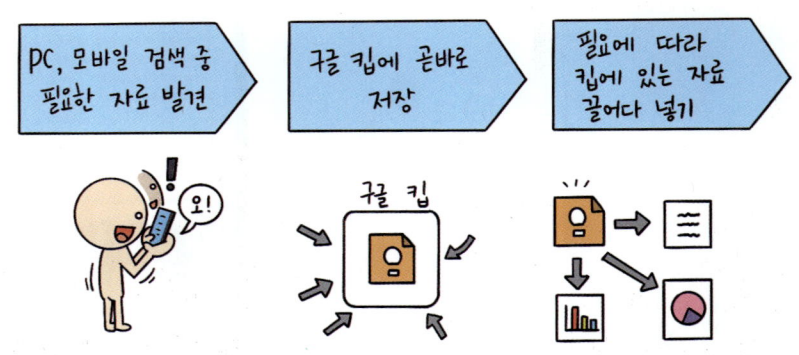

하면 된다! ▶ PC에서 웹 페이지 스크랩하기

1. 구글 킵 확장 프로그램 설치하기

PC에서 구글 킵으로 스크랩하려면 크롬 확장 프로그램을 따로 설치해야 합니다. 이 확장 프로그램은 스마트폰에서 앱을 설치하듯이 구글의 Chrome 웹 스토어라는 곳에서 내려받아 설치합니다. 구글 검색 창에서 **웹 스토어**를 검색해 접속하거나 **CHROMEWEBSTORE.google.com**로 이동하세요.

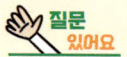

확장 프로그램이 무엇인가요?

크롬에서는 기본으로 제공하는 기능 외에 다양한 프로그램을 추가로 설치해 사용할 수 있는데, 이런 프로그램을 확장 프로그램이라고 합니다. 확장 프로그램은 크롬 웹 스토어(chromewebstore.google.com)에서 설치할 수 있습니다.

크롬 웹 스토어는 스마트폰의 구글 플레이, 앱스토어와 같은 역할을 합니다. 구글 플레이처럼 구글에서 제공하는 프로그램도 있고 개발자들이 만들어 올린 프로그램도 있습니다. 확장 프로그램어는 무료와 유료가 있는데 우리나라 IP에서는 무료만 검색됩니다.

2. 크롬 웹 스토어 화면의 상단에 있는 검색 창에서 **keep**을 입력해서 검색합니다. [Google Keep 확장 프로그램]을 선택한 뒤 [Chrome에 추가]를 클릭합니다.

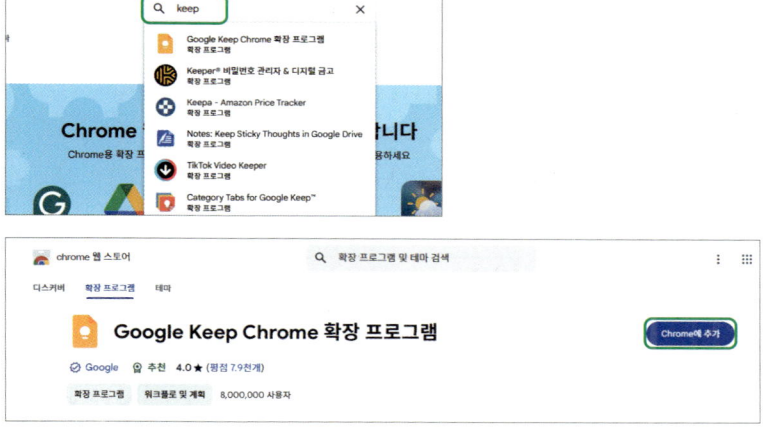

04 • 회사, 집 어디서든 협업하고 공유해요, 구글 킵   **103**

3. 확장 프로그램을 추가하겠는지 묻는 창이 나타납니다. [확장 프로그램 추가]를 클릭하세요. 설치를 완료하면 크롬 화면의 오른쪽 상단 끝에 킵 아이콘이 추가됩니다.

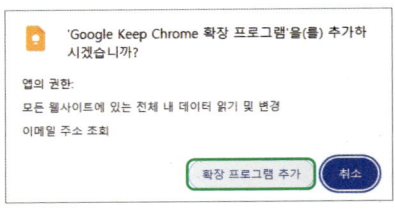

질문 있어요

킵을 설치했는데 아이콘이 보이지 않아요

크롬 동기화를 하지 않았거나 확장 프로그램 항목을 동기화하지 않을 경우 해당 아이콘이 보이지 않습니다. [크롬 설정 → 나와 Google의 관계 → 동기화 및 Google서비스 → 동기화 관리]에서 [확장 프로그램] 항목이 동기화되어 있는지 확인해 주세요.

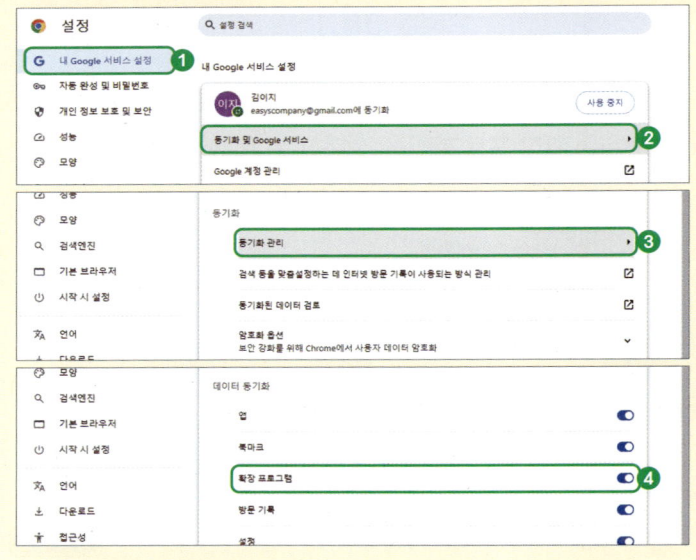

4. 웹 사이트 화면 스크랩하기

이제 웹 사이트 화면을 스크랩해 볼까요? 먼저 스크랩하려는 사이트에 접속한 후 화면 오른쪽 상단의 킵 아이콘 💡을 클릭하기만 하면 됩니다. 스크랩과 함께 간단히 메모도 할 수 있습니다.

5. 구글 킵 화면을 확인해 보면 스크랩한 사이트의 섬네일 이미지와 함께 링크 메모가 추가된 것을 확인할 수 있습니다.

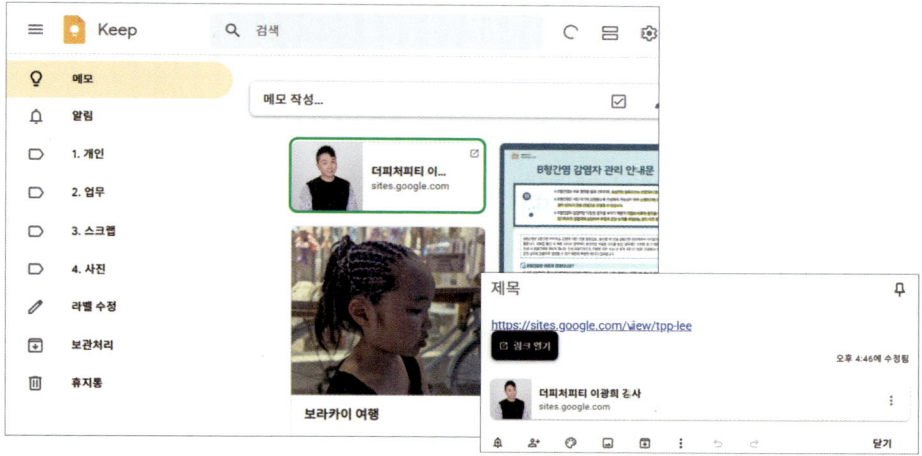

6. 웹사이트의 일부도 함께 스크랩하기

링크만 빠르게 저장한다면 상단의 구글 킵 아이콘을 클릭하면 되지만, 사이트나 기사의 일부 글도 함께 저장하고 싶다면 다른 방법을 사용해야 합니다. 스크랩할 부분을 드래그한 뒤 마우스 오른쪽 버튼으로 누르고 [Save selection to Keep]을 선택하세요.

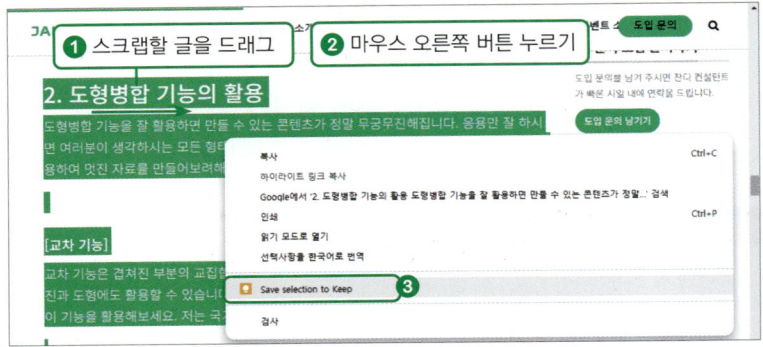

7. 다시 킵 화면을 보면 해당 사이트의 링크와 함께 드래그한 글이 메모된 것을 확인할 수 있습니다.

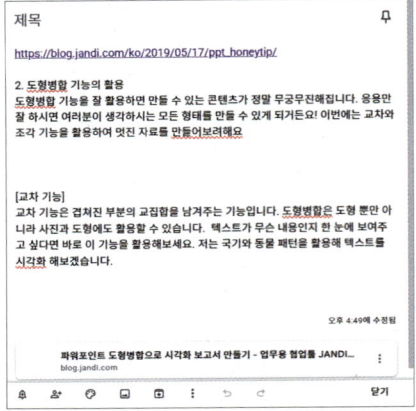

하면 된다! 〉 모바일에서 웹 페이지 스크랩하기

1. 스마트폰에서는 외부로 공유하기 기능을 활용하여 스크랩할 수 있습니다. 크롬 앱에서 관심 있는 기사를 찾은 후, 화면 오른쪽 상단에서 [더보기 ⋮ → 공유]를 클릭합니다.

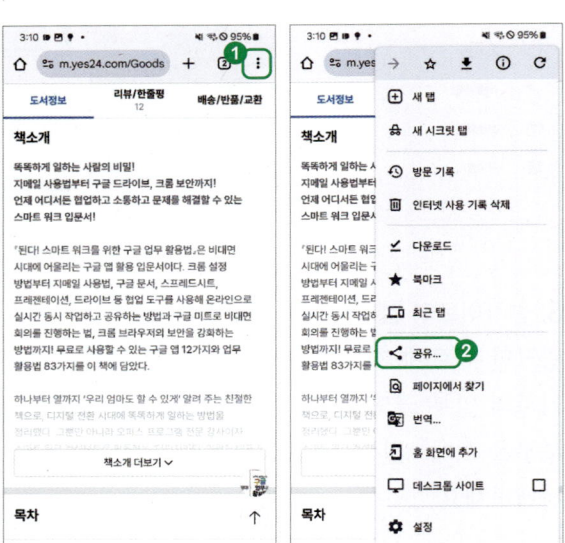

2. 공유할 수 있는 앱 목록이 나타나면 [Keep 메모]를 선택합니다.

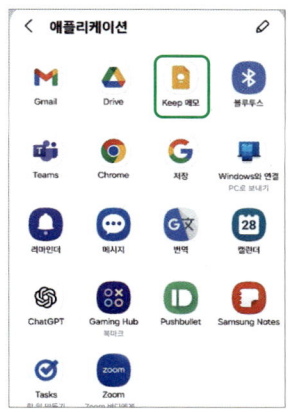

3. **웹사이트의 일부도 함께 스크랩하기**

PC에서와 마찬가지로 기사 내용도 가져올 수 있습니다. **스크랩하고 싶은 글을 드래그한 뒤 [공유]**를 눌러 [Keep 메모] 앱에 저장하면 됩니다. 아쉽게도 PC와 달리 스마트폰에서는 해당 웹 사이트의 링크가 같이 저장되지는 않습니다.

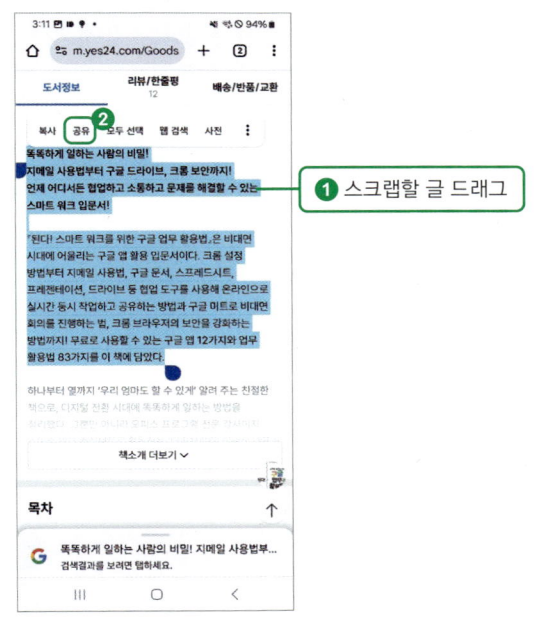

❶ 스크랩할 글 드래그

04 • 회사, 집 어디서든 협업하고 공유해요, 구글 킵 **107**

04-3

특정 장소에 가면 확인할 내용을 알려 줘요, 장소 알림

중요한 일이 있어서 시간 알림을 설정해 놓았는데 정작 그 시간에 다른 업무를 하느라 해야 할 일을 놓치는 경우가 있습니다. 하지만 시간이 아닌 장소를 알림으로 설정해 두면 시간과 관계없이 특정 위치에 도착하면 스마트폰에서 알림이 울리므로 곧바로 일을 시작할 수 있어 정말 유용하답니다.

구글 킵에서는 시간 알림과 장소 알람 둘 다 선택할 수 있습니다. 정확한 시간에 해야 하는 업무라면 시간 알림을, 회사나 미팅 장소에 도착한 후 또는 집에 가서 확인할 사항 등은 장소 알림을 활용해 보세요.

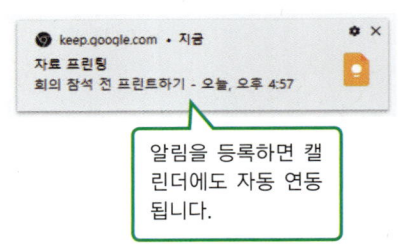
알림을 등록하면 캘린더에도 자동 연동됩니다.

하면 된다! 〉 구글 킵의 메모에 시간과 장소 설정하기

1. 구글 킵에 메모를 입력한 후 화면 왼쪽 아래에서 [알림 받기 🔔] 아이콘을 클릭하면 알람을 설정할 수 있습니다.

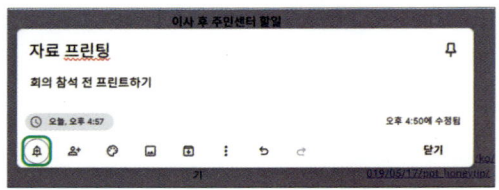

2. 시간 설정하기

간단하게 [오늘 중, 내일, 다음 주] 중에서 선택할 수 있고, [날짜 및 시간 선택]을 클릭하면 특정 날짜와 시간으로 지정할 수도 있습니다. 간단한 기능이니 어렵지 않게 설정할 수 있습니다.

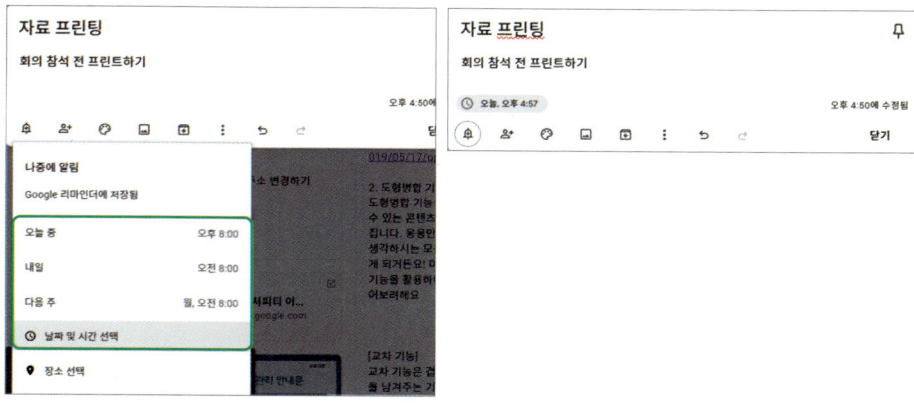

3. 장소 설정하기

해당 장소에 갔을 때 알림을 받으려면 스마트폰의 위치 설정을 켜둬야 합니다. 설정 방법은 역시 간단합니다. 메모를 선택하고 [장소 선택]을 클릭합니다. 특정 상호명이나 주소를 입력해 저장하면 메모 창 왼쪽 아래에 장소 알림이 표시됩니다.

이제 해당 위치로 이동하면 스마트폰에서 알림을 확인할 수 있습니다.

04-4

구글 킵으로 다른 사람과 협업하기

구글 킵은 다른 사람과 협업할 때에도 활용할 수 있습니다. 예를 들어 공동작업을 할 때 체크리스트를 만든 후, 진행 과정을 함께 확인하면 놓치는 일이 없겠죠. 일반 문서나 엑셀 파일을 사용하는 경우 버전 관리뿐만 아니라 업무 담당자별로 최신 현황을 일일이 공유하고 업데이트도 해야 하니 여간 불편한 게 아닙니다.

이제 구글 킵의 **공동작업자** 기능을 활용해 내용을 공유하고 함께 기록해 보세요. 업무 완료 여부를 체크하거나 내용을 추가·삭제할 수도 있습니다. 업무 외에도 가족과 마트에서 살 물건을 메모하고 내역을 공유할 수도 있고 집안 대소사도 서로 챙길 수 있겠네요.

구글 킵의 공동작업자는 일과 생활 모두에 활용할 수 있는 편리한 기능입니다. 단, 공동작업인 만큼 상대방도 구글 계정이 있어야 하고 구글 킵을 사용해야 합니다.

하면 된다! } 공동작업자 추가하기

1. 메모를 선택하고 화면 왼쪽 아래에서 [공동작업자 ☒]를 클릭합니다.

2. 공동작업자 입력 창에 공유할 사용자 이메일(구글 계정)을 입력합니다.

3. 공동작업자를 추가하면 메모 아래에 공동작업자의 프르필 사진이 함께 나타납니다.

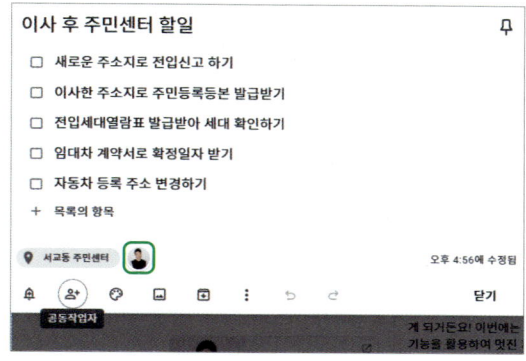

이제 공유한 공동작업자의 구글 킵 화면에도 같은 메모가 보이고 함께 수정하거나 추가·삭제할 수 있어요.

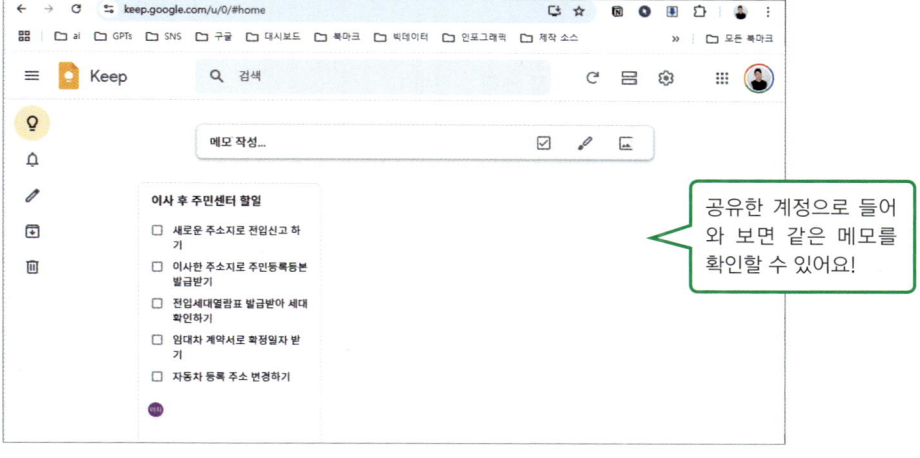

공유한 계정으로 들어와 보면 같은 메모를 확인할 수 있어요!

04 · 회사, 집 어디서든 협업하고 공유해요, 구글 킵 **111**

능력자 인터뷰 3

사용자의 업무 방식을 변화시키는 스마트 워크!

브렉퍼스트 코리아 대표
김기동 님

이메일 • Breakfastkorea@gmail.com
홈페이지 • www.breakfastkorea.com

Q 자기소개 부탁드립니다. 어떤 일을 하나요?

주로 기업 브랜딩과 외식 프렌차이즈 및 병원 마케팅, 유튜버 마케팅 등의 분야에서 종합 광고 대행사를 운영하고 있습니다.

Q 언제부터 스마트 워크를 시작했나요? 특별한 계기가 있나요?

실시간으로 소통하면서 여러 팀과 팀워크를 만들어 내다 보니 효율적인 업무 진행 방식이 필요하다는 생각을 늘 해왔습니다.
이 책 저자이신 이광희 님의 소개로 일종의 스마트 워크 공부(?)를 시작한 거지요. 그 후에도 새로운 기능이 나오면 이광희 님 덕분에 잘 배워서 사용하고 있답니다. 스마트 워크는 개인적으로는 일정 관리와 회의 내용을 정리할 때 적용하고, 업무에서는 팀워크와 자료 교환을 하거나 실시간으로 피드백할 때 주로 사용합니다.
단순한 보고 과정부터 아이디에이션까지 스마트 워크를 도입하면 업무를 더 쉽고 체계적으로 할 수 있는데, 무엇보다 좋은 건 데이터베이스 관리입니다. 지난 일이나 진행하는 일의 데이터베이스가 자동으로 구축되고 재활용할 수 있다는 점이 스마트 워크의 매력입니다.

Q 스마트 워크를 도입하면서 어려움은 없었나요?

스마트 워크는 스마트 워커가 만들어 낸다고 생각합니다. 그래서 처음에는 사용자가 어느 정도 학습해야만 진정한 스마트 워크가 될 수 있습니다. 처음에 스마트 워크를 배워서 익숙해질 때까지는 조금 어려울 수 있습니다. 그 단계만 넘으면 그다음은 정말 쉬워지니까 걱정할 필요 없습니다.
그런데 문제는 스마트 워크를 도입하지 않은 회사들과 소통하기가 쉽지 않다는 것입니다. 서로 답답할 수 있거든요. 특히 스마트 워킹에 익숙한 저희 직원들이 그걸 못 참아서 어렵다면 어려운 점입니다.

Q 스마트 워크를 이제 막 시작하는 개인이나 기업에게 한마디 한다면

꼭 하세요. 제발 하세요. 스마트 워크가 개인에게는 업무의 효율성을 높여 준다면, 기업에게는 불필요한 감정 낭비나 소모성 토론 등 불필요한 업무 처리 과정을 없앨 수 있다고 생각합니다.
요즘 기업이 경험하는 여러 문제 중에서 부서 간 소통이 가장 중요한 이슈로 떠오르는데요. 대기업에서는 사원 교육도 하고 인력도 재배치하는 등 자원을 투입하여 업무 방식과 틀을 바꾸기도 하지만, 스마트 워크를 도입하는 것이 가장 빠르고 효율적인 방법입니다.
스마트 워크는 단순히 업무 방식이나 업무 도구만 바꾸는 게 아니라 사용자의 생각 방식과 업무 방식 자체를 변화시키기 때문이죠.

05 사진·동영상 관리 서비스의 일인자, 구글 포토

사진과 동영상은 일반 문서에 비해 데이터의 크기가
상대적으로 큰 만큼 저장 공간도 커야 합니다.
그리고 거의 매일 새로운 사진과 동영상이 만들어지고 저장되므로
기존 자료를 백업하고 보관하는 것도 신경 써야 합니다.
사진이나 동영상을 효율적으로 관리하고 싶다면 구글 포토를 이용해 보세요.
클라우드에 실시간으로 자동 저장되므로 어디서나 보거나 내려받을 수 있습니다.

05-1 구글 포토 기본 사용법

05-2 사진 관리, 이렇게 하면 쉬워요

05-3 만료 기한 없이 사진과 동영상 공유하기, 무제한 링크 공유

05-4 사진 한곳에 모으기, 공동작업 기능

능력자 인터뷰 4 작은 팀부터 단계적으로 적용해 보세요! ─ 양진호 님

05-1
구글 포토 기본 사용법

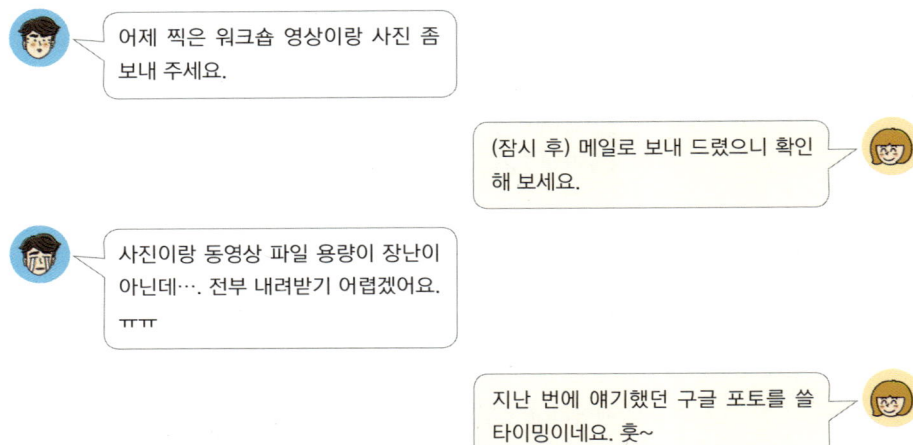

업무용 PC나 회사 서버에서 용량을 가장 많이 차지하는 것은 무엇일까요? 워드, 엑셀, 파워포인트 등 일반 문서의 용량은 100MB를 넘지 않습니다. 그렇다면 행사나 업무 관련 사진과 동영상이 업무용 PC나 회사 서버의 용량을 가장 많이 차지하는 것을 알 수 있습니다.

또 여행을 다녀와서 남는 것도 사진과 동영상이죠. 이러한 데이터를 저장할 때에는 보통 USB 또는 외부 저장 장치를 구매하거나 클라우드 서비스를 이용하기도 합니다. 문제는 시간이 지날수록 데이터가 점점 쌓여 관리가 어려워집니다. 이 모든 불편함을 해결해 줄 서비스가 바로 **구글 포토**입니다.

구글 포토로 할 수 있는 것

구글 포토는 한마디로 말해 사진, 동영상을 위한 클라우드 서비스입니다. 기존의 사진과 동영상을 백업하고 저장할 수 있어 추억을 보관하기도 좋습니다.

여기에 스마트폰과 실시간 동기화를 지원하여 현재 사진, 동영상을 자동 동기화해 주므로 특별히 신경 쓸 일도 없습니다. 스마트폰의 용량이 부족하다면 동기화를 완료한 사진, 동영상을 삭제해서 용량을 확보하세요.

강력한 검색 기능은 날짜별 검색은 물론, 장소, 색상, 특정 키워드, OCR(문자 인식) 검색까지 할 수 있습니다. 얼굴 분류 및 그룹화도 자동으로 해주죠. 파일 공유도 간단하게 링크를 사용하면 됩니다.

하면 된다! ▶ 구글 포토 앱 설치하고 저장 방식 설정하기

1. 구글 포토 앱 설치하기

PC에서는 구글 포토에 바로 접속할 수 있지만 스마트폰에서는 앱을 설치해 두는 것이 편리합니다. 구글 플레이에서 구글 포토 앱을 검색해 설치합니다.

구글 플레이에서 구글 포토를 입력합니다.

2. 저장 방식 설정하기

사진과 동영상을 효율적으로 저장하려면 몇 가지 설정을 해야 합니다. 구글 포토 앱을 실행해 로그인한 뒤 [프로필 → 포토 설정 → 백업 및 동기화]을 선택하세요.

▶ 구글 포토는 구글 드라이브 용량을 사용합니다. 최대 기본 용량 15GB까지 저장할 수 있습니다.

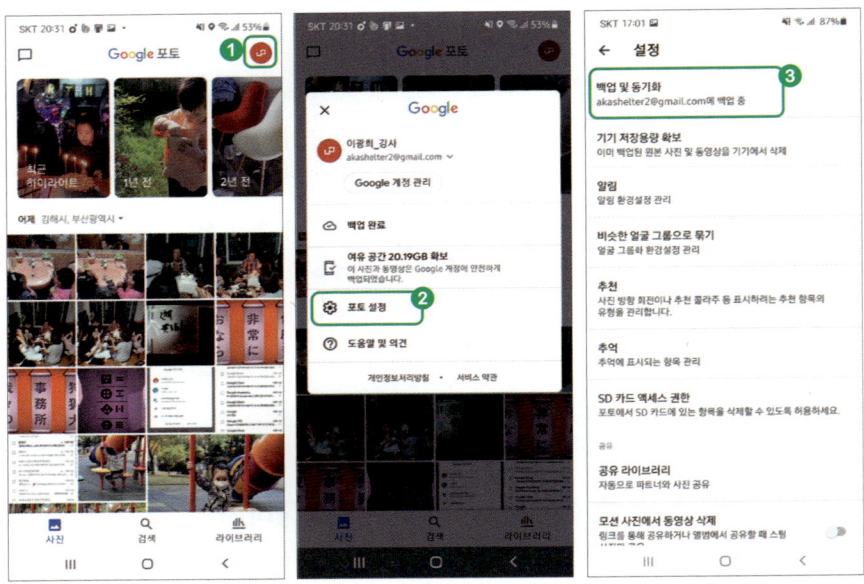

3. **[업로드 크기 → 저장용량 절약]**을 선택합니다. 이렇게 설정하면 업로드한 사진은 1,600만 화소로, 동영상은 1080p로 자동 보정됩니다. 동영상의 용량을 일정 크기로 제한하는 것이지요. 사진작가이거나 영상 작업을 전문으로 한다면 화질이 중요하지만 일반 사용자라면 큰 차이를 느끼지 못할 것입니다.

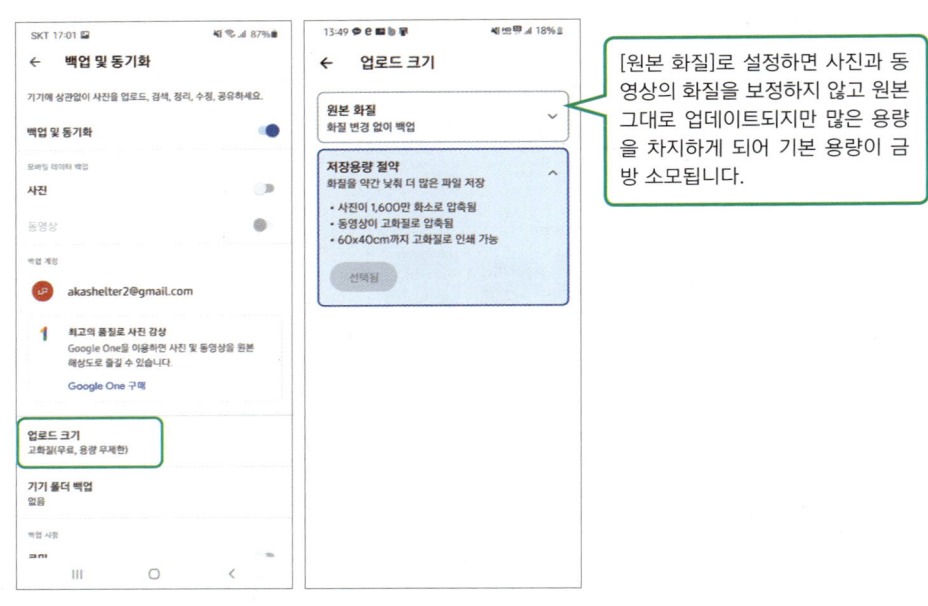

[원본 화질]로 설정하면 사진과 동영상의 화질을 보정하지 않고 원본 그대로 업데이트되지만 많은 용량을 차지하게 되어 기본 용량이 금방 소모됩니다.

4. [백업 및 동기화]로 되돌아가서 [모바일 데이터 사용량]을 선택한 후 3가지 메뉴가 모두 체크 해제되어 있는지 확인합니다. 체크 해제되어 있어야 스마트폰에 와이파이가 연결되었을 때 자동으로 동기화됩니다. 구글 앱을 실행하지 않아도, 심지어 스마트폰 화면이 꺼졌어도 자동으로 동기화됩니다.

만약 체크가 되었다면, 모바일 데이터를 활용해 실시간 백업이 이루어지므로 데이터 소모량이 클 수 있으니 주의하세요!

자, 이제부터는 스마트폰으로 사진을 찍고 와이파이만 연결해 주세요. 찍은 사진은 구글 포토가 알아서 저장해 줍니다.

하면 된다! } PC에서 사진, 동영상 가져와 구글 포토에 업로드하기

1. PC나 외장 하드, USB에 저장해 뒀던 사진과 동영상을 모두 구글 포토로 업로드해 보겠습니다. 방법은 간단합니다. 구글 포토(PHOTOS.google.com)에 접속한 후 사진과 동영상을 화면으로 끌어다 놓기만 하면 되거든요.

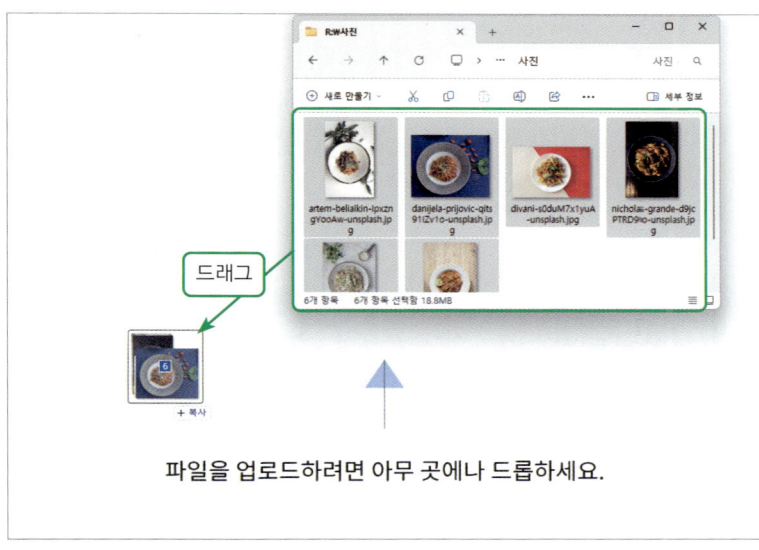

2. 좌측 하단의 완료창을 통해 업로드가 완료된 것을 알 수 있습니다.

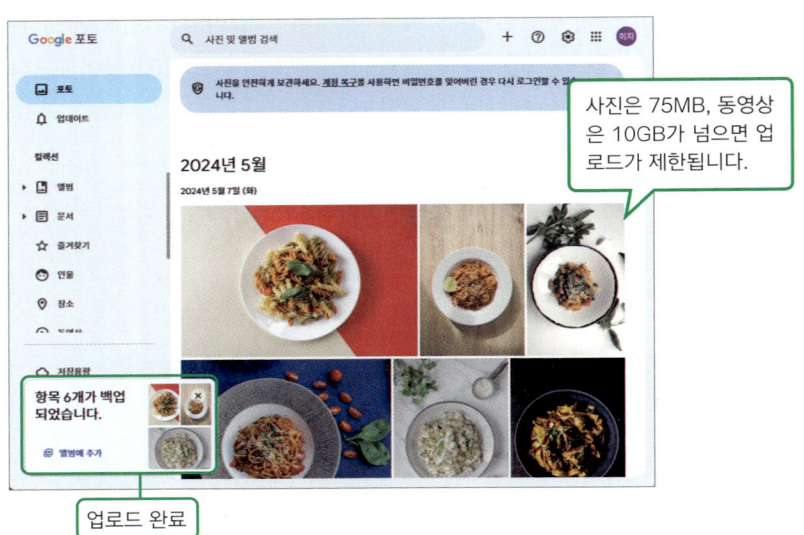

사진은 75MB, 동영상은 10GB가 넘으면 업로드가 제한됩니다.

업로드 완료

사진과 동영상을 일일이 골라내기 어려워요

만약 사진이나 동영상 파일이 많거나 정리되어 있지 않더라도 걱정하지 마세요. 폴더 안에 사진과 동영상을 모두 넣고 구글 포토 화면에 통째로 끌어다 놓으면 되니까요. 구글 포토에서는 자동으로 사진과 동영상 파일만 업로드합니다.
그리고 간혹 사진과 동영상을 올리다가 다 올리지 못하고 실패하는 경우가 있는데요. 구글 포토는 같은 사진과 동영상을 구분할 수 있어서 다시 폴더 전체를 업로드하더라도 나머지 사진, 동영상만 올라갑니다.

구글 포토의 동기화와 저장 정책 알아 두기

구글 포토로 동기화한 스마트폰의 사진을 삭제하면 구글 포토의 사진도 지워질까요? 또는 구글 포토에서 사진을 지우면 스마트폰에서도 지워질까요? 구글 포토의 동기화와 저장 정책을 알고 나면 백업과 삭제 과정의 불안함을 해소할 수 있습니다.

구글 포토로 동기화가 끝난 사진은 스마트폰에서 사진을 삭제하더라도 구글 포토에서는 사라지지 않습니다. 하지만 구글 포토에 동기화한 사진을 삭제하면, 스마트폰에서도 사진이 사라집니다.

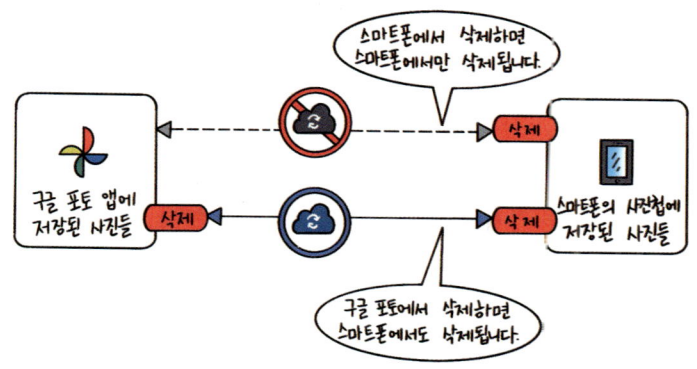

왜 그럴까요? 이유는 간단합니다. 스마트폰의 용량이 부족하면 보통 사진과 동영상을 먼저 삭제합니다. 그런데 백업용으로 동기화해 놓은 구글 포토의 사진, 동영상이 삭제되면 안 되겠죠? 그래서 스마트폰에서 사진, 동영상을 삭제하더라도 구글 포토에는 아무런 영향을 주지 않는 것입니다. 이런 구글 포토 동기화 정책을 잘 확인해서 실수로 사진, 동영상을 삭제하지 않도록 주의해 주세요.

기기 저장 용량 확보하기

스마트폰 용량이 부족하면 동기화가 완료된 사진, 동영상을 삭제해 주세요. 프로필에서 [이 기기의 여유 공간 확보]를 선택해서 용량을 확보할 수 있습니다.

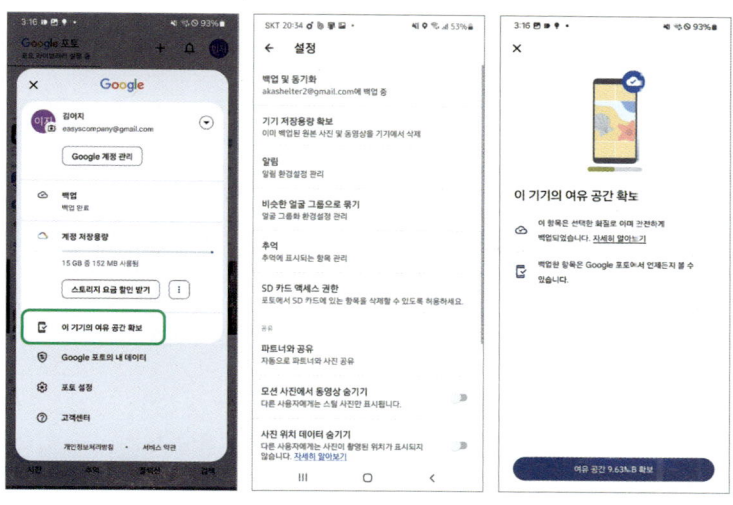

05-2

사진 관리,
이렇게 하면 쉬워요

간단한 사진 정리는 스마트폰에서도 가능하지만, 사진을 앨범이나 인물로 구분해야 하거나 공유된 링크 등의 전체 관리를 할 때는 PC 화면에서 하는 걸 추천합니다. 우선 구글 포토에 어떤 기능이 있는지 간단히 살펴볼까요?

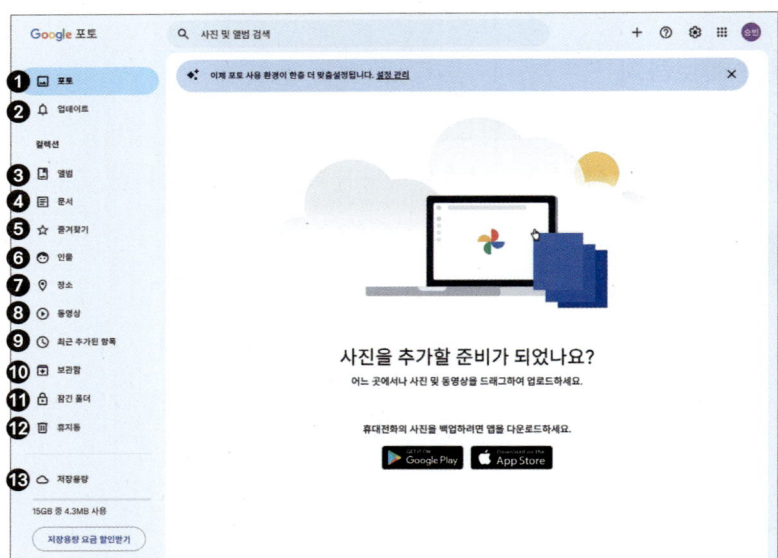

❶ **포토:** 사진과 동영상이 최신 날짜순으로 정렬되어 표시됩니다.
❷ **업데이트:** 새로운 기능, 추천 앨범, 자동 생성된 콘텐츠 등을 확인할 수 있습니다.
❸ **앨범:** 자동으로 생성된 앨범과 사용자가 직접 만든 앨범을 폴더 형태로 관리할 수 있으며, 공유한 링크를 확인하고 관리할 수 있습니다.
❹ **문서:** 사진 속 문서나 영수증과 같은 항목들을 모아서 보여줍니다.
❺ **즐겨찾기:** 즐겨찾기로 지정한 사진과 동영상을 모아서 볼 수 있습니다.
❻ **인물:** 사진에 등장하는 인물별로 사진을 탐색할 수 있습니다.

❼ **장소**: 사진이 촬영된 위치별로 사진을 탐색할 수 있습니다.
❽ **동영상**: 모든 동영상을 한곳에 모아서 볼 수 있습니다.
❾ **최근 추가된 항목**: 최근에 추가된 사진과 동영상을 확인할 수 있습니다.
❿ **보관함**: 지금은 보고 싶지 않지만 나중에 필요할 수 있는 사진이나 동영상을 보관할 수 있으며, 보관된 항목은 구글 포토 메인 화면에 보이지 않지만 검색을 통해 찾을 수 있습니다.
⓫ **잠긴 폴더**: 암호로 보호된 폴더에 민감한 사진과 동영상을 저장할 수 있습니다.
⓬ **휴지통**: 삭제된 사진과 동영상이 60일 동안 보관되며, 이후 자동으로 삭제됩니다.
⓭ **저장용량**: 구글 계정의 저장용량 사용 현황을 확인하고 관리할 수 있습니다.

하면 된다! ▶ 검색 기능으로 사진 빠르게 찾기

구글 포토의 검색 기능을 이용하면 날짜, 키워드, 장소, CCR(사진에 있는 글자를 자동으로 인식하는 것) 등으로 사진을 검색해서 찾을 수 있습니다.

1. 날짜로 검색하기

검색 바에 연월일 단위로 원하는 날짜를 입력해 보세요. 해당 날짜에 찍은 사진만 모아서 볼 수 있습니다.

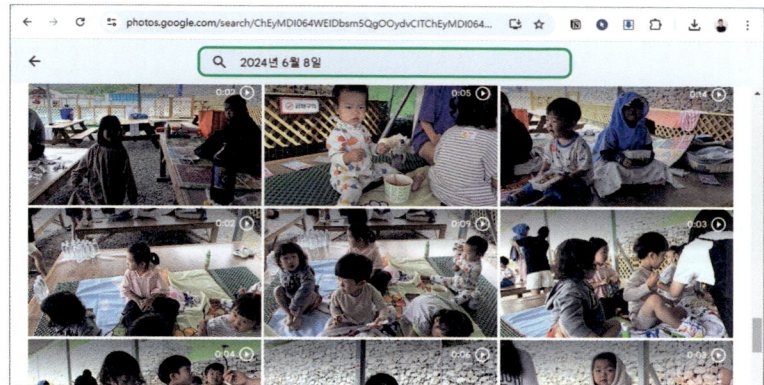

2. 키워드로 검색하기

구글 포토의 키워드 검색은 사용자가 직접 등록해 둔 키워드로 사진을 찾는 것이 아닙니다. 구글이 전체 사진을 분석한 후 키워드와 연관된 사진을 찾아서 보여 주는 재미있는 기능이지요.

예를 들어 주차로 검색하면 멈춰 있는 차량 사진이나 주차라는 문자가 들어 있는 사진을 모두 보여 줍니다. 또 동영상으로 검색하면 동영상 파일만 모아 주기도 해요!

직접 촬영한 사진은 저작권 문제가 없으므로 나만의 사진 데이터베이스 창고로 활용하면 좋습니다.

'수영' 키워드로 검색

'주차' 키워드로 검색

'red' 키워드로 검색

3. 장소로 검색하기

일반 카메라나 스마트폰 카메라로 사진을 촬영하면 눈에 보이지는 않지만 사진 파일에는 정확한 촬영 일시, 촬영한 장비의 모델명, 촬영 장소, ISO/조리개 값 등의 정보가 함께 저장됩니다. 그리고 평소에 스마트폰의 위치 정보를 켜두었다면 촬영한 장소까지 함께 저장되죠.

구글 포토는 촬영한 장소를 앨범처럼 그룹화해서 자동으로 보여 줍니다. 여행 간 곳을 추억해 볼 수 있으니 한번 사용해 보세요.

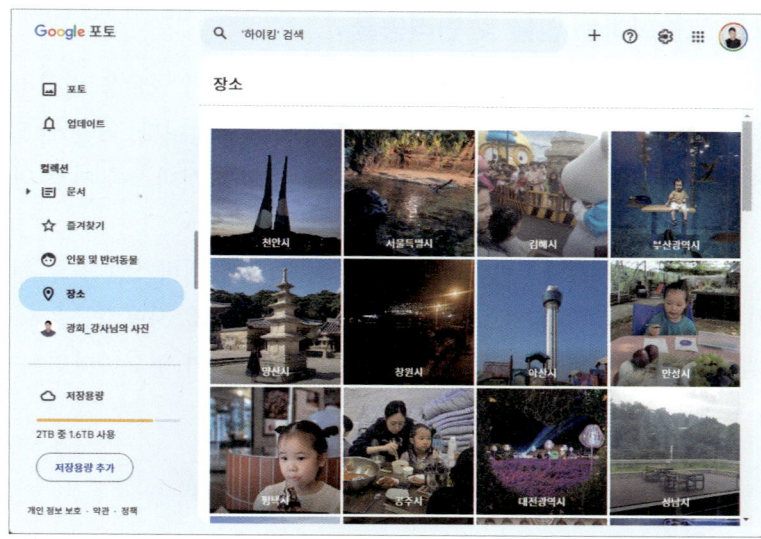

4. 얼굴 그룹으로 검색하기

미리 얼굴 그룹에 지정해 놓은 이름을 사용해서 검색하면 해당 인물의 사진을 쉽게 찾을 수 있습니다. 이름을 2명 이상 사용해서 검색해도 됩니다. 만약 특정 인물을 제외하고 싶다면 인물명 앞에 -를 붙여 -인물명으로 입력하면 됩니다.

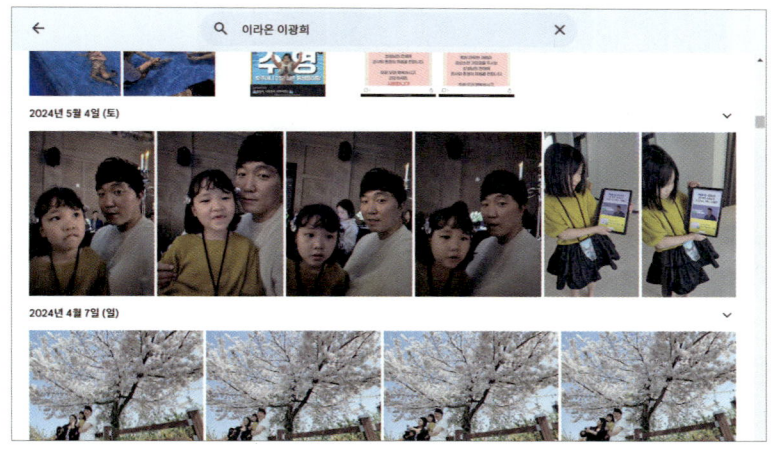

이 밖에도 특정 사물을 분류해 두거나, 동영상만 모아서 보여 주기도 하고 특정 이벤트를 묶어서 보여 주기도 합니다. 하나씩 클릭해서 어떤 정보를 모아서 앨범으로 보여 주는지 확인해 보세요.

구글이 자동으로 그룹화하는 인물 및 반려동물

인물 및 반려동물은 구글 포토가 자동으로 사진이나 동영상 내의 얼굴을 인식하여 동일 사람의 사진과 영상을 그룹으로 묶어 주는 놀라운 기능입니다. 최근 안드로이드나 iOS에서도 동일 기능을 제공하고 있지만 구글이 이런 서비스를 가장 먼저 시작했으며, 얼굴 인식률 또한 가장 높습니다.

기본 계정에서는 [인물] 메뉴로 나오지만, 만약 구글 용량 구독 서비스인 구글 원을 구독하고 있다면 [인물 및 반려동물]로 메뉴가 구성됩니다. 무료 사용자들은 아쉽게도 반려동물 그룹화를 지원하지 않으므로 반려동물 그룹화가 필요하다면 구글 원을 구독해 보세요.

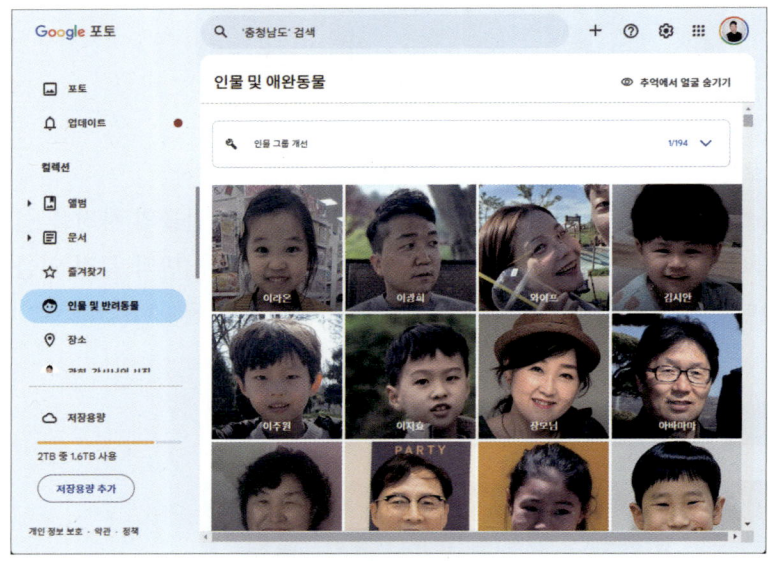

▶ 구글 원에 관한 자세한 내용은 231쪽에서 확인할 수 있습니다.

또한 그룹화된 얼굴에 이름 라벨을 설정할 수 있습니다. 이름 라벨이 없는 얼굴 그룹을 선택한 다음 [이름 추가]를 클릭해 이름 라벨을 추가할 수 있습니다. 이렇게 이름 라벨을 적용해 두면 해당 이름 라벨을 활용하여 검색할 수 있습니다.

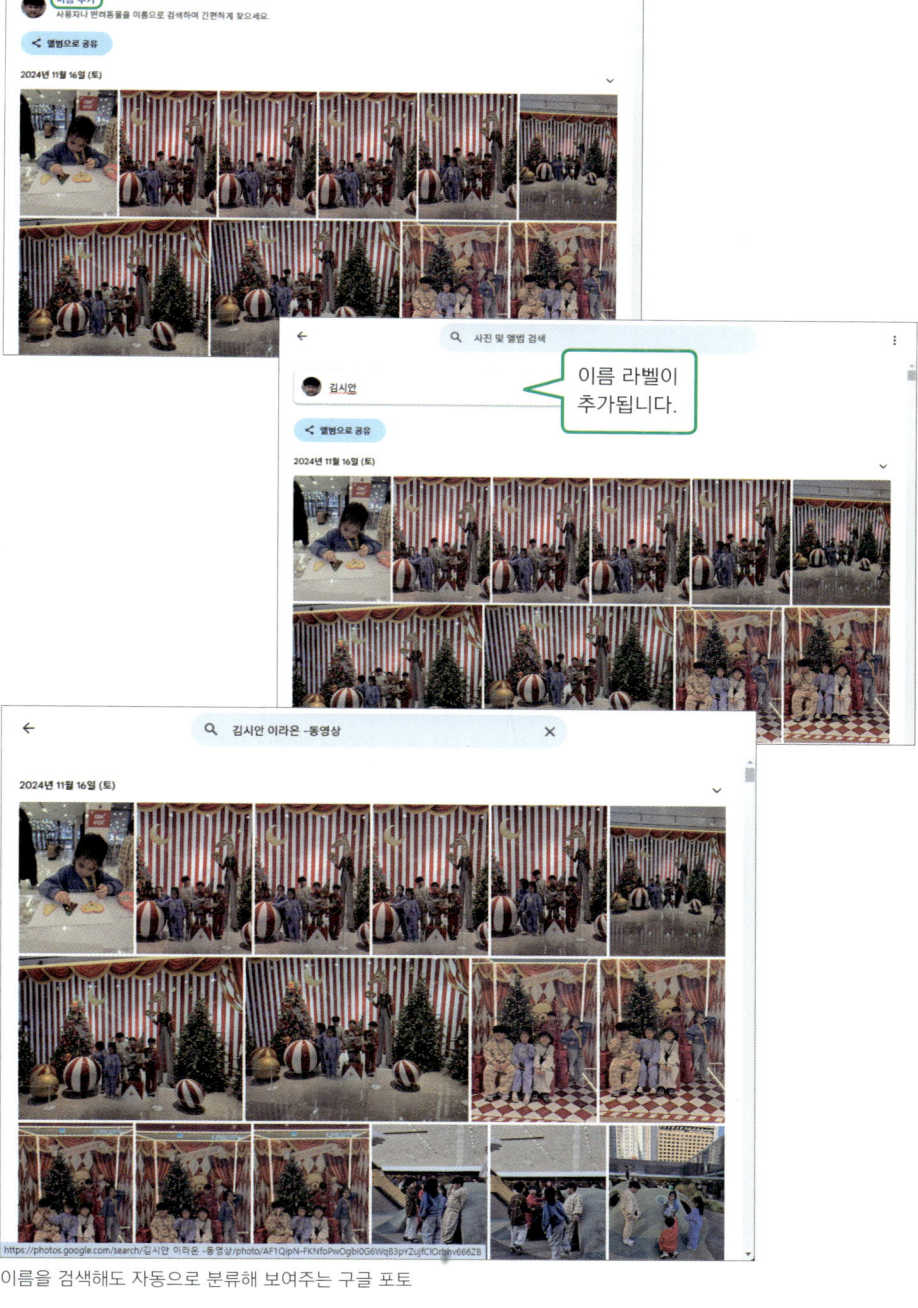

이름을 검색해도 자동으로 분류해 보여주는 구글 포토

05 • 사진, 동영상 관리 서비스의 일인자, 구글 포토

사진이 실시간으로 업데이트되는 라이브 공유 앨범

저는 출장이 잦아 집을 자주 비우곤 하는데, 출장 중에는 딸이 무척 보고 싶습니다. 매번 아내에게 사진을 보내 달라고 요청하냐고요? 구글 포토가 있으면 그럴 필요가 없답니다. 라이브 공유 앨범을 만들어 두면 자동으로 최신 사진이 업데이트되니까요.

하면 된다! } 라이브 공유 앨범 만들기

1. [앨범 → 앨범 만들기]를 클릭하세요.

2. 앨범 제목을 입력하고 [인물 및 반려동물 선택]을 클릭합니다.

3. 인물 사진을 체크하고 [확인]을 클릭합니다. 화면 왼쪽 위에 있는 설명처럼, 이 앨범 사진의 인물이 새로 찍히면 자동으로 업데이트됩니다. 그래서 이 앨범에서는 항상 최신 사진을 공유합니다.

저는 [라오니]라는 공유 앨범을 만들어서 저와 아내가 찍은 딸 사진이 실시간으로 공유되도록 설정해 두었습니다. 그리고 앨범 이름 밑에 있는 ➕ 아이콘을 눌러 가족을 초대하여 언제 어디서나 실시간으로 볼 수 있도록 해두었어요.

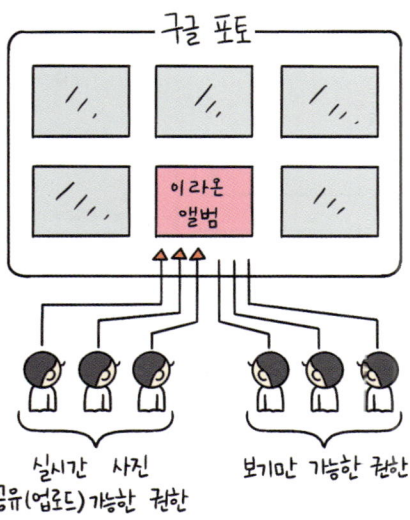

05 • 사진, 동영상 관리 서비스의 일인자, 구글 포토   **127**

이제 부모님께서 "아이 사진 좀 보내 봐라"라고 말씀하지 않습니다. 가족 모두 함께 즐기는 스마트 라이프, 여러분도 멋지게 만들어 보세요.

앨범마다 공유할 사람을 지정해 보세요.

초대 받은 사용자는 새 사진에 관한 알림을 받을 수 있나요?

[옵션]에서 [사진 자동 추가]에 인물 및 반려동물 설정으로 알람을 받을 수 있습니다. 단순히 링크를 공유받은 상태라면 알림 받기 메뉴 자체가 없습니다. 하지만 인물 및 반려동물의 사진을 자동 추가 설정한 상태라면 알림 받기 메뉴를 볼 수 있으며, 수신 여부를 설정할 수 있습니다.

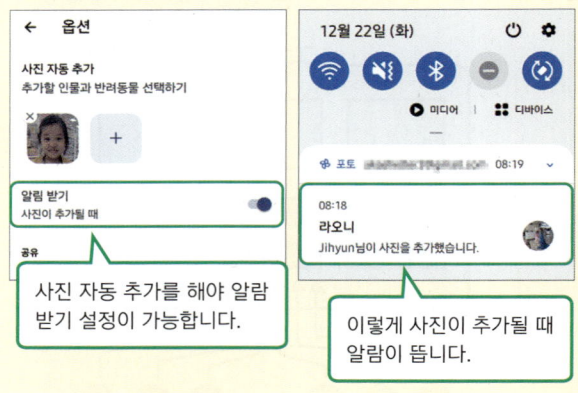

사진 자동 추가를 해야 알람 받기 설정이 가능합니다.

이렇게 사진이 추가될 때 알람이 뜹니다.

05-3

만료 기한 없이 사진과 동영상 공유하기, 무제한 링크 공유

회사에서 사진이나 동영상 등을 공유할 때 주로 파일 서버를 이용하죠. 그러다 보니 용량을 초과할까 봐 항상 신경 쓰이곤 합니다.

구글 포토를 사용하면 이런 걱정을 할 필요가 없습니다. 구글 포토에 업로드한 사진과 동영상을 선택해 링크로 공유할 수 있기 때문입니다. 공유받은 파일은 내려받을 수도 있고, 한 번 클릭으로 내 구글 포토로 가져올 수도 있습니다.

하면 된다! } 링크로 사진·동영상 공유하기

1. 공유할 사진, 동영상을 마음껏 선택한 뒤 구글 포토 화면 오른쪽 상단에서 [공유 <]를 클릭합니다. 이메일을 입력해서 특정한 사람과 공유할 수도 있고 화면 아래쪽의 [링크 만들기]를 클릭해서 다운로드 링크를 만든 후 불특정 다수와 공유할 수도 있습니다. 여기서는 [링크 만들기]로 링크를 생성하고 확인해 보겠습니다.

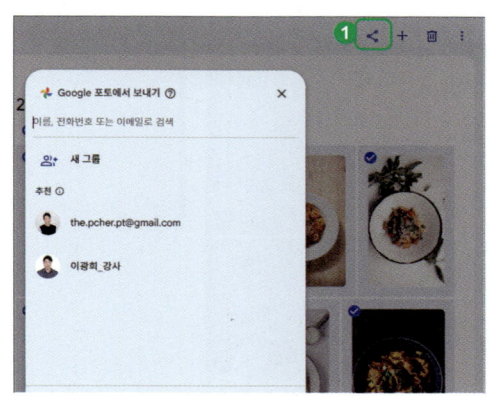
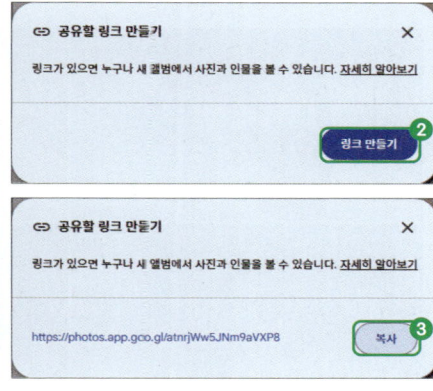

05 · 사진, 동영상 관리 서비스의 일인자, 구글 포토   **129**

2. 공유받은 사진과 동영상 파일 저장하기

공유받은 사진은 한번에 볼 수 있습니다. 그러므로 구글 포토를 사용하지 않아 파일을 통째로 내려받은 사용자라면 필요한 사진을 체크한 뒤 화면 오른쪽 상단에서 [더보기 ⋮ → 다운로드]를 클릭하면 됩니다.

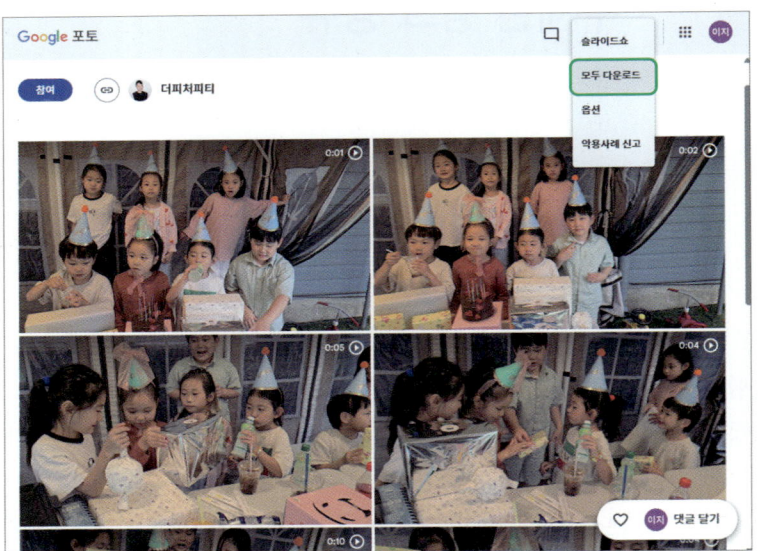

3. 구글 포토를 사용한다면 사진을 더욱 간단하게 가져올 수 있습니다. 사진을 선택한 상태에서 [사진 저장 ☁]을 선택하면 화면 아래에 [저장됨]이라는 메시지가 나타납니다.

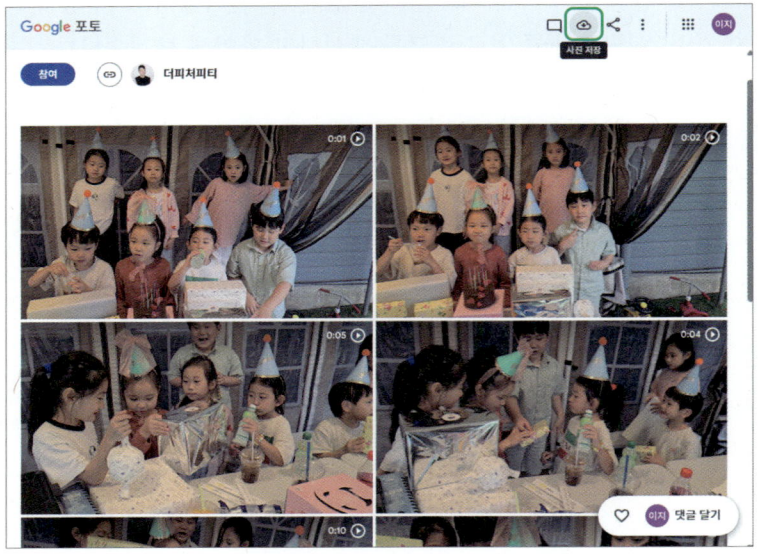

4. 내 포토에 가서 살펴보면 앞에서 선택한 사진이 저장된 것을 확인할 수 있습니다. 사진 파일을 저장하지도 않고 소유권만 가져오니 참 편리한 기능입니다. 링크의 유효 기간도 없으니 파일 다운로드 기간이 만료되어 사진과 동영상을 확인하지 못하는 일은 이제 발생하지 않겠네요.

공유 받은 사진을 내 구글 포토로 가져왔습니다.

05-4

사진 한곳에 모으기, 공동작업 기능

만약 회사에서 야유회를 다녀왔는데, 각자 찍은 사진들을 한데 모으려 합니다. 일반적으로 막내 사원이 사람들에게 사진 파일을 받아서 한 폴더에 모아 압축한 뒤, 대용량 파일 링크를 이메일로 공유하거나 사내 파일 서버를 이용할 것입니다. 하지만 구글 포토를 사용하면 이렇게 한 사람을 고생시킬 필요가 없습니다. 공동작업 기능으로 누구나 앨범에 접근하고 업로드하면 되니까요!

단, 공동작업 기능을 사용하기 위해서는 구글 포토에서 앨범을 만들어 둔 상태여야 합니다. 126쪽을 참고해 앨범을 만든 이후 실습을 진행해 주세요!

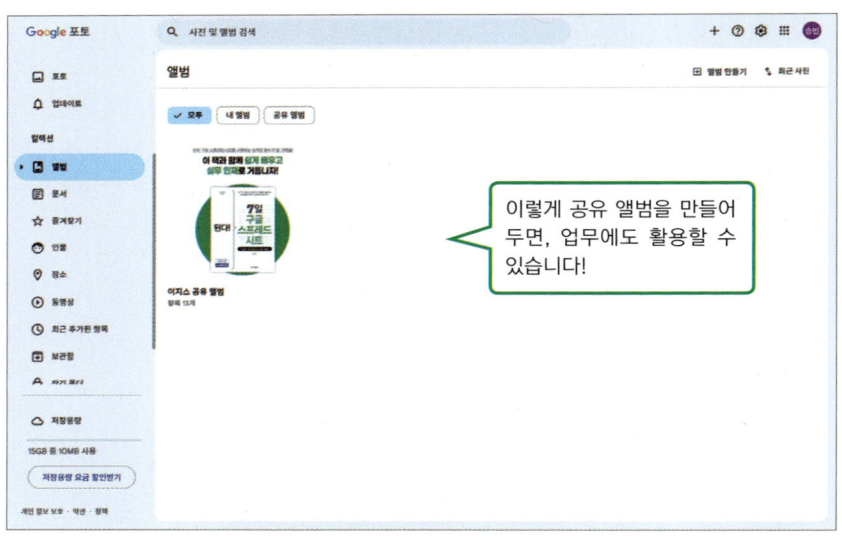

이렇게 공유 앨범을 만들어 두면, 업무에도 활용할 수 있습니다!

하면 된다! } 구글 포토로 공동작업자와 사진 모으기

1. 우선 공유 앨범을 만든 소유자가 앨범을 공유해야 합니다. 소유자의 계정에서 앨범을 만든 후 앨범의 [더보기] 버튼을 누르고 [앨범 공유]를 누릅니다.

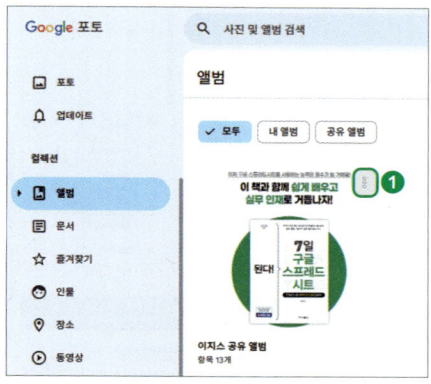
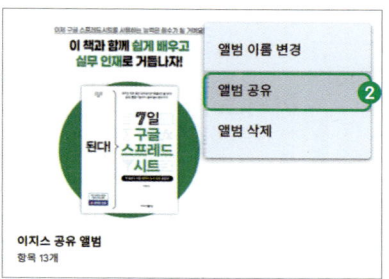

2. 공동작업자를 앨범에 초대해야 합니다. 공유할 대상의 메일 주소를 직접 입력해 추가해도 되고, 주소록에 저장되었거나 메일로 소통한 적이 있는 사람이라면 [추천]의 메일 주소를 선택해 추가해도 됩니다. 추가를 마쳤다면 [보내기 ▷] 버튼을 누릅니다.

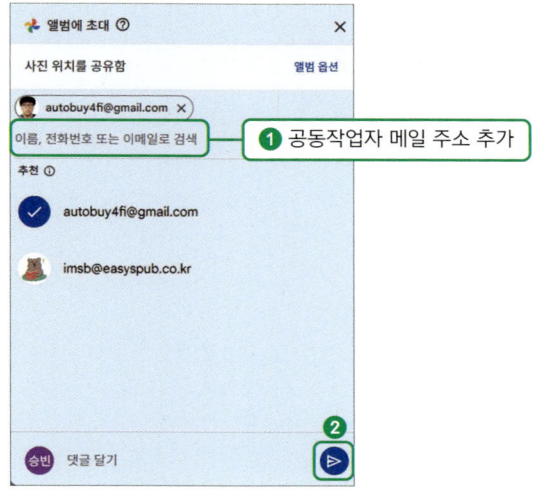

3. 공동작업자 초대를 마쳤다면, 상단의 메뉴가 약간 달라집니다. 일단 화면 상단에서 [더보기 ⋮] → 옵션]을 선택합니다.

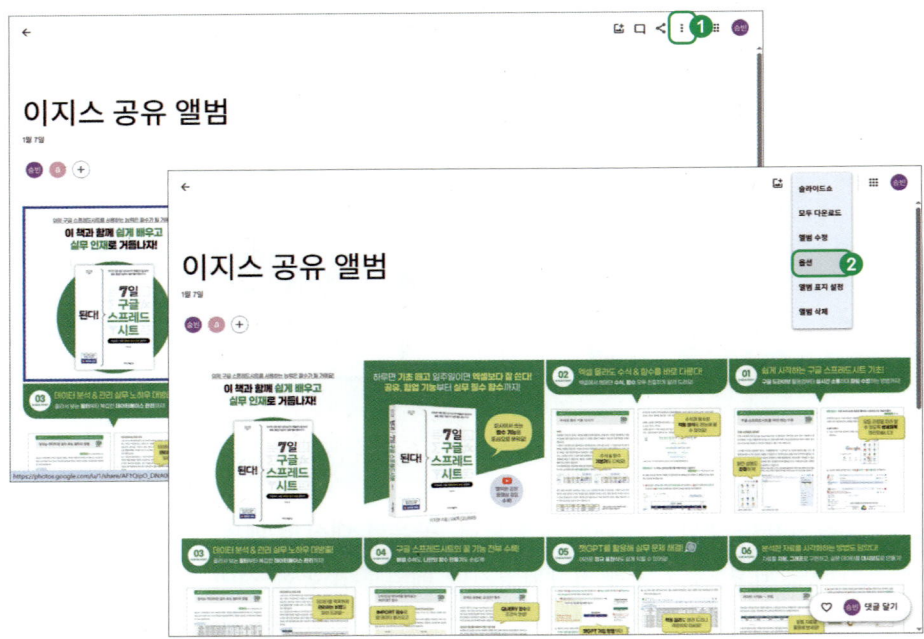

4. [공동작업] 항목을 활성화합니다. 이 항목이 활성화되어 있어야만 이 공유 링크를 받은 사용자는 여기에 사진을 자유롭게 추가할 수 있습니다.

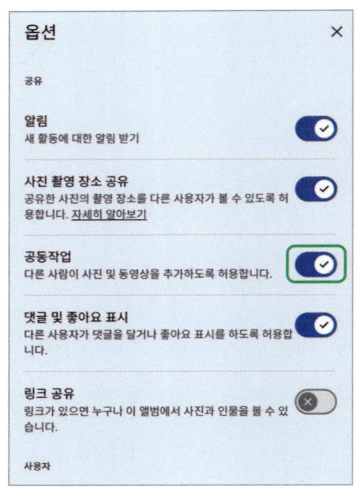

5. 공동작업자로 추가한 계정으로 링크에 접속해 보세요. 화면 상단에 [사진 추가] 버튼이 보입니다. 이제부터 내 구글 포토나 PC, 스마트폰의 사진을 곧바로 업로드할 수 있습니다.

6. 공유 앨범을 만든 소유자 계정으로 다시 접속해 보니 사진이 추가된 것을 확인할 수 있습니다. 이렇게 공유 앨범 링크만 있다면 많은 사람의 자료를 한번에 취합할 수 있습니다. 또한 [활동 보기]를 누르면 공유 앨범에서 누가 글을 올렸고, 댓글을 달았는지 등의 내역도 확인할 수 있습니다.

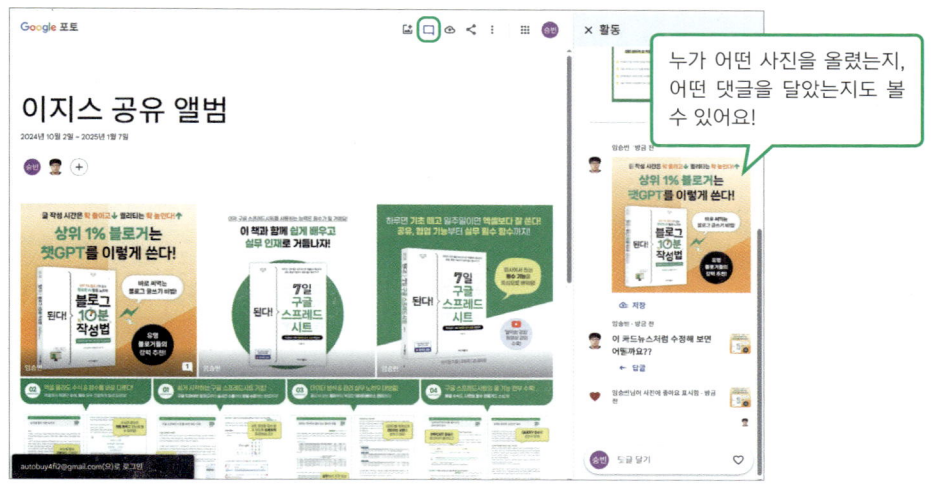

능력자 인터뷰 4

작은 팀부터 단계적으로 적용해 보세요!

토스랩 사업 총괄 이사
양진호 님

이메일 · jinho@tosslab.com
홈페이지 · www.jandi.com

Q 자기소개 부탁드립니다. 어떤 일을 하나요?

업무용 협업 도구인 잔디(JANDI)를 서비스하는 토스랩에서 사업 총괄을 담당하고 있습니다. 영업, 홍보, 마케팅, 고객 경험, 운영 전반에 걸쳐 사용자 획득부터 유지, 고객 만족까지 모두 해당합니다.

잔디(www.jandi.com)는 서비스형 소프트웨어(Software as a Service, SaaS)인 클라우드 서비스로 국내 업무 체계에 최적화되어 있습니다. 비싼 도입 비용, 한글 미지원, 조직도 기능 부재 등의 이유로 해외 제품을 도입하기 어려워하는 국내 기업이라면 '잔디'를 추천합니다.

Q 스마트 워크를 한마디로 표현한다면?

같은 시간 안에 더 많은 업무를 더 빠르게 할 수 있게 한다는 것.

Q 스마트 워크를 개인 일상이나 업무에서 어떻게 적용하고 있나요?

개인적으로는 이모티콘을 사용할 때 단축키를 쓸 정도로 모든 업무 도구나 문서 작성에서 단축키 사용을 생활화하고 있습니다. 단축키 사용만으로도 업무 효율을 15~20% 올릴 수 있습니다.

또한 팀원과 다양한 협업 도구를 활용하고 있습니다. 특히 코로나가 장기화됨에 따라 업무가 비대면으로 전환하면서 화상 회의는 줌(Zoom)으로, 프로젝트 관리는 트렐로(Trello)로, 실시간 소통과 공유는 잔디(JANDI)를 활용하고 있습니다.

Q 업무 환경을 바꾸고 싶어 하는 분들에게 한마디 한다면?

금융 쪽에서 일하다가 IT 스타트업으로 이직하면서 업무 방식이나 생산성 도구를 처음 접했죠. 여러 프로젝트를 동시에 수행하는 경우가 잦은데, 스마트 워크가 없었다면 정해진 시간 안에 일을 마칠 수 없었을 것입니다. 함께 일하는 토스랩 구성원은 변화에 빠르게 적응해서 새로운 도구도 열린 자세로 사용합니다.

그런데 전에 컨설팅했던 전통 산업군 쪽에서는 스마트 워크를 실행하기에 앞서 변화를 걱정하고 반감부터 드러내는 분들이 많았습니다. 이런 경우에는 조직의 리더가 '왜 우리 조직에 스마트 워크를 도입하려고 하는지, 기대하는 바는 무엇인지' 등 목적을 명확히 제시해 주는 것이 좋습니다. 또한 회사 전체에 적용하기 전에 먼저 소규모 팀에서 스마트 워크를 실행해 보면서 테스트 기간을 거치는 방법을 권하고 싶습니다.

즉, "무조건 스마트 워크를 하자!"라고 선언하기보다 회사 구성원에게 취지를 먼저 이해시키고 단계적으로 진행하는 것이 좋습니다. 의사 결정권자뿐 아니라 기업 문화 팀, IT 팀과 함께 협업하여 조직 내부에 스마트 워크 태스크 포스(task force, TF)를 구성하기를 권합니다.

셋째마당

스마트 워크의 꽃
- 구글 협업 도구

06 • 구글 협업 도구의 특징
07 • 어디서든 보고서를 작성할 수 있어요, 구글 문서
08 • 어디서든 발표할 수 있어요, 구글 프레젠테이션
09 • 실시간으로 관리할 수 있는 엑셀, 구글 스프레드시트
10 • 모든 파일은 클라우드 공간에, 구글 드라이브
11 • 구글의 생성형 AI 제미나이와 기업 사용자를 위한 구글 워크스페이스

06 구글 협업 도구의 특징

구글 서비스에서는 워드, 엑셀, 파워포인트와 같은 기능을 하는
다양한 협업 도구를 제공합니다.
구글 문서, 스프레드시트, 프레젠테이션을 예로 들 수 있는데요.
이번 장에서는 구글 협업 도구의 종류와 장단점을 살펴보고
스마트 워크 환경에서 어떻게 활용할 수 있는지 알아봅니다.

06-1 구글 협업 도구, 이렇게 쓸 수 있어요
06-2 구글 협업 도구의 장점과 한계

06-1

구글 협업 도구, 이렇게 쓸 수 있어요

> 김이지님, 저번에 만든 기획안 갖고 있죠?

> 그거 채택되지 않아서 관련 문서 모두 삭제했는데요.

> 어쩌지? 대표님이 최종 기획안 말고 그 전의 것이 좋다시는데….

> 제가 그럴 줄 알고 구글 드라이브에 따로 저장해 놓았죠!

MS 오피스와 구글 협업 도구, 뭐가 다를까?

업무에 필요한 문서를 작성하려면 워드나 엑셀 같은 프로그램이 필요합니다. 이를 **오피스 프로그램**이라고 합니다. 마이크로소프트의 MS 오피스가 대표적입니다. 그런데 구글에도 다음과 같이 MS 오피스와 유사한 협업 도구가 있습니다.

MS 오피스	구글 협업 도구
워드	문서
파워포인트	프레젠테이션
엑셀	스프레드시트

06 · 구글 협업 도구의 특징 **139**

구글 협업 도구에는 문서, 프레젠테이션, 스프레드시트가 있는데 문서는 워드, 프레젠테이션은 파워포인트, 스프레드시트는 엑셀과 비슷한 기능을 한다고 보면 됩니다. 하지만 구글 협업 도구는 웹 서비스로서 꼭 필요한 핵심 기능만 제공하므로 기존 MS 오피스와 비교하면 기능 면에서 부족한 편입니다. 그리고 MS 오피스가 익숙하다면 구글 협업 도구가 불편할 수도 있습니다. 메뉴 이름도 다르고 자신이 쓰던 기능이 없거나 찾아봐야 하기 때문이죠.

그러나 구글 협업 도구가 불편하더라도 써야 하는 이유는 분명 있습니다. **라이선스 비용을 걱정하지 않아도 되는 무료 서비스**인데다 언제 어디서나 실시간 온라인 협업을 할 수 있는 **클라우드 서비스를 제공하기 때문**입니다.

처음부터 모든 것을 구글로 바꿀 필요는 없습니다. 일부 기능을 사용해 보고 기존 오프라인형 단계별 오피스 업무 방식보다 온라인형 실시간 협업 업무 방식이 더 편리하다면 구글 협업 도구를 사용해서 업무 시스템이나 프로세스를 변경해 보세요.

업무에 따라서 MS와 구글 협업 도구를 함께 사용하면 안 되나요?

이 업무는 MS 오피스를, 저 업무는 구글 협업 도구를 쓰는 식으로 절대 이원화해서 사용하지 마세요. 또는 업무는 구글 협업 도구로 하고 보고는 MS 오피스를 하는 등 협업 도구를 어중간하게 도입하면 혼란과 불편만 겪다가 본래대로 돌아가 결국 스마트 워크는 실패하고 맙니다. 구글 협업 도구를 도입하기로 결정했다면 MS 오피스는 업무 시스템에서 배제하는 것이 좋습니다. 145쪽 <질문 있어요>를 참고하세요.

구글 협업 도구의 활용 사례 살펴보기

구글 협업 도구를 활용하면 실시간으로 업무 협업을 할 수 있고 항상 최신 버전 자료를 공유할 수 있습니다. 인터넷만 되는 환경이면 내 PC가 아니더라도 언제 어디서나 일할 수 있는 스마트 워크 환경을 구축할 수 있습니다.

이렇게 말로만 설명한다면 이해하기 힘들겠죠? 그럼 이제부터 구글 협업 도구를 실제로 어떻게 활용할 수 있는지 사례 4가지를 살펴보겠습니다. 이 사례들은 제가 책에 넣기 위해 임의로 제작한 것이 아니라 실제로 기업 컨설팅과 강의를 다니며 경험하고 제작한 내용이니 참고하기에 좋을 거예요!

사례 1 구글 문서 - 카드 뉴스 기획

회사 내 부서가 다르거나 외부 사람이어도 권한만 공유하면 같은 문서를 가지고 동시에 작업할 수 있습니다. 또한 댓글 기능으로 같은 장소가 아니더라도 실시간 온라인으로 회의까지 할 수 있습니다.

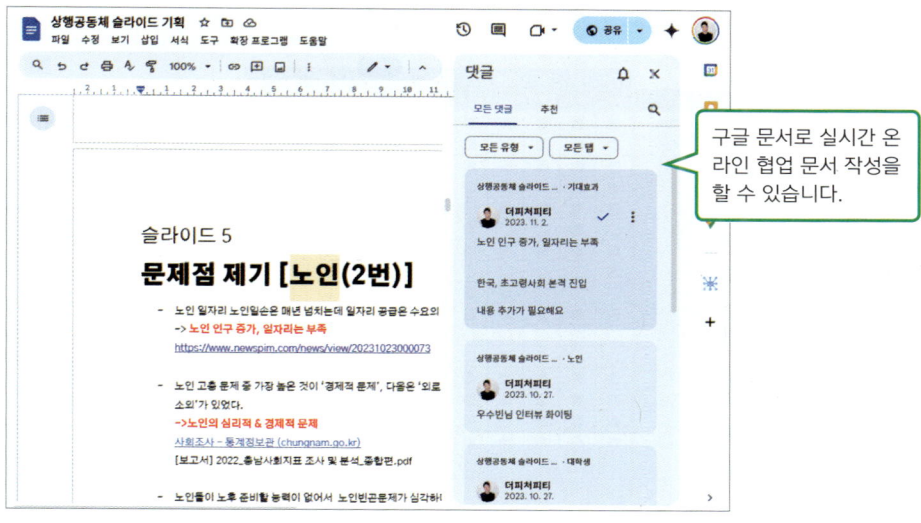

구글 문서로 실시간 온라인 협업 문서 작성을 할 수 있습니다.

사례 2 구글 프레젠테이션 - 강의 교안 공유

프로그램을 설치할 필요 없이 인터넷만 연결되었다면 링크를 통해 항상 최신 버전 자료를 볼 수 있습니다. 또한 질문을 온라인으로 남길 수 있어서 온라인으로 강의할 때 유용하게 사용할 수 있습니다.

스크린에서 멀리 떨어져 있어도 개인 PC로 강의 자료를 확인할 수 있습니다.

사례 3 구글 스프레드시트 - 온라인 출석부

공유 링크만 있으면 현재 출석 현황을 언제 어디에서나 확인할 수 있습니다. 힘들게 종이로 인쇄된 출석부를 들고 다니며 체크할 필요가 없어집니다.

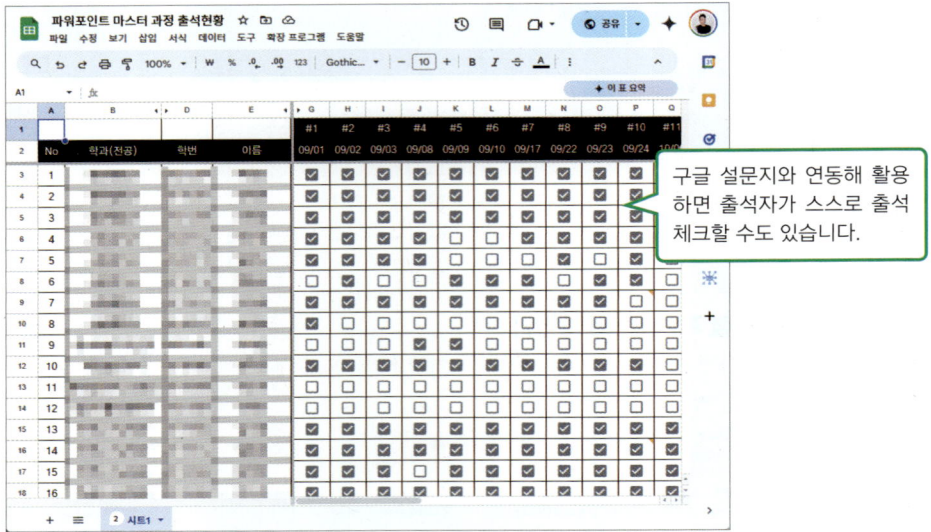

구글 설문지와 연동해 활용하면 출석자가 스스로 출석 체크할 수도 있습니다.

사례 4 구글 드라이브 - 모든 파일 동기화 및 자료 공유

PC나 외장 하드에 저장했던 모든 자료를 구글 드라이브에 동기화하면 USB나 메일로 파일을 따로 보내지 않아도 언제 어디서나 업무 자료를 확인할 수 있습니다.

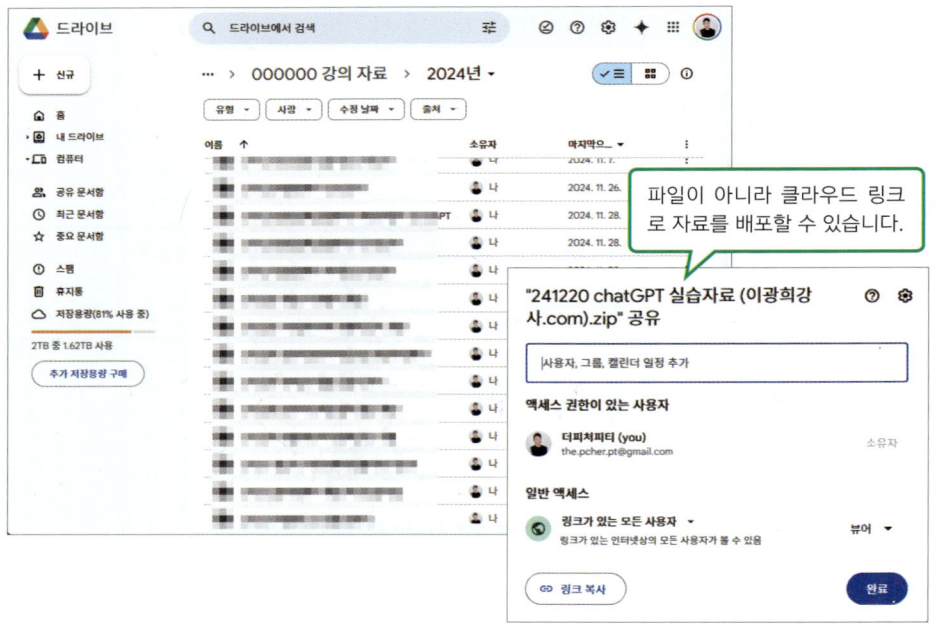

파일이 아니라 클라우드 링크로 자료를 배포할 수 있습니다.

06-2

구글 협업 도구의
장점과 한계

언제 어디서나 작업할 수 있어요!

구글 협업 도구에서 작업한 파일은 모두 클라우드 저장 공간인 구글 드라이브에 자동 저장됩니다. 구글 드라이브 용량은 15GB까지 무료이고 그 이상은 용량에 따라 비용을 지불해야 합니다.

일반적인 문서 저장 용도라면 부족하지는 않습니다. 구글 드라이브에 파일이 저장되어 있으면 굳이 USB와 같은 저장 매체를 가지고 다닐 필요가 없습니다. 인터넷에 연결되어 있다면 구글 드라이브에 저장된 파일을 불러와서 필요한 작업을 다시 이어서 할 수 있으니까요.

▶ 단체나 기업에서는 업무용 유료 플랜인 구글 워크스페이스를 도입하여 사용할 수 있습니다. 231쪽을 참고하세요.

프로그램을 실행하지 않아도 실시간 공동 협업을 할 수 있어요!

구글 협업 도구는 다른 구글 서비스와 마찬가지로 웹 브라우저에서 프로그램이 실행됩니다. 따라서 매번 프로그램을 실행할 필요도, 용량이 있는 파일을 생성할 필요도 없습니다. 웹 브라우저에서 프로그램이 실행된다는 것은 실시간으로 공동 협업을 할 수 있다 뜻입니다.

즉, 온라인으로 의견을 주고받고 곧바로 내용을 수정하고 보완할 수 있는 시스템이죠. 이러한 실시간 공동 협업은 오프라인 업무를 줄임으로써 시간과 비용을 절약할 수 있다는 점에서 큰 장점으로 작용합니다.

▶ 구글 서비스가 대부분 그렇듯 구글 문서도 서비스형 소프트웨어(Software-as-a-Service, SaaS) 프로그램입니다. 서비스형 소프트웨어란 프로그램을 따로 설치하지 않아도 웹 브라우저에서 바로 실행되는 것을 말합니다.

파일 관리 스트레스, '자동 버전 기록'이 해결해 줘요!

회사 업무를 하다 보면 정말 많이 겪는 문제가 바로 파일 버전 관리입니다. 초안, ver1, ver2… ver19, 팀장님검토ver, 실장님보고ver, 대표최종ver 등 업무가 진행될수록 파일 개수도 늘어나고 그만큼 용량도 관리해야 하니 이만저만 불편한 게 아닙니다. 게다가 해당 문서의 어느 부분이 수정되었는지 알아보기도 힘듭니다. 하지만 구글 협업 도구를 사용하면 이런 불편함은 간단히 해소됩니다. 따로 파일 버전을 관리하지 않아도 되기 때문이죠.

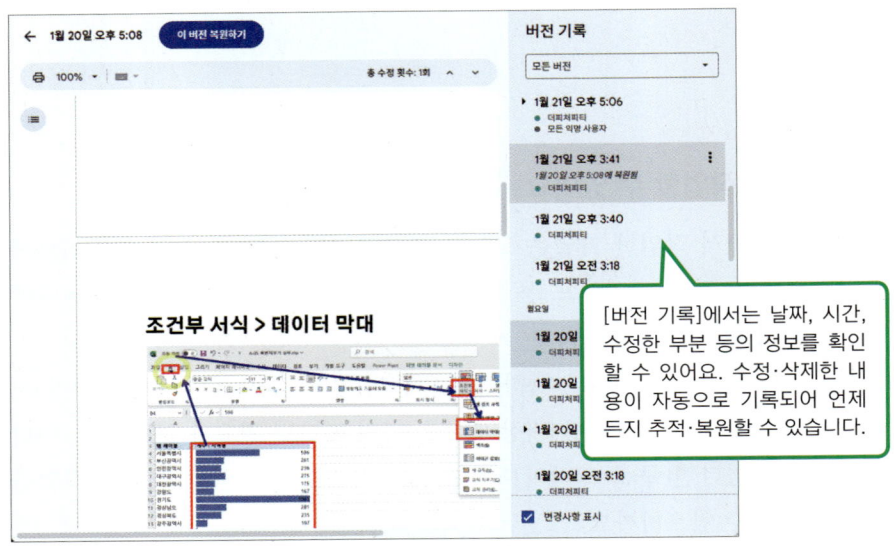

[버전 기록]에서는 날짜, 시간, 수정한 부분 등의 정보를 확인할 수 있어요. 수정·삭제한 내용이 자동으로 기록되어 언제든지 추적·복원할 수 있습니다.

▶ 자동 버전 기록은 206쪽에서 자세히 다룹니다.

구글 협업 도구는 무리해서 사용하지 마세요!

같은 업무를 오랫동안 한 경우에는 자신이 구축한 업무 방식을 고수하려는 경향이 있습니다. 스마트 워크를 도입할지 검토할 때에는 먼저 어떤 장점이 있는지 살펴보고, 만약 특별한 장점이 없다면 안정화된 기존 업무 방식을 유지하는 것이 더 좋을 수도 있습니다.

- **데이터의 양이 많을 경우**

구글은 무료 서비스이지만 기술에 한계가 있으므로 용량이나 저장되는 데이터의 양에 제약이 있습니다.

문서	• 최대 102만 자(영문 기준) • 최대 50MB
프레젠테이션	• 최대 100MB
스프레드시트	• 최대 1,000만 개 셀 • 최대 18,278열

▶ 출처: 구글 드라이브 고객센터(support.google.com/drive/answer/37603) 2025년 2월 기준

물론 앞으로 기술이 발전함에 따라 나아지겠지만, 모든 작업이 온라인 클라우드 환경에서 진행되는 만큼 오프라인 PC만큼 빠른 반응 속도를 기대하기 어렵고 많은 데이터를 처리하는 것도 불편합니다. 방대한 데이터를 빠르게 처리해야 한다면 구글 협업 도구보다 기존 MS 오피스를 사용하세요.

• 보안 정책으로 구글이 막혀 있는 경우

사내 보안 규정 문제로 외부 서비스를 막아 두었다면 구글에 접속조차 못합니다. 어쩔 수 없이 기업의 업무 문화나 시스템이 바뀌거나 스마트 워크가 도입되기를 기다릴 수밖에 없습니다.

하지만 회사 업무나 협업이 아니더라도 구글 협업 도구는 경험해 보는 것을 추천합니다. 구글 협업 도구를 사용해 보면 MS 오피스에 비해 파일 관리, 실시간 온라인 협업, 파일 공유 등이 매우 편리하다는 것을 알 수 있기 때문이죠. 그리고 구글 협업 도구만의 특별하고 놀라운 기능을 경험할 수 있습니다.

MS 오피스 파일도 문제없이 열리나요?(호환 문제)

MS 오피스와 구글 협업 도구 둘 다 지원하는 핵심 기능은 모두 별 문제 없이 잘 열립니다. 즉, MS 워드의 스타일과 다단계 목록, 엑셀의 함수·필터·정렬·피벗 테이블, 파워포인트의 슬라이드 마스터를 예로 들 수 있죠. 하지만 MS 오피스에만 있는 기능은 구글 협업 도구에서 사용할 수 없습니다. MS 워드의 글자 간격과 장평, 엑셀의 슬라이서와 차트의 일부 기능, 파워포인트의 일부 애니메이션과 모핑 전환을 예로 들 수 있습니다.

따라서 기본 기능만 이용해서 작성한 자료라면 구글 협업 도구에서도 잘 열리지만 MS 오피스의 다양한 기능으로 작성한 자료라면 MS 오피스에서만 확인할 수 있습니다. 이 부분만 보더라도 MS 오피스와 구글 협업 도구라는 2가지 업무 방식을 함께 사용하면 안 되는 이유가 충분합니다.

07 어디서든 보고서를 작성할 수 있어요, **구글 문서**

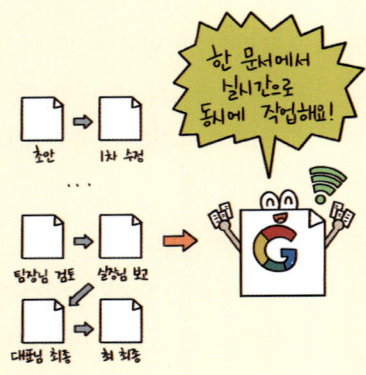

이번 장에서는 아래아한글이나 워드와 같은 문서 작성 프로그램인
구글 문서의 사용법을 다룹니다.
문서를 작성하는 기본 방법은 물론 구글 문서의 가장 큰 장점인
온라인 실시간 협업으로 문서를 수정하고 완성하는 과정을 알아봅니다.

07-1 구글 문서의 기본 기능 살펴보기

07-2 구글 문서의 특별한 기능 3가지 - 특수 문자, 음성 입력, 문서 번역

07-3 구글 문서로 실시간 협업하기

07-1
구글 문서의
기본 기능 살펴보기

 외근 나갔다 올 테니 퇴근하기 전에 세미나(안) 수정한 거 반영해서 다시 보여 주세요.

네. (속으로) 그런데 이거 뭐라고 쓴 거야. 다시 묻기도 그렇고…. 어휴~ (퇴근 시간 10분 전 카톡) 팀장님, 수정안 검토하러 들어 오시나요?

 (카톡) 곧 끝나니 조금만 기다려 줘요.

(1시간 후 카톡) 미팅 길어지면 내일 검토하시면 어떨까요?

 (카톡) 저녁 먹고 가라 해서…. 금방 먹고 들어갈게요.
(다시 1시간 후 카톡) 식사 자리가 길어질 거 같아서…. 내일 아침에 보여주세요. 미안해요~.

찾아가고 기다리는 불편한 업무는 이제 그만!

기존의 업무 방식은 작업 효율을 늦추곤 하죠. 예를 들어 기획안을 작성해서 보고해야 한다면 일단 아래아한글이나 MS 워드 등의 프로그램부터 실행해야 합니다.

내용을 작성하면 파일로 저장하고 프린터로 인쇄해야 합니다. 그리고 인쇄한 문서는 결재 서류철에 담아 팀장 또는 의사 결정권자에게 찾아가 보고를 합니다. 빠르게 확인·결재를 받아야 하거나 의사 소통이 필요할 경우에는 문서를 출력해서 직접 보고하는 것이 아직은 일반적입니다.

이러한 대면 보고 방식은 커뮤니케이션을 밀도 있게 할 수 있다는 장점이 있지만, 결정권자가 자리에 없을 경우 의사 결정 과정이 지연될 수 있고 수정·보완 작업을 하는 데 많은 시간이 소요된다는 문제가 있습니다.

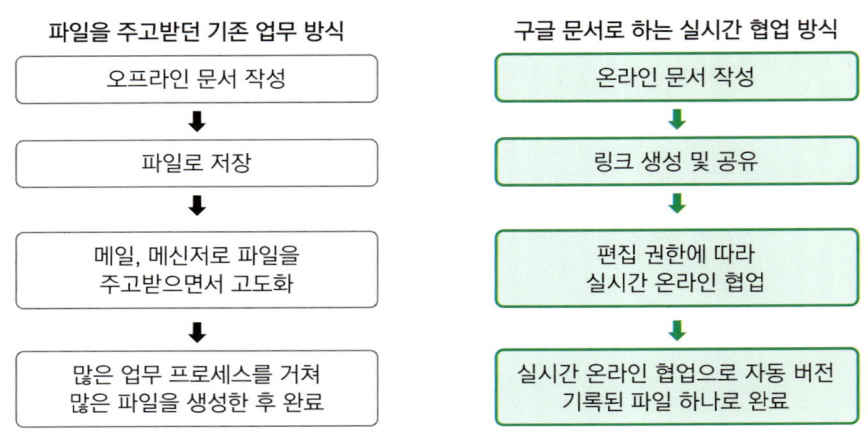

하지만 구글 문서를 사용하면 직접 찾아가서 보고하거나 외근 나간 팀장님이 사무실에 돌아올 때까지 기다릴 필요도 없습니다. 온라인으로 실시간 피드백을 받을 수 있기 때문이죠!

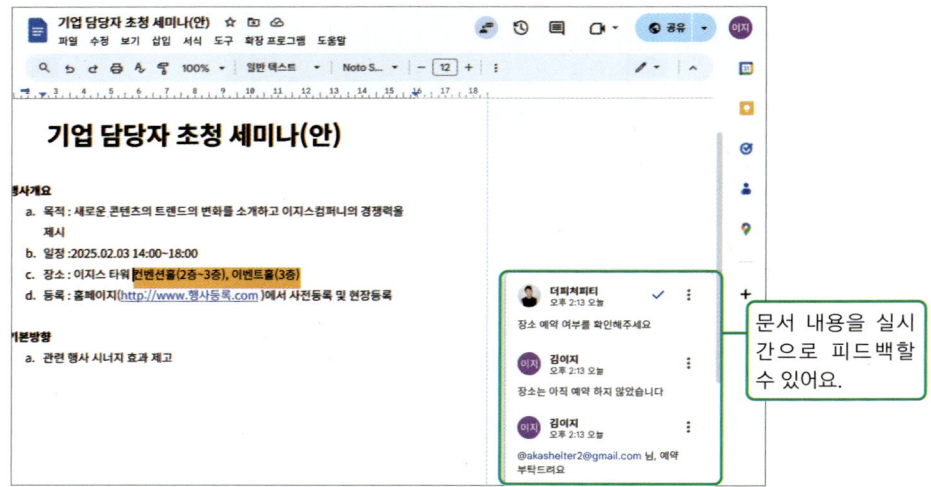

>  **아래아한글이나 워드보다 기능이 부족하거나 불편하지 않나요?**
>
> 워드프로세서의 주요 기능은 대부분 구현되어 있고 메뉴가 직관적이므로 큰 어려움 없이 적응할 수 있습니다. 메뉴의 위치나 이름이 조금 다를 뿐입니다. 구글 문서만의 새로운 기능은 다음 실습에서 하나씩 배워 보겠습니다.

하면 된다! 〉 구글 문서 시작하기

1. 새 문서 만들기

구글 문서 역시 PC와 스마트폰에서 모두 사용할 수 있습니다. 기본 사용법은 PC 화면을 중심으로 알아보겠습니다. [Google 앱 ⊞ → 문서]를 실행하거나 DOCS.google.com에 접속한 뒤 ➕를 눌러 새 문서를 만들어 보세요.

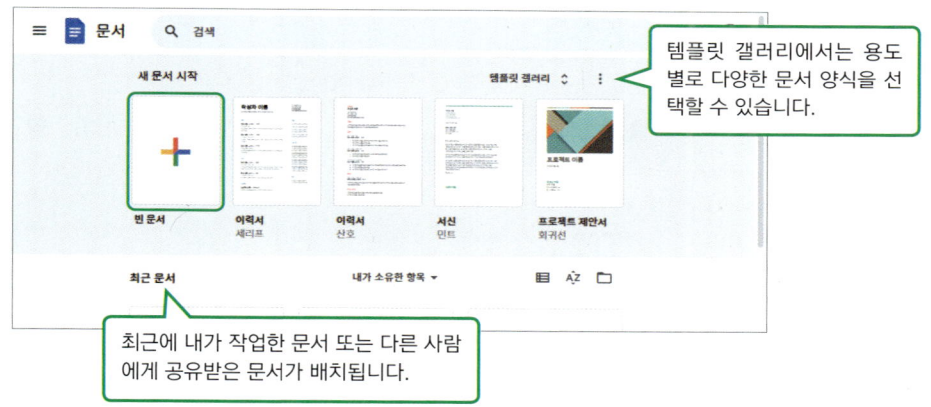

템플릿 갤러리에서는 용도별로 다양한 문서 양식을 선택할 수 있습니다.

최근에 내가 작업한 문서 또는 다른 사람에게 공유받은 문서가 배치됩니다.

2. 프로그램을 따로 설치하지 않아도 웹 브라우저에서 문서를 직접 작성할 수 있습니다. 글자를 한번 입력해 볼까요?

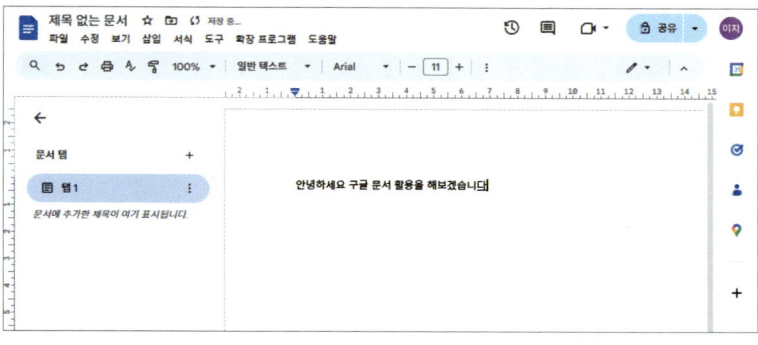

07 • 어디서든 보고서를 작성할 수 있어요, 구글 문서 **149**

3. 저장하기

구글 문서를 비롯해 구글 협업 도구는 새 문서를 만들면 구글 드라이브에 클라우드로 생성됩니다. 그리고 문서에서 한 글자라도 입력하는 순간 실시간으로 저장됩니다. 글자를 입력할 때마다 화면 위쪽에 메시지가 뜨는데 「저장 중...」이었다가 「드라이브에 저장됨」으로 바뀌는 것을 볼 수 있습니다. 그러므로 문서 작업을 할 때 혹시 날릴까 봐 걱정하면서 Ctrl+S(MS 오피스 기준) 또는 Alt+S(아래아한글 기준)를 수시로 누를 필요가 없습니다.

4. 표 만들기

메뉴에서 [삽입 → 표]를 클릭한 뒤, 행과 열을 필요한 만큼 선택합니다.

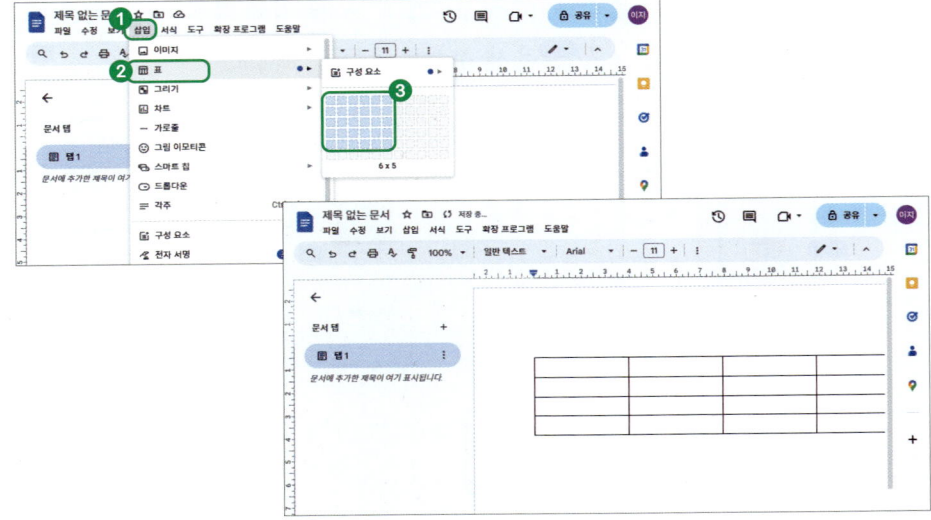

5. 이미지 넣기

메뉴에서 [삽입 → 이미지 → 컴퓨터에서 업로드]를 클릭한 뒤, 이미지 파일을 찾아 선택합니다.

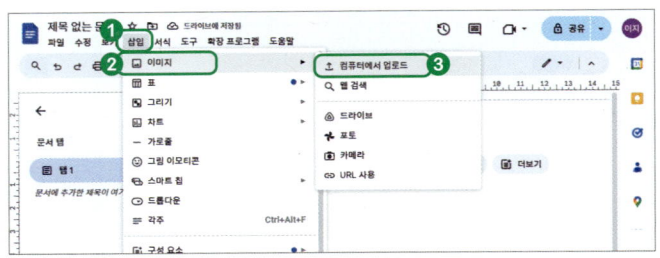

하면 된다! } 한 화면에서 동시에, 작업 시간 단축!

문서 작업을 하다 보면 자료를 검색하느라 인터넷 창을 여러 개 띄워 놓는 경우가 많은데요. 번거롭기도 하고 작업 시간도 많이 걸립니다. 하지만 구글 문서에서는 자료를 검색하거나 구글 서비스를 이용할 때 오른쪽 사이드 패널이 열리면서 바로 추가 작업을 할 수 있습니다. 따로 창을 열지 않아도 되니까 매우 편리합니다.

1. 구글 킵에 메모해 둔 정보나 아이디어 드래그해 가져오기

구글 문서 화면 오른쪽에 세로로 구글 캘린더와 구글 킵, 할 일 목록 아이콘이 보입니다. [Keep 💡]을 클릭해 보세요.

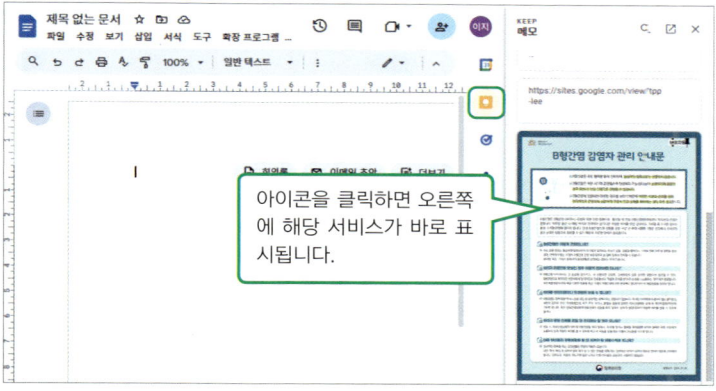

아이콘을 클릭하면 오른쪽에 해당 서비스가 바로 표시됩니다.

2. 구글 킵에 정리해 둔 메모나 자료를 참고해 새로 입력하세요. 또는 킵의 전체 메모를 드래그&드롭하면 전체 내용이 복사되어 텍스트로 입력됩니다. 내용을 수정할 수도 있습니다.

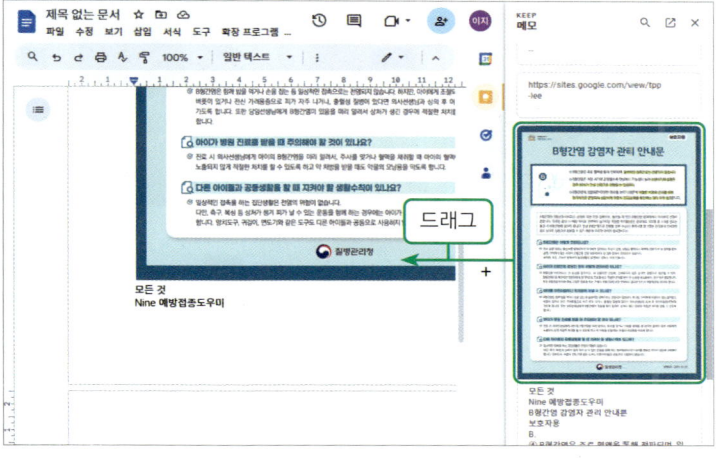

드래그

3. 구글 포토에 저장해 둔 사진 드래그해 가져오기

[삽입 → 이미지 → 포토]를 클릭하면 구글 킵과 마찬가지로 화면 오른쪽에 구글 포토가 나타납니다. 구글 포토의 사진 역시 드래그 & 드롭으로 쉽게 가져올 수 있습니다.

4. 웹에서 이미지 검색해 추가하기

[삽입 → 이미지 → 웹 검색]을 클릭하면 구글 검색으로 이미지를 곧바로 찾을 수 있습니다.

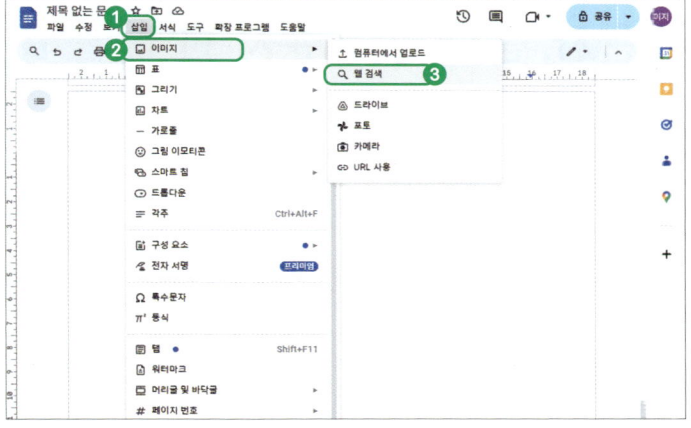

찾은 이미지는 드래그해서 문서에 삽입할 수 있습니다.

이미지 주위의 점을 드래그하면 크기를 조절할 수 있습니다.

07-2

구글 문서의 특별한 기능 3가지
— 특수 문자, 음성 입력, 문서 번역

한자, 외국어, 특수 문자 입력하기

문서 작업을 하다가 한자나 외국어, 또는 특수 문자를 넣어야 하는 경우 어떻게 하나요? 키보드에 있는 특수 문자는 직접 입력하면 되지만, 보통 프로그램 메뉴나 인터넷 검색으로 찾아서 문서에 붙여 넣을 거예요. 그런데 이런 과정이 문서 작업에서는 의외로 시간이 많이 걸려 답답할 때가 많습니다.

구글 문서에서는 여러 언어나 특수 문자를 쉽게 찾고 입력할 수 있는 방법이 있습니다. [삽입 → 특수 문자]를 실행한 후 오른쪽 입력 상자에 마우스로 원하는 문자나 한자, 다른 언어를 그리기만 하면 됩니다. 검색 결과 중에서 선택하면 문서에 바로 추가할 수 있습니다.

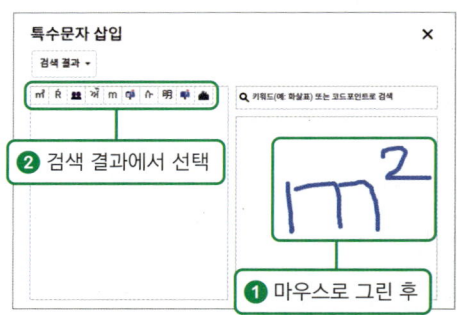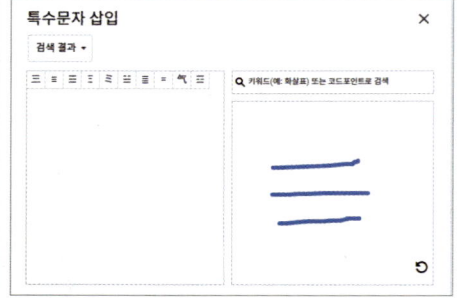

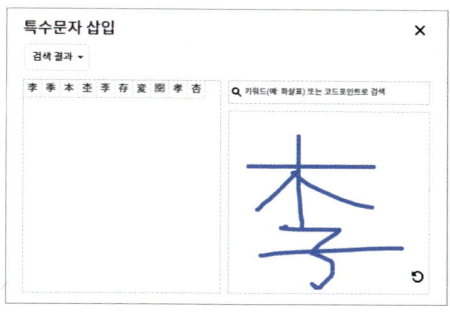 

음성 입력하기

손보다 말이 더 빠르죠. 회의록을 작성하는 경우처럼 타이핑을 빠르게 해야 할 때 음성 입력 기능을 사용해 보세요. 말하는 대로 텍스트가 자동으로 바로 입력되므로 편리합니다. 구글 문서의 음성 입력 기능은 PC에서만 사용할 수 있으며, PC에 마이크가 연결되어 있어야 합니다.

▶ 스마트폰에서 음성 입력 기능을 이용하려면 스마트폰의 구글 킵 앱을 사용하세요. 관련 내용은 96쪽을 참고하세요.

[도구 → 음성 입력]을 선택하면 '말하려면 클릭하세요.'라는 말풍선과 함께 마이크 아이콘이 나타납니다. 마이크 아이콘을 클릭하면 검은색에서 빨간색으로 바뀝니다. 이제부터 말을 할 때마다 구글 문서에 텍스트가 자동으로 입력됩니다. 음성 인식률이 매우 좋아서 오타가 거의 없고 띄어쓰기 또한 잘 된답니다.

단, 이 기능을 사용하려면 마이크 장치가 반드시 필요합니다. 마이크 장치를 추가하는 가장 간단한 방법은 마이크가 달린 스마트폰의 이어폰을 사용하는 것입니다.

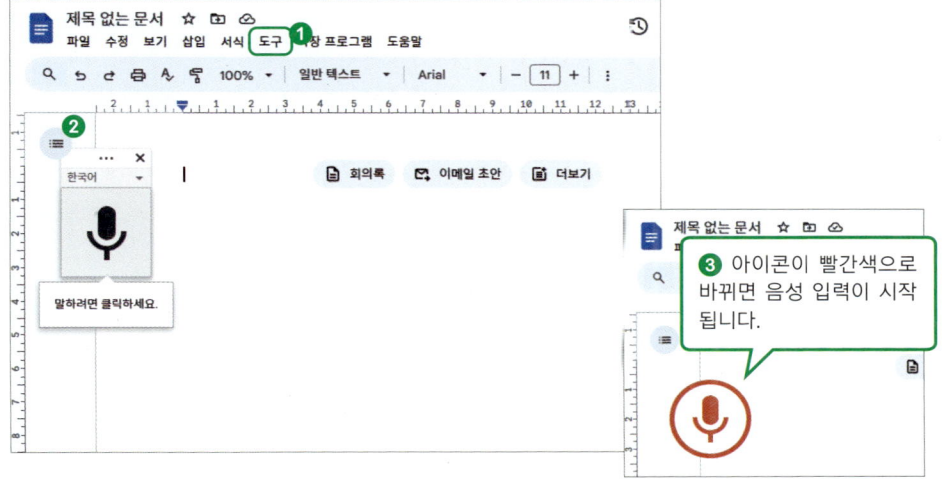

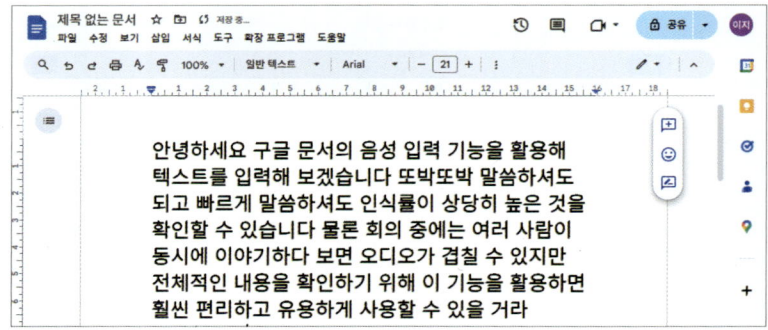

문서 번역하기

외국 기업과 거래를 하거나 외국어 자료를 활용하는 일이 많다면 문서 번역 기능을 꼭 알아 두세요.

구글 문서에 번역이 필요한 외국어 자료를 추가한 뒤, [도구 → 문서 번역]을 클릭하세요.

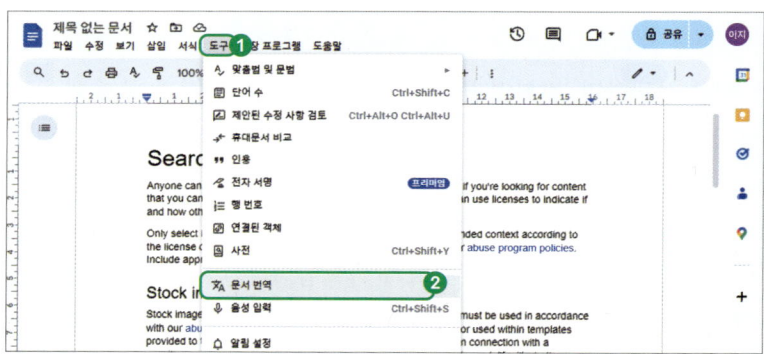

▶ 출처: Google Search Help(support.google.com/websearch/answer/179386?hl=en)

새 문서의 제목을 입력하고 번역할 언어를 선택한 뒤, [번역]을 클릭합니다. 문서 번역 기능은 텍스트를 번역한 뒤 새 문서로 생성되어 열립니다.

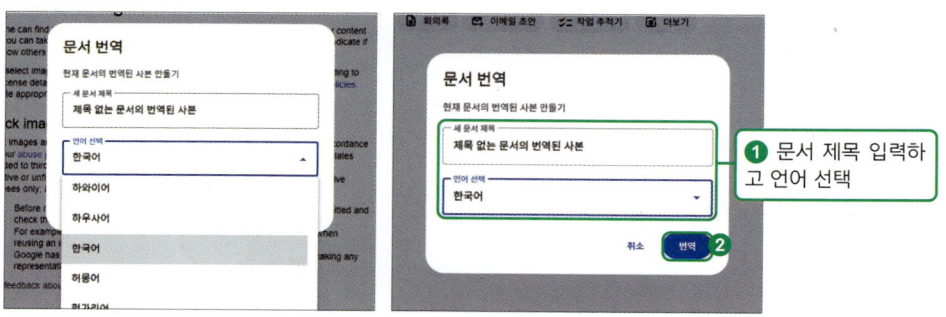

새 문서로 번역된 텍스트를 볼 수 있습니다.

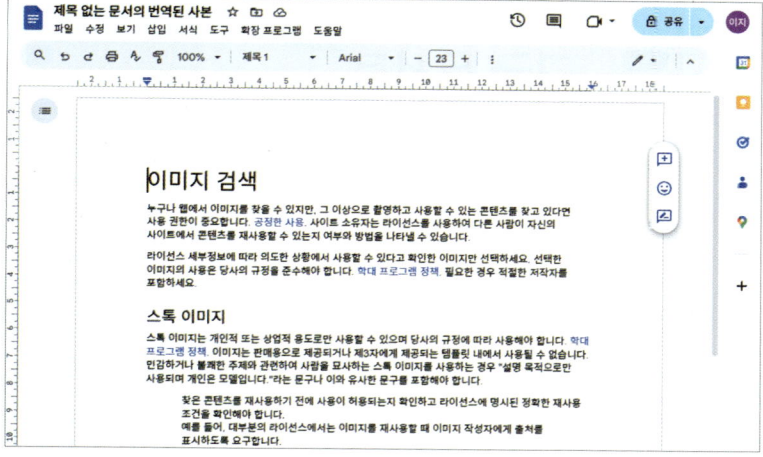

 **텍스트의 일부만 선택해서 번역할 수 있나요?**

결론부터 말하자면, 불가능합니다. 텍스트의 일부만 선택해서 [문서 번역]을 누르면 전체 텍스트가 번역되어 새 문서로 생성됩니다. 일부 번역이 필요한 경우 구글 번역(TRANSLATE.google.com)을 이용하세요.

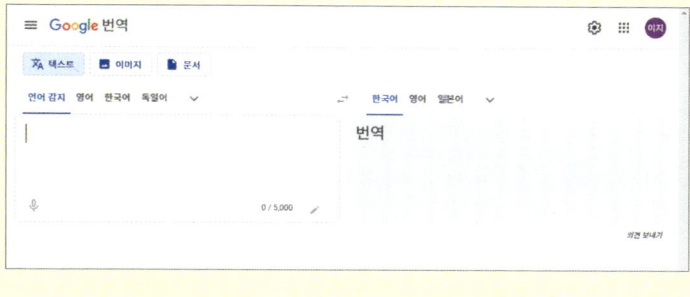

07 • 어디서든 보고서를 작성할 수 있어요, 구글 문서 **157**

07-3
구글 문서로 실시간 협업하기

스마트 워크는 클라우드 서비스를 활용해 언제 어디서나 일할 수 있다는 시공간의 자유로움이 매력적이지만, 가장 중요한 것은 바로 협업입니다. 협업은 구체적으로 실시간 온라인 협업이라고 할 수 있는데요. 실시간 온라인 협업은 때와 장소를 가리지 않는 진정한 스마트 워크를 완성할 수 있도록 해줍니다.

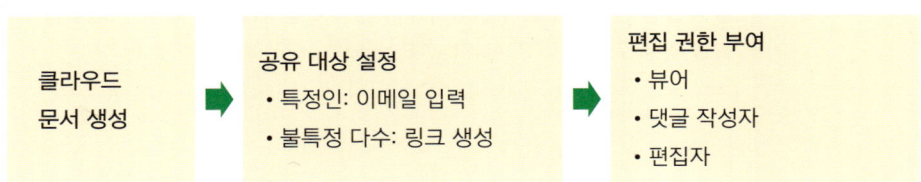

그럼 지금부터 구글 문서로 어떻게 온라인 실시간 협업을 하는지 구체적으로 알아볼까요?

하면 된다! } 문서 공유하기

1. 링크 생성하기

가장 먼저 할 일은 함께 작업할 구글 문서를 다른 사람도 볼 수 있도록 링크를 생성하는 것입니다. 화면 오른쪽 위에서 [공유]를 클릭하면 2가지 공유 방식이 나타납니다. 문서를 공유할 때에는 2가지 방식 중에서 상황에 맞게 선택하세요.

만약 팀 내에서만 공유하거나 공유할 사람이 적다면 [사용자, 그룹, 캘린더 일정 추가]를, 불특정 다수와 빠르게 공유하고 싶다면 [일반 액세스]를 선택하면 됩니다.

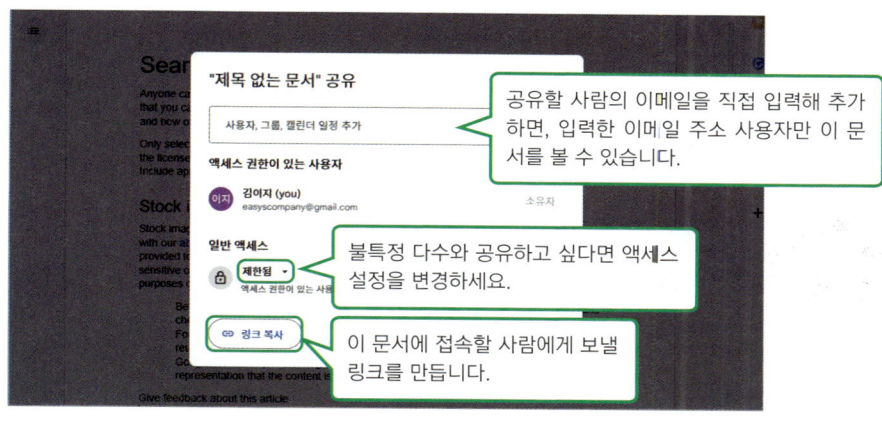

2. 사용자 및 그룹과 공유하기

먼저 이메일 주소를 직접 입력해 다른 사람과 공유해 보겠습니다. 이메일 공유의 가장 큰 장점은 네이버, 다음, 야후, 아웃룩 등 다른 계정의 이메일도 사용할 수 있다는 점입니다.

3. 구글 계정이면 이메일 주소 왼쪽에 사용자 프로필이 표시되고, 구글 계정이 아니면 노란 정보 아이콘이 표시됩니다. 화면 오른쪽에서 공유 권한을 선택한 뒤, [보내기]를 클릭하세요.

4. 구글 계정인 경우 구글에 로그인되어 있을 때만 문서를 확인할 수 있지만, 구글이 아닌 이메일 계정으로 공유한 경우에는 로그인하지 않고도 초대 메일 링크만 있으면 누구나 문서를 공유받을 수 있습니다. 보안이 중요한 경우에는 구글 계정으로만 공유해 주세요.

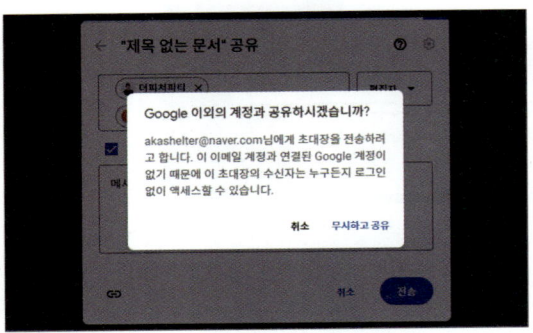

5. 공유받은 이메일로 공유 메일이 수신되면 [문서에서 열기]로 공유받은 문서를 확인할 수 있습니다.

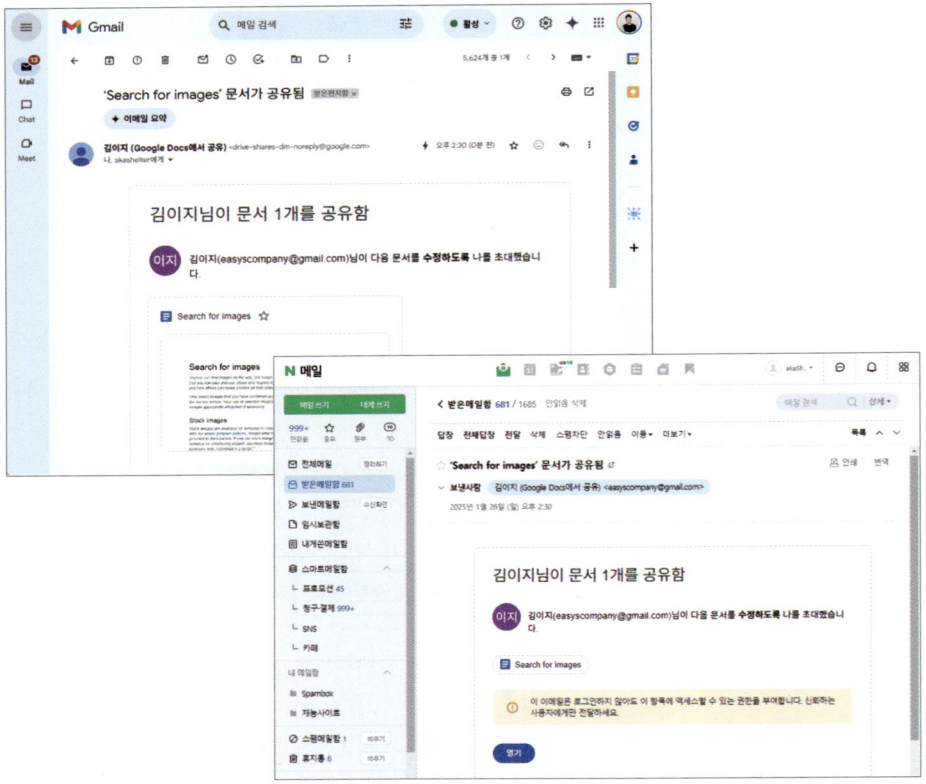

6. 공유 링크 만들기

이번에는 [링크 보기]로 문서를 공유해 보겠습니다. [링크 보기] 창 아래에서 [링크가 있는 모든 사용자로 변경]을 클릭하세요. 그러면 이 문서의 링크가 만들어지고 링크의 공개 범위를 설정할 수 있습니다.

공개 범위는 [제한됨]과 [링크가 있는 모든 사용자에게 공개]가 있는데요. [링크가 있는 모든 사용자에게 공개]를 선택하면 해당 링크를 클릭하는 사람이라면 누구나 이 문서를 볼 수 있습니다.

▶ 기업용 워크스페이스를 이용하는 경우 [제한됨], [링크가 있는 모든 사용자에게 공개]와 함께 기업 계정을 가진 사람만 볼 수 있는 ['기업명'] 메뉴가 추가됩니다.

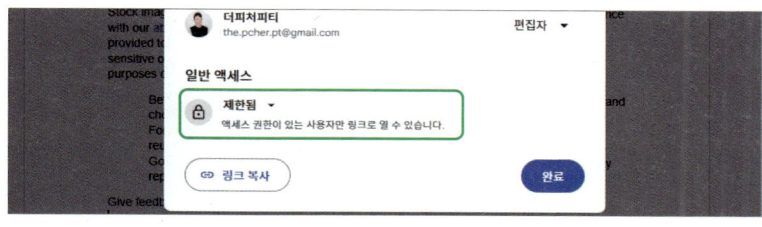

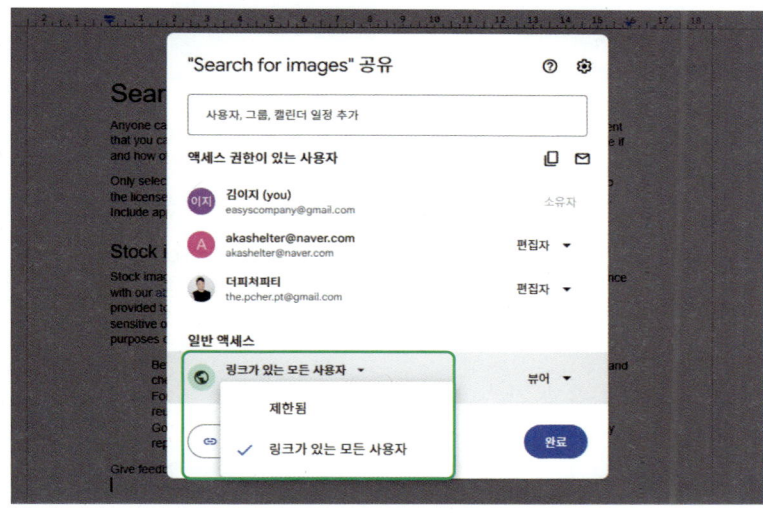

이렇게 만든 공유 링크를 이메일이나 카카오톡으로 전달하면 누구나 문서를 볼 수 있습니다. 이제는 문서 파일을 직접 보내지 않아도 되는 것이죠. 또한 구글 문서는 언제나 수정 사항을 반영한 최신 버전을 업데이트하므로 파일 관리를 따로 할 필요도 없고 수정본을 다시 보내지 않아도 됩니다.

7. 공유 권한 바꾸기

앞에서 만든 [링크가 있는 모든 사용자에게 공개]는 단순하게 볼 수만 있는 기능입니다. 하지만 다른 사람과 함께 내용을 수정하거나 의견 제시 또는 자료 첨삭이 필요한 경우에는 공유 문서에 권한을 부여해 줘야 합니다. [링크 보기] 창의 오른쪽에서 공유 권한을 선택할 수 있습니다.

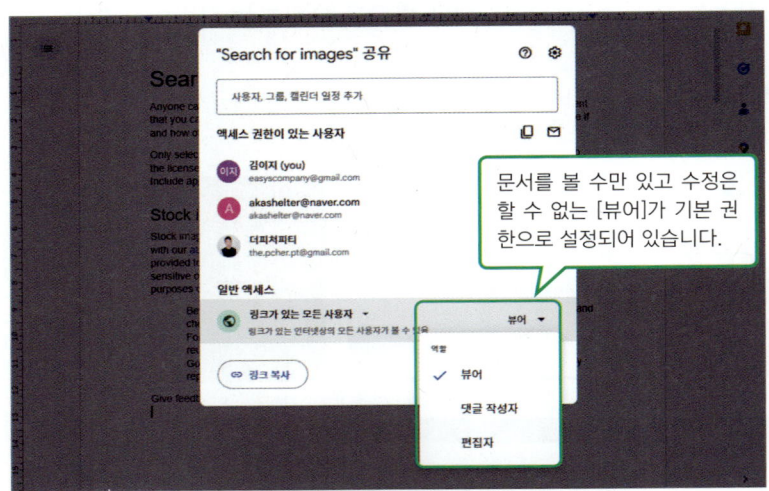

공유 권한은 작업할 수 있는 범위에 따라 3가지로 구분합니다. 실시간 온라인 협업을 하려면 의견을 내거나 직접 수정할 수 있도록 상대방에게 [댓글 작성자]나 [편집자] 권한을 부여해야 합니다. [편집자]는 모든 권한을 부여하여 문서를 수정할 수 있으므로 추천하지 않습니다!

공유 권한을 표로 정리하면 다음과 같습니다.

구분	문서 보기	댓글	제안	수정
뷰어	O	X	X	X
댓글 작성자	O	O	O	X
편집자	O	O	O	O

하면 된다! } 댓글 작성자 권한으로 작업하기

1. 공유 권한이 [댓글 작성자]로 되어 있다면 댓글이나 제안 기능으로 의견을 남길 수 있지만 문서를 직접 수정할 수 없습니다. 공유 권한을 [댓글 작성자]로 변경하세요.

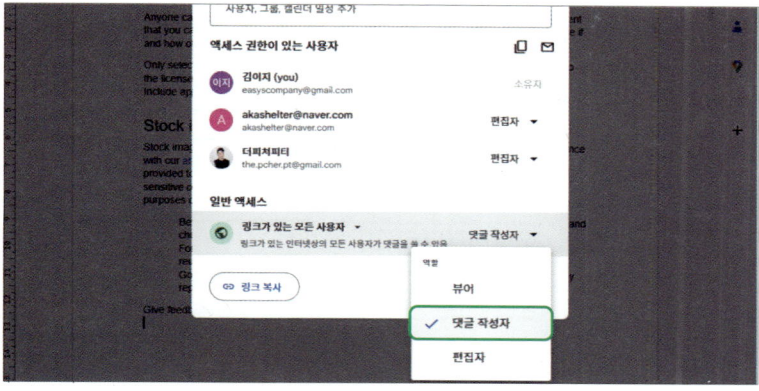

2. 댓글로 의견 남기기

[댓글 작성자] 권한의 문서를 공유받은 사용자는 어떤 식으로 작업할 수 있는지 다른 계정에서 확인해 보겠습니다. 댓글은 문서로 보고할 때 팀장이 문서 여백에 의견을 다는 것으로 이해하면 쉽습니다. 문서에서 의견을 남기고 싶은 부분을 드래그해 보세요. 오른쪽에 [댓글 추가] 버튼이 활성화됩니다.

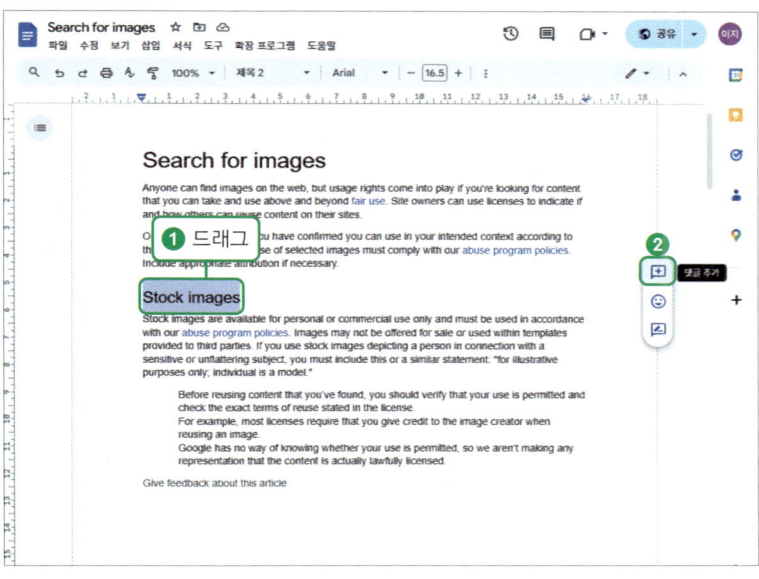

된다! 1분 팁 — 댓글을 남길 수 있는 4가지 방법

문서 오른쪽의 [댓글 추가] 버튼을 누르는 방법 말고도 댓글을 쓸 수 있는 방법은 3가지 더 있습니다. 기억해 두었다가 가장 편한 방법을 골라 사용하세요.

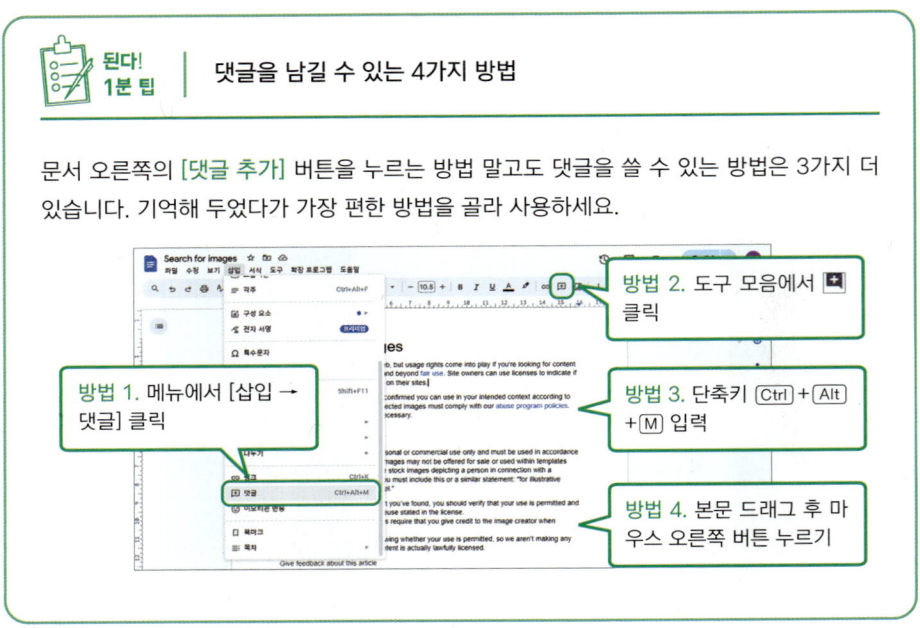

3. 드래그한 내용에 댓글로 의견을 남길 수 있습니다. 작성된 댓글에는 이어서 또 댓글로 의견을 주고받을 수 있습니다. @ 또는 +를 입력하고 이메일 주소를 입력하면 특정 사용자에게 직접 의견을 보낼 수도 있습니다.

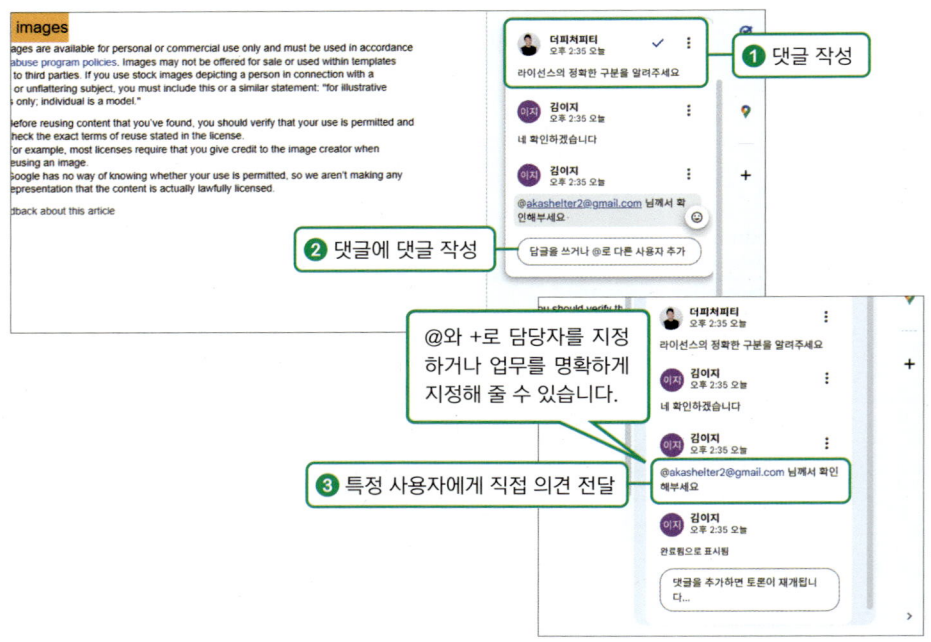

4. 만약 댓글로 의견을 주고받은 후 결론이 나왔다면 댓글 창 오른쪽 위에 있는 ☑를 클릭하세요. 그러면 [완료된 토론으로 표시하고 숨깁니다.]가 표시되면서 문서 창에 해당 댓글이 더 이상 보이지 않습니다.

 **이전에 주고받은 댓글을 보고 싶어요**

완료된 토론이어서 댓글이 보이지 않아도 내용을 확인할 수 있으니 걱정하지 마세요. 구글 문서 창의 오른쪽 위에 있는 [댓글 기록 열기 🗨]를 클릭하세요.

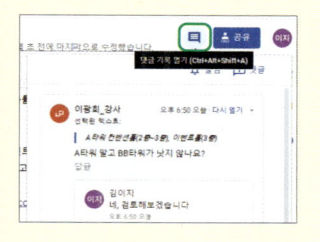

5. 제안으로 의견 남기기

댓글로 의견을 남기는 것보다 수정 내용을 더 적극적으로 표시하고 싶을 때는 제안 기능을 이용합니다. 수정하고 싶은 부분을 드래그해 내용을 직접 수정하거나 삭제해 보세요. 제안 기능은 문서로 보고할 때 팀장이 특정 단어나 문장에 빨간 밑줄을 긋고 첨삭해 주는 것으로 이해하면 쉽습니다.

이렇게 수정한 부분은 바로 반영되지 않고 해당 부분에 취소선이 그어집니다. 그리고 오른쪽에 댓글과 비슷한 창이 생깁니다.

▶ 이곳에서는 해당 문서에 제안을 남긴 사람과 시간, 내용을 보여 줍니다.

6. 문서 작성자라면 제안 내용의 수용 여부를 결정할 수 있습니다. 제안받은 내용을 반영하려면 [제안 수용]을, 반영하지 않으려면 [제안 거부]를 선택하면 됩니다.

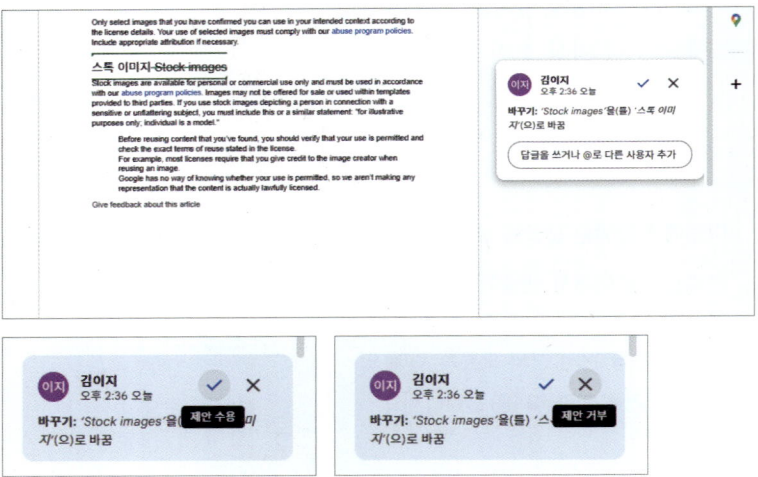

이렇게 제안 기능을 활용하면 의견을 실시간으로 취합하여 수정할 수 있어 문서를 빠르게 정리하고 마무리할 수 있습니다. 앞으로 팀장이나 팀원이 외근을 나가거나 심지어 외국에 출장 갔더라도 구글 문서만 있으면 기다릴 필요 없이 업무를 신속하게 진행할 수 있습니다.

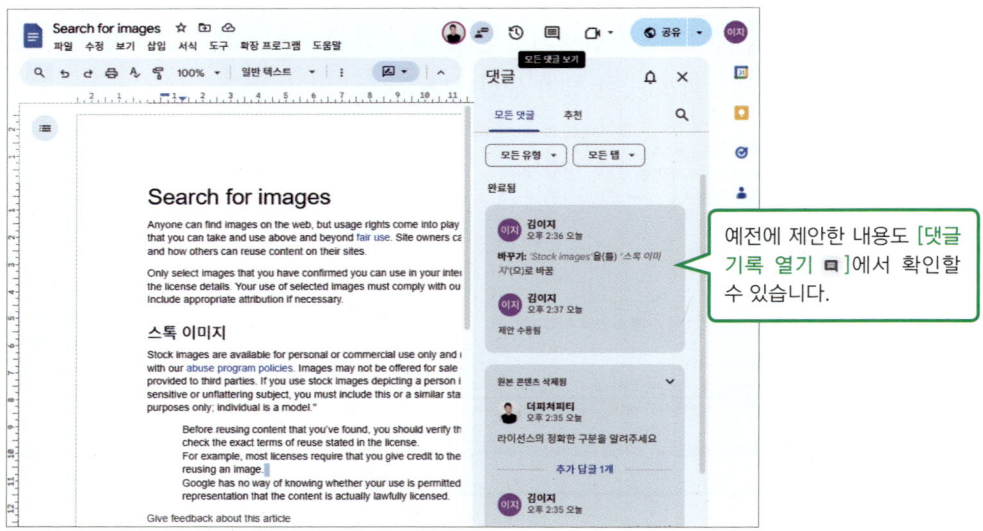

예전에 제안한 내용도 [댓글 기록 열기 🗨]에서 확인할 수 있습니다.

공동작업자가 문서를 직접 수정하는 편집자 권한은 추천하지 않아요

공유 권한 중에 [편집자] 권한을 받으면 문서 소유권자처럼 거의 모든 작업을 직접 할 수 있습니다. 문서 내용 전체를 실시간으로 공동 수정할 수 있는 것이죠.

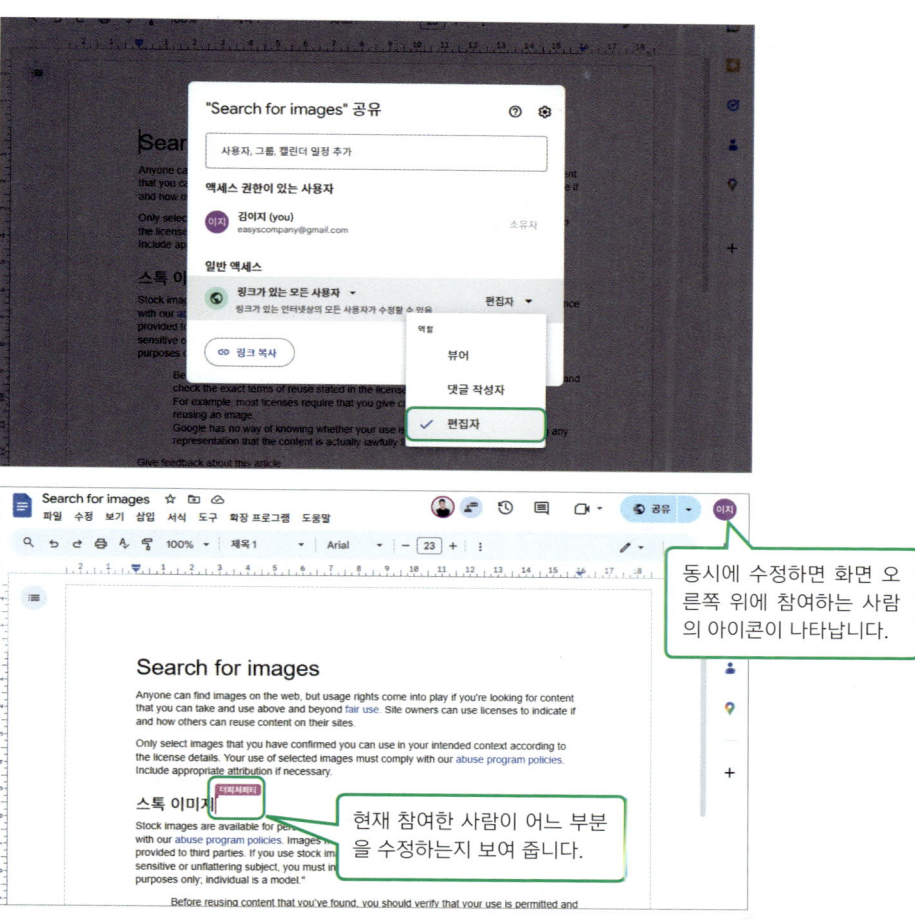

동시에 수정하면 화면 오른쪽 위에 참여하는 사람의 아이콘이 나타납니다.

현재 참여한 사람이 어느 부분을 수정하는지 보여 줍니다.

하지만 한 문서를 동시에 여러 사람이 수정하면 누가 어디를 어떻게 수정했는지 확인할 수 없어서 매우 혼란스럽습니다. 공동 작업을 하더라도 수정 기록이 남고 문서 소유자가 원활하게 관리할 수 있도록 [댓글 작성자] 권한만 부여하는 것이 좋습니다.

부득이하게 편집자 권한을 주어야 한다면 직접 수정하기보다는 상대방에게 제안 기능을 사용하도록 권해 주세요. 화면 오른쪽 상단에서 [수정 모드 ✏️▾]를 클릭해

[제안]을 선택해 보세요. 제안 기능을 사용하면 소유권자가 작업자의 수정 내용을 파악할 수 있습니다.

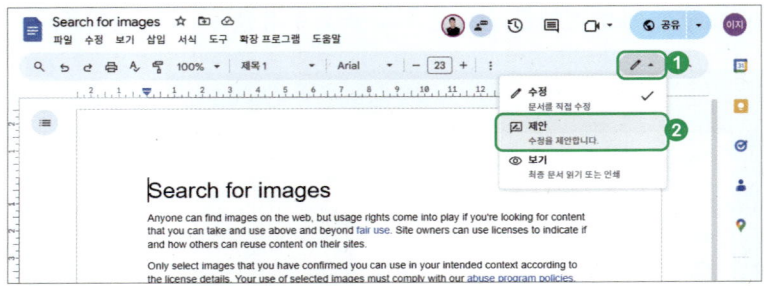

완성한 문서 배포하기

실시간 온라인 협업으로 최종 완성한 문서를 공유하고 배포하는 여러 가지 방법을 알아보겠습니다.

방법 1 　구글 문서의 뷰어 권한으로 배포하기

구글 문서를 열고 화면 오른쪽 위에서 [공유 → 링크 보기]를 선택한 뒤, 권한을 [뷰어]로 바꿔서 링크를 배포하는 것이 가장 간단하고 빠릅니다.

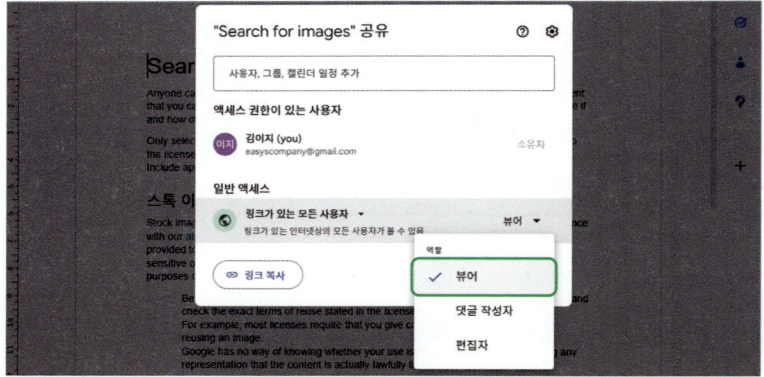

방법 2 　웹에 게시해 배포하기

구글 문서를 웹에 최적화된 문서로 배포할 수 있습니다. 이 기능을 잘 활용한다면 기획서나 소개서 등 다양한 사람이 보는 문서를 편하게 공유할 수 있습니다. 기기에 상관 없이 웹에서 볼 수 있기 때문이죠. 웹에 게시해 배포하려면 메뉴에서 [파일 → 공유 → 웹에 게시]를 누른 후 [링크 → 게시]를 누릅니다.

링크를 배포해 보세요. 문서 내용이 기기에 맞게 연속해서 화면으로 나열되므로 브라우저나 스마트폰으로 보기 편합니다.

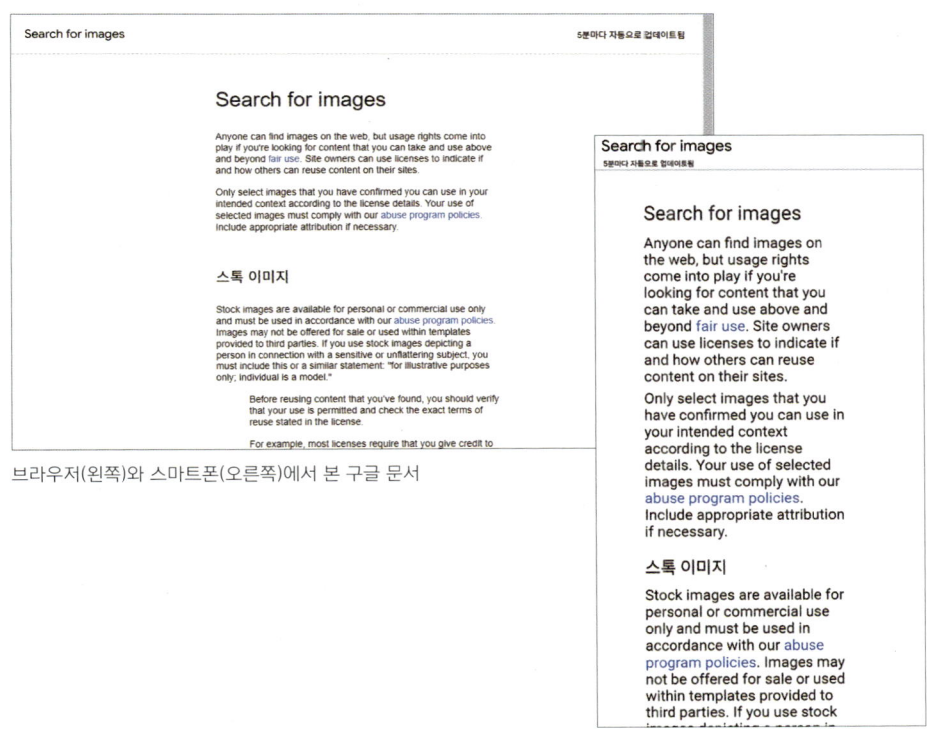

브라우저(왼쪽)와 스마트폰(오른쪽)에서 본 구글 문서

07 • 어디서든 보고서를 작성할 수 있어요, 구글 문서 **169**

방법 3 PDF, DOCX, ODT 등 파일로 배포하기

구글 문서를 워드나 PDF 파일로 저장할 수 있습니다. [파일 → 다운로드]를 클릭해 파일로 저장하세요. 파일 형식은 문서에서 사용한 글꼴까지 함께 저장되는 PDF 파일이 좋습니다.

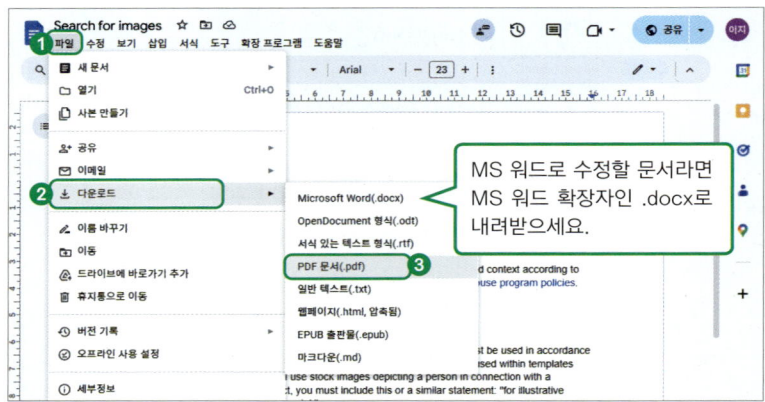

 **구글 문서를 아래아한글로 불러와 추가 작업을 하고 싶어요**

아쉽게도 구글 문서는 아래아한글 확장자(.hwp)를 지원하지 않습니다. 만약 구글 문서로 작업한 파일을 아래아한글에서 작업해야 한다면 [파일 → 다운로드]에서 OpenDocument 형식(.odt)으로 저장한 다음 불러오면 됩니다. ODT는 오픈 오피스 확장자로 모든 워드프로세서 프로그램에서 열 수 있습니다.

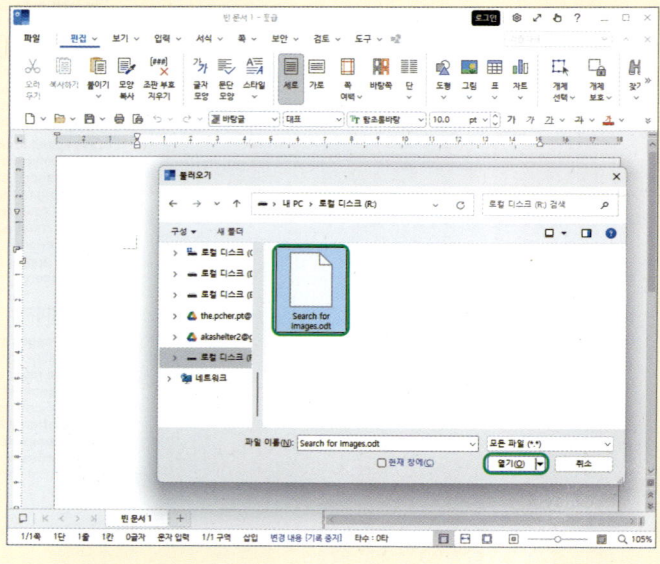

08 어디서든 발표할 수 있어요, 구글 프레젠테이션

이번 장에서는 파워포인트와 같은 슬라이드 작성 프로그램인
프레젠테이션의 사용법을 다룹니다.
구글 문서와 마찬가지로 실시간 협업으로 자료를 완성하는 과정을 살펴보고,
실제 발표 현장에서 청중과 자연스럽게 소통하는 방법도 알아봅니다.

08-1 구글 프레젠테이션의 기본 기능 살펴보기
08-2 구글 프레젠테이션으로 실시간 협업하기
08-3 익명으로 실시간 질문받고 답변하기, 청중 Q&A
능력자 인터뷰 5 스마트 워킹을 하려면 먼저 규칙을 정리해야 해요! — 유원일 님

08-1
구글 프레젠테이션의
기본 기능 살펴보기

 이걸 어쩌죠? 프레젠테이션 파일이 담긴 USB를 사무실에 놓고 왔어요. ㅠㅠ

아니 그걸 지금 말씀하시면 어떻게 해요. 곧 발표할 시간인데….

 메일함에 최종 수정 전 자료가 남아 있으니 그거라도 써야겠어요.

중간에 오류라도 나면 망신인데…. 그러게 출발할 때 확인하라고 말씀드렸건만….

파워포인트와 구글 프레젠테이션

파워포인트로 발표 자료를 만들다 보면 회의나 보고 과정에서 크고 작은 수정이 이루어집니다. 그럴 때마다 발표 자료를 새 버전으로 업데이트해야 합니다. 큰 프로젝트일 경우 수정된 버전이 두 자릿수가 넘어가서 나중에는 어떤 자료가 최종 버전인지 혼란을 겪기도 하죠. 그래서 마지막 최종본을 찾지 못하는 경우도 종종 있습니다.

파워포인트로 만든 발표 자료는 보통 USB에 저장하는데 앞의 에피소드처럼 USB를 놓고 와서 낭패를 당하기도 하고, 잃어버리지 않으려면 관리에 신경 써야 합니다. 또한, 호환 문제도 고려해야 합니다. 파워포인트 2010 버전에서는 WMV 확장자 동영상만 재생할 수 있습니다. 하지만 최근 많이 활용되는 MP4 확장자 동영상은 2013 버전 이상에서만 재생할 수 있습니다. 만약 2013 버전에서 MP4 동영상을 삽입한 파워포인트 파일을 2010 버전에서 열면, 재생되지 않는 문제가 발생할 수도 있죠. 게다가 사용한 폰트를 내장 저장하지 않았다면 폰트가 모두 깨져 기본 폰트로 표시됩니다.

반면, 구글 프레젠테이션은 클라우드에 파일이 생성되므로 USB를 사용할 필요가 없습니다. 버전 관리도 자동으로 처리되기 때문에 매번 파일을 저장하거나 최종 파일을 찾느라 헤맬 필요가 없습니다. 게다가 유튜브 영상을 쉽고 빠르게 삽입할 수 있어 발표 자료 제작과 발표가 모두 편리합니다. 폰트도 클라우드에서 불러오기 때문에 폰트 깨짐 문제를 걱정하지 않아도 됩니다!

구글 프레젠테이션의 한계

구글 프레젠테이션은 파워포인트에서 슬라이드를 제작하는 데 필요한 기본 기능 정도만 구현하고 있습니다. 따라서 파워포인트의 도형 병합, 3D 모델, 다양한 애니메이션, 전환 등과 같은 고급 기능은 사용할 수 없습니다. 그렇지만 발표 자료를 간단하면서도 쉽게 만들고 싶다면 구글 프레젠테이션이 꽤 쓸 만한 도구라는 걸 사용해 본 사람이라면 알 수 있습니다.

하면 된다! } 구글 프레젠테이션에 유튜브 동영상 넣기

1. [Google 앱 → 프레젠테이션]을 클릭하거나 SLIDES.google.com를 입력하면 프레젠테이션을 시작할 수 있습니다. 를 눌러 새 문서를 만듭니다.

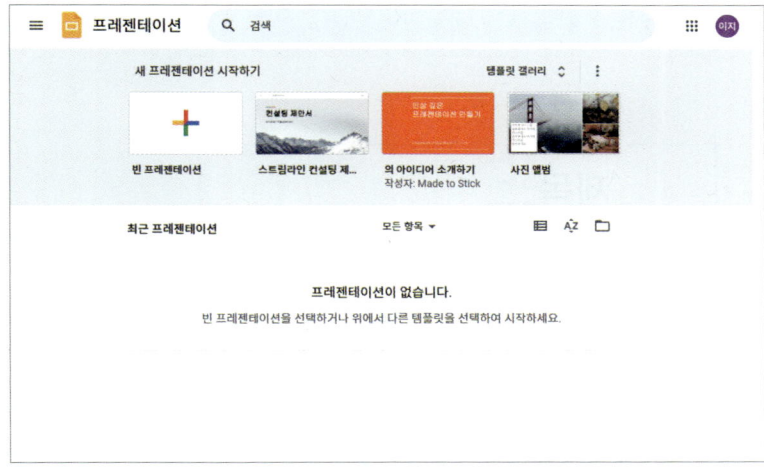

2. 기본 화면은 파워포인트와 거의 비슷합니다. 화면 위쪽에는 메뉴, 왼쪽에는 개요, 오른쪽 큰 영역은 슬라이드 편집 화면입니다. 파워포인트와 다르게 첫 화면의 오른쪽 사이드 패널에 [테마]를 선택하는 메뉴가 보입니다. 테마는 템플릿이라고 생각하면 됩니다.

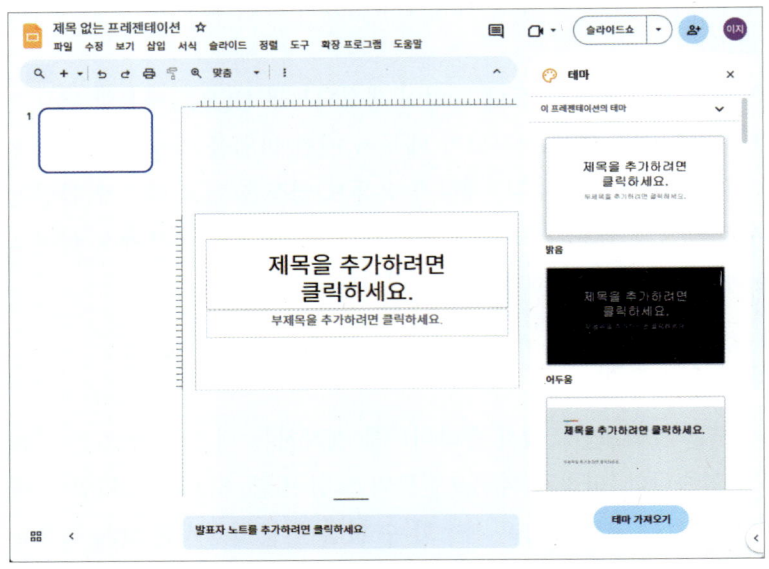

3. 텍스트나 도형, 사진과 같은 개체 삽입, 슬라이드 마스터 적용 등 기본 사용 방법은 파워포인트와 거의 같습니다. 기본 텍스트 템플릿을 삭제한 뒤 개체를 삽입하는 연습을 해보겠습니다. 기본 텍스트 템플릿을 선택하고 Delete 를 누르거나 마우스 오른쪽 버튼을 누르고 [삭제]를 선택하세요.

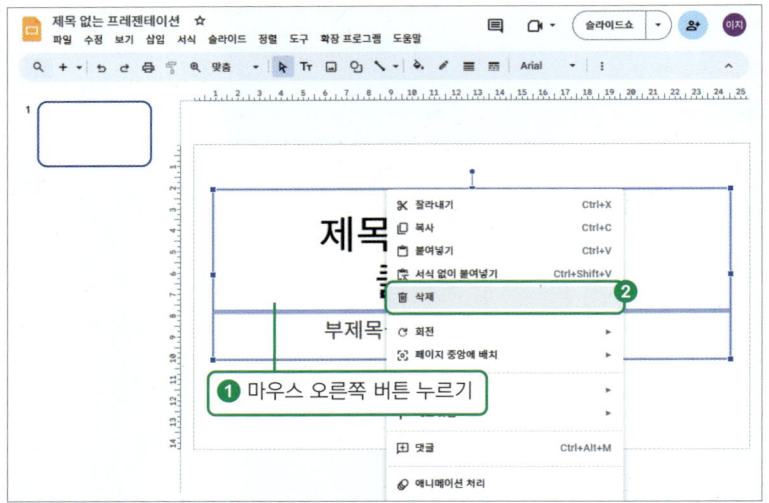

4. 먼저 텍스트 상자를 삽입해 보겠습니다. 메뉴에서 [삽입 → 텍스트 상자]를 클릭하거나 도구 바의 [텍스트 상자 Tr] 버튼을 클릭하세요. 텍스트 상자가 나타나면 마우스로 드래그해서 크기를 조절하고 글자를 입력합니다. 글꼴과 크기는 화면 위쪽의 도구 바에서 바꿀 수 있습니다.

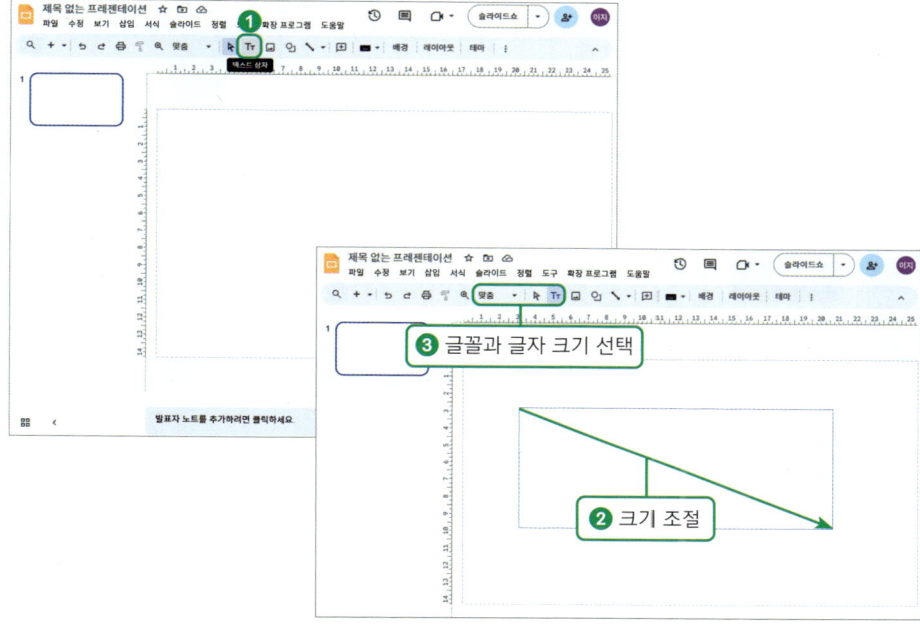

▶ 글꼴을 추가하는 방법은 09-3절을 참고하세요.

5. 발표할 때 많이 활용하는 동영상을 삽입해 슬라이드를 만들어 보겠습니다. 메뉴에서 [삽입 → 동영상]을 선택합니다.

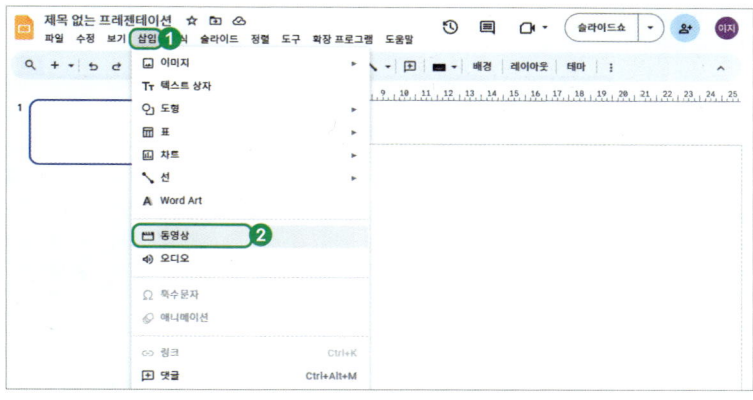

6. 유튜브 검색 창이 나타납니다. 검색해서 찾은 동영상을 선택하고 [선택]을 클릭하면 동영상이 삽입됩니다.

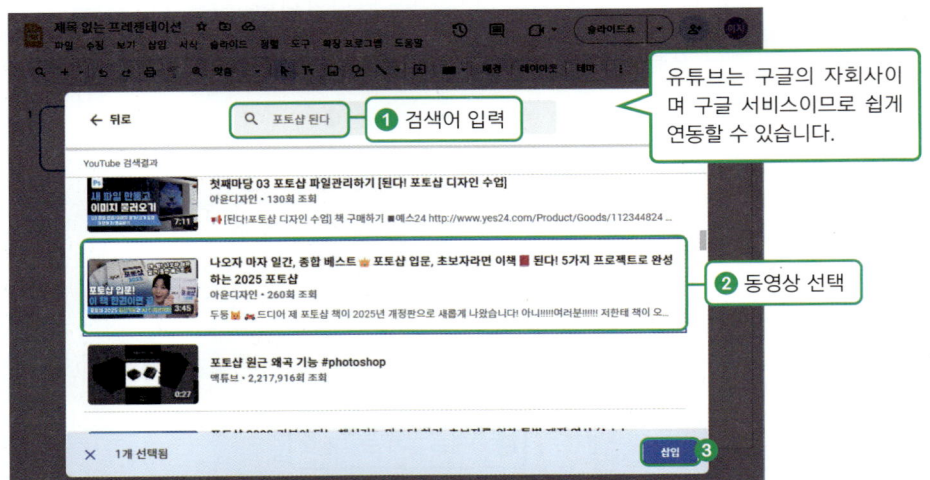

7. 동영상 크기를 프레젠테이션에 맞게 조절한 후 [프레젠테이션 보기]를 클릭합니다. 전체 화면으로 바뀌면서 유튜브 재생 화면을 볼 수 있습니다. 화면 가운데에 있는 재생 버튼을 클릭하면 영상이 실행됩니다.

8. 특정 시간대만 재생하기

영상의 일부분만 재생할 수도 있습니다. 프레젠테이션 발표 화면에서 Esc 를 눌러 다시 편집 화면으로 이동합니다. 동영상을 선택하고 [서식 옵션]을 클릭합니다.

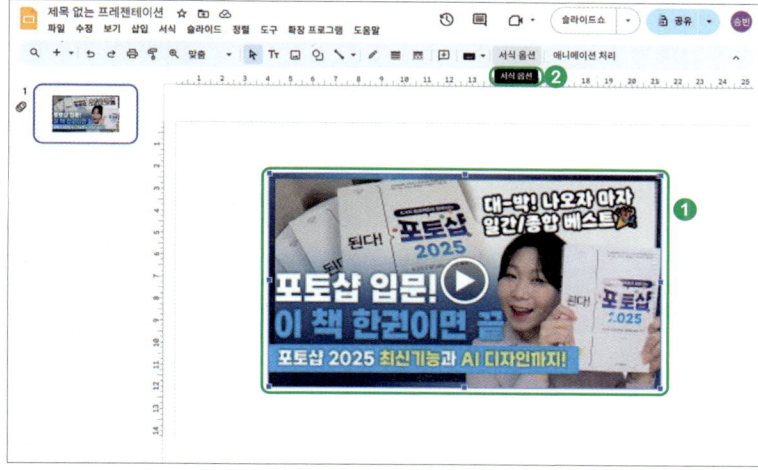

9. 오른쪽 [서식 옵션] 창에서 시작 시간과 종료 시간을 00:15~00:30으로 설정하고 [프레젠테이션 보기]를 클릭합니다.

08 · 어디서든 발표할 수 있어요, 구글 프레젠테이션

10. 동영상을 재생해 보면 15초부터 영상이 시작되고 30초가 되면 자동으로 종료됩니다.

 컴퓨터에 있는 동영상은 어떻게 삽입하나요?

컴퓨터에 저장된 동영상은 프레젠테이션 화면으로 바로 불러올 수 없습니다. 동영상을 삽입하려면 먼저 구글 드라이브에 동영상을 업로드해야 합니다. 그런 다음, [삽입 → 동영상] 메뉴를 클릭하고 [동영상 삽입] 창에서 [Google 드라이브]를 선택합니다. 구글 드라이브에 업로드된 동영상 목록이 나타나면 원하는 동영상을 클릭하고 [선택] 버튼을 누르면 동영상이 슬라이드에 삽입됩니다.

또는 동영상을 유튜브에 업로드하여 발표 자료에 활용해 보세요. 유튜브에 올린 동영상은 용량 걱정 없이 사용할 수 있어 편리합니다.

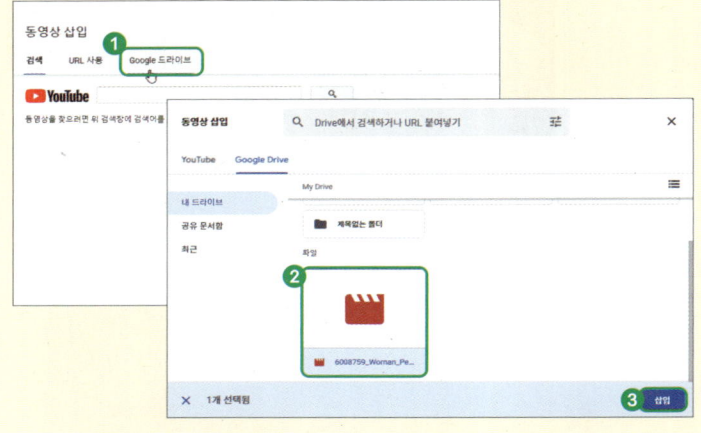

08-2
구글 프레젠테이션으로 실시간 협업하기

댓글 달기

구글 문서와 마찬가지로 프레젠테이션에서도 댓글 기능을 사용할 수 있습니다. 텍스트를 드래그하거나 개체를 선택한 뒤, 마우스 오른쪽 버튼으로 누르고 [댓글]을 선택하세요. 댓글을 달거나 @와 +로 다른 사용자를 언급해 의견을 달 수 있습니다. 참고로 구글 문서와 같은 제안 기능은 제공하지 않습니다.

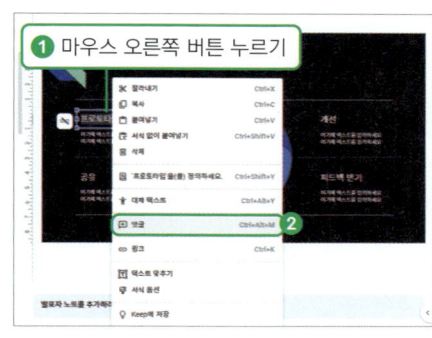

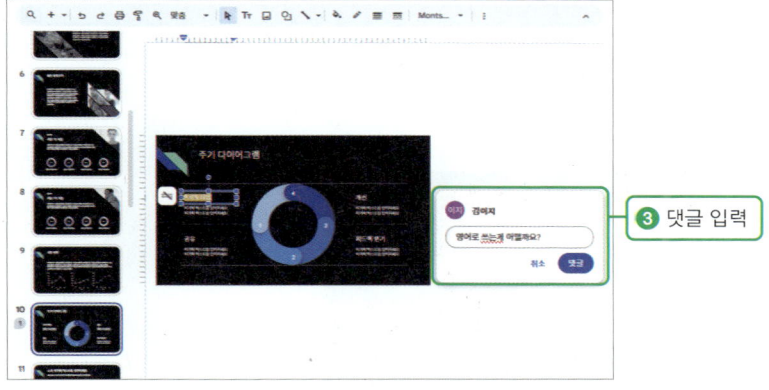

실시간 집단 지성 모으기

링크를 공유한 후 [편집자] 권한을 선택하면 온라인으로 실시간 협업을 할 수 있습니다. 팀별 자료를 취합해 함께 발표 자료를 만들거나 조별로 토론한 과제 내용을 정리할 수 있습니다.

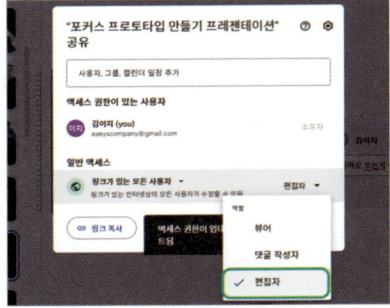

PPTX와 PDF 파일로 저장하기

[파일 → 다운로드]를 클릭하면 다양한 파일 형식으로 만들 수 있습니다. 파워포인트 파일 형식인 PPTX로 저장한 다음 파워포인트에서 디자인을 다듬거나 추가 기능을 적용할 수 있고, PDF로 저장해 사내 게시판에 올릴 수도 있습니다.

여기서 한 가지 주의할 점이 있습니다. 유튜브 영상이 삽입된 프레젠테이션을 파워포인트 파일로 저장하면 슬라이드에서 유튜브가 바로 재생되지 않고 웹 브라우저 창이 열리면서 해당 링크로 이동합니다.

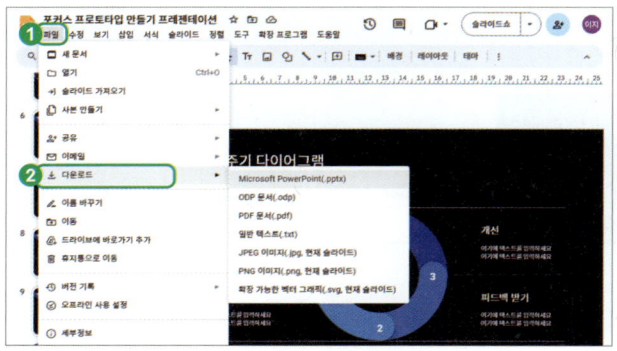

08-3

익명으로 실시간 질문받고 답변하기, 청중 Q & A

발표나 강의가 끝나면 보통 질문 시간을 갖는데요. 한두 명이 질문하거나 아예 없는 경우도 있습니다. 아마 질문해서 관심을 받는 것이 부담스럽기 때문이겠죠. 또는 강의하는 중간에 질문하고 싶은데 강의 흐름을 끊을까 봐 망설이기도 합니다. 이럴 때 활용하면 좋은 기능이 구글 프레젠테이션의 **청중 Q & A**입니다.

이 기능은 질문을 보낼 수 있는 링크를 발표 자료 화면 위쪽에 함께 보여 줍니다. 그래서 강의 흐름을 방해하지 않고도 부담 없이 실시간으로 질문할 수 있습니다. 게다가 익명이므로 마음 편하게 질문이나 의견을 남길 수 있습니다.

하면 된다! 〉 청중 Q&A로 질문하고 표시하기

1. 실습을 위해서 샘플로 제공하는 템플릿을 활용하겠습니다. [템플릿 갤러리]를 클릭한 후 스크롤을 내려 [업무] 카테고리에서 [스트림라인 컨설팅 제안서]를 선택합니다.

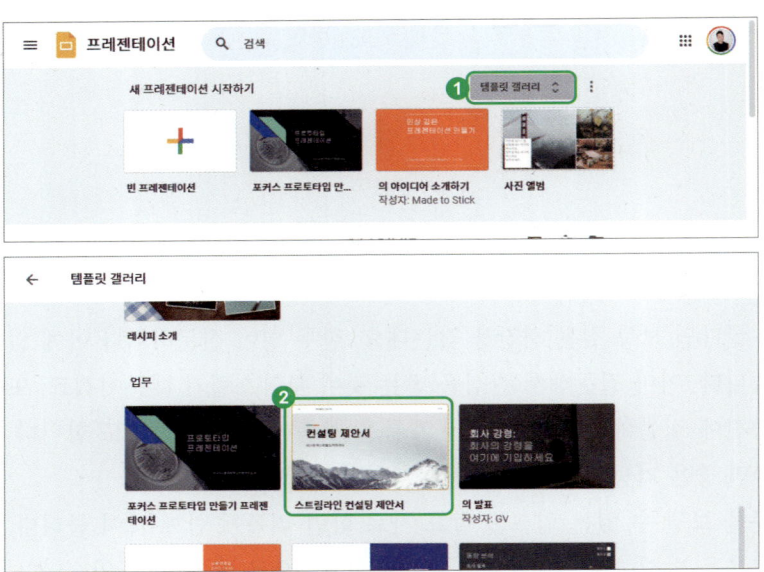

2. 슬라이드쇼 옆 ▼을 누르고 [발표자 보기]를 클릭하면 프레젠테이션 발표 화면이 실행됩니다.

발표자 프레젠테이션 화면

3. 발표자 보기 창에서 [청중 도구]를 누른 후 [새 세션 시작]을 클릭하세요.

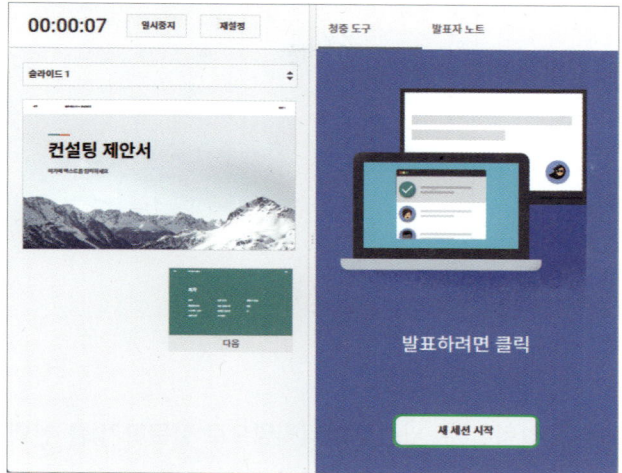

4. [질문 수락]이라는 항목이 활성화되고 이와 동시에 질문할 수 있는 링크도 생성됩니다. 이 링크는 발표 화면 위쪽에도 노출됩니다.

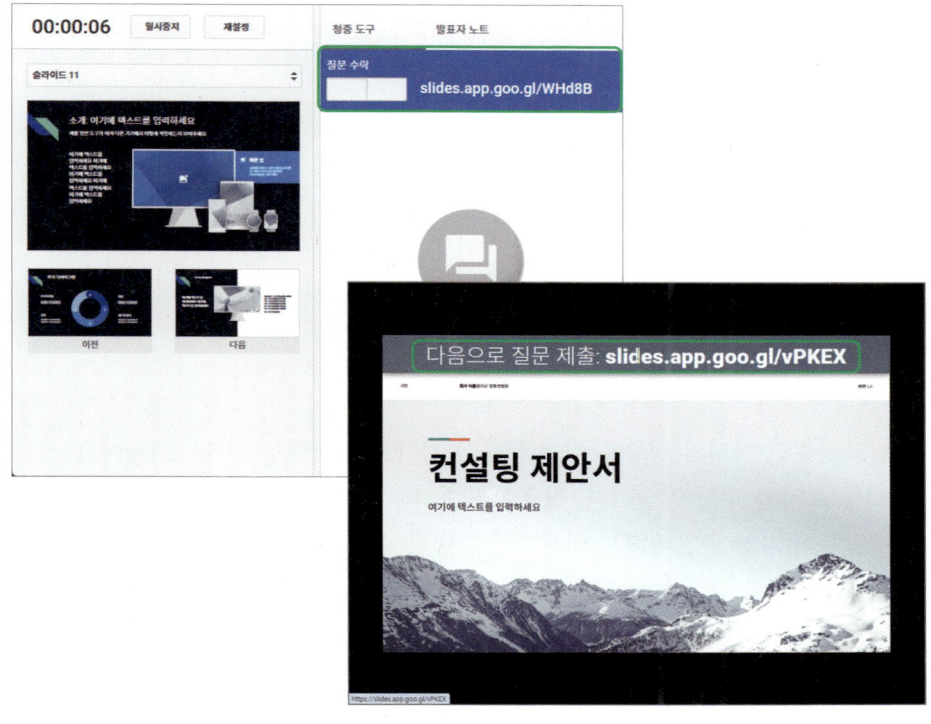

08 · 어디서든 발표할 수 있어요, 구글 프레젠테이션 **183**

5. PC나 모바일 상관없이 이 링크로 접속하면 질문을 남길 수 있습니다.

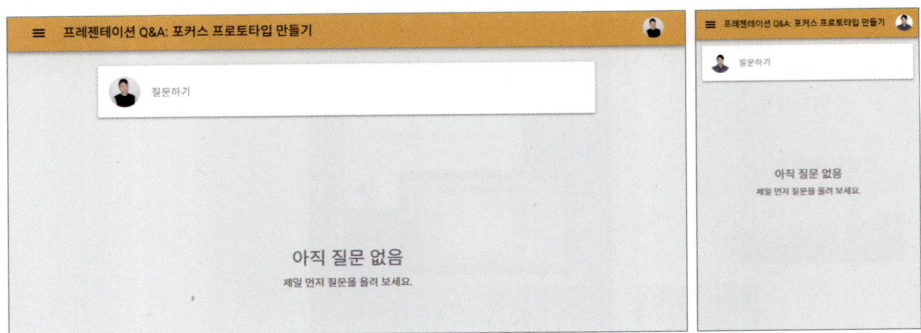

청중의 PC 화면   청중의 모바일 화면

6. [질문하기]를 클릭하면 질문을 입력할 수 있습니다. [익명으로 질문하기]를 선택하면 구글 계정이 비공개된 상태로 글을 남길 수 있습니다.

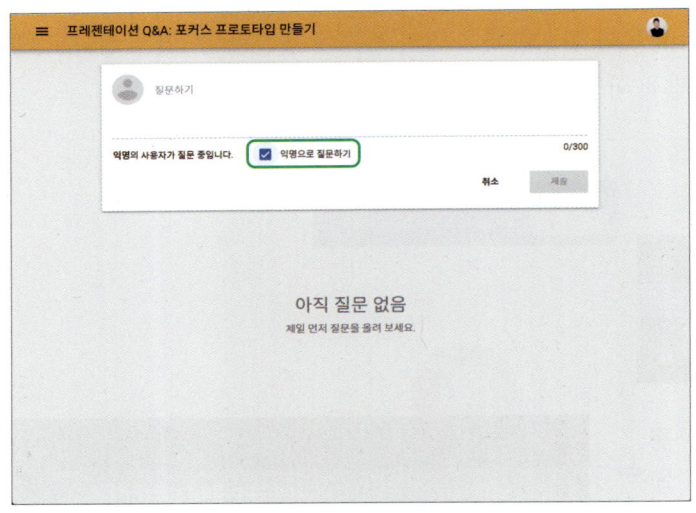

7. 발표자뿐만 아니라 청중도 이 질문을 실시간으로 확인할 수 있고 [좋아요], [싫어요]를 표시할 수도 있습니다. 질문이 많을 때는 [좋아요]가 많은 순으로 정렬해서 사람들이 가장 궁금해하는 내용부터 답변할 수 있습니다.

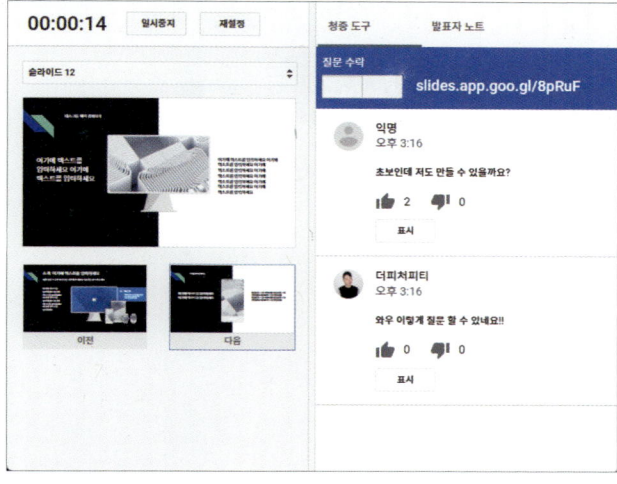

발표자 관점의 화면

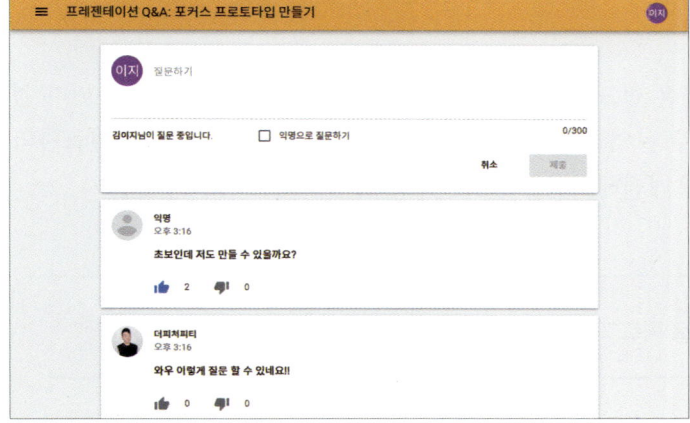

청중 관점의 화면

8. 여기서 발표자가 [표시] 버튼을 클릭하면 [숨기기]로 바뀌면서 발표 화면에 해당 질문을 표시할 수 있습니다.

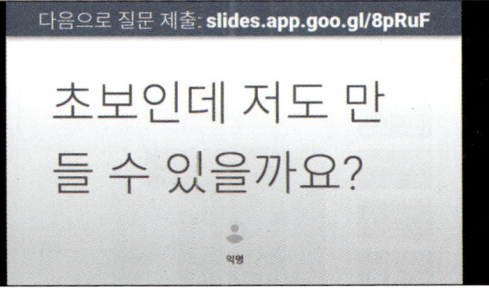

9. [도구 → Q&A 기록]에서 이전 Q & A 기록을 확인할 수 있습니다.

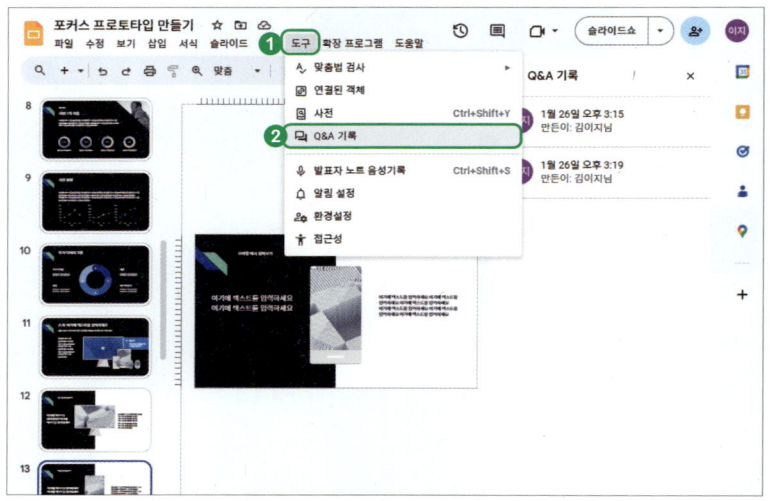

발표나 강의에서 질문은 발표자가 놓칠 수 있는 부분을 보완해 줄 뿐만 아니라 청중의 만족도를 높여 주는 역할을 합니다. 이제 실시간 질문과 소통으로 발표자와 청중 모두 만족하는 프레젠테이션을 만들어 보세요.

| 된다!
1분 팁 | 무료 픽토그램과 이미지 편하게 넣는 방법 - 부가기능 설치하기 |

프레젠테이션에서 활용하면 좋은 부가기능 2가지를 소개합니다. 부가기능은 프레젠테이션뿐만 아니라 문서, 스프레드시트, 설문지 등 구글의 다른 서비스에서도 설치할 수 있습니다. 단, 부가기능은 서비스마다 각각 새로 설치해야 합니다.
[확장 프로그램 → 부가기능 → 부가기능 설치하기]를 눌러 구글 워크스페이스 마켓플레이스(workspace.google.com/marketplace)에 접속해 원하는 부가기능을 설치합니다.

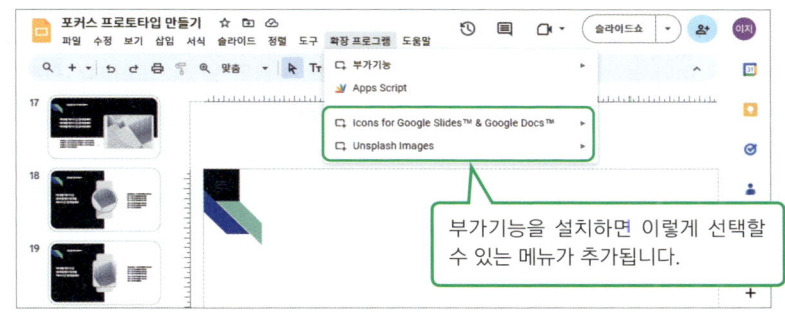

부가기능을 설치하면 이렇게 선택할 수 있는 메뉴가 추가됩니다.

픽토그램(아이콘)을 빠르게 찾고 삽입해 주는 플랫아이콘

발표 자료를 만들 때 픽토그램이나 아이콘 이미지를 찾아 헤맨 경험이 있을 거예요. 이미지 검색을 해서 마음에 드는 걸 겨우 찾았는데 워터마크가 찍혀 있거나 해상도가 매우 낮아 사용하기 힘든 경우도 있습니다. 또한 무료 픽토그램 사이트에서는 [검색 → 다운로드 → 삽입] 등의 비효율적인 절차를 거쳐야 하죠.

하지만 프레젠테이션의 부가기능인 플랫아이콘(Flaticon)을 설치하면 워터마크도 없고 해상도가 좋은 픽토그램(아이콘)을 쉽고 빠르게 찾아 추가할 수 있습니다.

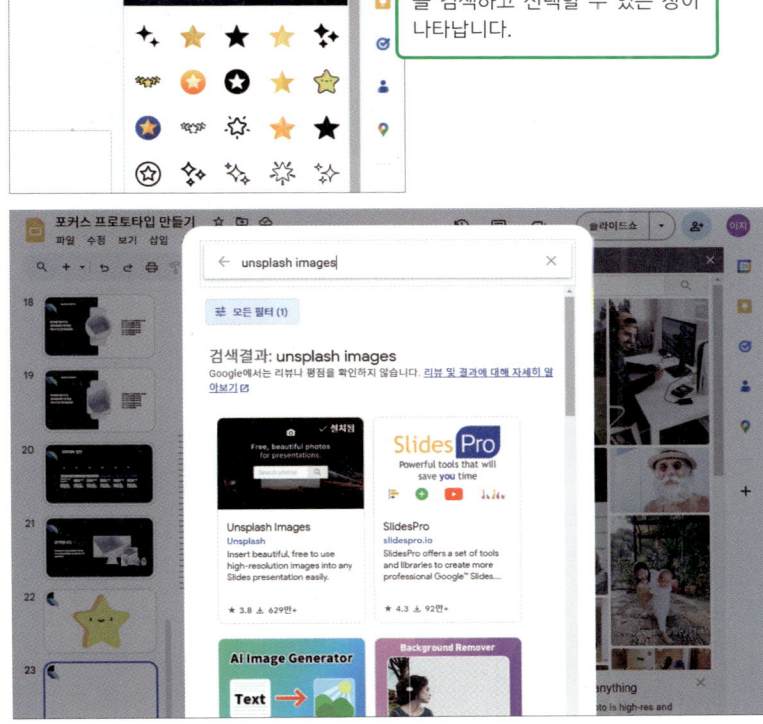

플랫아이콘을 설치해 실행하면 프레젠테이션 화면 오른쪽에 아이콘을 검색하고 선택할 수 있는 창이 나타납니다.

08 · 어디서든 발표할 수 있어요, 구글 프레젠테이션 **187**

무료 고해상도 사진을 빠르게 삽입하는 언스플래시

인터넷에서 찾은 이미지를 함부로 사용하면 저작권 침해로 벌금을 낼 수 있습니다. 그뿐만 아니라 회사 이미지에도 큰 타격을 줄 수 있으므로 주의해야 합니다. 그래서 무료이면서도 상업 목적으로 사용할 수 있는 이미지를 제공하는 사이트를 활용하는 것이 좋은데 unsplash.com이 대표적입니다. 부가기능 검색 창에서 unsplash를 검색해 [Unsplash Images]를 찾아 설치하면 됩니다.

무료 이미지 사이트를 돌아다니지 않아도 프레젠테이션 화면에서 이미지를 편하게 찾을 수 있습니다.

능력자 인터뷰 5

스마트 워킹을 하려면 먼저 규칙을 정리해야 해요!

텐덤 대표
유원일 님

이메일 • yuwonill@tendom.co.kr
홈페이지 • tendom.co.kr

Q 텐덤은 스마트 워크를 어떻게 적용하고 있나요?

텐덤은 수험생과 대학생을 위한 정보 제공 서비스인 애드캠퍼스와 E-러닝 서비스인 베어유를 통해서 교육 문제를 해결하는 스타트업입니다.

그래서 스마트 워킹을 위해 클라우드 서비스와 커뮤니케이션의 단순화를 지향합니다. 클라우드 서비스의 경우 업무 내용을 더 수월하게 공유하면서도 동시에 모니터링을 할 수 있다는 장점이 있습니다. 데스크톱부터 모바일, 노트북까지 장소와 기기의 제한을 뛰어넘어 공유하다 보니 개인 생활에서도 짐이 줄어들었습니다.

또한 중요도가 비교적 낮은 커뮤니케이션의 경우 파일을 따로 생성하지 않고 링크나 메신저 등을 공유하는 방식으로 파일 생성을 최소화하고 간편하게 접근하여 빠르게 소통하고 있습니다. 스마트 워킹을 위한 업무 도구로는 다우오피스, 구글, 에버노트, 노션, MS 오피스 등을 활용하고 있습니다.

Q 스마트 워크를 도입하면서 어려움은 없었나요?

가장 중요하면서도 어렵다고 느끼는 건 바로 '정리'입니다. 일을 하려면 언제 어디서나 규칙이 필요합니다. 단지 나 자신만이 아니라 함께 일하는, 즉 스마트 워크를 공유하는 모든 사람들에게 필요한 규칙이어야 합니다. 규칙을 단순하고 명확하게 규정하고, 또한 이 규칙을 이해하고 이행하는 과정에서 시간이 필요하다는 게 가장 큰 어려움이었습니다.

Q 스마트 워크란 무엇인가요?

'제한'을 줄여 가는 것이라고 생각합니다. 만약 파일이 없어서, 기기가 없어서, 장소가 부적합해서 등 다양한 이유로 제한되는 경우가 많죠. 스마트 워크는 현실 속의 '제한' 요소를 온라인 공간의 '연결'을 이용해서 뛰어넘을 수 있도록 하는 방식이라고 생각합니다. 업무가 편해지는 것은 물론이고 어느 순간 가방 속 짐이 줄어들죠. 이제는 스마트폰 하나로 모든 것을 할 수 있을 정도입니다. 업무뿐 아니라 생활의 많은 모습을 바꿔 주는 것이 스마트 워크입니다.

Q 스마트 워크를 이제 막 시작하는 개인이나 기업에게 한마디 한다면?

멋있고 화려한 최신 기술을 사용한 툴이 아니어도 된다고 생각합니다. 익숙하면서도 가장 편하고 쉽게, 그리고 모두가 활용할 수 있는 것이 지금 나에게 맞는 스마트 워크라고 생각합니다.

09 실시간으로 관리할 수 있는 엑셀,
구글 스프레드시트

이번 장에서는 엑셀과 같이 자료를 분석하고
계산하는 프로그램인 구글 스프레드시트를 알아봅니다.
구글 스프레드시트는 엑셀보다 기능 면에서 제한적이지만
온라인 실시간 협업으로 자료 활용을 극대화할 수 있다는 점에서
매우 유용한 서비스입니다.

09-1 구글 스프레드시트의 기본 기능 살펴보기
09-2 IMPORT 함수를 이용해 데이터 자동으로 가져오기
09-3 알아 두면 좋은 협업 도구의 다양한 기능
능력자 인터뷰 6 여러 회사에서 스마트 워킹을 도입했어요! — 김신명 님

09-1
구글 스프레드시트의 기본 기능 살펴보기

 신제품 판매 현황을 실시간으로 확인하고 싶은데, 계속 보내달라고 하기도 그렇고…. ㅠㅠ

구글 스프레드시트를 사용해 보세요.

 구글 스프레드시트? 엑셀이랑 비슷한 건가요?

맞아요. 그런데 이건 실시간으로 자료를 업데이트하고 언제든지 확인할 수 있어요.

엑셀과 구글 스프레드시트

엑셀은 회사 업무에서 없어서는 안 될 프로그램이죠. 데이터를 입력해 DB(database)를 만들고 데이터를 이용해 자료를 분류하거나 분석할 수 있습니다. 또한 엑셀의 꽃인 피벗 테이블로 보고서도 빠르게 만들 수도 있죠.

엑셀을 제대로 활용하면 업무 효율을 크게 높일 수 있지만 단점도 있답니다. 바로 기존 업무 방식에 특화되어 있다는 것입니다. 즉, 엑셀을 사용하려면 프로그램을 반드시 설치해야 하고 파일을 저장할 공간도 필요합니다. 그리고 저장된 파일을 매번 공유해야 하므로 파일과 프로그램 버전 관리에 신경 써야 합니다.

반면 구글 스프레드시트는 다른 구글 협업 도구와 마찬가지로 프로그램을 설치할 필요가 없고 파일을 만들 필요도 없습니다. 클라우드 환경에서 시트를 생성하고 링크와 편집 권한에 따라 협업 수준을 설정하면 되니까요.

구글 스프레드시트는 설치할 필요가 없는 웹 프로그램이지만 엑셀의 주요 기능인 표시 형식, 정렬, 필터, 함수, 슬라이서, 피벗 테이블 등을 모두 지원합니다. 심지어 구글 스프레드시트에서만 사용할 수 있는 함수도 제공합니다.

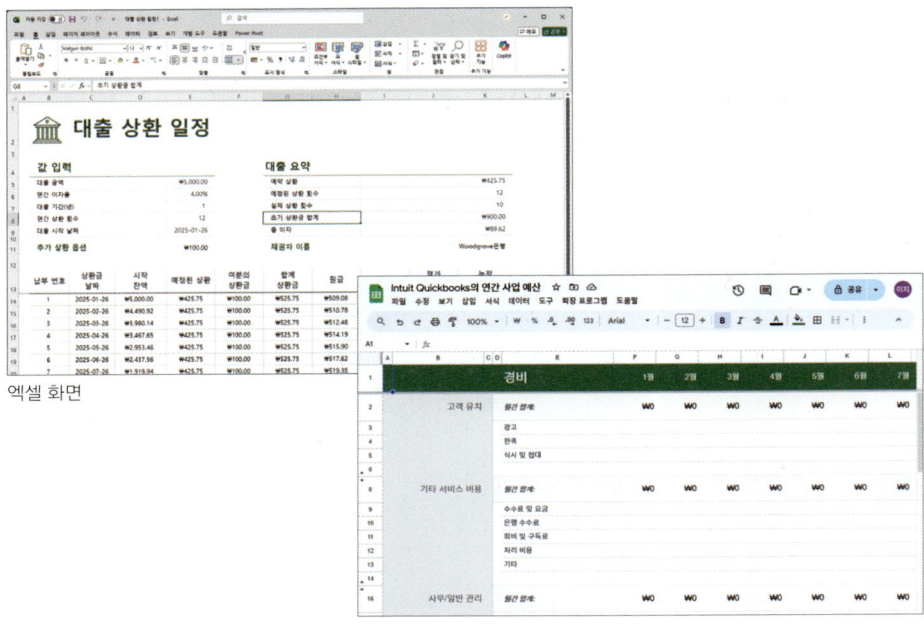

엑셀 화면

구글 스프레드시트 화면

구글 스프레드시트의 한계

엑셀은 셀을 최대 171억 7,900만 개까지 지원하는 반면, 구글 스프레드시트는 최대 1,000만 개를 지원합니다. 즉, 구글 스프레드시트에 비해 엑셀에서 처리할 수 있는 셀이 1,718배나 더 많다는 뜻이죠. 일반 업무 자료라면 구글 스프레드시트로도 충분하지만 데이터를 대량 처리해야 한다면 불가능합니다.

그리고 구글 스프레드시트는 온라인 서비스이므로 수식과 함수를 한번에 많이 적용하면 이를 불러오거나 처리하는 데 시간이 걸릴 수 있습니다. 따라서 많은 데이터를 다루거나 수식, 함수의 처리 속도가 중요하다면 엑셀을 사용하는 것이 좋습니다.

하면 된다! } 체크박스 기능 활용하기

엑셀에서는 출석 여부, 실행 여부, 보유 여부 등을 ○, ×와 같은 단순한 텍스트로 표현합니다. 컨트롤 박스를 삽입한 뒤 특정 셀과 연동해 사용할 수 있지만 데이터를 활용하거나 관리하기 불편하다는 단점이 있습니다.

스프레드시트에는 이를 보완할 작지만 강력한 **체크박스** 기능이 있습니다.

1. ○, × 입력 방식으로 완료 여부를 표기하던 자료에 체크박스 기능을 적용해 보겠습니다. [완료여부]에 해당하는 셀을 모두 선택합니다.

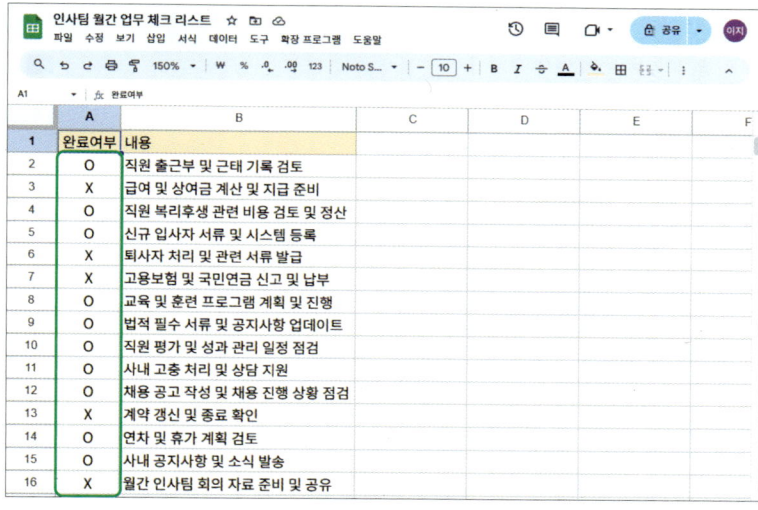

2. [삽입 → 체크박스]를 클릭하면 셀에 체크박스가 삽입됩니다.

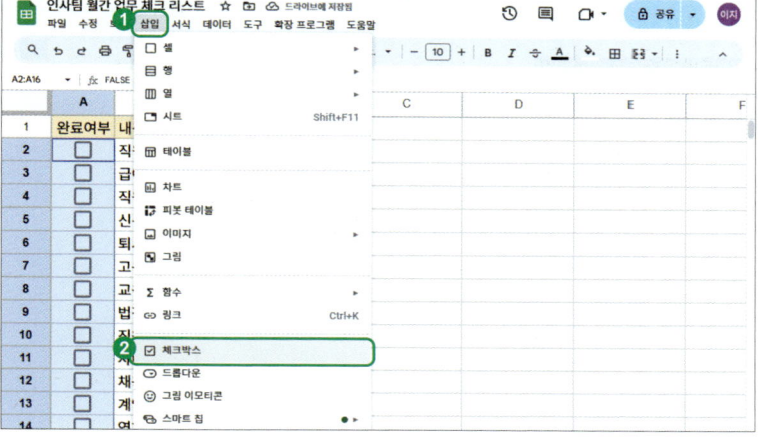

09 · 실시간으로 관리할 수 있는 엑셀, 구글 스프레드시트   **193**

3. □ 모양을 클릭하면 체크 표시가 활성화됩니다. 엑셀의 논리값과 마찬가지로 체크된 부분은 TRUE값을, 체크되지 않은 부분은 FASLE값을 가집니다. 그래서 COUNTIF 함수로 TRUE 개수를 계산해서 실시간으로 완료율을 확인하는 수식도 작성할 수 있습니다.

이 체크박스 기능을 학생 출석 현황에도 활용해 보세요. 선생님에겐 수정 권한을, 학생에겐 보기 권한을 부여해 실시간으로 출석 현황을 공유할 수 있습니다. 이 밖에도 자산 관리나 거래처 현황 등의 파일에도 활용할 수 있습니다.

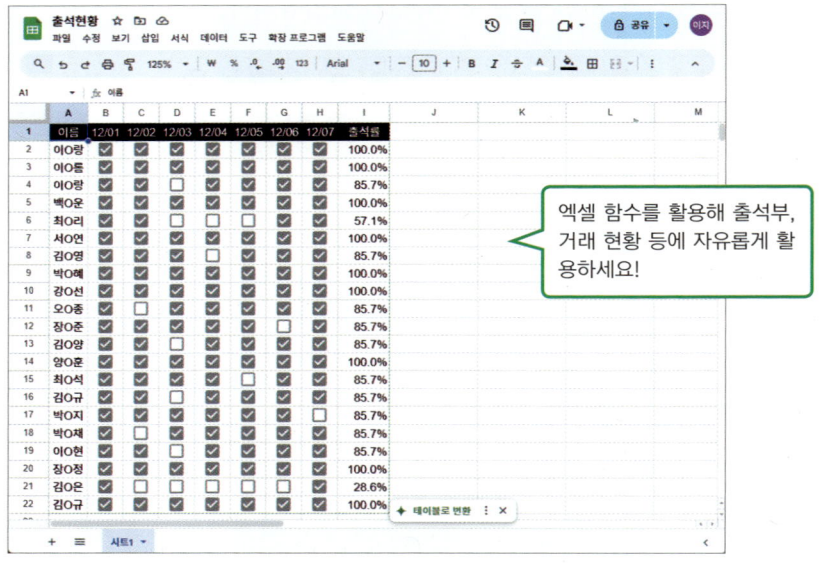

엑셀 함수를 활용해 출석부, 거래 현황 등에 자유롭게 활용하세요!

된다! 1분 팁 | 스프레드시트에서 댓글로 온라인 소통하기

스프레드시트 또한 댓글 기능을 이용해 실시간 온라인 소통을 할 수 있습니다. 영업 리스트, 자산 내역, 공용 문서 등과 같이 팀원 모두 공유할 자료가 있다면 댓글 기능이 편리합니다. 댓글 기능에 관한 설명은 08-2절을 참고하세요.

09 • 실시간으로 관리할 수 있는 엑셀, 구글 스프레드시트　195

09-2

IMPORT 함수를 이용해
데이터 자동으로 가져오기

매일 웹 서핑을 하며 뉴스 기사나 정보 등을 가져와서 정리해야 한다면 구글 스프레드시트의 IMPORT 함수를 사용해 보세요. IMPORT 함수로 해당 웹 사이트 주소만 지정해 놓으면 스프레드시트를 실행할 때마다 갱신된 정보가 자동으로 업데이트됩니다.

하면 된다! } 웹 페이지의 표 데이터를 자동으로 가져오기

환율이나 주식 같은 데이터를 관련 사이트에서 매일 가져와서 보고해야 한다면 날마다 그 데이터를 엑셀에 복사하고 붙여 넣는 작업을 반복해야 합니다. 구글 스프레드시트를 이용하면 데이터를 자동으로 가져올 수 있는데 말이죠. 이제부터 이 기능을 활용해 보세요!

1. 이번 실습은 네이버 금융(finance.naver.com)의 실시간 환율 정보를 가져오겠습니다. 먼저 [Google 앱 ⊞ → 스프레드시트]를 클릭하거나 SHEETS.google.com를 입력하여 스프레드시트를 실행합니다. ➕를 눌러 새 스프레드시트를 만듭니다.

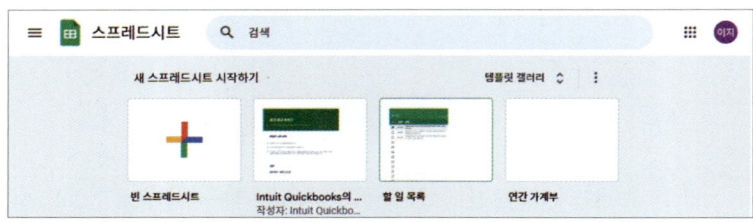

2. 구글 스프레드시트에서만 제공하는 IMPORTHTML 함수를 이용해 보겠습니다. 이 함수는 HTML 페이지에서 표 또는 목록의 데이터를 그대로 가져옵니다. 다음과 같이 함수식을 입력하세요.

=IMPORTHTML("https://finance.naver.com","table", 5)

- "URL": 네이버 금융 사이트에서
- "table": 표의 데이터를 가져오는데
- 5: 5번째 표를 가져옵니다.

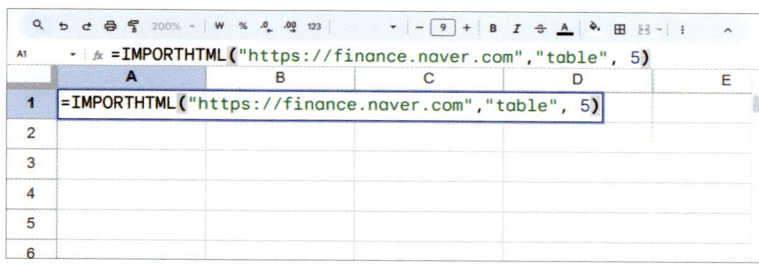

IMPORTHTML 함수의 입력 형식과 관련 설명은 다음과 같습니다.

❶ **URL 주소**: 복사한 웹 사이트 주소를 붙여 넣습니다.
❷ **가져올 데이터 종류 지정**: 표는 table, 목록은 list를 입력합니다.
❸ **순서**: 표 또는 목록이 여러 개 있다면 숫자로 순서를 정합니다.

3. 함수를 입력하면 'Loading…'이 잠시 보였다가 자료를 불러들입니다. 잠시 후 불러들인 자료를 확인할 수 있습니다.

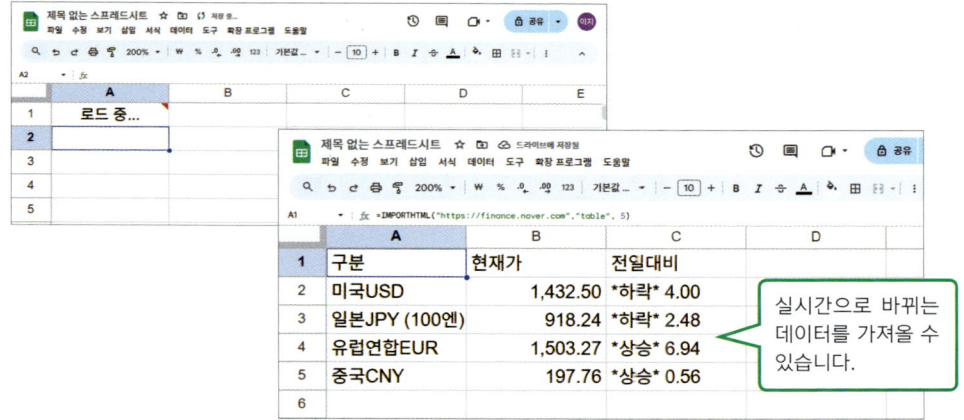

실시간으로 바뀌는 데이터를 가져올 수 있습니다.

09 · 실시간으로 관리할 수 있는 엑셀, 구글 스프레드시트 **197**

이제 데이터를 일일이 복사하고 붙여 넣을 필요가 없습니다. 그리고 파일을 열거나 함수를 다시 입력할 때마다 데이터가 새로 고침되므로 매일 같은 작업을 반복할 필요도 없으니 참 편리하겠죠?

하면 된다! } 특정 키워드의 뉴스 기사를 실시간으로 수집하기

마케팅 업무를 하거나 뉴스 기사를 수집해야 한다면 크롤링(crawling)에 주목할 필요가 있습니다. 크롤링이란 웹 페이지의 콘텐츠를 가져와 데이터를 추출하고 수집하는 작업을 말합니다. 최근에는 프로그래밍을 활용해 크롤링을 자동화하는 추세입니다.

구글 스프레드시트에서는 IMPORTFEED 함수를 활용해 자동화된 크롤링 작업을 구현할 수 있습니다. 이 함수만 알아도 쉽게 실시간으로 특정 키워드의 뉴스를 수집할 수 있습니다.

1. IMPORTFEED 함수를 사용하려면 RSS 주소를 활용해야 합니다. 이 RSS 주소는 특정 단어가 포함된 게시글을 자동으로 업데이트해 주는 주소라고 이해하면 됩니다. 예를 들어, 아래와 같이 주소 뒤에 원하는 키워드만 추가하면 됩니다.

```
http://news.google.com/news?hl=ko&gl=kr&ie=UTF-8&output=rss&q=키워드
```

2. 구글 스프레드시트에서 새 스프레드시트를 열고 다음과 같이 IMPORTFEED 함수식을 입력합니다.

```
=IMPORTFEED("http://news.google.com/news?hl=ko&gl=kr&ie=UTF-8&output=rss&q=스마트워크","",true,10)
```

- **URL**: 구글 뉴스 "스마트워크" RSS에서
- **공백**: 모든 데이터를 가져오는데
- **TRUE**: 첫 행에 제목 줄을 표시하고
- **10**: 10개를 가져옵니다.

IMPORTFEED 함수의 입력 형식과 관련 설명은 다음과 같습니다.

= IMPORTFEED("URL 주소", "가져올 데이터 종류 지정", 제목 줄 삽입 여부, 가져올 개수)
           ❶   ❷   ❸   ❹

❶ **URL 주소**: 복사한 웹 사이트 주소를 붙여 넣습니다.
❷ **가져올 데이터 종류 지정**: 필요한 항목을 정해서 가져올 수 있습니다. 비워 두면 모든 자료를 가져옵니다.
❸ **제목 줄 삽입 여부**: TRUE나 FALSE 중에서 선택합니다. TRUE는 1행에 제목 행을 만들고 FALSE는 제목 행 없이 데이터만 가져옵니다.
❹ **가져올 개수**: 가져오고 싶은 데이터의 개수를 입력합니다.

3. 함수를 입력하고 나면 IMPORTHTML 함수와 마찬가지로 'Loading…'이 잠시 보였다가 데이터가 수집(크롤링)되는 것을 확인할 수 있습니다.

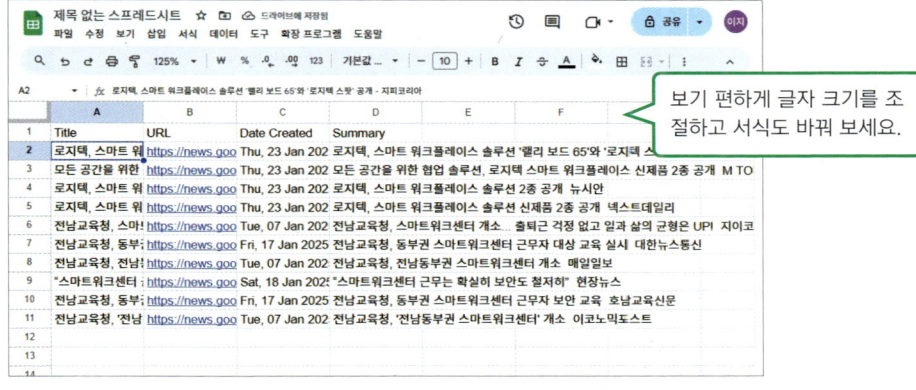

> 보기 편하게 글자 크기를 조절하고 서식도 바꿔 보세요.

4. 수집된 뉴스는 [파일 → 다운로드]를 클릭해서 엑셀 파일이나 PDF 파일로 저장할 수 있습니다.

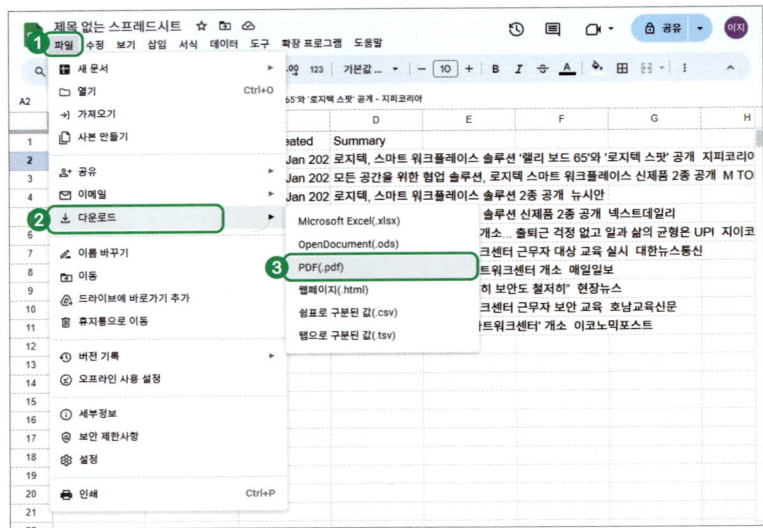

시트를 여러 개 만들어서 키워드를 등록해 두면 날마다 수집되는 뉴스를 확인할 수 있습니다. 이제부터 최신 기사나 정보를 구글 스프레드시트로 편하게 받아서 보세요!

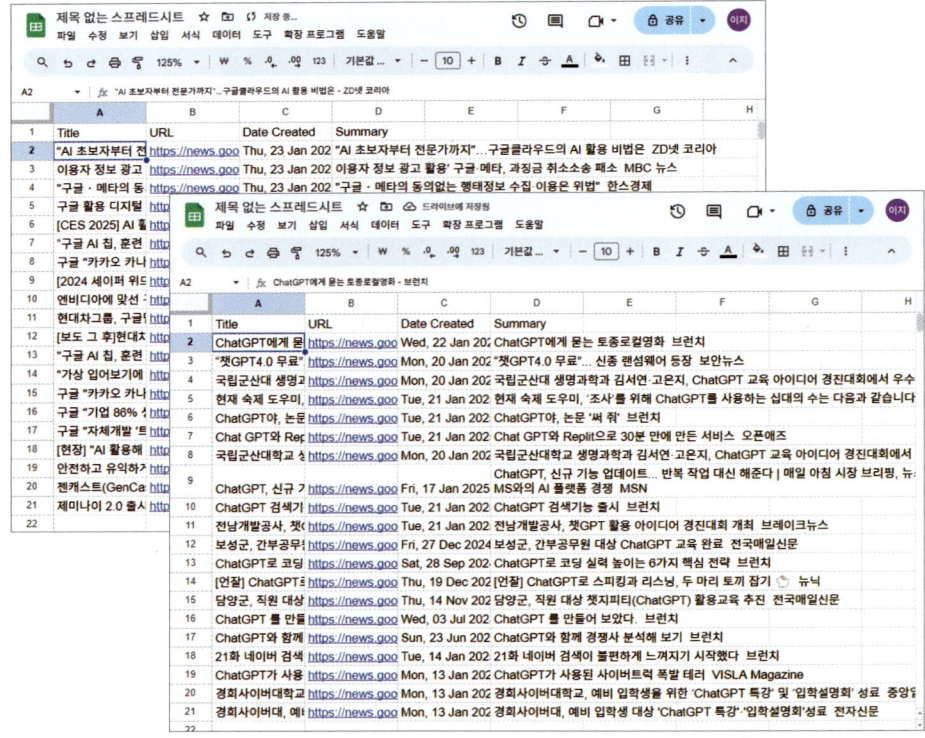

된다! 1분 팁 | 업무 효율성을 높이는 최신 함수: XLOOKUP, SORT, UNIQUE, FILTER

XLOOKUP, SORT, UNIQUE, FILTER는 엑셀 2021 이상에서 사용할 수 있는 최신 함수입니다. 즉, 엑셀의 최신 버전을 사용하지 않는 한 쓸 수 없는 함수죠. 하지만 구글 스프레드시트에서는 누구나 무료로 사용할 수 있습니다. 이 함수들을 활용하면 데이터 분석과 처리 속도를 크게 향상시킬 수 있습니다.

XLOOKUP
지정된 범위에서 원하는 값을 찾아 해당 행이나 열의 일치하는 값을 반환합니다. 기존의 VLOOKUP은 기준값의 왼쪽 데이터를 찾을 수 없었지만, XLOOKUP은 왼쪽과 오른쪽 데이터를 모두 검색할 수 있습니다.

SORT
정렬 기능을 함수화한 것으로, 데이터 범위를 지정된 기준에 따라 정렬할 수 있습니다. 오름차순 또는 내림차순으로 데이터를 손쉽게 재배치할 수 있어 편리합니다.

UNIQUE
중복된 항목 제거 기능을 함수화한 것으로, 데이터 범위에서 중복되지 않은 고유 값을 추출합니다. 리스트나 테이블에서 중복 항목을 제거하고 고유 값만 확인할 때 유용합니다.

FILTER
필터 기능을 함수화한 것으로, 조건에 맞는 데이터만 필터링하여 반환합니다. 특정 조건을 충족하는 행이나 열을 추출할 때 매우 유용합니다.

이 함수들을 적극적으로 활용하면 데이터 관리와 분석의 효율성을 한층 높일 수 있습니다. 특히, 구글 스프레드시트에서 무료로 제공되니, 지금 바로 활용해 보세요!

09-3
알아 두면 좋은 협업 도구의 다양한 기능

상업용으로도 활용할 수 있는 무료 글꼴 추가하기

문서에서 중요한 요소를 꼽으라면 글꼴을 선택하겠습니다. 특히 발표 자료는 가독성도 있어야 하지만 메시지 전달력이 중요하므로 글꼴이 크게 영향을 미칩니다. 그런데 글꼴은 PC에 직접 설치해서 사용해야 하므로 만약 다른 PC에 그 글꼴이 설치되어 있지 않다면 글자가 깨지거나 대체 글꼴로 보입니다. 게다가 글꼴은 대부분 개인에게만 무료일 뿐 상업용으로 사용하려면 비용을 지불해야 합니다.

하지만 구글은 상업용으로도 사용할 수 있는 무료 글꼴을 제공해 줄 뿐만 아니라 웹에서 정보를 불러오므로 PC에 글꼴을 설치할 필요도 없습니다.

하면 된다! } 글꼴 추가하기

구글 문서나 프레젠테이션 등의 구글 협업 도구에서 기본으로 제공하는 한글 글꼴은 5가지(굴림, 궁서, 돋움, 맑은 고딕, 바탕)입니다. 나머지 필요한 글꼴은 직접 추가해야 합니다.

1. 새 글꼴을 적용할 글자를 드래그한 뒤, 화면 위에 있는 도구 모음에서 [글꼴 → 글꼴 더보기]를 차례대로 클릭합니다.

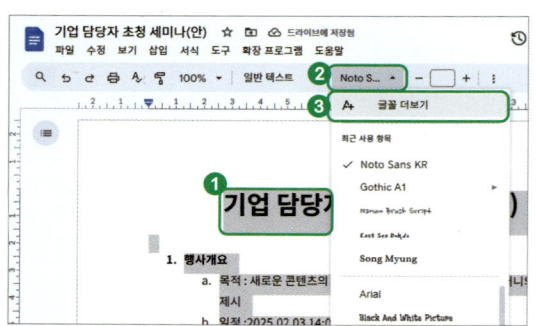

2. 글꼴 창이 열리면 [문자: 모든 문자]를 클릭해 [한국어]를 선택합니다. 한국어 글꼴을 20개 넘게 제공하는데 그중에서 선택하면 체크 표시가 되면서 오른쪽 패널의 [내 글꼴]에 추가됩니다.

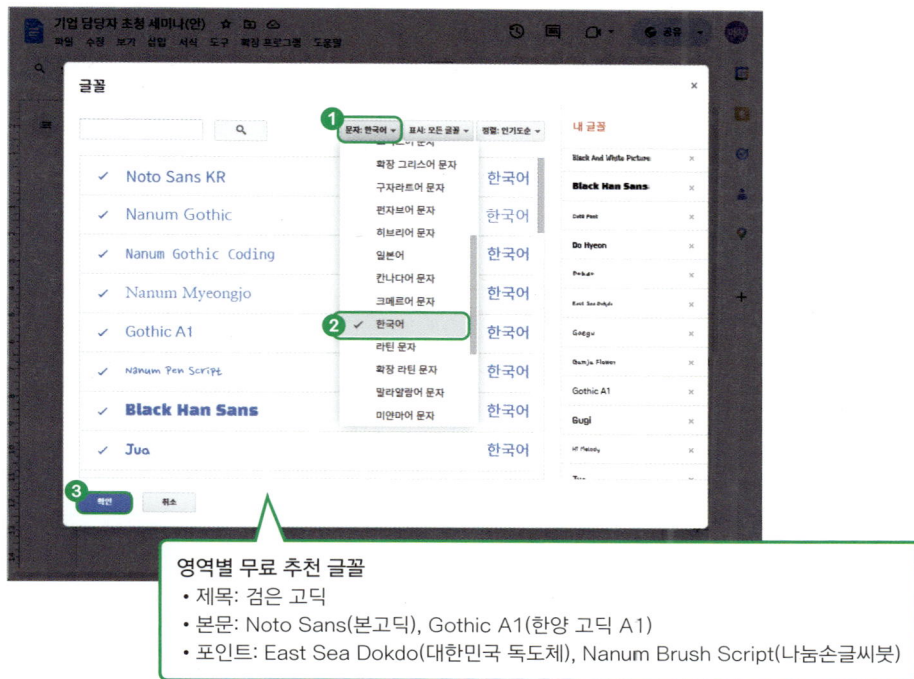

영역별 무료 추천 글꼴
- 제목: 검은 고딕
- 본문: Noto Sans(본고딕), Gothic A1(한양 고딕 A1)
- 포인트: East Sea Dokdo(대한민국 독도체), Nanum Brush Script(나눔손글씨붓)

3. 새롭게 추가한 글꼴이 적용되어 글자 모양이 바뀌었습니다. 이렇게 문서의 내용과 형식에 맞게 글꼴을 추가하거나 선택해서 자신만의 멋진 문서를 만들어 보세요.

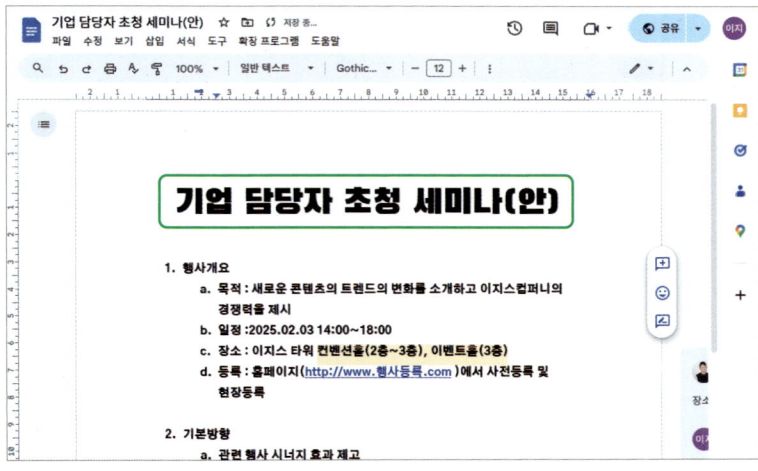

09 · 실시간으로 관리할 수 있는 엑셀, 구글 스프레드시트   **203**

새 문서를 1초 만에 만들기, 서비스명.new

구글에 익숙하더라도 새 파일을 만들려면 매번 서비스에 접속하고 [새 문서]를 클릭해 문서 작업을 했습니다. 그런데 새 문서를 좀 더 빨리 만들고 싶다면 주소 창에 서비스명.new를 입력해 보세요. 서비스 종류에 따라 새 문서 창이 실행되어 바로 문서 작업을 할 수 있습니다.

킵	KEEP.new	캘린더	CAL.new
문서	DOC.new / DOCS.new	설문지	FORMS.new
프레젠테이션	SLIDES.new	사이트	SITES.new
스프레드시트	SHEET.new / SHEETS.new	미트	MEET.new

>  **다른 서비스에서도 서비스명 new 도메인 단축 기능 사용 중!**
>
> 구글의 새 파일 생성 단축 기능은 구글 도메인을 사용하지만 편리해서 다른 기업에서도 활용하고 있습니다. 예를 들어 MS의 온라인 수업 도구인 팀즈(TEAMS.new), 협업 도구인 아사나(ASANA.new), 도메인 주소 단축 서비스인 비틀리(BITLY.new) 등이 있습니다. 이 밖에 어떤 종류가 있는지 궁금하다면 whats.new/shortcuts에서 확인해 보세요.
>
>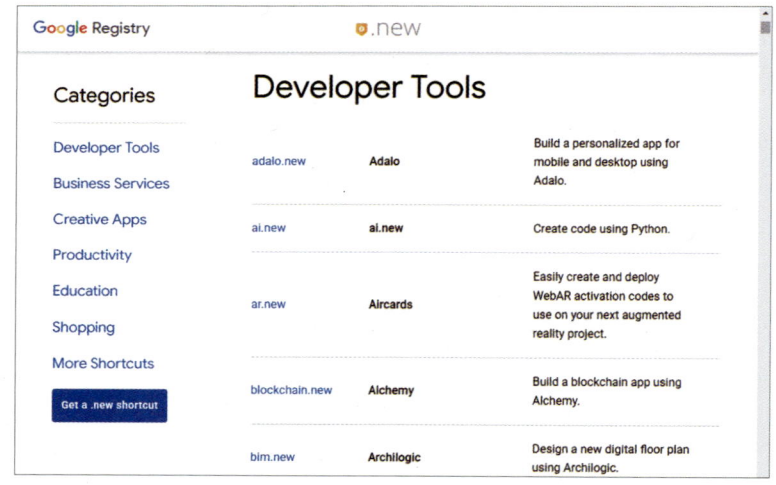

이 문서는 어디에 저장되는 걸까?

구글 문서나 프레젠테이션, 스프레드시트에서 새 문서를 만들 때마다 어디에 저장되는지 궁금하지요? 이제 이 파일의 저장 경로를 한번 추적해 보겠습니다.
주소 창에 DOC.new를 입력해 새 문서를 생성한 뒤 화면 왼쪽 위 [제목 없는 문서]를 클릭해 대체 어디에 저장될까?라고 입력해 보세요.

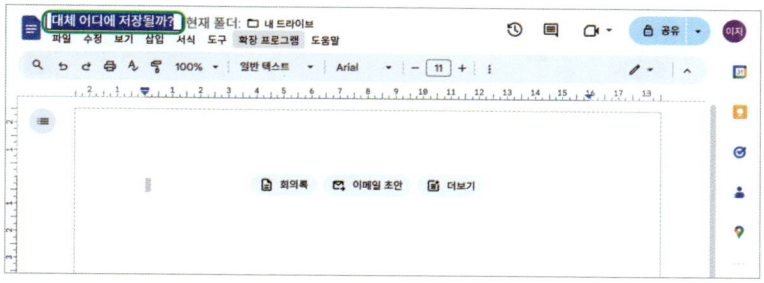

구글 서비스로 만든 자료는 사용자의 구글 드라이브에 저장됩니다. [구글 드라이브🔺]를 클릭하거나 주소 창에 DRIVE.google.com을 입력해 구글 드라이브로 이동하세요. [내 드라이브]에 조금 전에 만든 문서가 보이죠? PC의 [내 컴퓨터]처럼 이곳에서 폴더를 생성하고 파일을 관리하면 됩니다.

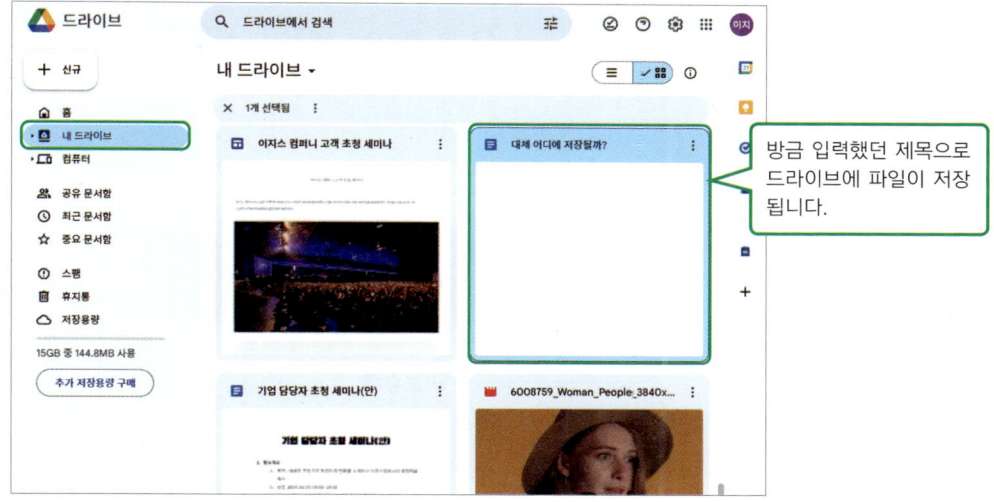

방금 입력했던 제목으로 드라이브에 파일이 저장됩니다.

 문서 작업을 하다가 구글 드라이브의 특정 폴더에 바로 저장하고 싶어요!

새 문서를 생성하고 작업하는 순간 자동으로 구글 드라이브에 저장됩니다. 하지만 특정 폴더에 바로 저장하거나 옮겨야 하는 경우도 있습니다. 파일 이름 옆에는 폴더를 지정할 수 있는 [이동 📁]이 있습니다. 이 아이콘을 클릭해 파일을 저장할 폴더를 직접 지정해 보세요.

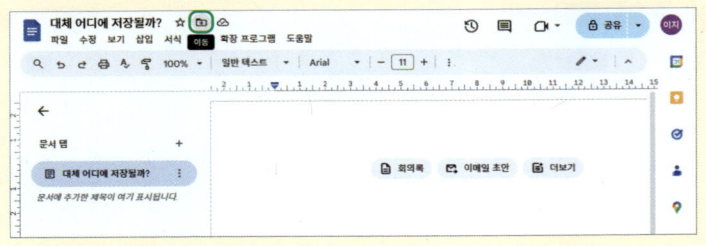

모든 작업 파일은 자동으로 버전 관리가 돼요

구글의 모든 파일은 수정과 동시에 실시간으로 자동 저장됩니다. 그리고 이전 버전은 따로 기록되므로 수정 전 문서도 확인할 수 있습니다. 작업하던 문서의 메뉴에서 [파일 → 버전 기록 → 버전 기록 보기]를 클릭하세요.

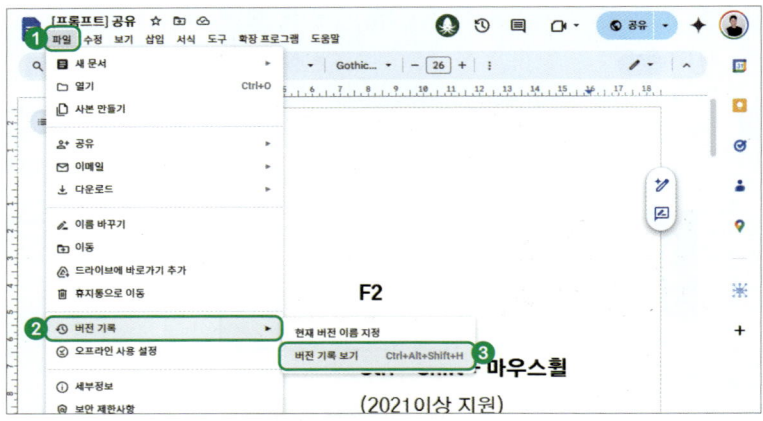

화면 오른쪽에 버전 기록이 보이고 작업한 날짜와 시간, 수정한 사람 등의 정보를 확인할 수 있습니다. 버전 기록을 선택하면 왼쪽 화면에서 어느 부분이 어떻게 수정되었는지 확인할 수 있어요.

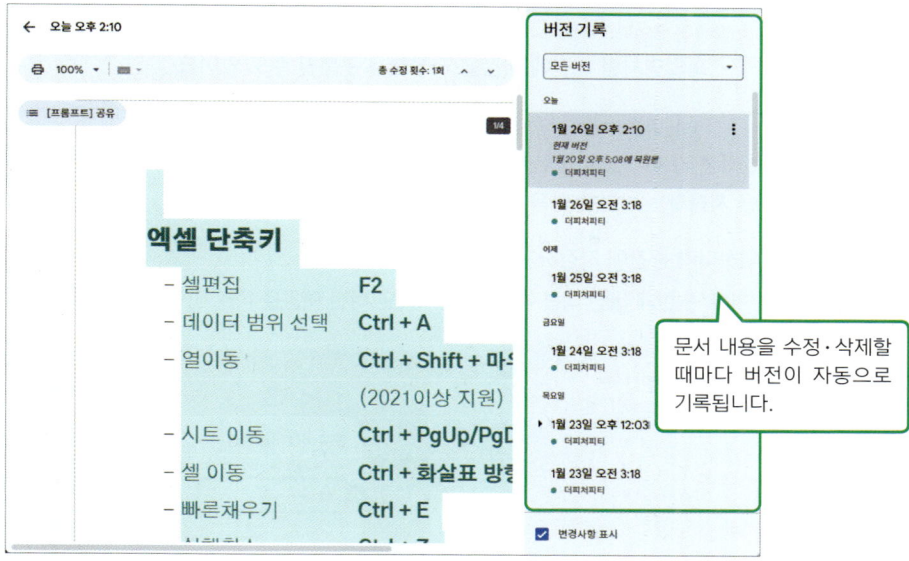

만약 과거 버전을 다시 열어 작업해야 한다면 복구도 가능합니다. 버전 기록 중에서 이전 버전을 선택하면 화면 왼쪽 위에 [이 버전 복원하기]가 나타납니다. 언제든지 원하는 버전으로 복구해서 재가공, 재활용할 수 있습니다.

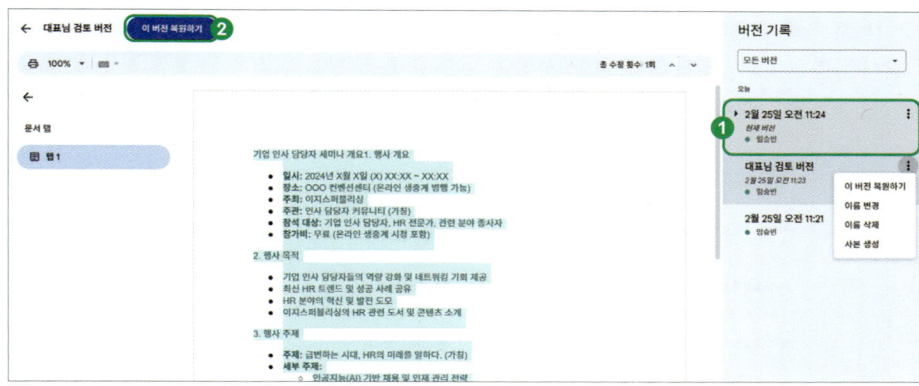

09 · 실시간으로 관리할 수 있는 엑셀, 구글 스프레드시트 **207**

된다! 1분 팁 | 파일명처럼 버전에 이름을 지정해서 구분할 수도 있어요

자주 수정해서 버전 기록이 많아졌다면 중간중간 버전 이름을 지정해서 구분하면 편리합니다. 버전 이름을 지정하는 방법은 다음 2가지입니다.

방법 1 작업하다가 중간에 지정하기

[파일 → 버전 기록 → 현재 버전 이름 지정]을 선택하면 버전 이름을 바로 입력할 수 있어요.

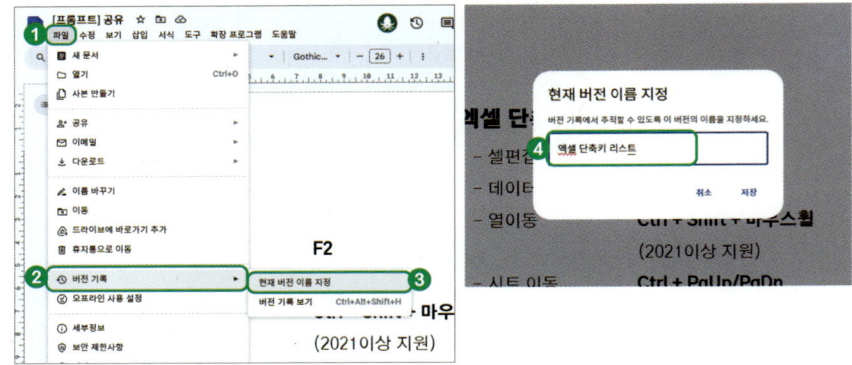

방법 2 [버전 기록] 화면에서 버전 이름 지정하기

[버전 기록] 화면에서 이름을 지정할 버전을 선택한 뒤 오른쪽에서 [더보기 ⋮ → 버전 이름 지정]을 클릭해서 버전 이름을 입력하세요.

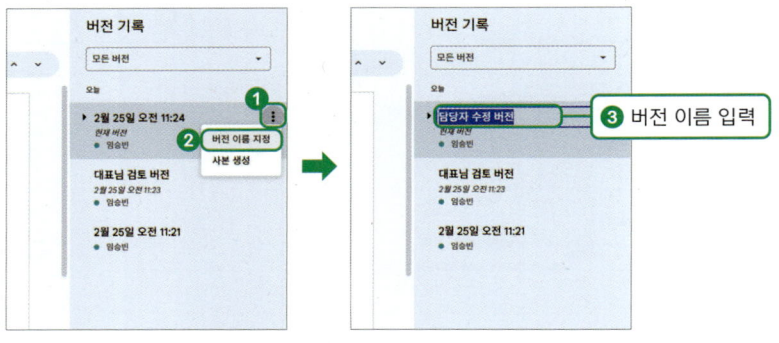

구글 서비스의 단축키 보기

작업을 더 빨리 하려면 단축키를 사용하는 게 좋습니다. 작업 화면에서 Ctrl + / 또는 Shift + / 을 눌러 보세요. 서비스별로 다양한 단축키를 볼 수 있습니다.

Ctrl + /	문서, 프레젠테이션, 스프레드시트, 설문지, 사이트 도구	미트, 드라이브
Shift + /	지메일, 포토, 킵	

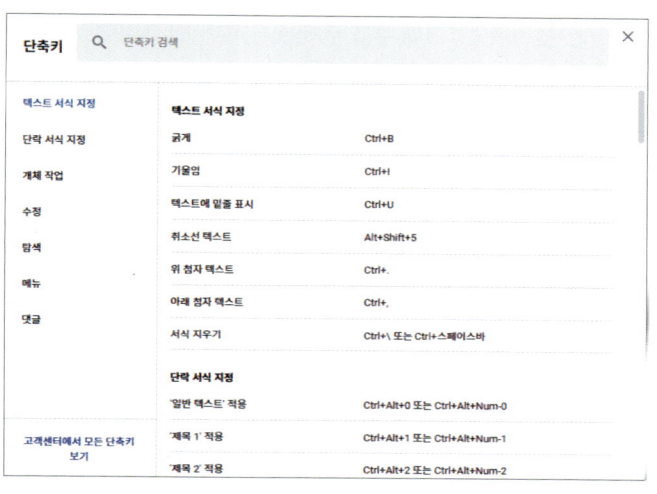

일부 서비스의 경우 MS 오피스와 호환되는 단축키를 제공합니다. 스프레드시트의 경우 [호환되는 스프레드시트 단축키 사용]을 활성화하면 MS 오피스에서 사용하던 단축키를 구글 협업 도구에서도 사용할 수 있습니다.

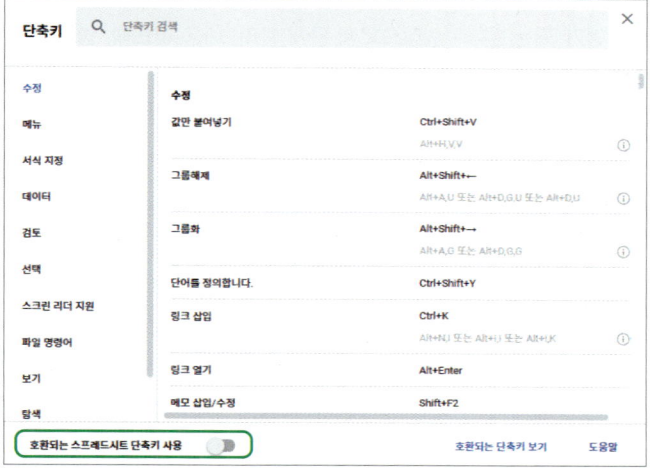

능력자 인터뷰 6
여러 회사에서 구글 스마트 워킹을 도입했어요!

Q 스마트 워크를 개인의 일상이나 업무에서 어떻게 적용하고 있나요?

7명 규모의 스타트업에서 개발 팀장으로 일하는데 개인적으로도, 업무에서도 구글을 주로 사용합니다. 발표용 PT 자료를 제외한 문서 작성, 자료 관리, 일정 관리 모두 구글로 처리하고 있습니다. 주로 캘린더, 문서 도구, 드라이브를 사용합니다.

회사에서도 구글 시트로 재고 및 납품 진행 상황을 공유하고 있습니다. 제안 발표와 서류 마감 일정이 많은데, 구글 캘린더를 사용해서 문제없이 관리하고 있습니다. 발표 자료와 디자인 소스도 구글 드라이브로 공유할 수 있어서 파일을 요청하고 찾는 시간이 절약되더군요.

특히 자료를 모두 구글 드라이브에 저장하니, 컴퓨터가 고장나거나 랜섬웨어로 자료가 소실될까 봐 걱정할 필요가 없습니다. 게다가 외근할 때에도 스마트폰으로 드라이브를 검색해서 자료를 바로 전송하거나 받을 수 있어서 아주 편합니다. 노트북을 켜서 와이파이가 되는 곳을 찾아 연결하고 파일을 찾아서 보내거나 받는 것은 이제 옛일이 되었습니다.

Q 언제부터 스마트 워크를 시작했나요? 특별한 계기가 있나요?

개인적으로는 스마트폰이 도입될 때(갤럭시 S1)부터 사용했습니다. 당시 아웃룩은 PC에서만 사용할 수 있어서 일정을 확인하려면 노트북을 켜야 했거든요. 그뒤 스마트폰에서 구글 서비스를 사용하기 시작했는데 나중에 보니 그게 스마트 워크였어요.

그때 구글 문서(docs)도 사용해 봤죠. 당시 모의 시의회 대회 대본 담당으로 일했는데, 20여 명의 대본을 관리할 때 데 가장 편리한 도구가 구글 문서였지요. 수많은 버전을 부담 없이 관리하고 항상 최신본을 유지하여 피드백받을 수 있었습니다.

Q 지금까지 회사 세 곳에서 구글을 어떻게 활용했나요?

첫 번째 회사는 120명 규모인데 10개 법인으로 나뉘어 있었죠. 회사에서 마침 지메일을 사용했고, 팀장에게 업무 설계 권한이 있어서 6명으로 구성된 팀에 구글 스마트 워크를 적용했습니다. 행아웃을 팀 전용 메신저로, 구글 드라이브를 팀 드라이브로, 구글 캘린더를 팀 캘린더로, 구글 시트를 팀 프로젝트 관리 도구로 사용했습니다.

팀장으로서 문서 관리, 내용 피드백, 업무 스케줄 및 진행을 관리하는 부담을 덜 수 있었습니다. 문서 버전 관리 및 공유는 드라이브를 이용해서 자동화했고, 캘린더의 일정 관리 및 참여자 체크로 업무에 투입할 시간과 인력을 벌 수 있었죠. 특히 행아웃은 주제별로 채팅해서 다양한 업무로 일이 꼬이는 상황을 최소화할 수 있었습니다. 또한 업무 진행 상황을 공유할 목적으로 따로 문서를 만들거나 전달할 필요 없이 채팅 창에서 바로 공유하니 편했습니다.

인피아이 개발 팀장
김신명 님

이메일 • ndsiea@gmail.com
홈페이지 • www.infii.co.kr

두 번째 회사는 작업복을 만들어 납품하는 일을 하는데 7명 규모였어요. 거래처가 120개나 되어 거래처별 요구 사항과 변경 사항을 처리하는 게 문제였습니다. 구글을 도입하기 전에는 담당자가 자리에 없으면 고객 응대를 할 수 없었죠. 대표님이 도메인 메일과 사원별 이메일 계정을 만들자고 하셔서 구글 지스위트(G Suite)를 도입했습니다. 지스위트는 별칭 기능이 있어서 계정 하나로도 다양한 이메일 주소를 만들 수 있어서 사원별 이메일을 저렴하게 생성해서 사용했습니다.

그리고 가장 문제였던 회사별 납품 내용과 변경 사항을 구글 시트로 정리해서 공유하고 실시간 업데이트하여, 담당자가 부재·퇴사해서 발생하는 고객 대응 문제를 최소화할 수 있었습니다.

마지막으로 지금 다니는 세 번째 회사인데, 스마트 워킹 시스템을 도입할 때 어려움이 있었고 지금도 해결해야 할 문제는 있습니다. 예를 들어 파일을 공유해도 브라우저와 계정의 개념을 이해하기 어려워했어요(특히 모바일 카카오톡 브라우저). 파일이 안 열린다 해서 다시 공유하고, 웹 오피스 개념을 몰라 남이 작성한 내용 다 날려 버리고(히스토리로 다 복구했지만…), 동기화 개념을 잘 이해하지 못해서 잘 쓰다가 나스(공유 하드디스크)를 구매해서 다 옮기고, 구글 문서 최종본 파일이 여러 개 생겨 있고…. 나이와 상관없이 도구에 관심이 없거나 자기가 사용하던 것만 고집하는 경우에 대부분 문제가 발생했어요.

저한테 권한이 있었고 추진력이 있는 편이어서 그런지 팀원에게 적용하는 데 큰 문제는 없었지만, 동료나 상사의 경우 새로운 시스템을 도입하기가 쉽지 않거나 불가능한 경우가 많았어요.

Q 성공적인 스마트 워크 도입을 위해 한마디 해주신다면?

스마트 워킹은 이 시대에 맞는 업무 방식이라고 생각합니다. 인터넷 속도가 하드디스크 전송 속도보다 빠른 시대, 코로나 때문에 교류하기 어려운 시대, 스마트폰으로 언제 어디서 웹 서비스를 자유롭게 이용할 수 있는 요즘, 왜 인터넷이 하드보다 느리고 웹 서비스 접속이 쉽지 않던 상황에서 만들어진 업무 방식을 고집하는 걸까요? 타자기에서 컴퓨터로, 전지를 막대기로 넘기면서 발표하던 것에서 PPT로, 우편에서 팩스로 그리고 이메일로, 채팅으로 바뀌는 과정을 우리는 혁신이라고 부릅니다.

ISO나 ERP 등 업무 솔루션 관련 컨설턴트들이 자주 하는 말이 있습니다. 어떤 시스템을 성공적으로 도입하는 지름길은 CEO의 강력한 의지에 달려 있다고. 많은 비용을 들여 도입했지만 결국 실패한 경우를 자주 경험한 분들의 말씀이죠. 변화하는데는 시간과 노력이 필요합니다. 또한 자원을 지속적으로 투입하려면 무엇을 얻을 수 있는지를 이해해야 하죠. 스마트 워크 도입에서 가장 중요한 것은 바로 무엇을 얻을 수 있는지를 명확하게 이해하는 것입니다.

10 모든 파일은 클라우드 공간에, 구글 드라이브

이번 장에서는 구글 협업 도구로 만든 자료를
보관하는 구글 드라이브를 알아봅니다.
구글 서비스는 웹 기반 온라인 서비스이므로 생성한 자료는
모두 구글 드라이브에 실시간으로 저장됩니다.
자신이 만든 소중한 자료가 저장되는 공간인 만큼 어떻게 관리해야
효율적인지 확실히 알아 두세요!

10-1 나에게 맞게 구글 드라이브 설정하기
10-2 구글 드라이브로 다른 서비스 파일 협업하기

10-1
나에게 맞게
구글 드라이브 설정하기

또 서버 용량이 부족하네. 업무 자료는 매일 늘어나는데 그럴 때마다 용량 증설하는 것도 일이고….

미팅할 때마다 자료를 USB에 옮기고 지우는 것도 번거로워요.

대용량 자료도 문제없이 저장하고 전송 수 있는 좋은 방법이 없을까요?

USB를 더 이상 사용하지 않는 이유

휴대할 수 있는 저장 장치의 역사는 꽤 오래 전으로 거슬러 올라갑니다. 1980~1990년대 5.5인치, 3.5인치 디스켓을 시작으로 충격에 약해서 조심스럽게 들고 다녀야 했던 외장 하드를 거쳐 지금의 USB에 이르렀죠. USB는 외장 하드보다 용량은 작지만 충격에 강하고 휴대하기도 편리할 뿐만 아니라 속도도 빨라서 많이 사용했습니다.

한때 개업이나 기업 행사, 이벤트에서 USB 메모리를 판촉물로 많이 사용했는데 이제는 찾아보기 힘듭니다. 새로운 SSD 외장 하드가 나와서 그럴까요? 아닙니다. 지금은 파일 클라우드 서비스나 대용량 파일 전송 서비스가 있어서 활용성이 떨어진 거죠.

파일 클라우드 서비스는 업체별로 메뉴 구성이나 용량 등에 조금씩 차이가 있지만 서비스 사용법은 거의 비슷합니다. 컴퓨터에 보관하던 업무 파일과 외장 하드 어딘가 꼭꼭 숨어 있는 소중한 자료를 이제 분실이나 파손 위험이 없는 파일 클라우드 서비스로 옮겨 보세요. 구글 드라이브만 있다면 문제없습니다!

하면 된다! } 일하기 편하게 구글 드라이브 설정 바꾸고 시작하기

1. 구글 앱에서 [드라이브 ⛁]를 클릭하거나 주소 창에 DRIVE.google.com을 입력해서 구글 드라이브에 접속합니다.

다른 서비스와 마찬가지로 구글 드라이브 역시 화면과 메뉴 구성은 단순하고 직관적입니다. 화면 위쪽에는 검색 기능과 설정, 왼쪽에는 기본 메뉴, 그리고 가장 넓은 영역에는 콘텐츠가 보입니다. 왼쪽 기본 메뉴부터 살펴보겠습니다.

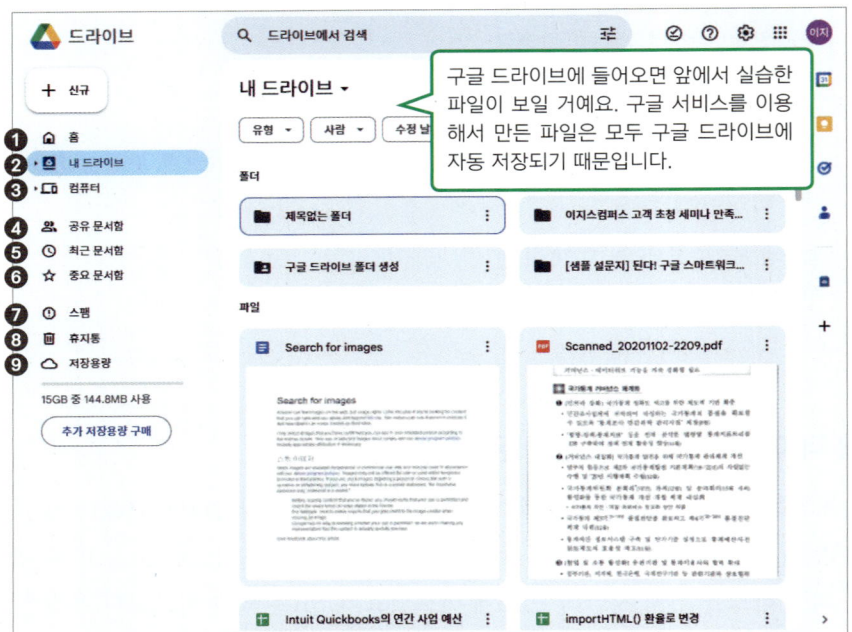

구글 드라이브에 들어오면 앞에서 실습한 파일이 보일 거예요. 구글 서비스를 이용해서 만든 파일은 모두 구글 드라이브에 자동 저장되기 때문입니다.

❶ **홈**: 구글 드라이브의 시작 페이지입니다.
❷ **내 드라이브**: 구글 드라이브의 핵심 영역으로, 내 자료를 업로드하여 백업하거나 여기에 있는 폴더와 파일을 클라우드로 활용할 수 있습니다.
❸ **컴퓨터**: 구글 드라이브와 로컬 컴퓨터를 동기화하여 특정 폴더를 자동으로 백업하거나, 두 장소 간 데이터를 공유할 수 있는 기능입니다.
❹ **공유 문서함**: 다른 사용자와 공유하는 폴더와 파일을 모아 볼 수 있는 공간입니다. 내가 공유했거나 다른 사용자와 공유해 함께 작업 중인 파일을 모두 확인할 수 있습니다.

❺ **최근 문서함:** 가장 최근에 열었던 파일을 빠르게 찾고 싶을 때 유용합니다.
❻ **중요 문서함:** 파일이나 폴더를 선택한 후 마우스 오른쪽 버튼을 클릭하고 [중요 문서함에 추가]를 선택하면 중요 표시가 되며 이곳에 저장됩니다.
❼ **스팸:** 스팸으로 인식된 파일이나 문서 요청을 관리하는 공간입니다. 의심스러운 파일을 이곳에서 확인하고 관리할 수 있습니다.
❽ **휴지통:** 파일이나 폴더를 삭제하면 우선 이곳에 보관됩니다. 삭제한 파일은 30일 동안 이곳에서 확인 및 복원할 수 있습니다.
❾ **저장용량:** 구글 드라이브의 전체 저장 용량 사용량을 확인할 수 있는 메뉴입니다. 현재 사용 중인 용량과 남은 용량을 시각적으로 표시해 주어 저장 공간 관리를 도와줍니다.

2. 콘텐츠 영역 설정 바꾸기

왼쪽 메뉴 [내 드라이브]를 누르면 [폴더], [파일]순으로 배치됩니다. 하지만 윈도우 탐색기에 익숙하다면 이런 보기 방식은 낯설고 불편할 수도 있습니다. 그래서 한번에 더 많은 자료를 볼 수 있도록 배치 방식을 바꿔 보겠습니다. 화면 오른쪽 위에서 [설정 ⚙]을 클릭하고 [설정]을 선택합니다.

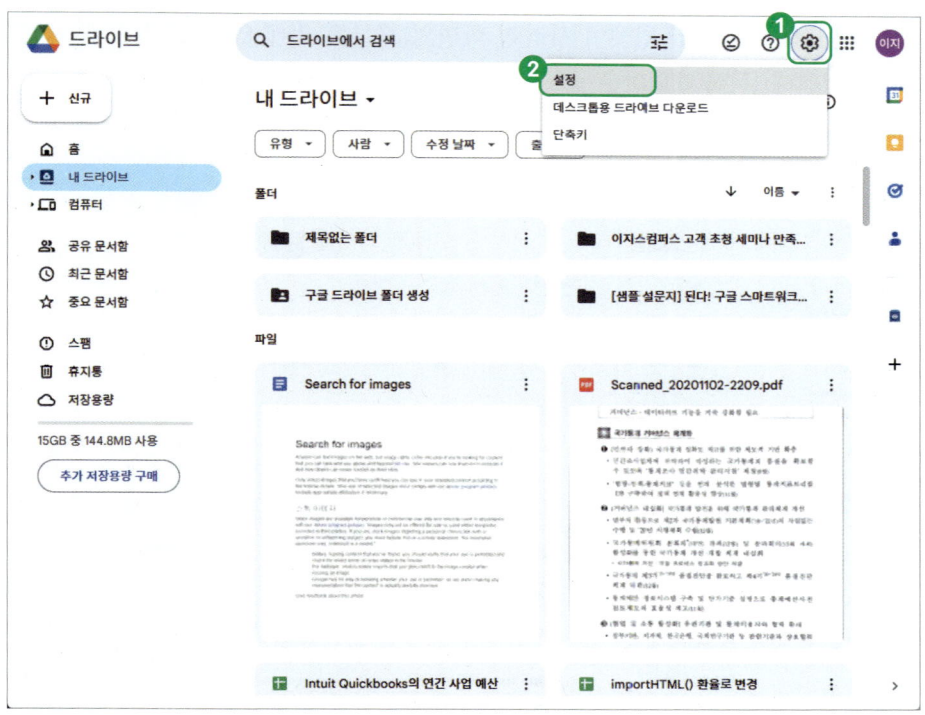

3. [일반 사항] 탭에서 [밀도]는 [좁게]로 선택하고 [완료]를 클릭합니다.

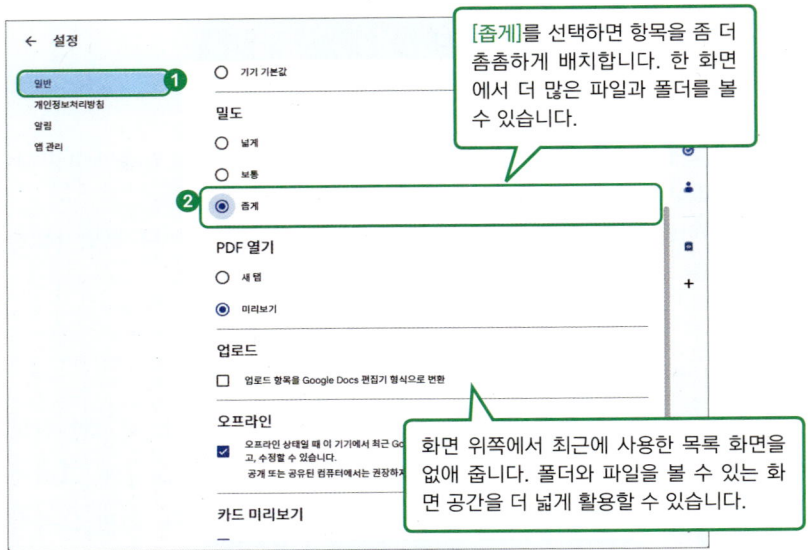

5. 이제 [빠른 엑세스] 위젯이 사라진 화면의 오른쪽 위에 있는 [그리드 레이아웃 ⊞]를 선택해 [목록 레이아웃 ▤]으로 바꿔 보세요. 폴더와 파일이 윈도우 탐색기에서 보던 형태로 나타납니다.

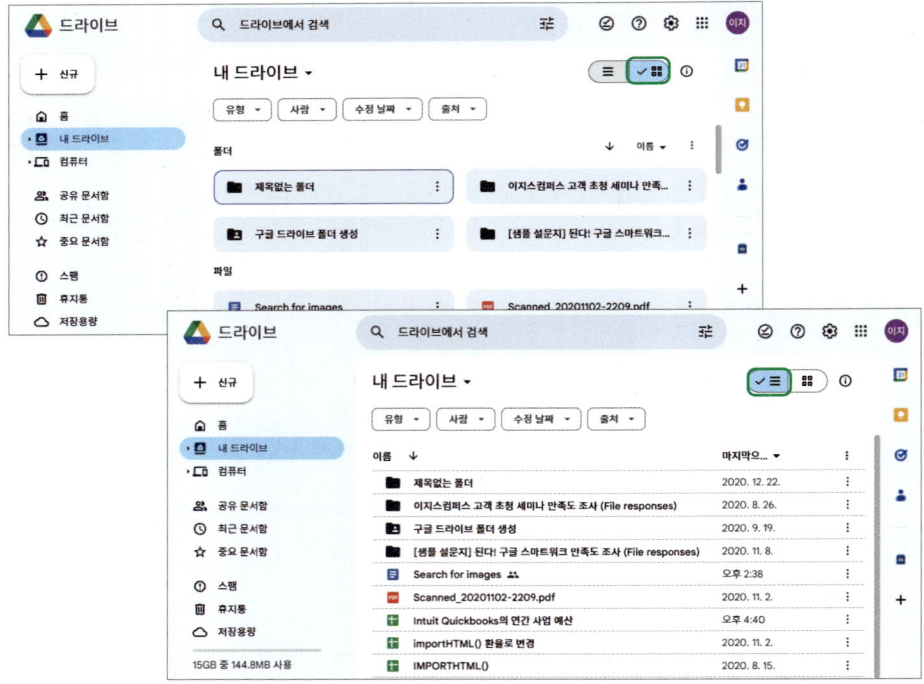

하면 된다! } 파일 업로드와 다운로드 방법 익히기

컴퓨터에 저장된 자료는 파일이나 폴더 형태로 업로드할 수 있습니다. 폴더를 업로드하면 그 안에 들어 있는 파일도 모두 업로드됩니다.

1. [+ 신규]를 클릭하거나 폴더, 파일이 없는 빈 영역을 마우스 오른쪽 버튼으로 누릅니다. 새 폴더, 파일과 폴더 업로드, 구글 협업 도구 등을 선택할 수 있습니다.

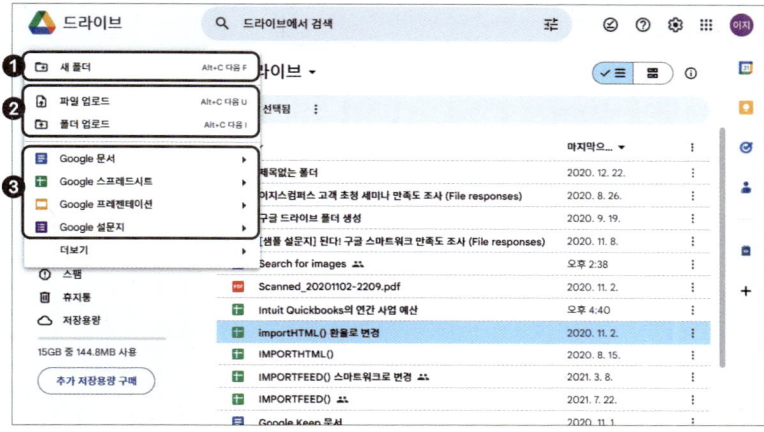

❶ **새 폴더**: 파일을 관리할 새 폴더를 만듭니다. 구글 드라이브의 폴더는 윈도우 탐색기의 폴더 사용법과 같습니다.
❷ **파일 업로드, 폴더 업로드**: 내 PC에 있는 파일 또는 폴더를 선택하거나 드래그해 업로드할 수 있습니다.
❸ **구글 협업 도구**: 구글 문서, 스프레드시트 등의 새 파일을 만들어 작업을 바로 시작할 수 있습니다.

2. 업로드하고 싶은 항목을 구글 드라이브 화면으로 드래그합니다. 업로드가 진행되기 시작하면 화면 오른쪽 하단에 업로드 상황과 결과 여부를 볼 수 있는 안내 창이 나타납니다.

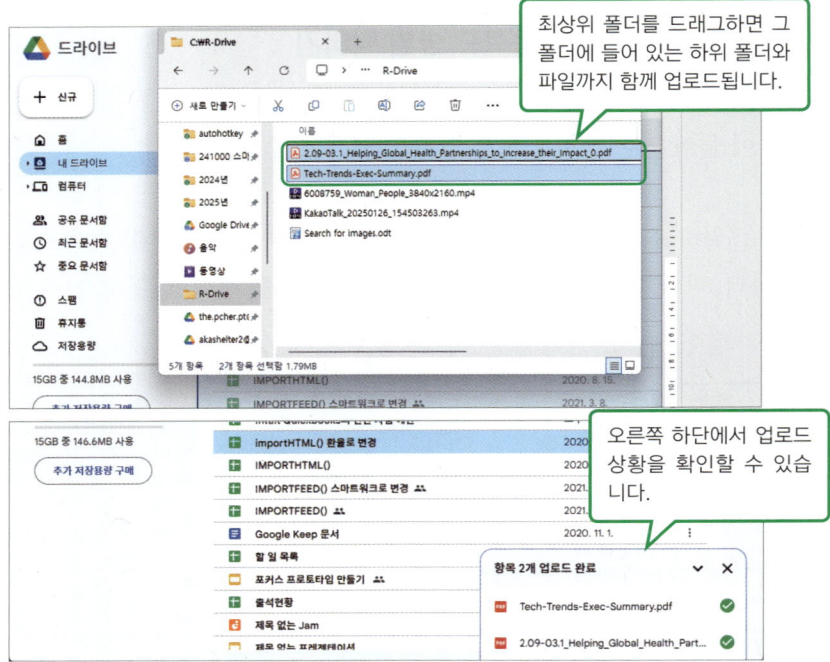

최상위 폴더를 드래그하면 그 폴더에 들어 있는 하위 폴더와 파일까지 함께 업로드됩니다.

오른쪽 하단에서 업로드 상황을 확인할 수 있습니다.

3. 다운로드는 해당 파일이나 폴더를 마우스 오른쪽 버튼으로 누르고 [다운로드]를 선택하면 내려받을 수 있습니다. 또는 파일을 더블클릭해 미리보기 화면 오른쪽 상단에서 [다운로드 ⬇]를 클릭해도 됩니다.

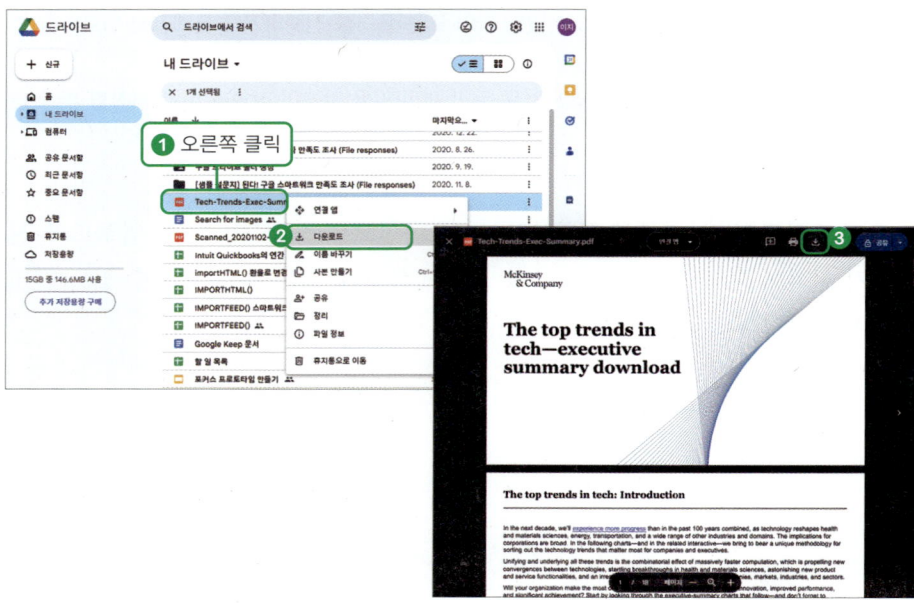

4. 여러 파일이나 폴더를 한꺼번에 선택하여 내려받으면 개별 폴더나 파일이 아니라 서버에서 하나의 압축 파일로 저장합니다. 용량이 작으면 여러 폴더나 파일을 한꺼번에 압축 파일로 내려받고, 용량이 크면 각각 따로 내려받는 게 좋습니다.

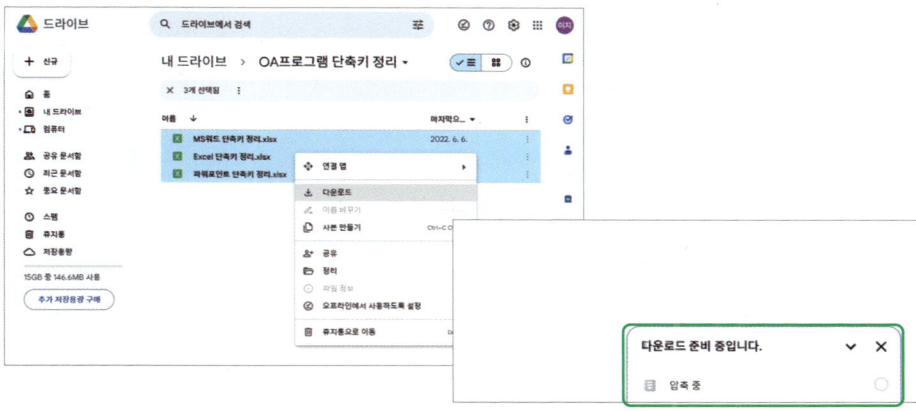

> **된다! 1분 팁** | 구글 협업 도구는 드라이브에서 바로 편집할 수 있어요!
>
> 구글 문서, 스프레드시트, 프레젠테이션 등의 구글 서비스 파일은 내려받지 않고 더블클릭하면 온라인에서 편집할 수 있습니다.

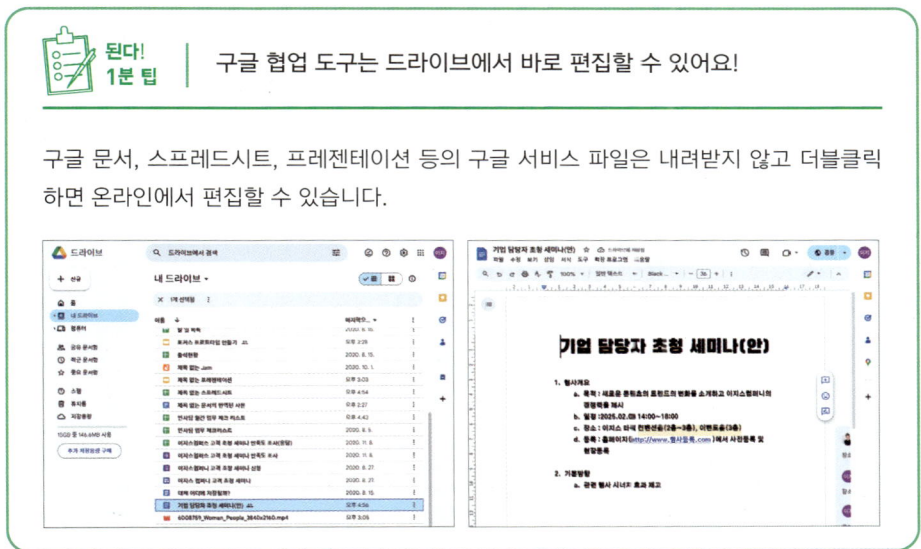

하면 된다! › 구글 드라이브의 파일·폴더 공유하기

구글 포토에서 한 폴더를 공유해서 공동 작업을 했던 것처럼 구글 드라이브에서도 특정 파일이나 폴더를 다른 사람과 공유해서 작업할 수 있습니다. 공유 방법도 간단합니다. 함께 작업할 공유 대상자를 추가하거나 링크를 생성한 뒤 공유 권한을 설정하면 됩니다.

1. 공유할 폴더나 파일을 마우스 오른쪽 버튼으로 누르고 [공유]를 선택합니다.

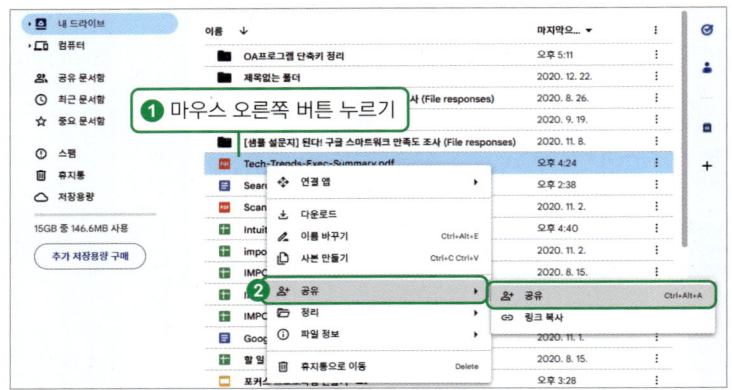

2. 공유 설정 창이 나타납니다. 공유 권한은 뷰어, 편집자 중에 선택할 수 있습니다.

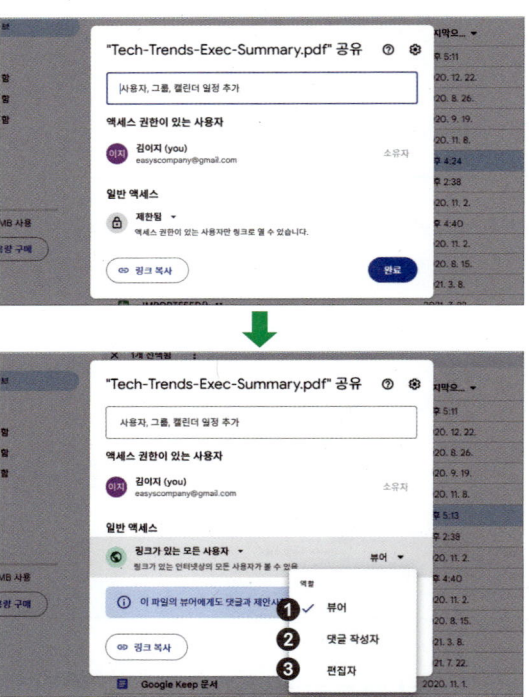

❶ 뷰어: 폴더와 파일 목록을 확인하고 파일을 내려받을 수만 있는 권한입니다.
❷ 댓글 작성자: 뷰어 권한에 더해 댓글 작성을 할 수 있습니다. 단, 파일을 실제로 수정하는 것은 불가능합니다.
❸ 편집자: 뷰어 권한뿐만 아니라 폴더와 파일을 추가, 변경, 삭제할 수 있는 권한입니다. 이 권한은 신뢰할 수 있는 사람과 협업할 때만 부여하는 것이 좋습니다.

10-2

구글 드라이브로
다른 서비스 파일 협업하기

파일 클라우드 서비스인 구글 드라이브는 온라인으로 데이터가 저장되고 업로드·다운로드할 때마다 매번 바이러스 검사를 하므로 랜섬웨어나 바이러스 등의 보안 위협에도 데이터를 안전하게 보관하고 활용할 수 있습니다.

파일 업로드는 구글 서비스 외에 다른 프로그램 파일도 얼마든지 가능합니다. 심지어 구글에서 미리보기를 지원하는 타사 서비스의 경우에도 구글 드라이브에서 바로 미리보기를 할 수 있을 뿐 아니라 구글 서비스로 연결해서 쉽게 편집할 수도 있습니다. 대표적인 업무 문서로 MS 오피스와 PDF 파일, 그림 파일(JPG, PNG, BMP, GIF 등), 아래아한글(HWP) 파일 등이 있습니다. MS 오피스에는 워드(DOCX, DOC), 엑셀(XLSX, XLS), 파워포인트(PPTX, PPT) 파일이 있지요. 이렇게 다양한 문서 파일을 구글 드라이브에서 어떻게 작동하고 활용할 수 있는지 알아보겠습니다.

하면 된다! } 구글 드라이브에서 MS 오피스 파일 작업하기

1. MS 오피스인 워드, 엑셀, 파워포인트 파일 중에서 하나를 선택해서 구글 드라이브에 업로드합니다.

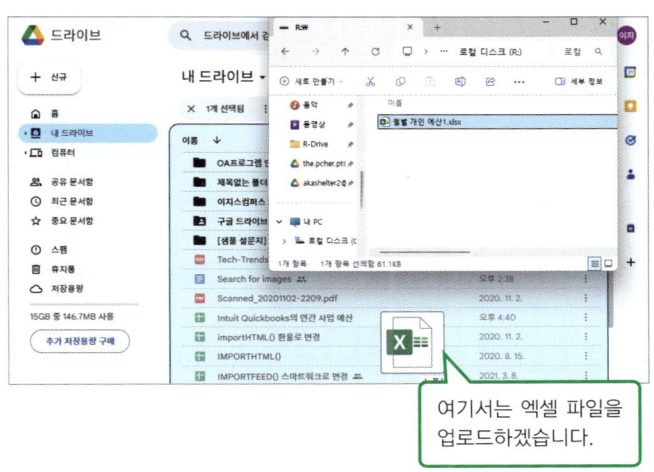

여기서는 엑셀 파일을 업로드하겠습니다.

2. 미리보기로 파일 열고 댓글 달기

업로드한 엑셀 파일을 마우스 오른쪽 버튼으로 눌러 [연결 앱 → 미리보기]를 선택하면 미리보기 창이 열리면서 내용을 볼 수 있습니다. 미리보기 상태에서는 문서를 수정하지 못하지만 댓글 달기 기능을 이용해서 실시간으로 의견을 나누거나 언제 어디서든 협업할 수 있습니다. 원하는 글자를 드래그한 뒤, 마우스 오른쪽 버튼을 눌러 [댓글]을 클릭하거나 화면 오른쪽 위에 있는 [댓글 추가 ⊞]를 클릭하세요.

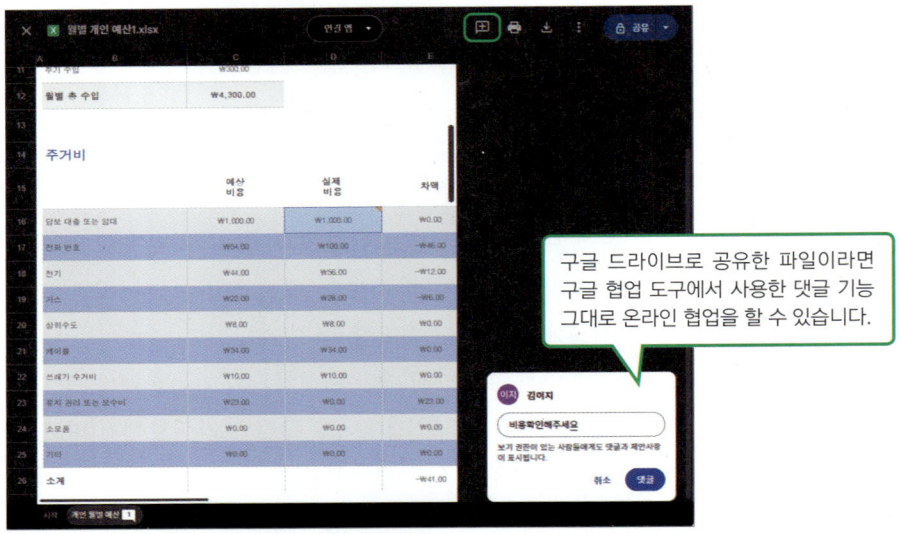

구글 드라이브로 공유한 파일이라면 구글 협업 도구에서 사용한 댓글 기능 그대로 온라인 협업을 할 수 있습니다.

3. 구글 드라이브에서 문서 수정하기

구글 드라이브에서 문서를 편집해야 한다면 파일을 더블 클릭해 실행하거나 마우스 오른쪽 버튼을 누르고 [연결 앱 → Google 스프레드시트]를 선택합니다. MS 오피스 파일은 각 구글 협업 도구와 연동해 열 수 있습니다. 워드는 구글 문서로, 엑셀은 구글 스프레드시트로, 파워포인트는 구글 프레젠테이션으로 열리죠.

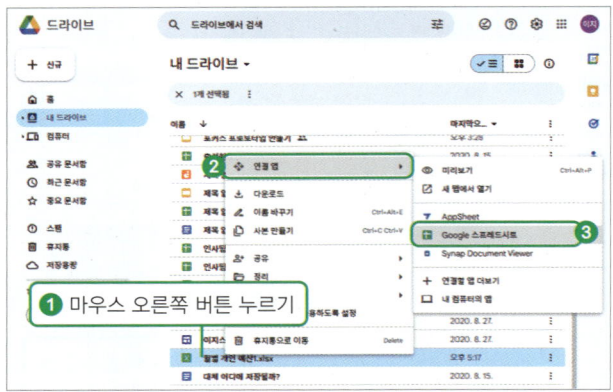

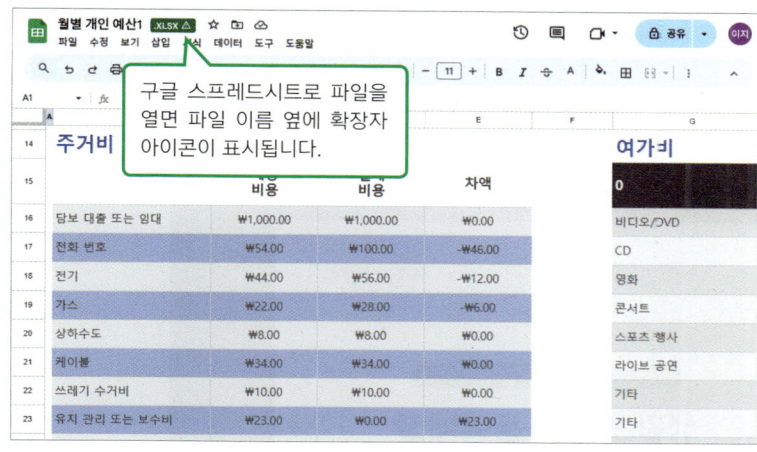

구글 문서로 파일이 열린 상태이므로 실시간 저장이나 버전 관리, 공유, 댓글 기능 등을 사용할 수 있습니다. 다만 완벽하게 호환되지 않으므로 일부 양식이 틀어지거나 기능을 활용할 때 제한이 있습니다.

> **된다! 1분 팁** | MS 오피스 파일도 자동으로 버전 관리를 해줘요!
>
> 09-3절에서 소개했듯이 구글 드라이브에 올린 파일은 모두 자동으로 버전 관리를 해줍니다. MS 오피스 파일도 마찬가지입니다. 파일의 버전 기록을 보고 싶다면 마우스 오른쪽 버튼으로 누른 후 [파일 정보 → 버전 관리]를 선택하세요.
>
> 단, 구글 협업 도구는 버전 관리에 제한이 없지만, MS 오피스의 경우 30일이 경과되거나 버전 100개가 넘어가면 삭제될 수 있으니 주의하세요.
>
>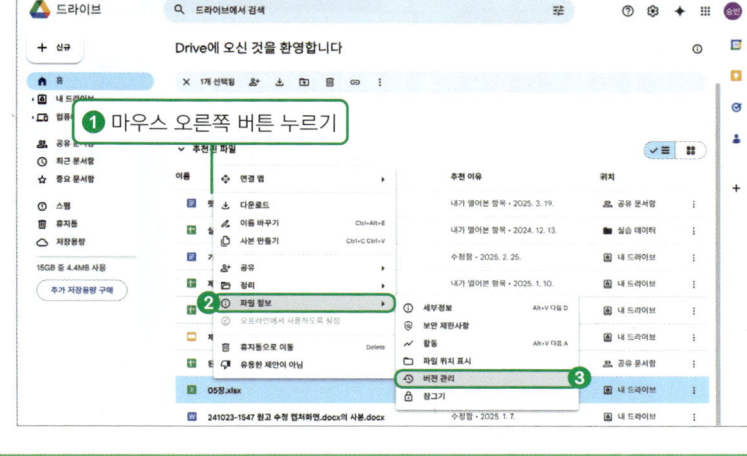

하면 된다! 〉 구글 드라이브에서 PDF 파일 작업하기

1. PDF 파일을 구글 드라이브에 업로드해 보세요. PDF 파일도 미리보기를 할 수 있고 댓글도 달 수 있습니다.

출처: 남양주시청(nyj.go.kr), 생활쓰레기 분리배출 길라잡이(최종).pdf

2. 영역 지정해 댓글 달기

MS 오피스 파일과 차이점이 있다면 글자 외에 다른 영역도 자유롭게 지정해서 댓글을 달 수 있다는 거예요. PDF 문서에서는 [댓글 추가 ➕]를 먼저 클릭하고 나서 원하는 영역을 드래그해야 합니다.

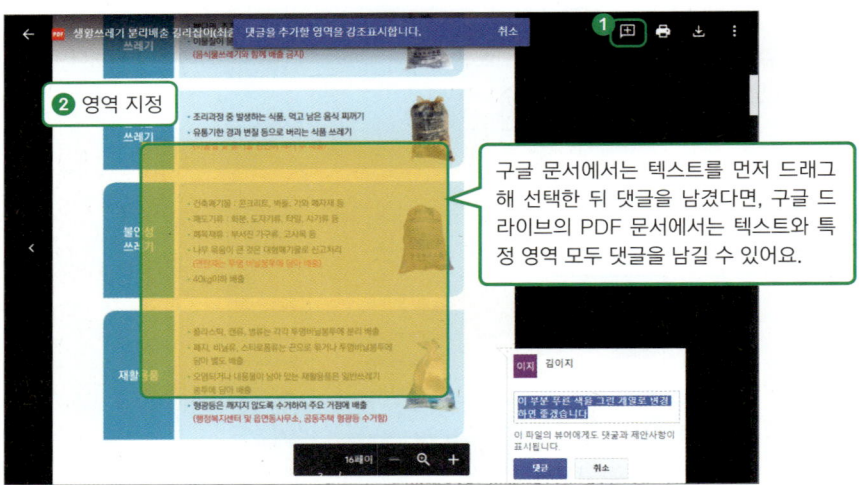

구글 문서에서는 텍스트를 먼저 드래그해 선택한 뒤 댓글을 남겼다면, 구글 드라이브의 PDF 문서에서는 텍스트와 특정 영역 모두 댓글을 남길 수 있어요.

PDF 파일도 구글 드라이브에서 수정할 수 있나요?

물론입니다. PDF 파일도 구글 드라이브에서 수정할 수 있습니다. 단, PDF 파일 자체를 직접 수정하는 것이 아니라 PDF 파일을 구글 문서로 변환하여 생성한 파일 상태에서 편집할 수 있습니다. 이 경우 아쉽게도 이미지는 제외되어 변환되지만 놀랍게도 텍스트를 추출해 줍니다. 따라서 텍스트를 직접 입력하지 않아도 되므로 업무 생산성을 향상할 수 있습니다.

하면 된다! } 그림 파일의 텍스트를 구글 문서로 추출하기

1. 텍스트가 많은 그림 자료일 경우 PDF 문서처럼 텍스트를 추출할 수 있습니다. 구글 드라이브의 그림 파일을 마우스 오른쪽 버튼으로 누르고 [연결 앱 → Google 문서]를 선택하세요.

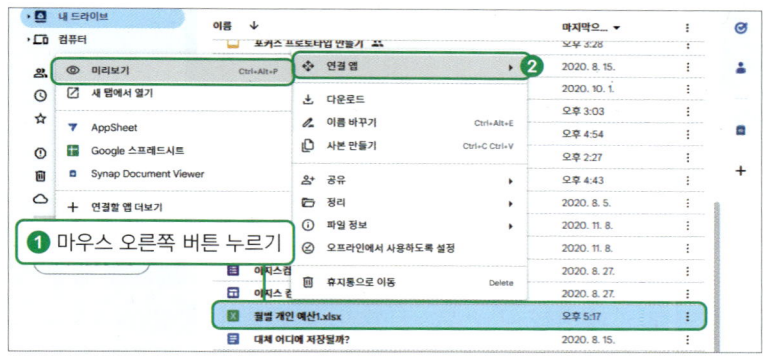

2. 구글 문서가 열리면서 그림 파일이 함께 삽입되고 그 아래에 추출된 텍스트가 함께 나오는 것을 볼 수 있습니다.

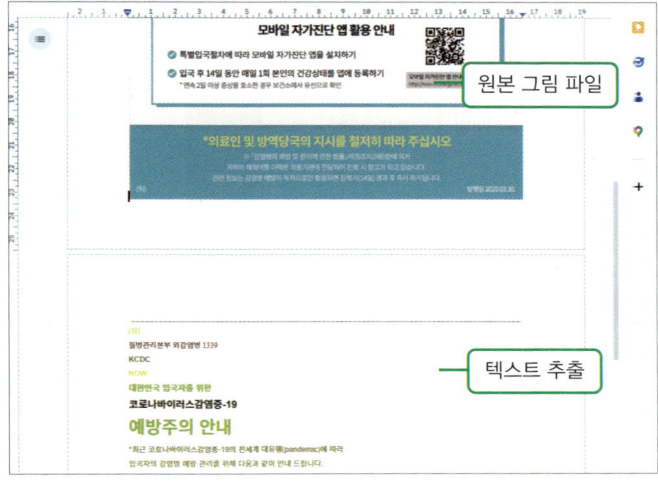

10 • 모든 파일은 클라우드 공간에, 구글 드라이브   **225**

하면 된다! 〉 이미지와 한글 파일에 댓글 달기

1. 이미지에 댓글 달기

그림 파일의 경우에도 미리보기 상태에서 댓글 기능을 활용할 수 있습니다. 다만 텍스트 영역이 없으므로 PDF 문서처럼 [댓글 추가 🗩]를 먼저 선택하고 영역을 지정해야 합니다.

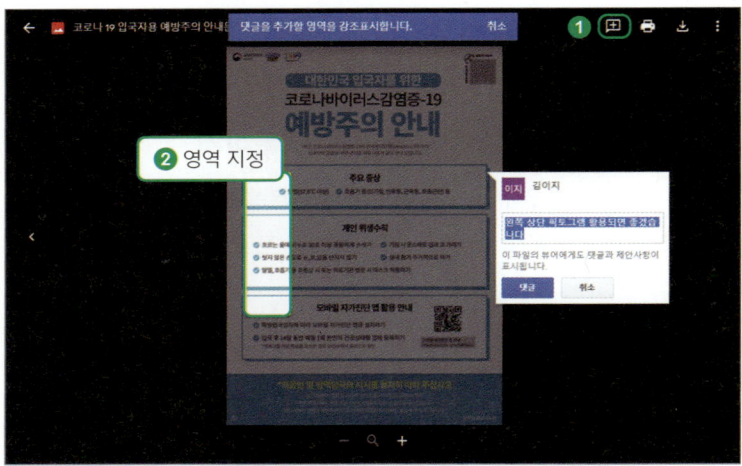

2. 아래아한글(HWP) 파일에 댓글 달기

아래아한글 파일도 미리보기로 열어서 글자나 영역을 드래그해 댓글을 남길 수 있습니다. 그러나 다른 파일과 달리 구글 문서로 열어 편집할 수는 없습니다.

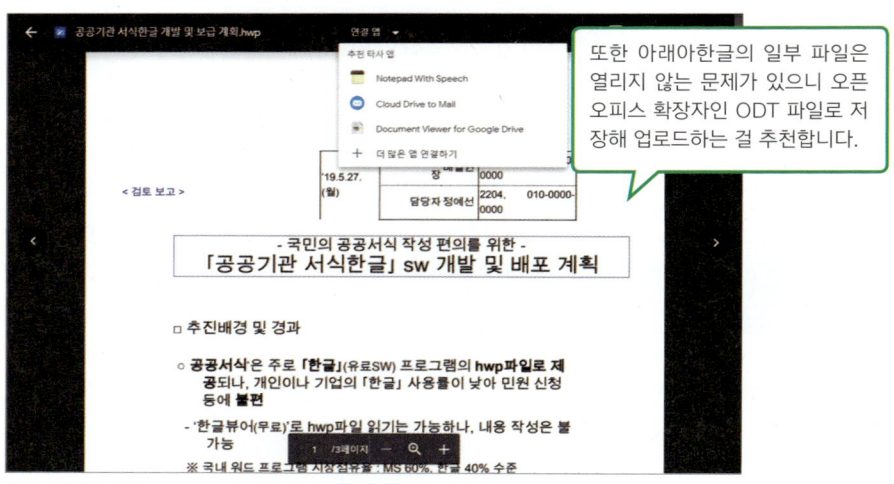

또한 아래아한글의 일부 파일은 열리지 않는 문제가 있으니 오픈오피스 확장자인 ODT 파일로 저장해 업로드하는 걸 추천합니다.

출처: 행정안전부(mois.go.kr), 공공기관 서식한글 개발 및 보급 계획.hwp

구글 드라이브의 고급 검색 연산자 사용하기

구글 드라이브에 보관된 문서 중에 필요한 파일을 빠르게 찾을 수 있는 고급 검색 연산자를 소개합니다.

검색 기준	검색 연산자
제목으로 찾기	title:
원하는 문서 유형만 모아 보기	type:
정확한 단어 또는 문구로 찾기	" "
특정 단어가 포함된 결과 제외하기	-
특정 날짜 지정해서 찾기	before: 또는 after:
별표 항목(즐겨찾기) 파일 찾기	is:starred
삭제된 항목 검색하기	is:trashed
특정 사용자가 소유·공유한 문서 찾기	owner:
특정 사용자·그룹과 공유한 문서 찾기	to:

▶ 구글 드라이브의 고급 연산자를 더 자세히 살펴보고 싶다면 support.google.com/drive/answer/2375114에서 [추가 검색 옵션] 항목을 참고하세요.

구글 드라이브의 고급 검색 연산자를 이용해 문서를 찾아보겠습니다. 대부분은 메일에 사용했던 연산자입니다.

방법 1 파일 이름에 키워드가 포함된 자료를 찾으려면 title: 연산자를, 정확한 단어를 검색하려면 " "를 사용하세요.

㉠ title:"이지스 상반기 업무보고"

방법 2 특정 파일 형식을 찾고 싶으면 type: 연산자를, 키워드를 제외하고 싶으면 - 연산자를 사용하세요.

㉠ type:xlsx "-하반기"

방법 3 별표 표시로 즐겨찾기한(is:starred) 파일 중에서 2025년 5월 4일 이전에(before:) 업로드한 파일을 찾고 싶어요.

㉠ is:starred before:2025-05-04

구글 드라이브를 동기화하거나 가상 네트워크 드라이브로 자동 연결하기

• **구글 공식 드라이브 동기화 프로그램: 데스크톱용 드라이브**

내 구글 드라이브를 자동으로 동기화하고 싶다면 구글 공식 프로그램인 **데스크톱용 드라이브**를 사용해보세요. 파일 미러링 기능을 설정하면 내 PC의 전체 또는 특정 폴더를 실시간으로 동기화해 줍니다.

내 PC 용량이 부족하다면 파일 스트림으로 설정해 주세요. 내 PC 용량은 차지하지 않지만 가상 네트워크 드라이브 형태로 연결하여 탐색기에서 바로 파일을 확인 및 활용할 수 있습니다. 따로 업로드, 다운로드를 직접 하지 않아도 언제 어디서나 내 드라이브를 최신 폴더와 파일로 유지할 수 있습니다.

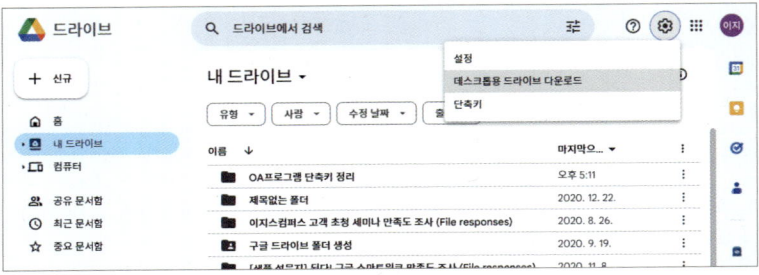

▶ 데스크용 드라이브 프로그램의 자세한 정보와 설치방법은 support.google.com/a/users/answer/9967896에서 확인하세요

▶ 워크스페이스 사용자도 데스크톱용 드라이브를 사용할 수 있습니다

• **가상 네트워크 드라이브 연결 프로그램: RaiDrive**

구글 드라이브를 PC의 드라이브처럼 사용할 수 있는 프로그램을 소개합니다. 바로 구글 드라이브를 가상 네트워크 드라이브로 연결해 주는 **RaiDrive**를 사용해

보세요. 적용할 드라이브명을 설정하고 로그인을 완료하면 내 구글 드라이브가 가상 네트워크 드라이브로 연결됩니다.

RaiDrive를 사용하면 [내 PC]에서 폴더와 파일을 관리하듯 수정, 삭제, 복사, 이동 등의 작업을 수행할 수 있어서 편리합니다.

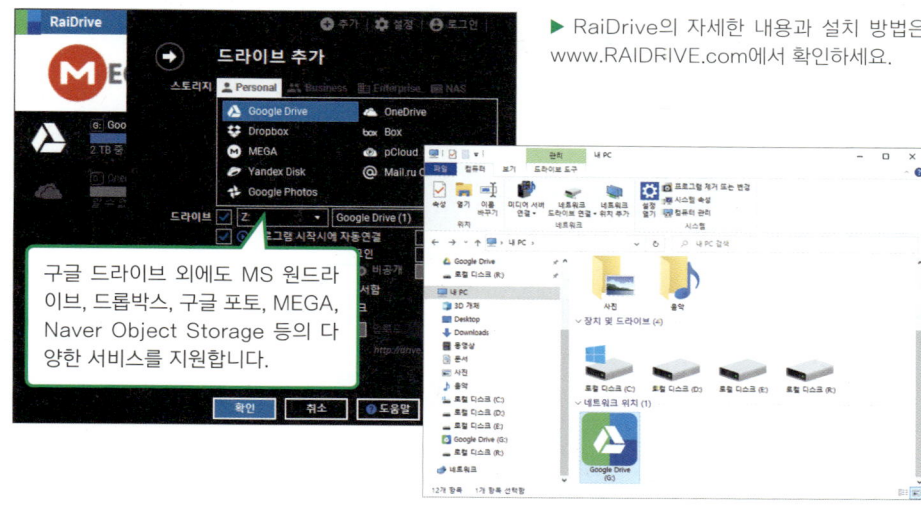

▶ RaiDrive의 자세한 내용과 설치 방법은 www.RAIDRIVE.com에서 확인하세요.

구글 드라이브 외에도 MS 원드라이브, 드롭박스, 구글 포토, MEGA, Naver Object Storage 등의 다양한 서비스를 지원합니다.

하면 된다! 〉 구글 드라이브 앱으로 스캔하기

스마트폰에서 구글 드라이브 앱을 사용하는 경우에는 스마트폰의 카메라를 이용해 PDF 로 저장할 수 있습니다. 모바일로 스캔하는 앱은 많지만 대부분 PDF 파일로는 저장할 수 없거나 PDF 로 저장하려면 유료 결제를 해야 합니다. 그러나 구글 드라이브 앱에 서는 무료로 스캔 기능을 사용할 수 있습니다.

1. 구글 드라이브 앱을 실행한 후 [+ 새로 만들기]를 누르고 [스캔]을 누릅니다.

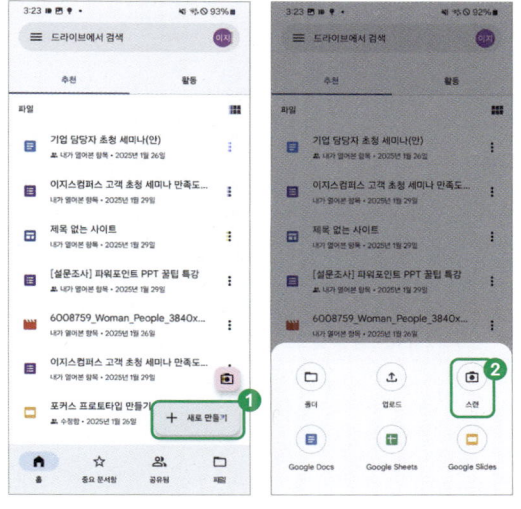

10 • 모든 파일은 클라우드 공간에, 구글 드라이브 **229**

2. 스캔할 문서를 배경과 또렷이 구분되는 곳에 배치하고 위에서 촬영한 뒤, [확인]을 터치하면 문서 영역을 자동으로 설정하여 스캔한 사진을 보여 줍니다. 화면 아래에서 [+]를 누르면 여러 페이지를 PDF로 저장할 수 있습니다.

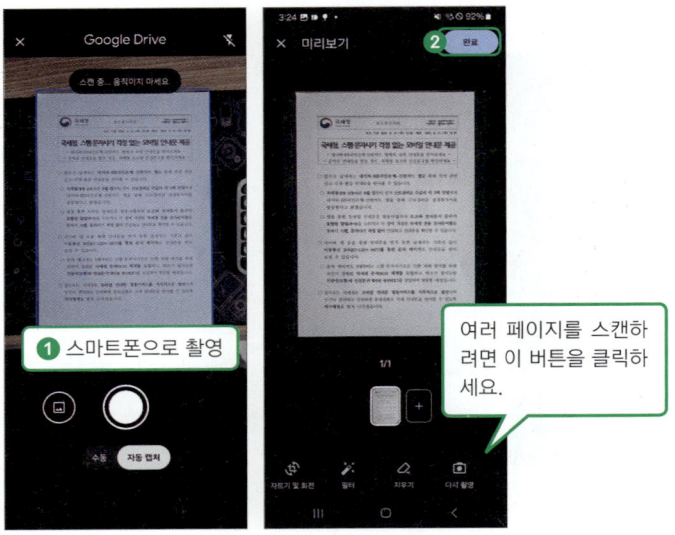

3. [저장]을 누르면 스마트폰의 저장 공간이 아니라 구글 드라이브에 PDF로 업로드되어 저장됩니다.

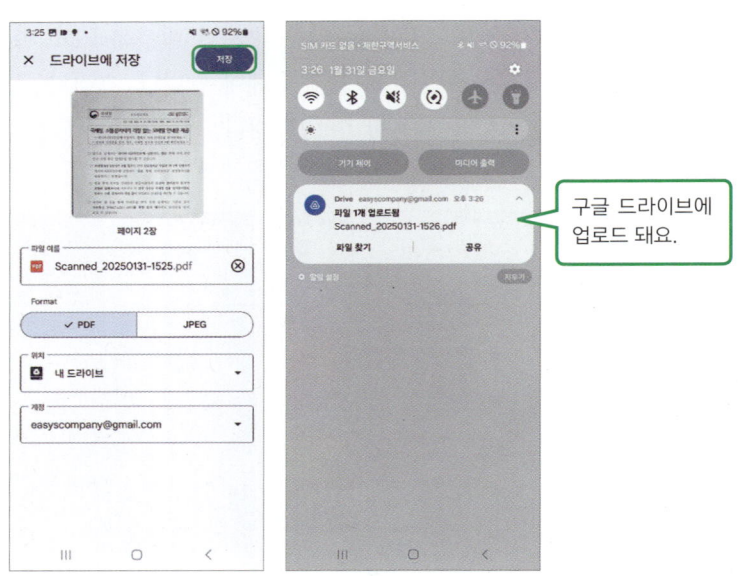

된다! 1분 팁 | 저장 용량이 부족하다면, 구글 원

구글 원(Google One)은 저장 공간을 제공하는 구독 서비스로 사진, 문서, 이메일 등을 더 많이 보관할 수 있도록 도와줍니다. 개인 사용자뿐만 아니라 최대 5명의 가족 구성원과도 저장 용량을 공유할 수 있어 효율적입니다.

구글 원은 사용자의 필요에 맞게 월 단위 또는 연간 구독 옵션을 선택할 수 있습니다. 2025년 3월 기준 구글 원의 요금제는 다음과 같습니다.

요금제	가격	요금제	가격
Basic(100GB)	월 2,400원	Premium(10TB)	월 59,500원
Standard(200GB)	월 3,700원	Premium(20TB)	월 119,000원
Premium(2TB)	월 11,900원	Premium(30TB)	월 178,500원
Premium(5TB)	월 29,750원	AI Premium(2TB)	월 29,000원

이렇게 구글 원은 최대 30TB까지 저장 공간을 확장할 수 있으며, 가족 공유 기능으로 최대 5명까지 저장 용량을 함께 사용할 수 있습니다. 구성원 각자의 파일은 비공개로 유지됩니다. 특히 AI Premium 요금제를 선택하면 구글의 생성형 AI인 제미나이의 유료 버전 제미나이 어드밴스드(Gemini Advanced)를 비롯해 지메일, 구글 문서 등에서 AI 기능을 활용할 수 있습니다.

11 구글의 생성형 AI **제미나이**와 기업 사용자를 위한 **구글 워크스페이스**

이번 장에서는 구글의 생성형 AI인
제미나이의 간단한 사용법과 구글 워크스페이스의 주요 기능을 소개합니다.
또한 기업에서 구글 워크스페이스를
효과적으로 도입하는 방법도 함께 알아보겠습니다.

11-1 구글의 생성형 AI 제미나이
11-2 보안과 체계적 관리는 구글 워크스페이스

11-1

구글의 생성형 AI 제미나이

생성형 AI란?

2022년 11월, 오픈AI(OpenAI)는 챗GPT(ChatGPT)를 최초로 공개하며 전 세계 AI 기술의 새로운 전환점을 만들었습니다. 이후 2023년부터 생성형 AI 기술은  급속히 발전하며 다양한 산업과 일상생활에 깊숙이 영향을 끼치기 시작했습니다. 생성형 AI는 미리 학습된 데이터에 기반하여 새로운 콘텐츠를 생성하는 인공지능(AI) 기술로 텍스트 작성, 이미지 생성, 데이터 분석과 요약, 교육, 번역, 코딩, 자동화 등 다양한 분야에서 활용되고 있습니다. 특히 창작, 정리, 요약, 코딩과 같은 작업에서 놀라운 성능을 발휘하며, 혁신과 편리함을 가져다주었습니다. 이러한 획기적인 변화는 기업의 업무 방식과 개인의 생산성에도 큰 영향을 미쳤습니다.

대표적인 생성형 AI인 챗GPT 화면

제미나이는 구글에서 운영하는 생성형 AI 서비스

제미나이(Gemini)는 챗GPT에 대항하는 구글의 생성형 AI 서비스입니다. 특히 챗GPT에서 제공하지 않는 구글 서비스(지메일, 구글 협업 도구, 유튜브 등) 구글 서비스와 연계하여 활용할 수 있다는 것이 가장 큰 장점입니다. 생성형 AI의 기능으로 제미나이의 특징을 정리하면 다음과 같습니다.

생성형 AI의 기능	제미나이의 특징
텍스트 생성 및 편집	이메일 초안 작성, 보고서 생성, 블로그 글 쓰기 등 텍스트 작업을 효율적으로 처리합니다. 예를 들어 "마케팅 발표 자료 초안을 작성해 줘"라고 요청하면 그에 맞게 자연스러운 문장을 생성해 줍니다.
정보 요약 및 분석	복잡한 데이터를 간단히 정리하고, 사용자에게 필요한 핵심 정보를 추출합니다. 예를 들어 "지난달 판매 데이터를 요약해 줘"와 같은 요청에 대응하여 깔끔한 요약문을 제공합니다.
번역 및 문법 교정	다국어 번역과 문법 교정 기능으로 다양한 언어로 소통할 수 있도록 돕습니다. "이 문장을 프랑스어로 번역해 줘" 또는 "내 보고서가 문법에 맞게 작성됐는지 점검해 줘"와 같은 요청을 처리할 수 있습니다.
창의적인 아이디어 제공	새로운 프로젝트 아이디어를 찾거나 브레인스토밍에 활용할 수 있습니다. 예를 들어 "여름 캠페인에 사용할 독창적인 아이디어를 제안해 줘"와 같은 질문에 대응합니다.
교육 및 학습 보조	학생들에게 주제별 학습 자료를 제공하거나 복잡한 문제를 풀어 주는 등 학습 지원에도 유용합니다. "삼각형의 면적 계산 공식을 설명해 줘"와 같은 요청에 상세한 답변을 제공합니다.

제미나이 활용 조건

구글 제미나이를 사용하려면 먼저 다음과 같은 계정과 연령 조건을 갖추고 지원하는 웹 브라우저를 준비해야 합니다.

- **개인 계정**: 구글 패밀리 링크(Family Link) 계정은 지원되지 않으며, 사용자는 만 13세 이상이어야 합니다. 국가별 연령 기준이 적용됩니다.
- **직장 계정**: 구글 워크스페이스를 사용하는 직장 계정으로, 만 18세 이상이어야 합니다.
- **학교 계정**: 관리자에 의해 활성화된 경우에만 사용할 수 있으며, 만 13세 이상이어야 합니다.

- **지원 브라우저**: 크롬, 엣지(Edge), 사파리(Safari), 파이어폭스(Firefox), 오페라(Opera) 등 주요 브라우저에서 이용할 수 있습니다.

하면 된다! } 구글 제미나이 접속하고 사용하기

1. 구글 제미나이 접속하기

제미나이는 PC와 모바일 기기에서 모두 사용할 수 있습니다. 이번 실습은 PC에서 제미나이를 활용해 보겠습니다. 사용자는 웹 브라우저나 제미나이 앱에 로그인한 후 간편하게 사용할 수 있습니다. 일단 실습은 PC를 기준으로 진행하겠습니다. 웹 브라우저에서 GEMINI.google.com에 접속해 보세요.

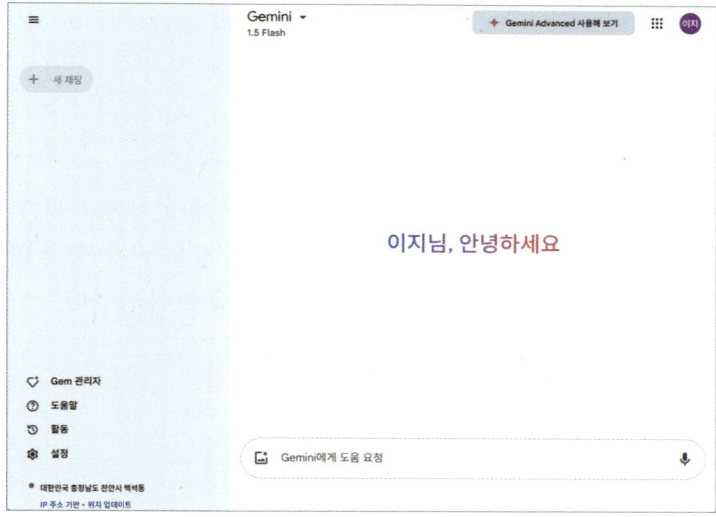

2. 프롬프트 입력해 질문하기

생성형 AI에게 요청하려고 작성하는 글, 곧 명령어를 **프롬프트**라고 합니다. 제미나이의 강력한 기능을 효과적으로 활용하려면 요청하는 내용을 간단하고 명확하게 입력하는 것이 중요합니다. 프롬프트 입력 창에 오늘 서울 날씨 알려 줘를 입력한 후 Enter를 눌러 보세요. 제미나이가 곧바로 현재 위치를 중심으로 시간대별 기온과 날씨 등을 제공합니다.

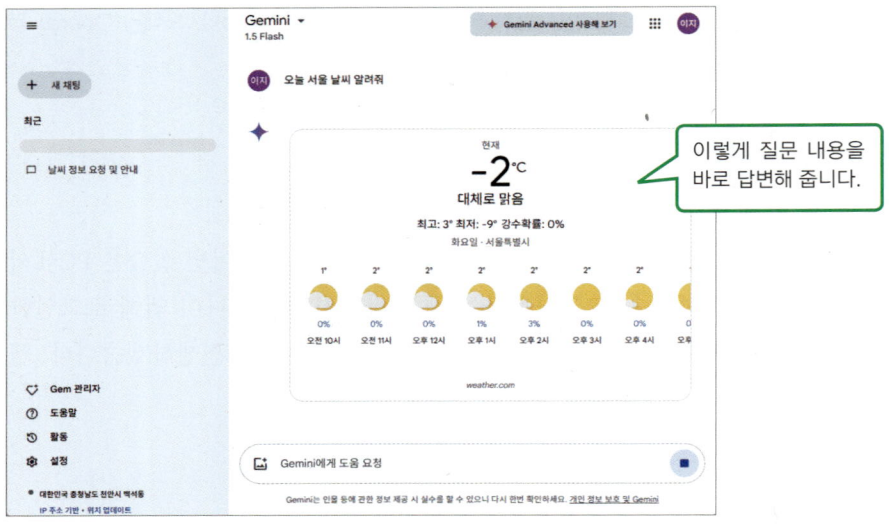

3. 출력 형태를 지정해 질문하기

출력 결과 형태를 사용자가 지정해서 질문하면 원하는 결과물을 얻기 쉽습니다. 대표적으로 목록, 표로 만들거나 구조화하는 방법이 있습니다. 질문 뒤에 (출력 형태)로 보여 줘를 붙여서 입력하면 제미나이가 반영해서 결과물을 보여 줍니다.

> "제미나이로 할 수 있는 작업을 목록으로 보여 줘"
> "제미나이로 할 수 있는 작업을 표로 보여 줘"

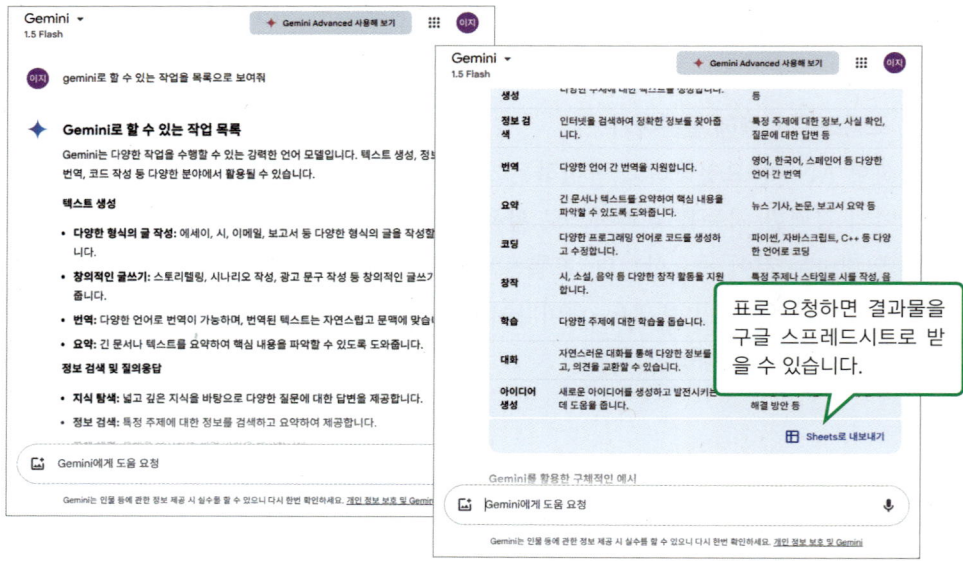

4. 글의 구조를 입력하고 내용 채우게 하기

사용자가 소주제 구성하여 요청하면 그에 맞게 출력할 수 있습니다. 특히 보고서나 업무 자료를 작성할 때 큰 도움이 됩니다.

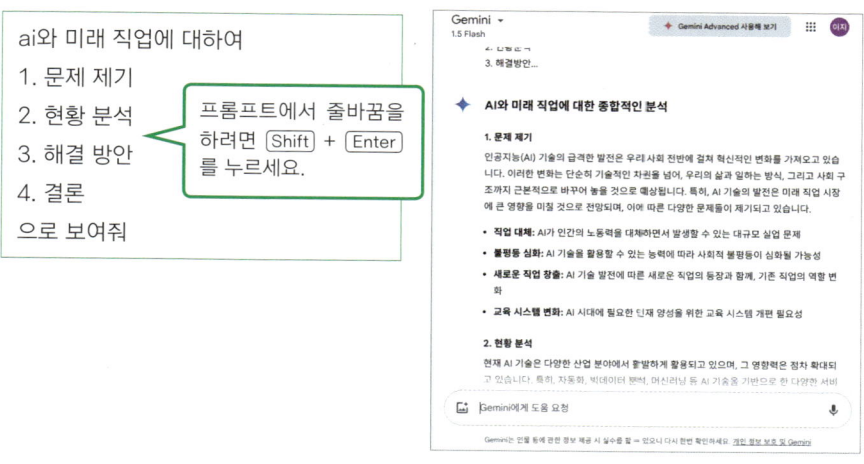

5. 이미지 생성 요청하기

프롬프트에 ~의 사진 생성해라고 입력하면 이미지를 생성합니다. 하지만 어린이 대상 이미지나 성적, 폭력적, 잔인한 장면 등의 비윤리적인 이미지는 생성하지 않습니다.

"북극곰이 북극에서 코카콜라 마시는 사진 생성해" / "호랑이가 바다에서 수영하는 사진 생성해"

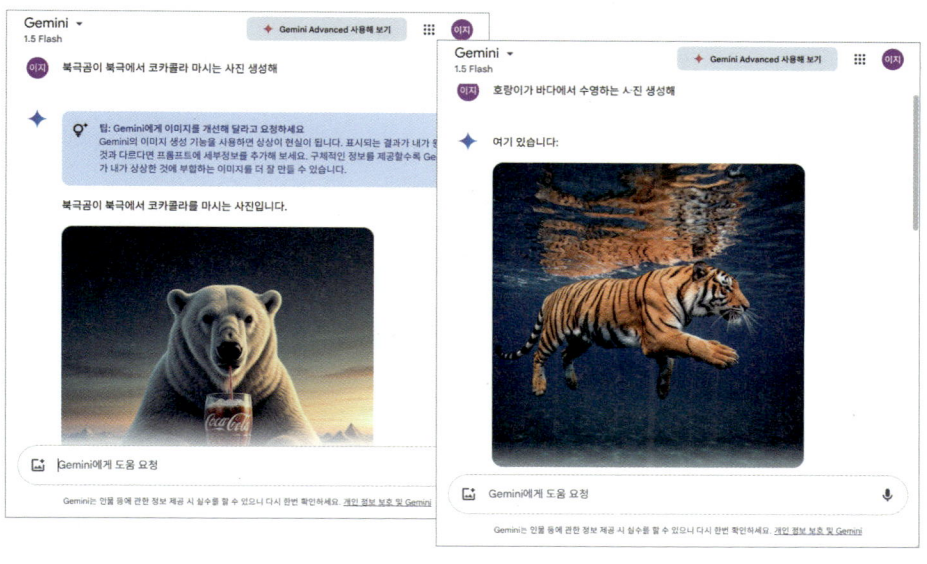

11 • 구글의 생성형 AI 제미나이와 기업 사용자를 위한 구글 워크스페이스 **237**

6. 결과 공유하기

제미나이에서 생성한 결과물은 다른 사람과 공유할 수 있습니다. 제미나이의 답변 아래의 [공유] 버튼을 누른 후 [대화 공유]를 선택하면, 제미나이와 대화한 링크를 확인할 수 있습니다.

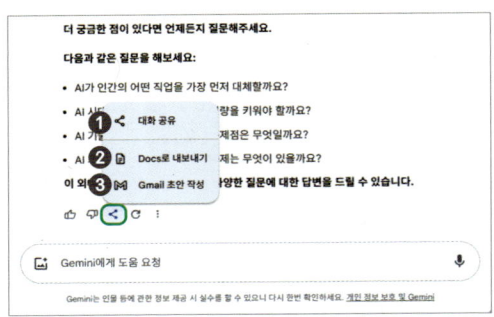

① **대화 공유:** 생성된 결과물을 웹 링크로 공유합니다. 공유할 대상에게 구글 계정이 없거나 제미나이를 사용하지 않아도 확인할 수 있습니다.
② **Docs로 내보내기:** 생성된 내용을 구글 문서에 바로 내보내고 활용할 수 있습니다.
③ **Gmail 초안 작성:** 지메일로 이메일을 작성할 수 있도록 내보냅니다.

7. [더보기] 기능으로 대화 내용 고정하기

제미나이와 대화한 내용은 왼쪽 사이드 패널에 기록됩니다. 여기에서 대화 제목 오른쪽에 있는 [더보기] 버튼을 누르면 세 가지 메뉴가 나타납니다.

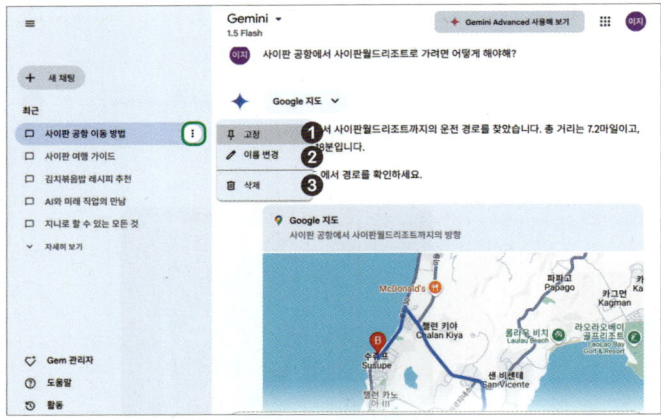

① **고정:** 중요하거나 자주 사용하는 대화를 고정합니다.
② **이름 변경:** 대화 내용을 쉽게 식별할 수 있도록 대화 제목을 변경합니다.
③ **삭제:** 필요 없는 대화를 삭제할 수 있습니다.

하면 된다! } 확장 프로그램 추가해서 제미나이 결과 받기

1. 확장 프로그램 연결하기

확장 프로그램 기능을 활성화하면 질문을 입력했을 때 자동으로 해당 확장 프로그램에서 정보를 찾아 더 정확하고 사용자 요구에 맞는 답변을 제공해 줍니다. [설정 → 확장 프로그램]에서 어떤 기능이 있는지 확인한 후 원하는 기능을 선택해 활성화하세요.

이번 실습에서는 지도와 유튜브의 기능을 사용해 보겠습니다. [Google 지도]와 [YouTube]를 활성화하세요.

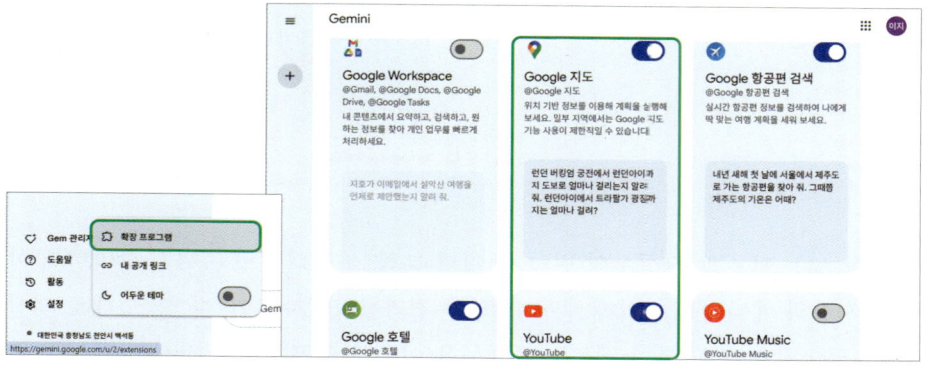

2. 제미나이에서 유튜브 결과 찾기

이제 다음과 같이 질문하면 해당 확장 프로그램에서 자동으로 검색 결과를 알려줍니다. 먼저 유튜브의 영상과 연동한 결과를 살펴볼까요?

"김치 볶음밥을 만들고 싶어. 영상으로 알려줘"

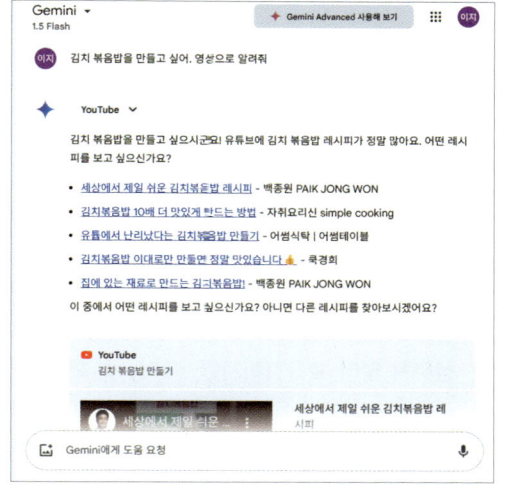

11 · 구글의 생성형 AI 제미나이와 기업 사·용자를 위한 구글 워크스페이스

3. 구글 지도에서 결과 찾기

구글 지도와 연동한 결과를 얻고 싶다면 다음과 같이 질문하세요.

"사이판 공항에서 사이판월드리조트로 가려면 어떻게 해야해?"

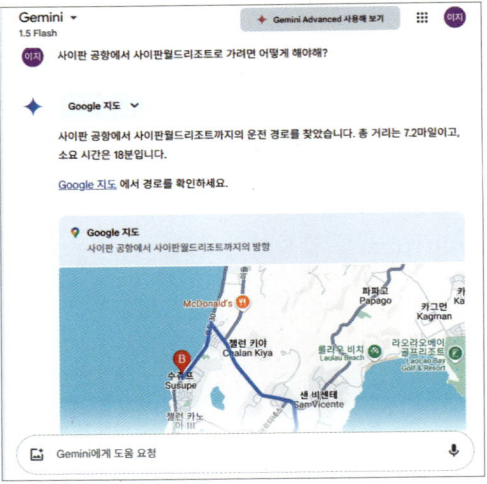

생성형 AI는 텍스트 작성부터 번역, 데이터 분석, 아이디어 도출까지 다양한 분야에서 시간과 에너지를 절약해 주고 더 나은 결과를 만들어 냅니다. 말 그대로 생산성이 크게 달라지죠. 특히 젬(Gem) 기능을 이용하면 프롬프트 작성이 훨씬 편리해집니다.

이제 일상 속 작은 질문부터 복잡한 업무까지 AI를 적극적으로 활용해 보세요. AI는 여러분이 더 중요한 일에 집중하도록 돕고 성장할 수 있게 도와줄 거예요. AI와 함께 성장하다 보면 어느새 더 스마트하고 의미 있는 일상을 누리게 될 겁니다.

 된다! 1분 팁 | 자주 사용하는 프롬프트가 있다면, 젬(Gem) 기능

제미나이의 젬 기능은 자주 활용하거나 사용하는 프롬프트를 미리 정의해 두고 필요할 때 바로 꺼내 쓰는 '미리 작성해 둔 프롬프트'라고 이해하면 됩니다. 이는 챗GPT의 GPTs와 유사한 기능으로, 같은 프롬프트를 번거롭게 반복해서 작성하지 않아 효율적이지만, 제미나이 어드밴스드를 구독해야 사용할 수 있습니다. 제미나이 어드밴스드의 구독료는 2025년 3월 기준으로 월 29,000원입니다.

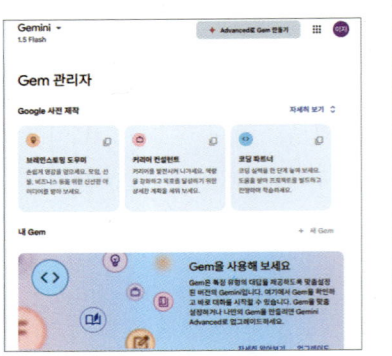

하면 된다! 〉 구글 협업 도구 내에서 제미나이 사용하기

구글 워크스페이스를 사용하거나 제미나이를 구독하면 구글 협업 도구에서 제미나이를 활용할 수 있습니다. 서비스마다 화면 오른쪽 위에 있는 [Gemini에 질문 ✦]을 클릭하면 제미나이 웹 사이트로 이동하지 않고도 기능을 사용할 수 있습니다.
이번 실습에서는 구글 문서, 구글 프레젠테이션, 구글 스프레드시트, 구글 드라이브에서 제미나이를 사용해 보겠습니다.

1. 구글 문서에서 제미나이 사용하기

구글 문서에서는 내용을 생성할 수 있습니다. 구글 문서 화면의 오른쪽 위에서 [Gemini에 질문 ✦]을 누르고 구글 활용과 인공지능에 관한 보고서 써 줘라고 입력한 후 Enter 를 누릅니다.

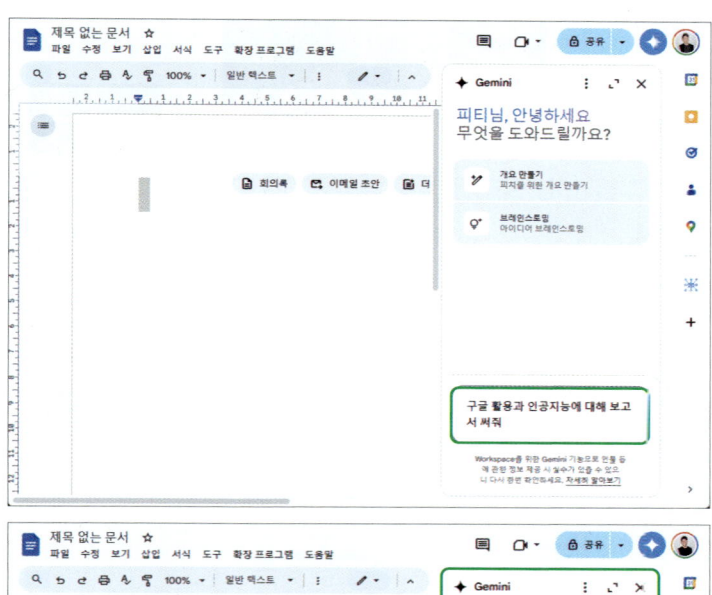

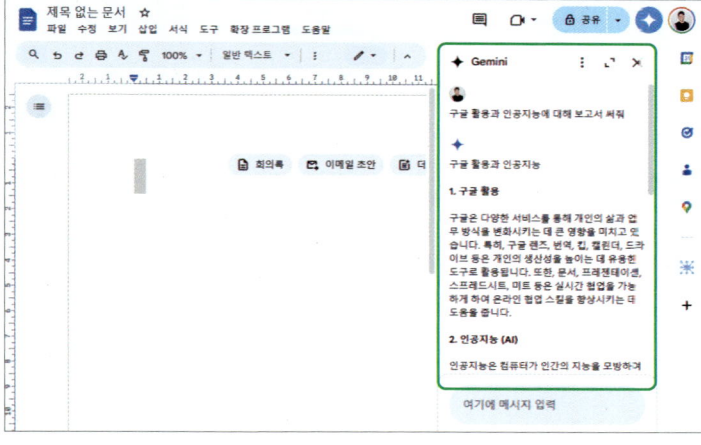

11 · 구글의 생성형 AI 제미나이와 기업 사용자를 위한 구글 워크스페이스

2. 구글 프레젠테이션

구글 프레젠테이션에서는 AI가 생성한 이미지를 바로 삽입할 수 있으며, 슬라이드 내용을 자동으로 보완해 주기도 합니다.

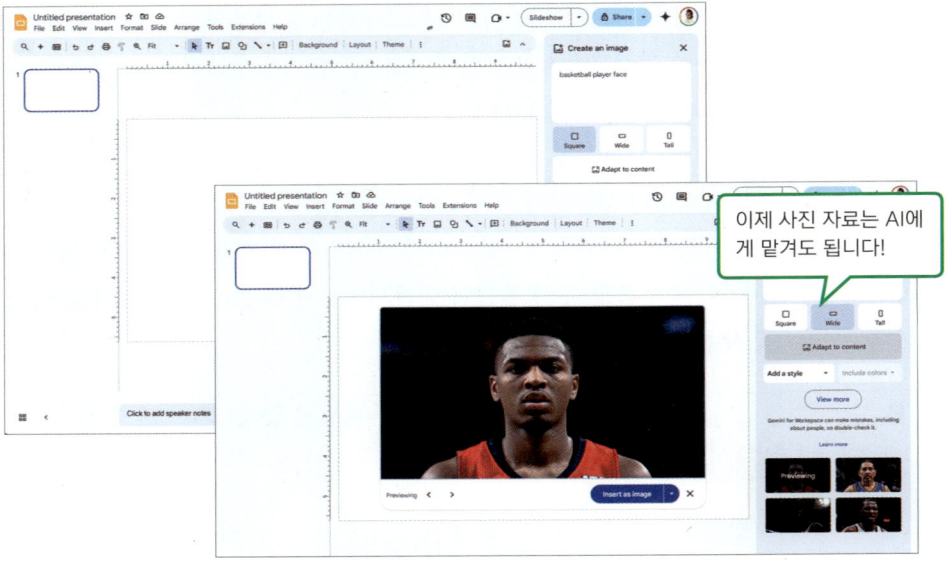

3. 구글 스프레드시트

구글 스프레드시트에서는 표를 생성할 때 데이터에 맞는 적절한 표 레이아웃까지 추천해 줍니다. 복잡한 데이터도 요약하여 분석하는 기능도 사용할 수 있습니다.

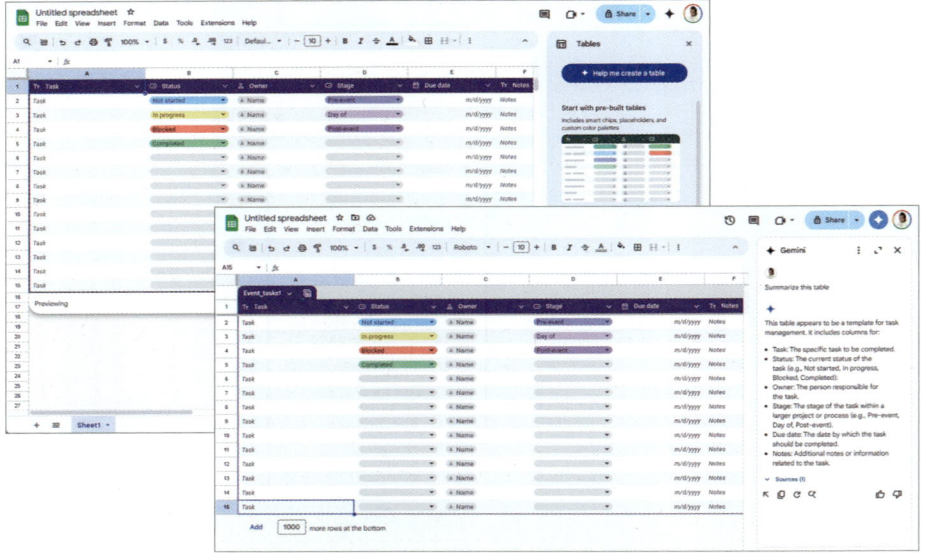

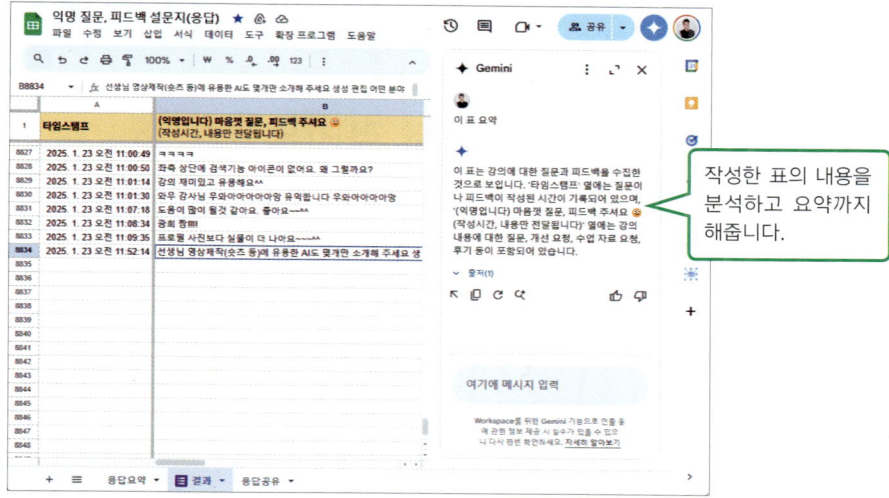

4. 구글 드라이브

구글 드라이브에서는 폴더나 파일 정보를 요약해 주며, 문서 내 특정 내용을 빠르게 검색하거나 요약할 수 있는 기능을 사용할 수 있습니다.

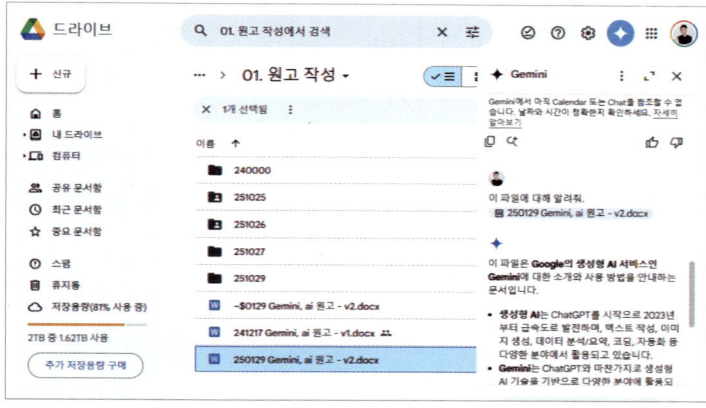

구글은 화면 디자인 뿐만 아니라, 제미나이를 활용하는 기능 또한 실시간으로 업데이트하고 있습니다. 앞으로도 지속적으로 개선될 것으로 예상합니다. 다만 일반 사용자가 이 기능을 활용하려면 제미나이의 유료 버전을 사용해야 하고, 기업에서는 구글 워크스페이스를 사용할 때 필요하므로 일부 제한받을 수도 있습니다. 그러나 AI 기술이 발전함에 따라 앞으로 더 폭넓게 활용할 수 있을 것으로 기대합니다.

▶ 이 내용은 2025년 3월을 기준으로 하며, 구글의 업데이트 상황에 따라 달라질 수 있습니다.

11-2
보안과 체계적 관리는 구글 워크스페이스로!

개인 계정과 기업용 워크스페이스의 가장 큰 차이점은 보안!

구글 서비스는 거의 대부분 무료로 이용할 수 있습니다. 물론 용량에 제한이 있지만 개인 계정으로만 사용한다면 크게 불편하지 않습니다. 그렇지만 기업은 훨씬 큰 저장 공간과 강력한 보안 기능이 필요하죠. 그래서 구글은 유료 서비스인 **구글 워크스페이스**(Google Workspace)를 제공합니다.

▶ 원래 기업형 플랫폼 이름은 지 스위트(G Suite)였으나 2020년 구글 워크스페이스로 바뀌었습니다.

구글이 워크스페이스 서비스를 제공하는 이유는 구글 드라이브와 지메일에 대용량 자료 보관과 전송을 원활하게 해주는 것도 있지만, 사내 직원의 계정을 체계적으로 관리하고 업무의 보안성을 높이는 데 더 큰 목적이 있습니다.

만약 직원의 개인 계정으로 업무 시스템을 구축한다면 보안 문제가 크게 발생할 수 있습니다. 예를 들어 한 회사의 팀장이 개인 계정으로 회사 자료를 공유하고 팀원과 협업하여 만든 문서를 보관해 왔는데, 어떤 문제로 구글 드라이브 자료나 협업한 파일이 모두 삭제되었다면 회사 자료가 한순간에 사라지는 대형 사고가 발생합니다. 이런 문제에 대비하기 위해 회사에서는 기업 계정이 필요한 것입니다. 이렇듯 구글 워크스페이스는 기업 계정을 서비스하여 저장 공간과 보안 기능을 강화했습니다.

구글 워크스페이스에서 할 수 있는 것

구글 워크스페이스에서는 도메인, 계정, 사용하는 구글 서비스, 보안 등을 모두 관리할 수 있습니다.

1. 회사 자체 도메인 사용
지메일 도메인(***@gmail.com) 대신 회사 자체 도메인을 사용할 수 있습니다. 아직 회사 도메인이 없다면 도메인을 먼저 구매한 후 구글 워크스페이스에 가입하세요.

2. 계정 관리
워크스페이스 관리자는 신입사원 등 새 직원이 들어오면 계정을 생성하고, 반대로 퇴사하면 계정을 삭제합니다. 또한 개별 계정마다 역할에 맞게 이용 권한을 다르게 적용해서 체계적으로 관리할 수 있습니다..

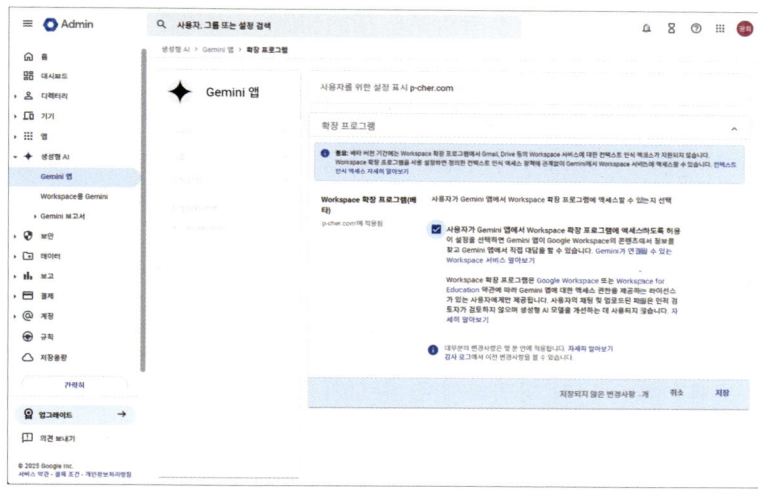

워크스페이스의 [관리 콘솔] 화면

3. 사용하는 구글 서비스 관리
구글의 모든 서비스를 다 열어 두지 않아도 됩니다. 관리자는 수많은 구글 서비스 가운데 회사에 꼭 필요한 서비스만 선택해 사용하도록 통제할 수 있습니다. 회사의 조직 관리는 물론 구글 캘린더에서 회의실이나 차량 등의 자산을 추가해 예약 관리도 할 수 있습니다.

4. 보안 관리

구글 워크스페이스는 기업형 플랫폼에 맞게 기본적으로 공유 드라이브를 사용하는데, 이 또한 관리자가 사용 권한을 관리하므로 삭제 권한이 없는 직원(계정)은 드라이브의 특정 파일을 삭제할 수 없습니다. 드라이브의 접속 로그나 파일 유출 내역도 확인할 수 있으니 보안 관리를 확실하게 할 수 있겠죠.

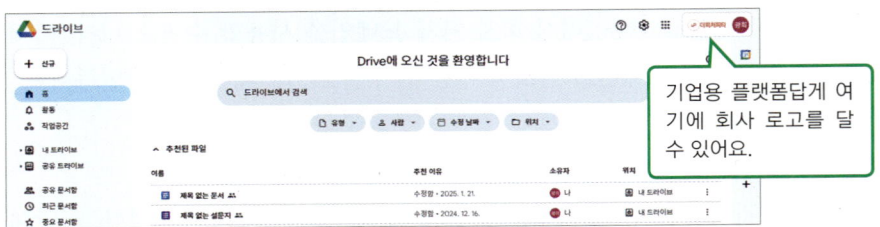

구글 서비스와 업무 프로세스 이해하기

구글 워크스페이스를 도입하려면 우선 클라우드 방식의 구글 서비스 안내 교육과 업무 프로세스를 검토해야 합니다. 그동안 엑셀이나 파워포인트 파일등의 문서를 주고받다가 갑자기 구글 서비스를 이용해야 한다는 부담감 때문에 혼란스러워하고 포기하는 경우도 생깁니다. 따라서 구글 서비스의 활용법을 충분히 교육하고 체험할 뿐 아니라 실시간 온라인 협업 방식에 익숙해지도록 업무 프로세스를 바꿔야 합니다.

규모가 크고 직원이 많은 기업은 워크스페이스 도입을 위한 TF 팀을 구성해 사전에 검토하는 것이 좋습니다. 그리고 특정 팀을 대상으로 베타테스트를 하여 도입했을 때 발생할 문제점이 있는지 확인하세요. 규모가 작은 기업은 워크스페이스 체험판(14일간 무료)을 경험해 보는 것도 추천합니다.

▶ 구글 워크스페이스 도입에 관한 더 자세한 내용은 workspace.google.co.kr에서 확인할 수 있습니다.

구글 워크스페이스 비용 살펴보기

구글 워크스페이스는 종류에 따라 제공하는 용량과 서비스가 다릅니다. 특히 구글 워크스페이스에서 AI를 지원하는 제미나이 기능은 2025년 1월 15일부터 Business와 Enterprise 요금제에 기본으로 포함되기 시작했습니다.

다음은 2025년 3월 기준으로 개인과 회사로 구분해서 구글 워크스페이스의 월 요금제를 정리한 것입니다.

구분	개인	구글 워크스페이스			
		Business Starter	Business Standard	Business Plus	Enterprise
가격	무료	7달러	14달러	22달러	영업 팀에 문의
개인별 드라이브 용량	15GB	30GB	2TB	5TB	5TB
자체 도메인 사용	X	O			
자체 로고 사용	X	O			
개인이 계정 생성	O	X			
AI(제미나이) 지원 유무	X	O			

구글 워크스페이스 도입 절차

개인은 구글에 회원으로 가입만 하면 구글 서비스를 바로 사용할 수 있지만 기업이나 기관, 단체 등에서 워크스페이스를 도입하는 과정은 조금 복잡합니다. 다음과 같이 네 단계를 거쳐야 합니다.

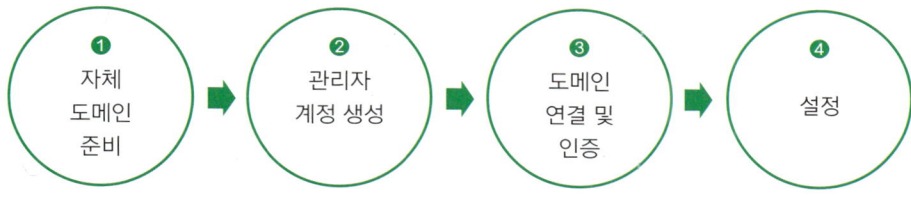

❶ 자체 도메인 준비 → ❷ 관리자 계정 생성 → ❸ 도메인 연결 및 인증 → ❹ 설정

❶ 자체 도메인 준비

구글 워크스페이스는 도메인을 기준으로 가입할 수 있으므로 반드시 회사 도메인이 필요합니다. 회사 도메인이 아직 없다면 먼저 구매하는 것부터 시작합니다. 회사에 도메인이 있는지 확인하고 호스팅 홈페이지에서 도메인 설정을 볼 수 있는지 알아보세요. 도메인을 외주 업체가 관리한다면 확인해 달라고 요청하면 됩니다. 계정 아이디는 'ID@회사도메인명'(예: ID@company.com)으로 사용합니다.

❷ 관리자 계정 생성
workspace.google.com/signup/businessstarter/welcome에서 기업(기관)의 기본 정보와 도메인을 입력해서 관리자 계정을 생성합니다.

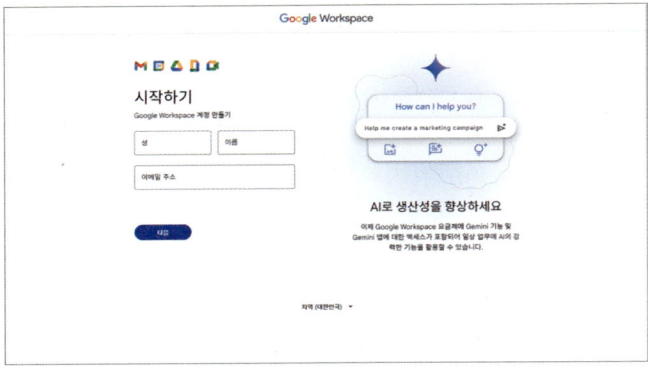

❸ 도메인 연결 및 인증
관리자는 구글의 안내에 따라 도메인에 HTML 메타 태그나 DNS TXT 레코드를 넣어서 해당 도메인이 워크스페이스를 신청하는 기관의 소유임을 인증해야 합니다. 이 과정은 복잡하므로 컴퓨터 전문 지식이 없다면 전산 담당자에게 맡기면 됩니다.

❹ [관리 콘솔] 화면에서 설정하기
❶~❸까지 모두 마쳤다면 관리자는 admin.google.com에서 본격적으로 세부 설정 작업을 합니다. 회사 로고 이미지 등록부터 사용자 계정 관리, 공용 드라이브, 앱 등을 설정해야 합니다.

지금까지 워크스페이스를 도입하는 기본 절차를 간단하게 소개했습니다. 하지만 기업의 상황이나 업무 방식에 따라 설정 방법도 다양하고 복잡하므로 먼저 workspace.google.com의 화면 오른쪽 위에서 [영업 팀에 문의]를 클릭해 꼼꼼하게 살펴보기 바랍니다.

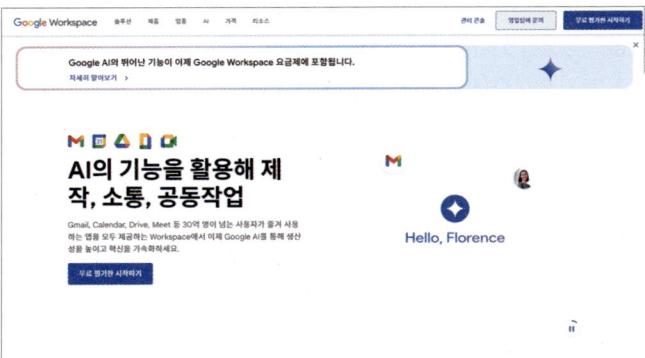

▶ 초·중·고등학교, 대학교 등의 교육 기관에서는 유료 플랫폼을 무료로 사용할 수 있습니다. 교육 기관용 Google Workspace For Educatuion 계정은 workspace.google.com/edu/signup을 참고하세요.

넷째마당

어디서든 스마트 워크
– 일정 관리와 커뮤니케이션

12 • 따로 또 같이 쓰는 클라우드 일정 관리, 구글 캘린더
13 • 재택근무와 비대면 업무를 위한 화상 회의, 구글 미트
14 • 실시간으로 조사하고 결과 정리까지, 구글 설문지

12 따로 또 같이 쓰는 클라우드 일정 관리, **구글 캘린더**

이번 장에서는 구글의 일정 관리 서비스인
구글 캘린더의 특징과 사용법을 알아봅니다.
기본적인 캘린더 생성과 일정 등록부터
클라우드 환경을 이용한 캘린더 공유와 다른 구글 서비스와 연계하는 방법까지
구글 캘린더의 주요 기능을 이해하고 업무에 어떻게 활용하는지 살펴보겠습니다.

12-1 클라우드 캘린더로 일정 관리를 해야 하는 이유
12-2 낯선 구글 캘린더, 어렵지 않아요
12-3 캘린더 공유하고, 공유받은 캘린더 구독하기

12-1
클라우드 캘린더로 일정 관리를 해야 하는 이유

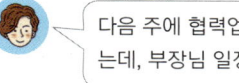
다음 주에 협력업체와 미팅 잡아야 하는데, 부장님 일정 좀 알아봐 줘요.

전화해 볼게요. (전화 거는 중) 부장님 전화 안 받으세요.

큰일이네. 일정 보내 줘야 하는데….

그러게요. 외근하시면서 일정 공유도 안 해주시고, 에휴….

구글 캘린더는 언제 어디서나 확인할 수 있어요

예전에는 다이어리를 들고 다니면서 일정 관리를 했죠. 다이어리는 회의 내용이나 중요한 일정 등을 바로바로 메모할 수 있지만 들고 다녀야 하고 무엇보다 잃어버릴 위험이 있습니다. 그래서 이제는 많은 사람이 다이어리 대신 언제 어디서나 확인하고 수정할 수 있는 스마트폰의 기본 캘린더를 사용합니다. 하지만 스마트폰 기본 캘린더는 특정 브랜드 기기에서만 쓸 수 있다는 제약이 있습니다. 예를 들어 삼성 기본 캘린더 앱은 갤럭시 스마트폰, 갤럭시 탭, 갤럭시 북 등 삼성 기기에서만 일정을 볼 수 있어 다소 불편합니다.

스마트 워크를 위해서는 어디서나 자유롭게 일정을 확인하고 활용할 수 있어야 합니다. 이 점에서 **구글 캘린더는 기종이나 플랫폼에 구애받지 않고, 모바일이든 PC든 손쉽게 일정 등록과 수정을 할 수 있어 훨씬 편리합니다.**

회의나 미팅을 잡는 데 시간을 뺏기지 않아요

우리는 회의나 미팅 예약을 정하느라 많은 시간을 허비합니다. 회의실 사용부터 회의 주요 참석자의 참석 가능 여부를 확인하고 회의 전 파일을 공유하는 등 실제 회의 시간보다 회의를 준비하는 데 더 많은 시간을 소모하기도 합니다.

하지만 모두 다같이 구글 캘린더를 사용하고 업무 긴밀도에 따라 일정을 공유하면, 어느 회의실을 언제 사용할 수 있는지, 참석자의 시간 여유는 괜찮은지 사전에 확인할 수 있습니다. 이렇게 회의를 준비하느라 허비하는 시간을 줄일 수 있다면 여유 있게 다른 업무를 처리할 수 있겠지요.

구글의 다른 서비스와 연동해서 생산성을 더더욱 높일 수 있어요

클라우드 캘린더 서비스는 구글 캘린더만 있는 것은 아닙니다. MS의 아웃룩이나 네이버 캘린더, 조르테 캘린더 등 검색해 보면 클라우드를 지원하는 캘린더 서비스를 쉽게 찾을 수 있습니다. 그런데 수많은 서비스 중에 왜 구글 캘린더를 사용할까요?

가장 큰 장점은 바로 지금까지 우리가 알아본 **대부분의 구글 서비스와 연동할 수 있다**는 데 있습니다. 구글 킵에서 시간 알람을 등록하면 구글 캘린더에 자동 등록됩니다. 구글 협업 도구, 지메일, 드라이브 등에서는 오른쪽 사이트 패널에서 캘린더를 바로 확인하고 일정 등록과 변경을 할 수 있습니다. 사이트에서는 일정을 가져와 등록할 수도 있습니다.

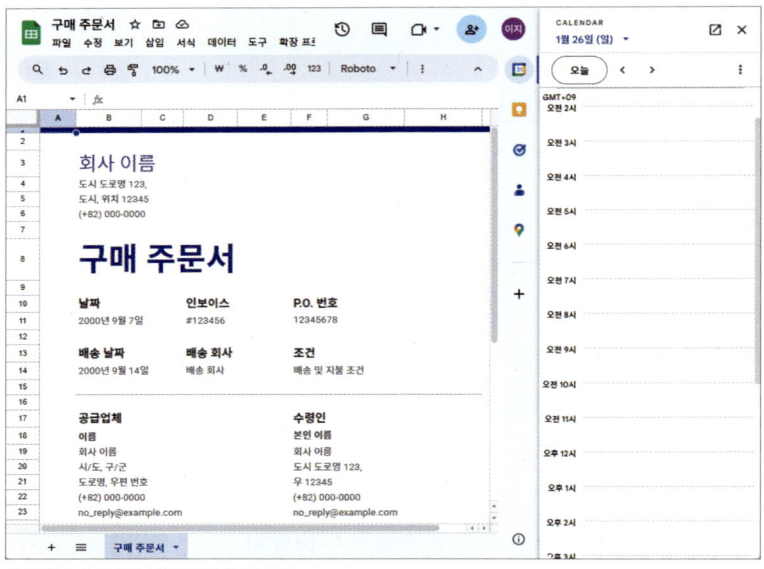

스프레드시트에서 캘린더로 일정 추가

캘린더 서비스에서는 구글 미트로 화상 회의를 미리 등록하여 회의 링크를 사전에 설정할 수도 있고, 첨부 파일 추가 기능으로 특정 일정의 첨부 파일을 등록해 둘 수도 있습니다. 한 가지 단점이 있다면 협업하는 사람 모두 구글 캘린더를 사용해야 한다는 점이죠.

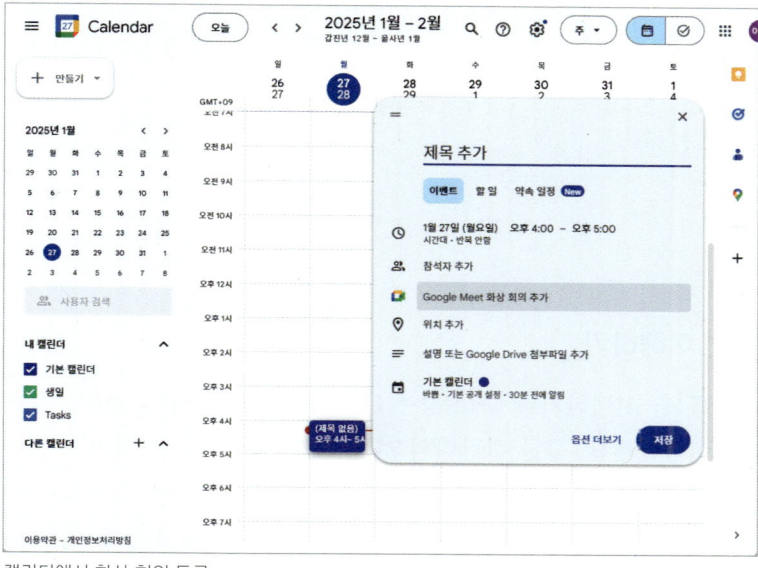

캘린더에서 화상 회의 등록

 **개인 일정과 회사 일정이 섞일까 봐 걱정돼요**

구글 캘린더는 구성원이나 업무 내용에 따라 캘린더를 구분해 만들 수 있습니다. 예를 들어 학교용, 동아리 모임용, TF 팀 일정용, 자격증용, 회사 공용 차량용, 회의실용 등 자신의 필요에 맞게 다양한 캘린더를 추가할 수 있습니다.

구글 캘린더를 처음 사용한다면 분류 기준을 개인용, 업무용, 생일/기념일로 세워 사용하는 걸 추천합니다. 관련 내용은 이어지는 12-2절 실습에서 자세히 다룹니다.

12-2

낯선 구글 캘린더, 어렵지 않아요

구글 캘린더 화면 이해하기

크롬에서 [캘린더 31]를 선택하거나 주소 창에 CALENDAR.google.com을 입력해 구글 캘린더를 실행하세요. 구글 캘린더의 기본 화면은 다른 구글 서비스와 마찬가지로 왼쪽에는 메뉴, 오른쪽에는 연동되는 여러 가지 서비스가 표시됩니다. 다른 캘린더 서비스를 이용해 본 적이 있다면 기본 사용법은 어렵지 않게 익힐 수 있을 거예요.

기본 화면은 '주'별 보기로 설정되어 있는데 가장 많이 쓰는 형태인 '월'로 바꿔 주세요. 화면 왼쪽 메뉴에서 [+ 만들기] 버튼을 클릭하거나 원하는 날짜를 직접 선택하면 일정을 추가할 수 있습니다.

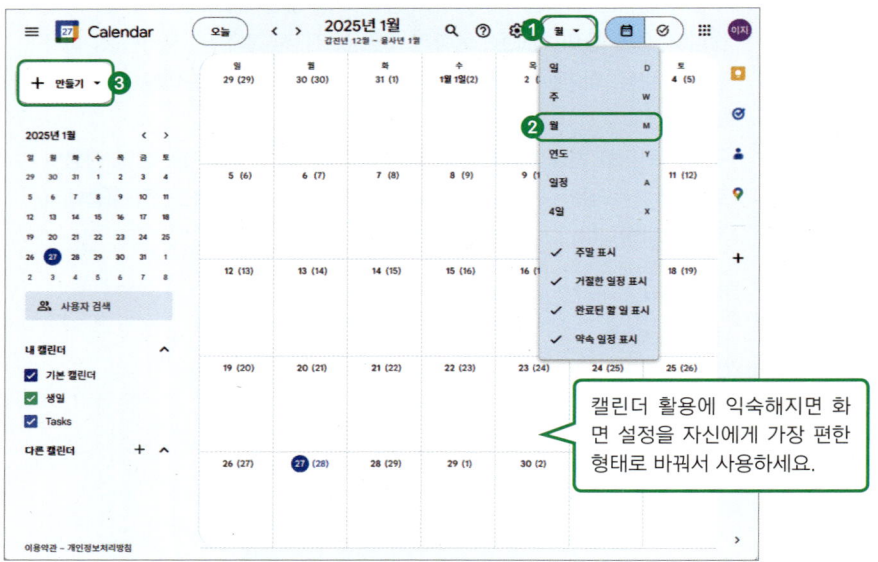

캘린더 활용에 익숙해지면 화면 설정을 자신에게 가장 편한 형태로 바꿔서 사용하세요.

[내 캘린더]와 구독 중인 [다른 캘린더]를 확인합니다. 내 캘린더를 추가하거나 삭제할 수 있고, 다른 사람의 캘린더를 구독할 수 있습니다.

[생일]은 내 스마트폰과 주소록에 저장되어 있는 생일을 보여 줍니다. 캘린더의 목록 위에 마우스 포인터를 올려 ✕가 나타나면 클릭해서 보이지 않게 할 수 있습니다. 단, [알림]과 [Tasks]는 기본 캘린더이므로 삭제할 수 없습니다.

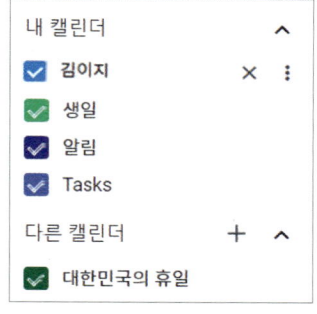

하면 된다! 〉 캘린더의 종류 분류하고 정리하기

캘린더를 처음 사용하거나 아직 분류 기준이 없다면 [개인용], [업무용], [생일/기념일] 3가지로 시작하는 걸 추천합니다. 처음부터 캘린더 가짓수가 많으면 일정 관리를 하기가 어렵고 잘못 등록하는 등 실수할 수 있기 때문입니다.

1. 기본 캘린더의 이름 바꾸기

[내 캘린더]에는 로그인한 계정 이름으로 된 기본 캘린더가 맨 위에 있습니다. 캘린더 이름에 마우스 포인터를 올리고 [더보기 ⋮ → 설정 및 공유]를 클릭한 후 캘린더 이름을 01. 개인용으로 바꿔 주세요. 입력했다면 화면 왼쪽 상단의 [뒤로 가기 ←]를 눌러 다시 캘린더 화면으로 돌아옵니다. 따로 저장하지 않아도 내용을 변경하는 순간 자동 저장됩니다.

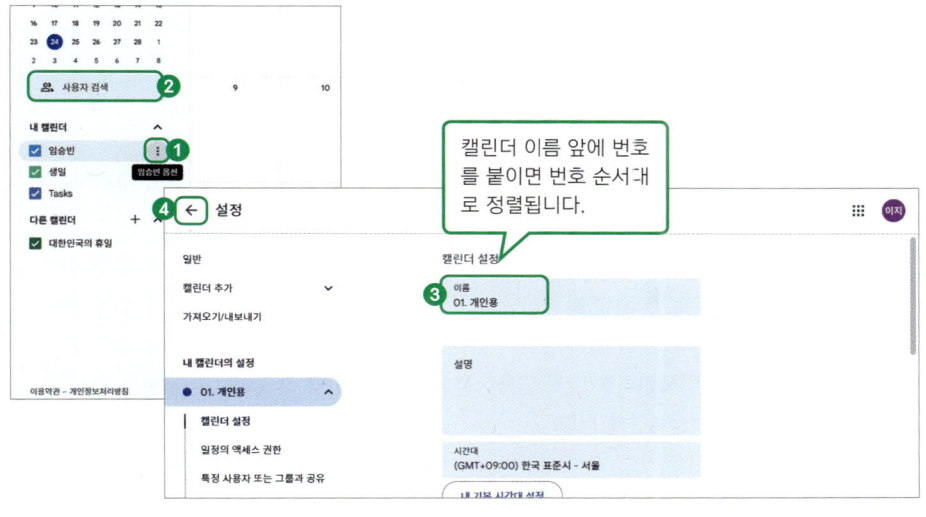

2. 새 캘린더 추가하기

이번에는 [02. 업무용] 캘린더를 추가해 보겠습니다. 화면 왼쪽 하단의 캘린더 목록을 보면 [다른 캘린더] 항목이 보입니다. +를 클릭하고 [새 캘린더 만들기]를 선택합니다. 새 캘린더 이름을 02. 업무용으로 입력한 후 [캘린더 만들기]를 클릭합니다. [뒤로 가기 ←]를 클릭해 캘린더 화면으로 돌아옵니다.

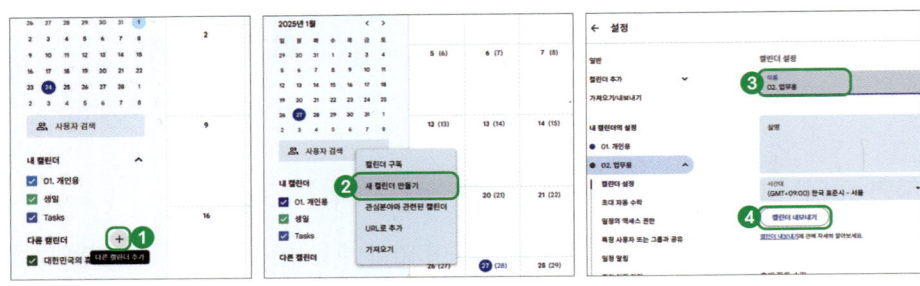

3. 같은 방법으로 03. 생일/기념일을 입력해 캘린더를 추가한 후, 캘린더끼리 구분하기 쉽도록 캘린더마다 [더보기 ⋮]를 클릭해 각각 색을 지정합니다.

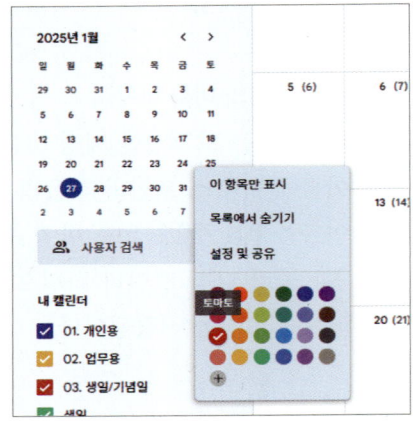

 기본 캘린더에 [생일]이 있는데 [생일/기념일] 캘린더를 따로 추가하는 이유는 뭔가요?

기본 캘린더에 생성되어 있는 [생일] 캘린더는 사용자의 스마트폰 연락처에 등록한 사람의 생일입니다. 만일 백업하지 않은 연락처가 지워진다면 캘린더의 [생일]과 일정이 함께 삭제될 위험이 있습니다. 그래서 [생일/기념일] 캘린더를 따로 만들어서 꼭 기억해야 할 생일이나 기념일을 관리하는 것을 추천합니다.

일정 추가하기

이제 일정을 추가하겠습니다. 캘린더 화면 왼쪽 상단의 [+ 만들기] 버튼이나 일정을 추가하고 싶은 날짜를 선택하면 일정 추가 화면이 나타납니다.

먼저 [제목 추가]에 일정 제목을 입력하고 [이벤트, 할 일, 약속 일정] 중에서 하나를 선택합니다.

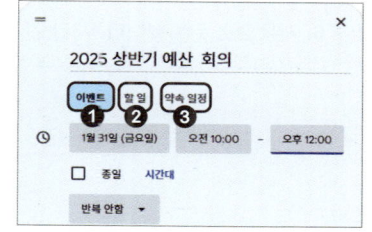

❶ **이벤트:** 내가 선택한 캘린더에 일정이 등록됩니다. 캘린더의 주요 기능을 활용하려면 이벤트로 일정을 등록하세요.

❷ **할 일:** 구글의 할 일 관리 툴인 [Tasks]에 등록됩니다. [Tasks]를 사용한다면 [할 일]과 연동해서 사용할 수 있습니다.

❸ **약속 일정 :** 다른 사용자가 나와의 약속 시간을 예약할 수 있도록 예약 페이지를 만들고 공유할 수 있습니다.

시간을 지정하려면 [시간 추가]를 클릭합니다. 일정에 시간이나 기간을 추가할 수 있습니다.

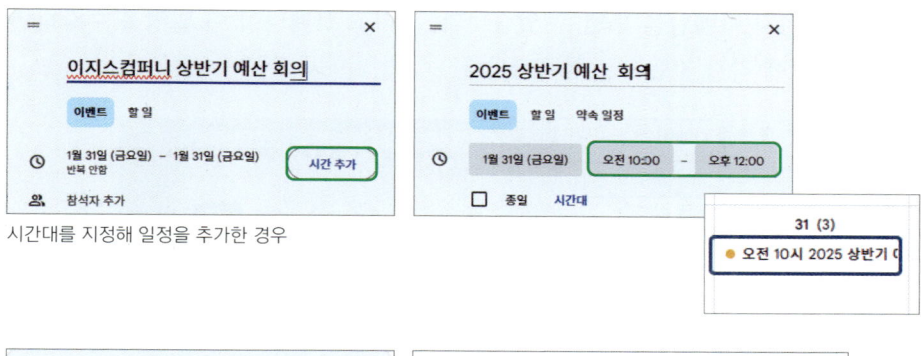

시간대를 지정해 일정을 추가한 경우

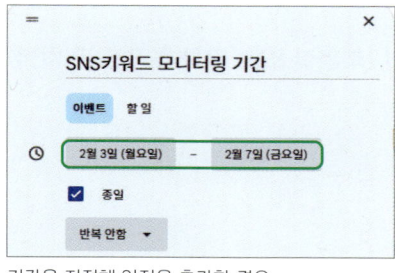

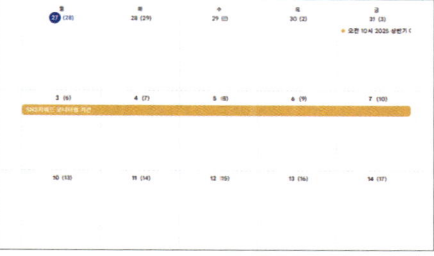

기간을 지정해 일정을 추가한 경우

12 • 따로 또 같이 쓰는 클라우드 일정 관리, 구글 캘린더   **257**

>  **빠르게 시간 일정 등록하기**
>
> 일정 제목 앞에 HH:MM-HH:MM 형식으로 시간을 입력하면 일일이 설정하지 않아도 시간이 자동으로 등록됩니다. 시간 간격은 -(하이픈) 대신 ~(물결)로 사용해도 됩니다.
>
>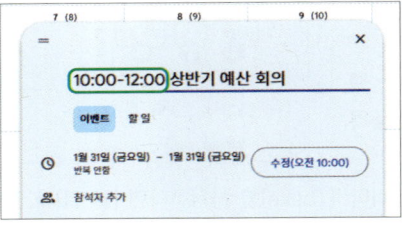

일정에 참석자 추가하기

참석자는 상대방의 구글 계정(지메일 주소)으로 추가할 수 있습니다. [참석자 추가]를 클릭한 뒤 지메일 주소를 입력해 참석자를 추가한 후 [저장]을 누르면 참석자에게 초대 메시지 이메일을 보낼 수 있습니다. 그리고 상대방이 이 일정을 수락하면 상대방 일정에 각각 자동으로 등록됩니다.

회의나 미팅 장소 추가하기

오프라인으로 회의나 미팅을 진행할 예정이라면 [회의실 또는 위치 추가 → 위치 추가]를 클릭해서 장소를 추가합니다.

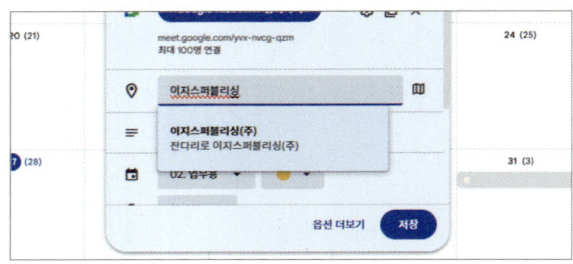

온라인으로 화상 회의를 진행한다면 [Google Meet 화상 회의 추가]를 클릭해 보세요. 화상 회의를 진행할 링크가 바로 생성되므로 일정 추가와 동시에 상대방에게도 해당 링크가 공유됩니다.

▶ 구글의 온라인 회의 도구인 미트는 13장에서 자세히 소개합니다.

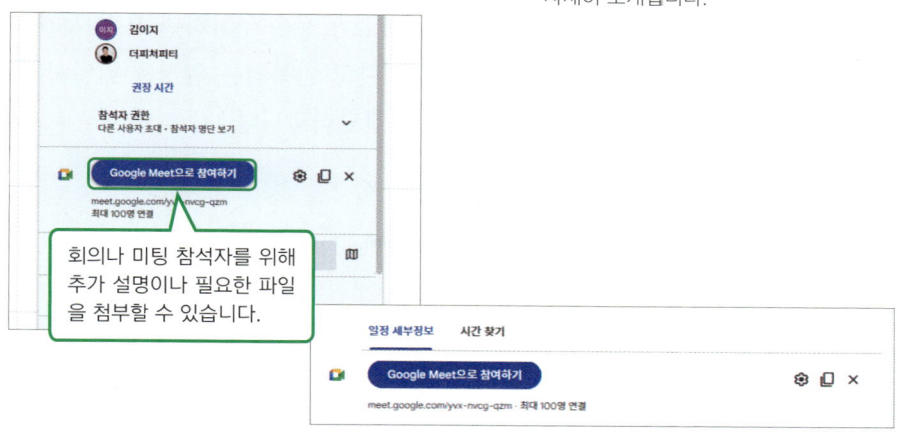

세부 일정 등록이나 참석자 확인이 필요하다면 일정을 등록할 때 [옵션 더보기]를 클릭하세요. 좀 더 넓은 화면에서 화상 회의 일정에 관한 전체 정보를 한눈에 볼 수 있습니다.

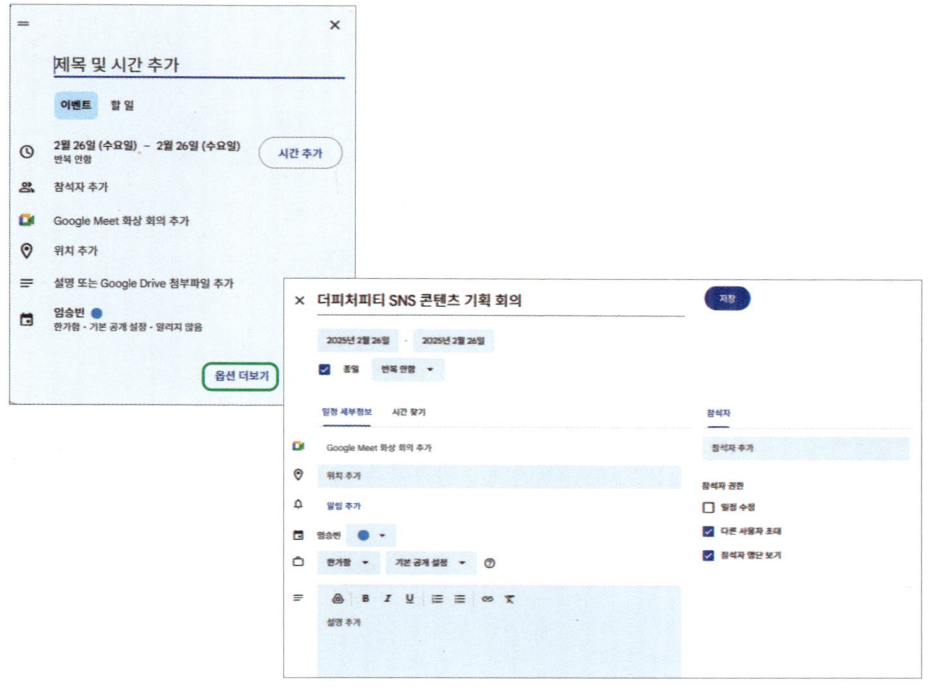

12 • 따로 또 같이 쓰는 클라우드 일정 관리, 구글 캘린더   **259**

하면 된다! ▶ 매주 반복되는 일정 등록하기

매주 반복되는 일정이 있다면 어떻게 해야 할까요? 매번 일정을 등록해야 할까요? 예를 들어 2월 3일부터 2월 28일까지 평일마다 오전 10시~12시에 미팅이 있다고 가정해 보겠습니다. 앞서 등록했던 방법대로 일정을 추가하면 특정 시간이 아닌 연속된 일정으로 등록되어 버립니다. 그렇다고 반복되는 일정을 일일이 등록하느라 시간을 낭비하지 마세요. 해결 방법은 간단하답니다.

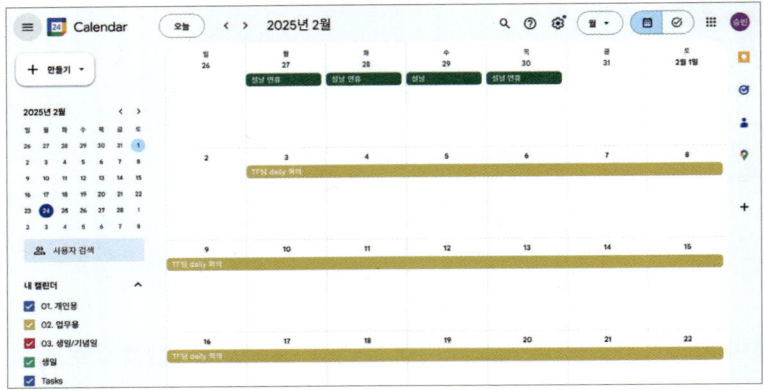

연속된 일정으로 잘못 등록된 모습

1. 우선 시작하는 첫날(2월 3일)에 일정 제목과 시간, 일정을 추가할 캘린더의 종류를 선택합니다.

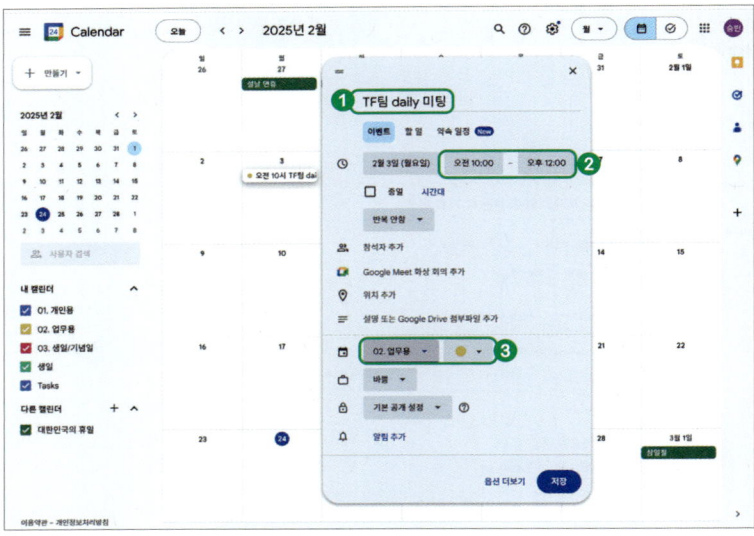

2. 반복되는 일정을 설정하려면 시간대를 설정했던 부분 아래에 [반복 안함]을 선택한 후 [맞춤]을 클릭하세요. 반복 설정 창에서 반복할 요일과 종료 날짜를 지정하고 [완료]를 누르세요.

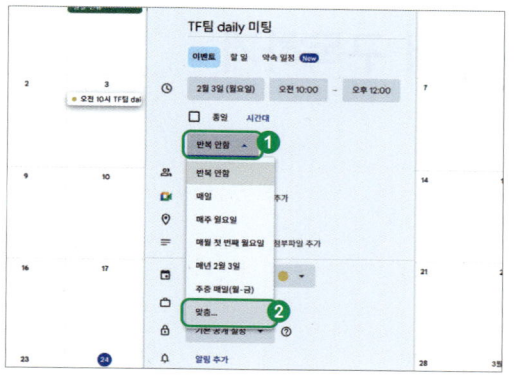
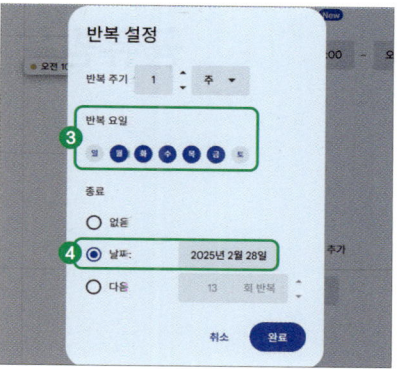

3. 설정을 마치고 저장하면 일정이 원하는 날짜에 정확하게 등록된 것을 확인할 수 있습니다.

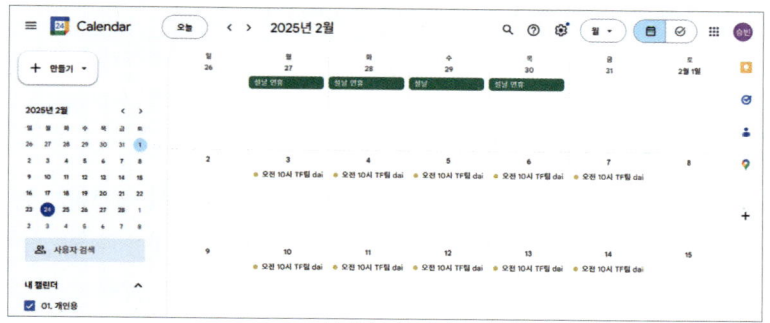

질문 있어요 — 반복 일정 중에 특정 날짜 하루만 삭제하고 싶어요

삭제하고 싶은 날짜에서 마우스 오른쪽 버튼을 눌러 [삭제 → 이 일정]을 선택한 후 [확인]을 누르면 됩니다.

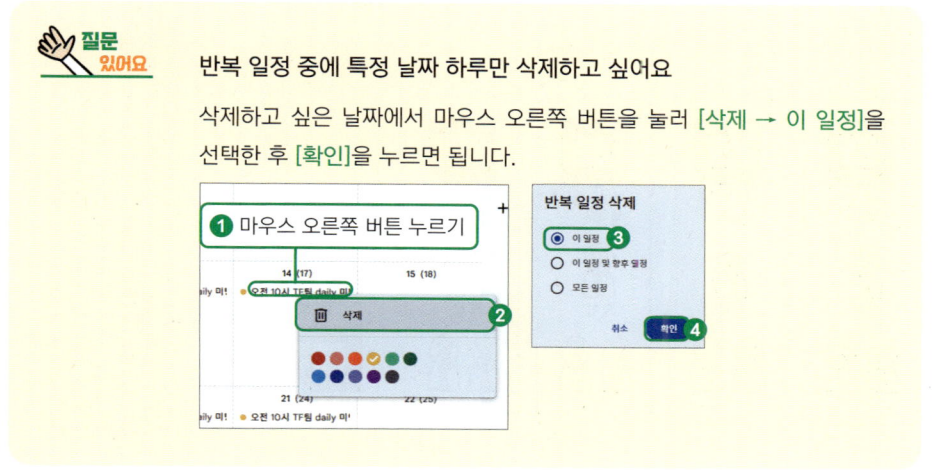

12-3
캘린더 공유하고, 공유받은 캘린더 구독하기

구글 캘린더는 개인 용도로 써도 충분히 좋지만, 이 서비스가 가장 빛을 발하는 건 다른 사람과 함께 캘린더를 공유하며 사용할 때입니다.

팀원의 업무 캘린더를 구독해 일정을 관리할 수 있어요

팀장과 같은 관리자는 팀원의 업무 진행 과정과 시간도 관리합니다. 그래서 예전에는 팀원마다 각종 보고서를 만들어 제출하고 팀장은 이를 따로따로 검토했습니다. 이러한 관리 방식은 피드백도 느리고 비효율적입니다.

하지만 **구글 캘린더를 이용하면 보고서를 만들고 피드백을 받을 때까지 대기하는 불필요한 시간을 줄일 수 있습니다.** 팀장이 팀 캘린더를 만들어 업무 내용과 일정을 공지하고 각 팀원의 캘린더를 구독하면 팀의 일정 공유는 물론이고 팀원의 업무나 시간 관리를 실시간으로 할 수 있기 때문이죠. 팀 캘린더나 팀원의 캘린더 내용이 변경되면 클라우드 환경에서 자동으로 반영되니 서로 번거롭게 만나서 변경 내용을 주고받을 필요도 없습니다.

캘린더 공유 개념도

함께 사용하는 공간(회사 자산)을 확인하는 캘린더도 만들면 유용해요

공용 차량과 공유 자산(캠코더, 빔 프로젝터, 수레) 또는 회의실 등의 공용 업무 공간을 조율해야 한다면 공유 캘린더를 만들어 사용해 보세요.

이렇게 공유 캘린더를 만들면 일정 계획을 세울 때 자신이 원하는 시간에 필요한 자산을 이용할 수 있는지 미리 체크할 수 있어요. 이미 예약된 상황이라면 예약자를 확인해서 조율할 수도 있습니다.

하면 된다! } 캘린더 공유하고 구독하기

누군가에게 내 업무 캘린더를 공유할 때에는 다른 서비스와 마찬가지로 상대방에게 구글 계정이 있는지 확인한 후, 캘린더 사용 권한을 어디까지 줄지 결정하면 됩니다.

▶ 구글 계정이 없는 불특정 다수에게도 웹 링크로 캘린더를 공유할 수 있습니다. 자세한 내용은 265쪽을 참고하세요.

1. 내 업무용 캘린더를 함께 일하는 사람들에게 공유해 보겠습니다. 캘린더 이름의 오른쪽에서 [더보기 ⋮ → 설정 및 공유]를 클릭합니다.

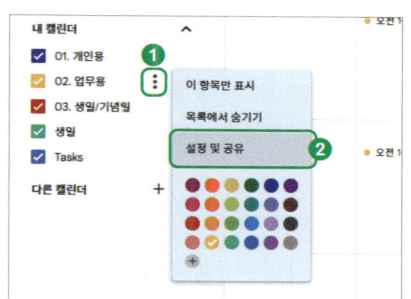

2. [설정] 화면에서 스크롤을 내리면 [특정 사용자와 공유] 항목이 있습니다. [+ 사용자 및 그룹 추가]를 클릭한 뒤 공유할 사람의 구글 계정(지메일 주소)을 입력합니다.

12 • 따로 또 같이 쓰는 클라우드 일정 관리, 구글 캘린더

3. 권한 설정 바꾸기

사용자를 추가할 때 부여된 권한을 변경하고 싶다면 권한 부분을 클릭하여 선택해 주세요.

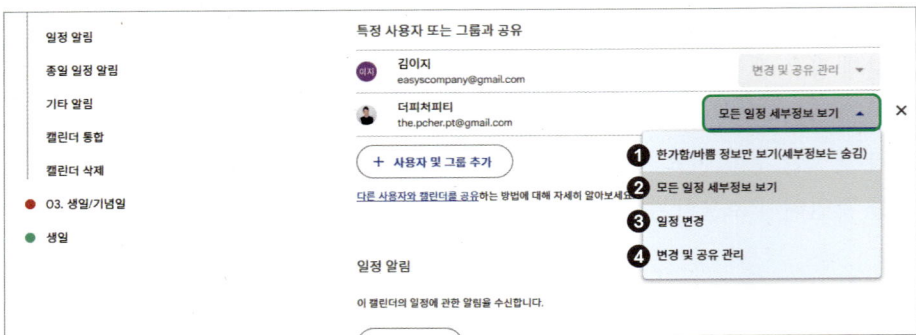

❶ **한가함/바쁨 정보만 보기(세부 정보는 숨김)**: 다른 사람에게 구체적인 일정을 공개하고 싶지 않은 경우에 사용합니다. 일정을 등록해도 상대방에게는 [한가함] 혹은 [바쁨]이라고만 표시됩니다. 회사의 대표나 임원이 주로 활용합니다.

❷ **모든 일정 세부 정보 보기**: 비공개로 설정한 일정 외에는 모든 일정이 공유됩니다. 다만 상대방이 일정을 수정하진 못합니다. 팀원끼리 서로 일정을 확인하는 용도로 쓰면 좋습니다.

❸ **일정 변경**: 비공개 일정을 포함한 모든 일정을 볼 수 있을 뿐만 아니라 다른 일정을 추가, 변경, 삭제 등을 할 수 있습니다.

❹ **변경 및 공유 관리**: 캘린더의 모든 업무를 공유하거나 위임할 때 사용하세요. 일정 변경의 모든 권한뿐만 아니라 캘린더를 공유하고 삭제하는 등 모든 권한을 가집니다. 캘린더를 삭제할 수 있으므로 권한을 부여할 때 주의하세요.

4. 캘린더를 공유받은 사람에게는 안내 메일이 도착합니다. [이 캘린더를 추가합니다]를 클릭하면 [캘린더 추가] 창이 나옵니다. 이때 [추가]를 누르면 부여받은 권한에 따라 공유받은 구글 캘린더를 구독할 수 있습니다.

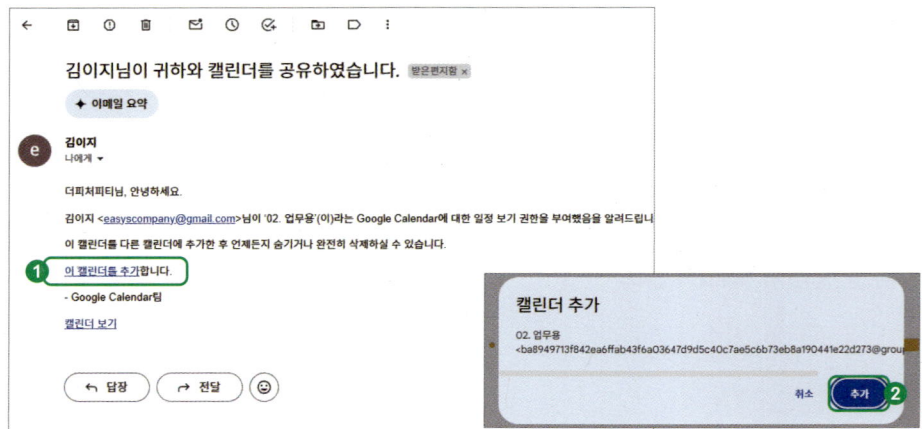

하면 된다! ▶ 상대방이 구글 계정을 사용하지 않는다면? 웹 링크로 캘린더 공유하기

회사나 개인마다 사용하는 업무 도구가 다릅니다. 만약 구글 캘린더를 사용하지 않거나 구글 아이디조차 없는 사람과 캘린더를 공유해야 하는 상황이라면 웹 링크를 만들어 보내세요.

그런데 이 방법은 캘린더를 전체 공개하면서 링크를 생성하므로 필요한 일정만 확인할 수 있도록 하고 다른 정보는 볼 수 없도록 권한을 설정해야 합니다. 따라서 사용자 권한은 [한가함/바쁨 정보만 보기(세부정보는 숨김)]로 설정하세요.

1. 공유하려는 캘린더의 오른쪽에서 [더보기 ⋮ → 설정 및 공유]를 누르고 캘린더 설정에서 [액세스 권한] 항목으로 이동해 [공개 사용 설정]의 체크 박스를 클릭하세요. 주의 창이 타나나면 [확인]을 누릅니다.

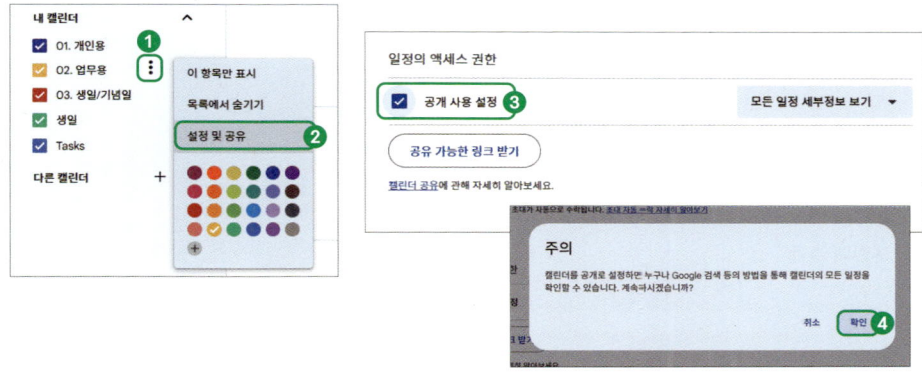

2. 스크롤을 더 내려 [캘린더 통합] 항목을 살펴보면 공유된 [이 캘린더의 공개 URL] 부분에서 URL 주소를 확인할 수 있습니다. [이 캘린더의 공개 URL] 주소를 복사해 메일이든 메신저든 SMS든 원하는 방법으로 전달하세요.

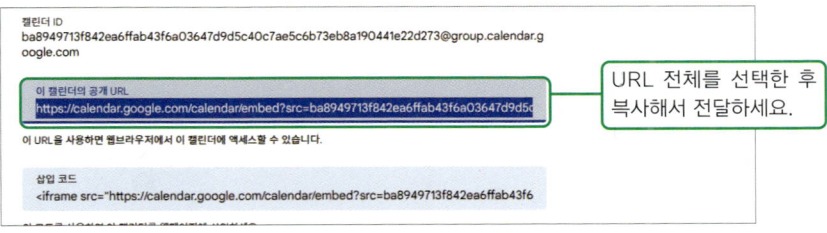

3. URL을 받은 사람들은 구글 계정이 없어도 이 URL 링크를 클릭하면 공유받은 캘린더의 일정을 웹 브라우저로 확인할 수 있습니다.

만약 공유받은 캘린더를 구독하고 싶다면 화면 왼쪽 아래에서 [Google Calender에 추가]를 클릭하세요. 곧바로 내 구글 캘린더의 화면으로 이동해 캘린더 추가 안내 창을 확인할 수 있습니다.

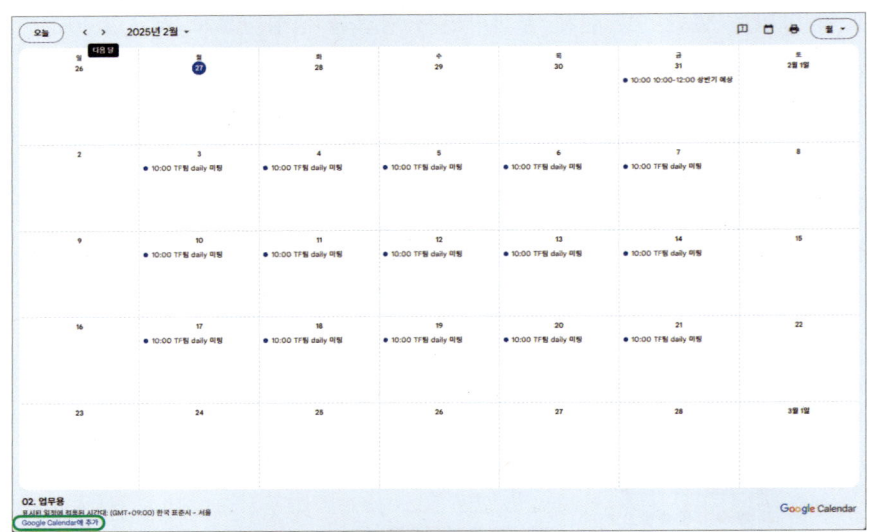

워크스페이스를 사용하는 경우 캘린더를 공유할 때 보안에 유의하세요!

> **질문 있어요**
>
> **구글 캘린더에 음력 날짜도 같이 보이게 하고 싶어요!**
>
> 구글 캘린더에서는 기본적으로 양력을 사용하지만 간단한 설정으로 음력을 표시할 수 있습니다. 구글 캘린더 화면 오른쪽 위에서 [설정 메뉴 ⚙ → 설정]을 클릭합니다.
>
>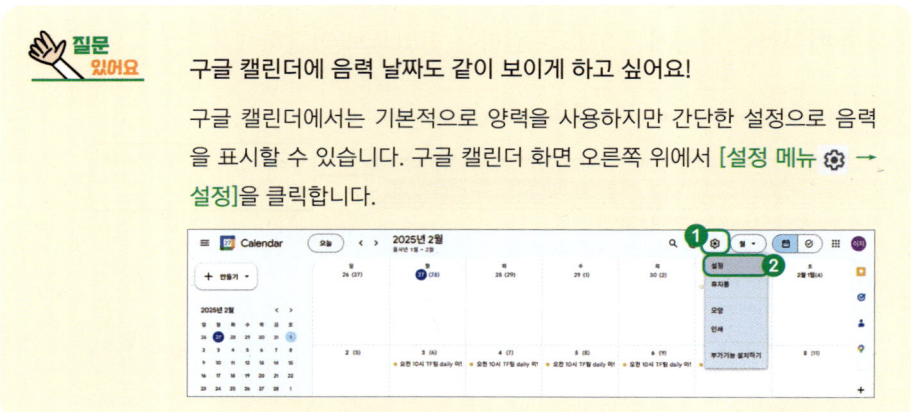

266 넷째마당 • 어디서든 스마트 워크 – 일정 관리와 커뮤니케이션

[설정] 화면 중 [일반]에서 스크롤을 내려 [보기 옵션]의 [보조 캘린더]를 [없음]에서 [한국]으로 바꾸고 화면 아래에서 [지금 새로고침]을 클릭해 바뀐 설정을 적용하세요.

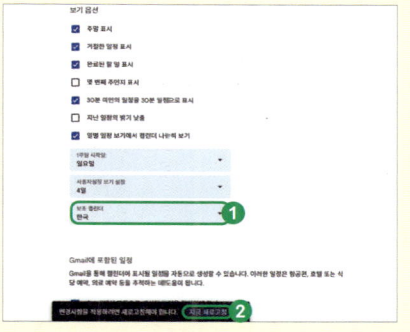

이제 날짜 옆 괄호 안에 음력 날짜가 함께 표시됩니다.

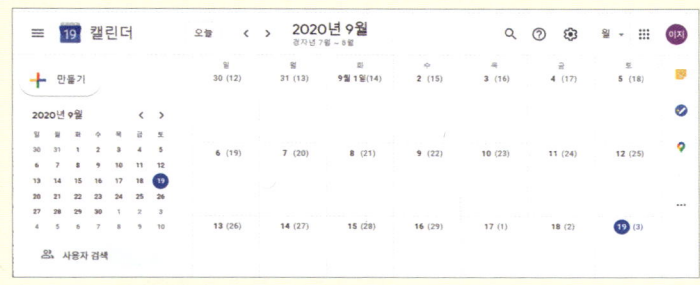

**된다!
1분 팁** | 구글 캘린더의 단축키를 적극 활용해 보세요

구글 캘린더에서도 단축키를 사용할 수 있습니다. 단축키는 한 번 알아 두면 계속 써먹을 수 있으니, 다음 표를 참고해 보세요!

단축키	기능	단축키	기능
1	하루 보기로 전환	5	일정 보기로 전환
2	주 보기로 전환	6	연도 보기로 전환
3	월 보기로 전환	G	특정 날짜로 이동 창 열기
4	사용자 보기로 전환	T	오늘 날짜로 바로 이동

13 재택근무와 비대면 업무를 위한 화상 회의, 구글 미트

이번 장에서는 구글의 화상 회의 서비스인
구글 미트의 특징과 사용법을 알아봅니다.
화상 회의를 새로 만들거나 기존 화상 회의에 참여하는 방법,
화면 공유와 레이아웃 등의 설정 방법 등
화상 회의를 하려면 꼭 알아야 할 기능을 다룹니다.

13-1 화상 회의 준비하기
13-2 구글 미트의 기본 사용법 배우기
13-3 구글 미트로 화상 회의할 때 유용한 팁 3가지

13-1

화상 회의 준비하기

 해외 지사에 신상품을 소개해야 하는데 코로나 때문에 나가지도 못하고….

전화 통화는 한계가 있죠. 아, 구글 미트라고 화상 회의 서비스를 이용해 보세요.

 화상 회의? 한 번도 해본 적 없는데…. 준비하는 거 복잡하지 않아요?

카메라랑 마이크만 있으면 돼요.

비대면 업무 시대! 화상 회의, 두려워하지 마세요

얼마 전까지만 해도 국내 일반 기업에서는 '만나지 않고 회의'하는 문화가 익숙하지 않았습니다. 일단 만나서 악수를 하고 명함을 주고받은 후 업무 이야기를 시작하는 것이 당연하다고 생각했죠. 그러다가 코로나19로 어쩔 수 없이 비대면 업무를 시작해야만 했습니다. 그리고 아이러니하게도 화상 회의의 신세계를 경험하게 되었죠. 화상 회의의 장점을 간단히 나열해 볼까요?

- 장소에 얽매이지 않고 각자 공간에서 얼굴을 보며 회의할 수 있음
- 이동 시간을 아낄 수 있음
- 같은 문서나 화면을 동시에 보면서 회의할 수 있음
- 상황에 따라 채팅도 할 수 있음

또한 화상 회의를 지원하는 기술과 서비스가 점점 개선되면서 많은 기업에서 일상적인 회의 문화로 자리잡았습니다.

화상 회의 서비스로는 줌(Zoom), MS 팀즈(Teams), 웹엑스(Webex) 등 종류가 다양합니다. 이 중에서 메뉴나 기능이 편리한 '줌'을 많이 사용했지만 보안에 안전하지 않아 다른 서비스도 함께 쓰이는 추세입니다.

또한 비용을 지불해야 하거나 안정적이지 않아 사용하기 불편한 서비스도 있죠. 반면 구글 미트(Meet)는 무료이며 보안 면에서도 안정된 서비스를 제공합니다. 구글 계정만 있으면 한 회의당 최대 1시간 동안 무료로 이용할 수 있습니다. 그 정도면 일반적인 회의를 진행하기 충분한 시간이죠. 게다가 1080p 고해상도 화면 녹화 기능까지 제공합니다.

▶ 기업용 계정인 워크스페이스를 도입했다면 회의 시간은 최대 24시간까지 가능합니다. 그리고 회의 영상을 저장할 수 있습니다(2025년 2월 기준).

회의를 시작하기 전에 꼭 체크하세요!

같은 문서나 화면을 띄워 놓고 채팅으로 회의를 한다면 준비물이 많이 필요하지 않습니다. 노트북이든 데스크톱이든 태블릿 PC든 화상 회의에 참여할 기기 한 대만 있으면 되지요.

하지만 서로 얼굴을 보면서 음성으로 회의를 해야 한다면 다음과 같이 사용하는 기기별로 몇 가지 체크할 사항이 있습니다.

데스크톱으로 화상 회의를 진행하려면 얼굴을 송출할 컴퓨터용 카메라(웹캠)와 목소리를 송출할 컴퓨터용 마이크가 필요합니다. 만약 카메라나 마이크가 없다면 스마트폰을 카메라로 인식하는 무료 앱 드로이드캠을 설치하고 사용해 보세요.

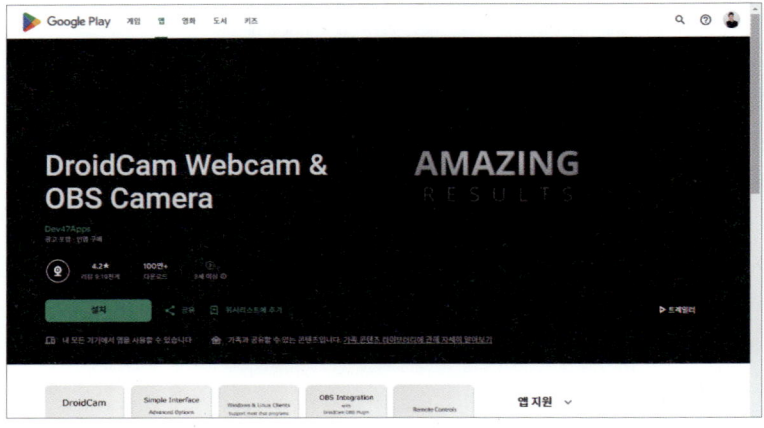

구글 플레이에서 드로이드캠을 검색하세요.

최근 출시되는 노트북에는 카메라, 마이크 모두 내장되어 있어 회의할 때 바로 사용할 수 있습니다. 만약 노트북에 내장 카메라가 없다면 데스크톱과 마찬가지로 스마트폰으로 드로이드캠을 활용하고, 내장 마이크가 없다면 마이크가 달린 이어폰을 스마트폰에 꽂아 사용합니다.

윈도우 OS에서는 [제어판]에서 캠과 마이크 설치 여부 및 기타 설정을 확인할 수 있습니다. 회의하기 전에 제대로 작동하는지 확인해 주세요. 윈도우 11 버전을 기준으로 [설정 → Bluetooth 및 장치 → 장치]로 들어가 확인할 수 있습니다.

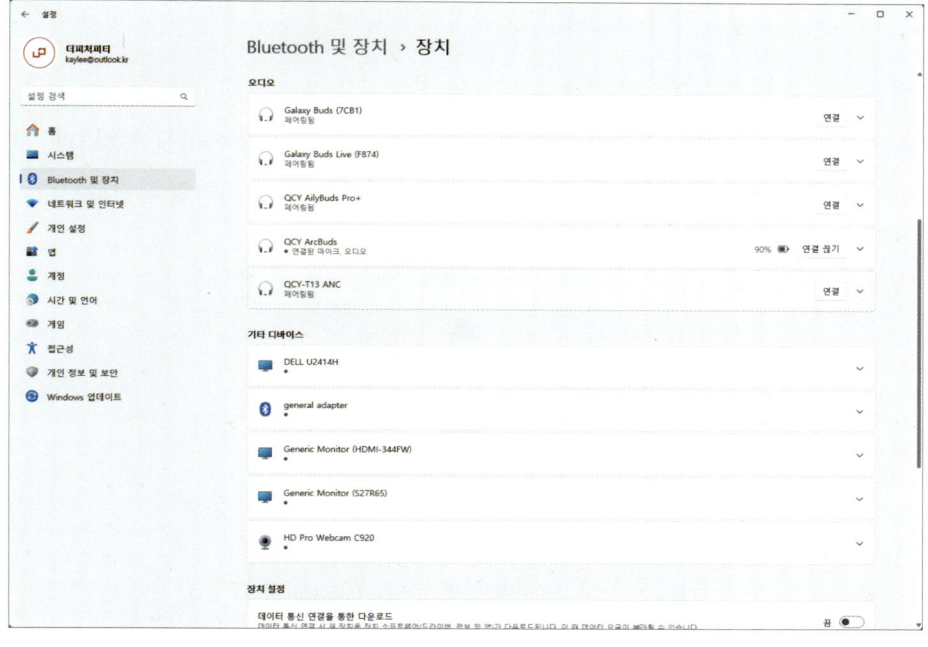

13-2

구글 미트의 기본 사용법 배우기

화상 회의를 할 준비를 마쳤다면 이제 구글 미트 사용 방법을 알아보겠습니다. 구글 미트로 화상 회의를 시작하는 과정은 다른 온라인 협업 방식처럼 간단합니다.

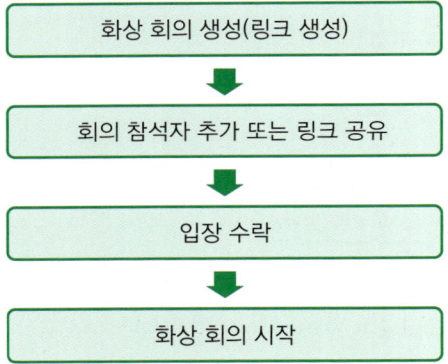

구글 미트에서 화상 회의 시작하기

크롬에서 MEET.google.com에 접속한 후 [새 회의 → 즉석 회의 시작]을 클릭하면 새 회의가 생성됩니다. 지금은 회의 개설자도 아직 회의에 참여하지 않은 빈 방이 생성된 상태입니다.

▶ 구글 워크스페이스 계정으로 접속하면 메뉴 구성이 조금 다릅니다. 이 책은 개인 계정 화면을 기준으로 실습을 진행합니다.

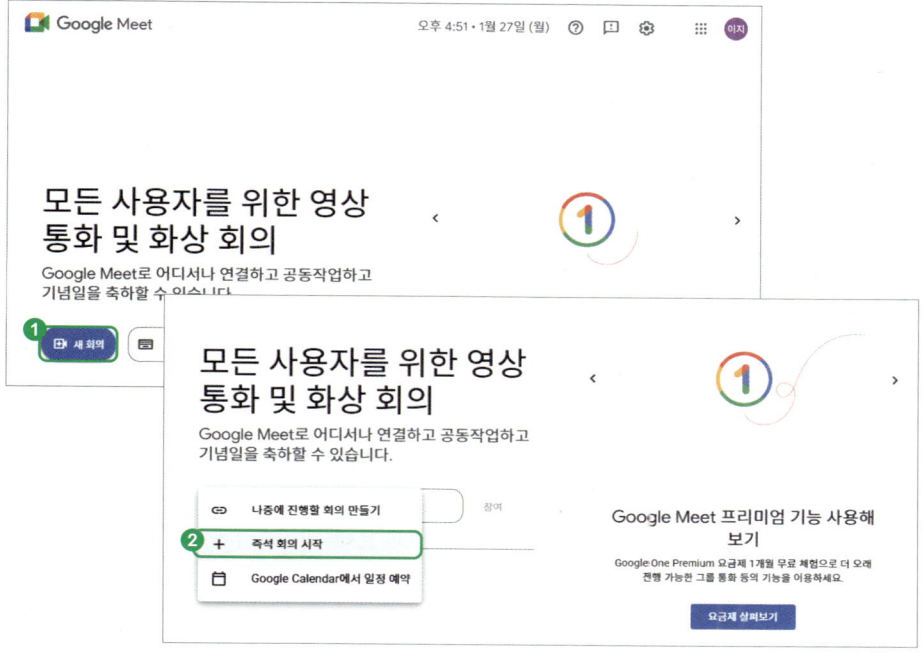

구글 캘린더에서 화상 회의 시작하기

함께 회의할 사람과 구글 캘린더를 연동해 사용하고 있다면 캘린더에서 미리 화상 회의 일정을 잡고 초대하면 좋습니다. 일정 등록을 할 때 [Google Meet 화상 회의 추가]를 클릭하면 화상 회의 링크가 생성됩니다.

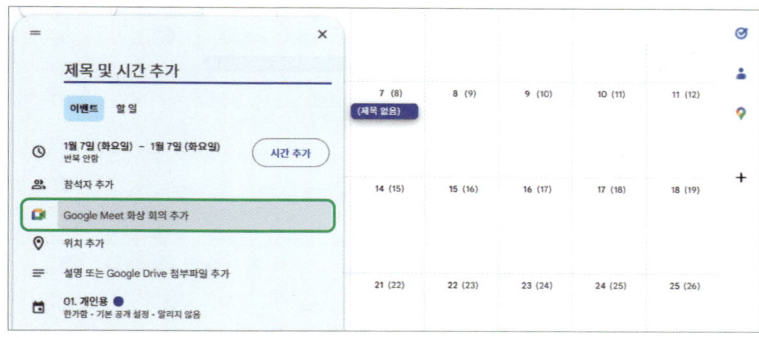

캘린더에서 바로 화상 회의를 만들 수 있습니다.

화상 회의에 초대된 사람들도 캘린더로 참여할 수 있습니다.

 **된다! 1분 팁** | 지메일이나 다른 도구에서도 화상 회의에 접속할 수 있어요

1. 지메일에서 화상 회의 참여하는 방법

지메일 화면 왼쪽에도 화상 회의를 바로 시작할 수 있는 메뉴가 있습니다. [새 회의 → 시작하기]를 누르면 구글 미트로 바로 넘어가서 회의에 참여할 수 있습니다. 다른 사람이 만든 회의에 참여하려면 [회의 참여]를 클릭하세요.

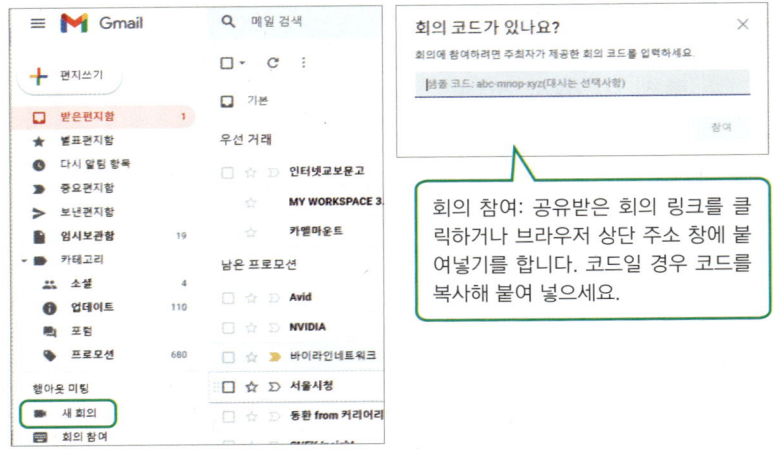

회의 참여: 공유받은 회의 링크를 클릭하거나 브라우저 상단 주소 창에 붙여넣기를 합니다. 코드일 경우 코드를 복사해 붙여 넣으세요.

2. 구글 협업 도구에서 화상 회의 참여하는 방법

구글 협업 도구 서비스 상단에 구글 미트 아이콘을 클릭하면 화상 회의를 시작할 수 있습니다.

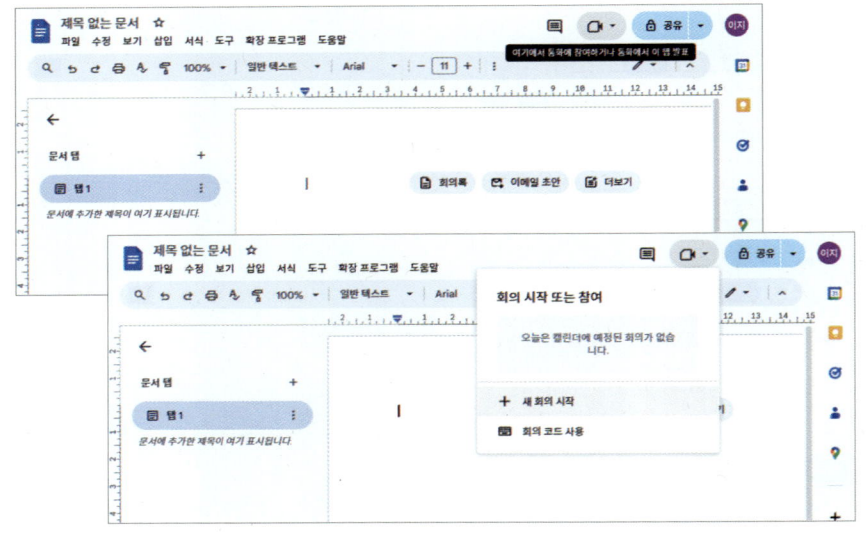

하면 된다! } 구글 미트의 기본 기능과 설정 살펴보기

1. 회의를 시작해 보겠습니다. [+ 즉석 회의 시작 → 지금 참여하기]를 클릭해 보세요.

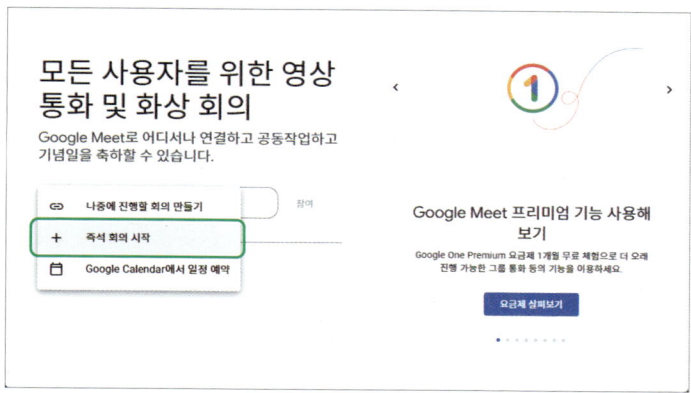

2. 처음 화면 구성은 간단합니다. 자신의 캠 화면과 함께 오른쪽 상단과 하단에 메뉴가 나옵니다.

❶ **yni-vtcn-wwe**: 회의 고유 아이디입니다.
❷ **마이크 카메라**: 마이크 카메라를 켜고 끌 수 있습니다.
❸ **CC**: 발표자가 말을 하면 실시간으로 자막을 출력합니다. 언어를 반드시 한국어로 설정하세요.
❹ **반응 보내기**: 이모티콘을 사용하여 감정을 표현하거나 반응을 보낼 수 있습니다.
❺ **발표 시작**: 화면을 공유해 함께 보거나 발표, 수업 등을 할 때 사용합니다.
❻ **손 흔들기**: 손을 들어 발언을 요청하거나 주의를 끌 때 사용합니다.
❼ **더보기**: 화면이나 배경, 사용자 설정 등을 할 수 있습니다.
❽ **종료**: 회의에서 나가거나 회의를 종료합니다.

3. 화면 공유하기

[발표 시작]을 누르면 화면을 공유할 수 있습니다. PC 화면은 회의나 발표, 강의 등 상황에 맞게 선택하는 것이 좋습니다.

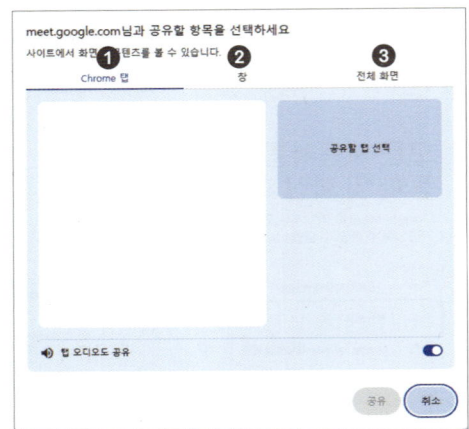

❶ **Chrome 탭**: 크롬 브라우저의 탭 하나만 공유합니다. 특정 콘텐츠를 강조하고 싶을 때 유용합니다.
❷ **창**: 현재 실행 중인 창 중에서 하나를 선택하여 공유합니다. PC의 모든 영역을 공개하고 싶지 않을 때 적합합니다.
❸ **전체 화면**: 내 PC 전체 화면을 공유합니다.

4. 화면 오른쪽 아래에서 [더보기 ⋮]를 클릭해 보세요. 회의나 발표할 때 필요한 설정이 여기에 모여 있습니다.

❶ **레이아웃 변경**: 회의 참여자 레이아웃을 변경할 수 있습니다.
❷ **전체화면**: 회의를 전체화면으로 볼 수 있습니다.
❸ **PIP 모드 열기**: PIP(Picture-in-Picture) 모드를 사용하여 화면을 작은 창으로 띄울 수 있습니다.
❹ **시각 효과 적용**: 얼굴이나 배경에 시각 효과를 적용하여 배경을 흐리게 하거나 가상 배경을 설정할 수 있습니다.
❺ **문제 신고**: 회의 중 발생한 문제를 구글에 신고할 수 있습니다.
❻ **악용사례 신고**: 회의 중 부적절하거나 악용된 사례를 신고할 수 있습니다.
❼ **문제해결 및 도움말**: 구글 미트 사용 중 문제 발생 시 도움말을 제공받거나 해결 방법을 확인할 수 있습니다.
❽ **설정**: 오디오, 비디오 및 기타 회의 설정을 조정할 수 있습니다.

하면 된다! 전체 회의 영상 녹화하기

기업용 계정인 워크스페이스를 사용하면 구글 미트에서 회의 전체 영상을 녹화할 수 있습니다. 단, Admin 권한이 있는 관리자가 이 기능을 활성화해야 합니다. 또는 구글 원 Premium 요금제(2TB 이상의 스토리지 요금제)를 구독하시면 구글 미트의 녹화 기능을 사용할 수 있습니다.

▶ 구글 원의 요금제 관련 내용은 231쪽에서 확인할 수 있습니다.

1. Admin 권한 부여하기

관리 콘솔(ADMIN.google.com)에서 [앱 → G Suite → Google Meet]를 선택합니다.

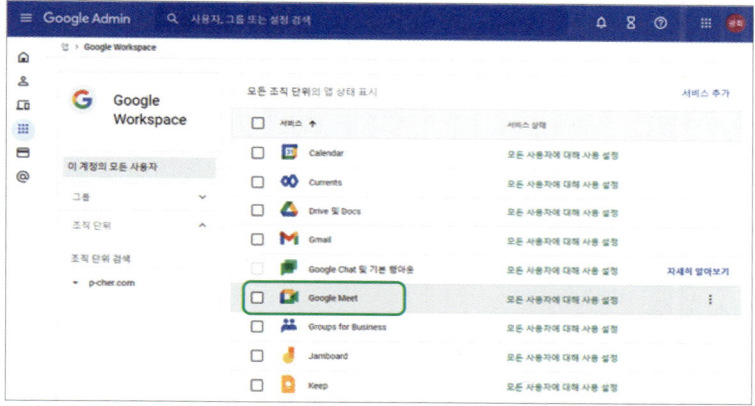

2. [녹화 중] 탭에서 [사용자가 회의를 녹화하도록 허용합니다.]에 체크 표시하세요.

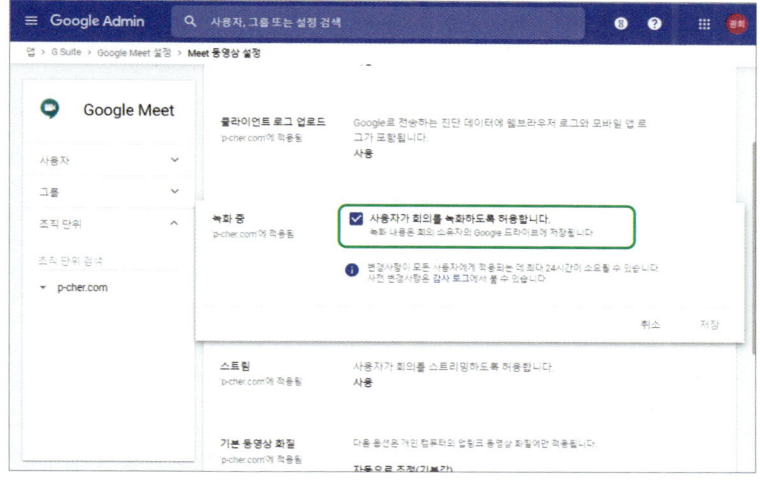

3. 기능이 활성화되면 화상 회의 화면의 오른쪽 아래에서 [더보기 ⋮] → 녹화 관리]를 선택해 녹화할 수 있습니다. 이렇게 녹화된 영상은 구글 드라이브(DRIVE.google.com)의 [Meet Recordings] 폴더에 자동 저장됩니다.

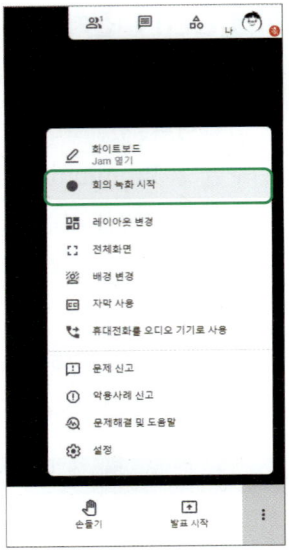

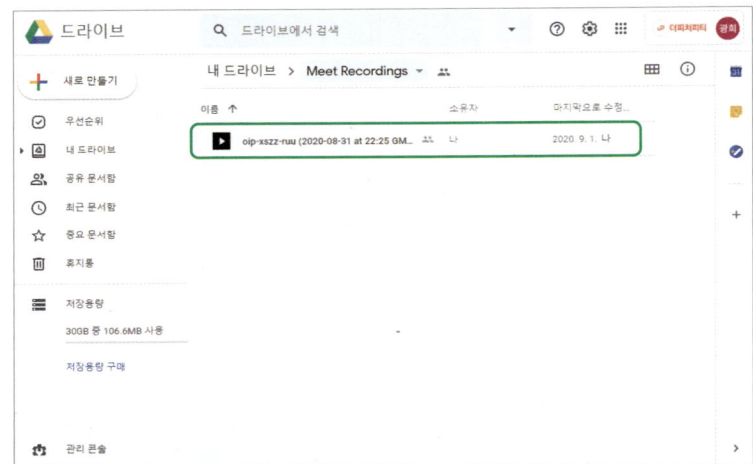

13-3
구글 미트로 화상 회의할 때 유용한 팁 3가지

구글 미트는 우리가 평소에 자주 사용하는 영상 통화와 비슷한 부분이 많아서 한두 번 해보면 금방 적응할 수 있습니다. 여기서는 미리 알아 두면 유용한 팁 3가지를 소개합니다.

상황에 따라 카메라와 마이크를 꺼두세요

회의에 참여하자마자 가장 먼저 할 것은 내 카메라와 마이크를 활성화할지 선택하는 것입니다. 몇몇 사람만 참여하는 회의라면 카메라와 마이크를 모두 활용해야 하지만, 단순히 참관만 한다면 화면 하단의 아이콘을 클릭해서 카메라와 마이크를 꺼주세요.

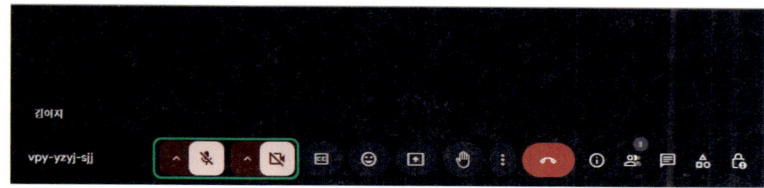

카메라 화질(해상도)을 높여 보세요

내 PC가 고사양이고 네트워크 환경이 안정적이라면 더 또렷한 화면 상태로 회의를 할 수 있도록 카메라 화질(해상도)을 고화질로 설정하는 것이 좋습니다. 화면 오른쪽 아래에서 [더보기 ⋮] → [설정]에서 [영상] 탭을 선택한 후 [전송·수신 시 해상도] 모두 [고화질(1080p)]로 바꿉니다.

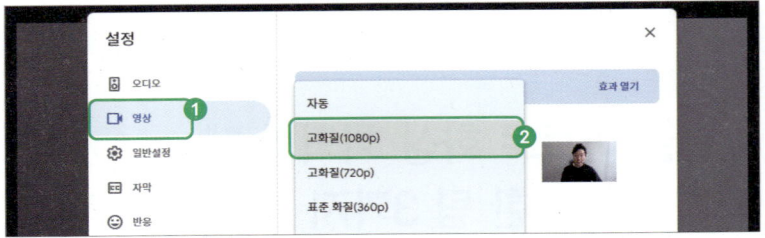

시각 효과를 적용해 보세요

[더보기 :] → 시각 효과 적용]을 클릭하면 여러 설정을 할 수 있습니다.

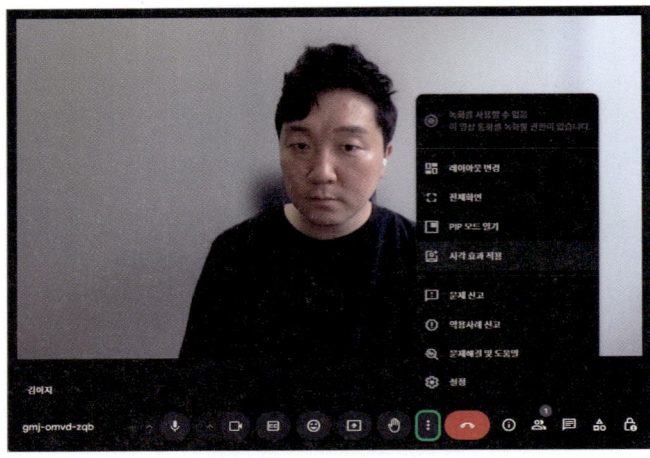

첫번째로 [배경] 탭의 [블러 및 나만의 배경]에서 [배경 흐리게 처리]를 설정해 보세요. 인물과 배경을 자동 인식해 인물은 또렷하게 배경은 흐리게 처리합니다. [다른 배경이나 사진]은 인물이 잘 보이지 않아 추천하진 않습니다.

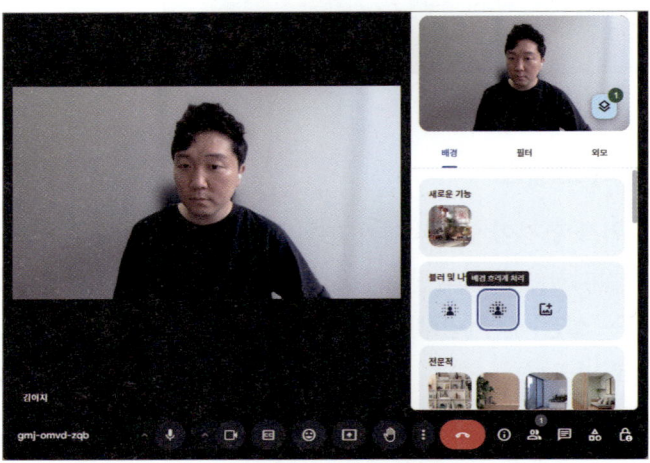

두번째로 [외모] 탭에서 [동영상 밝기 조정]과 [프레이밍]을 설정해 주세요. 동영상 밝기 조정은 화면이 어두워 보일 때 자동으로 밝게 조정해 내 얼굴이 잘 보이게 해 줍니다. 프레이밍은 내가 화면의 가운데에 보이도록 자동으로 위치를 맞춰 줍니다. 필요하면 [프레임 재조정]을 눌러 다시 조정할 수 있습니다. 이외 [스튜디오 스타일], [인물 보정] 등의 추가적인 기능도 있으니 한번 살펴 보세요!

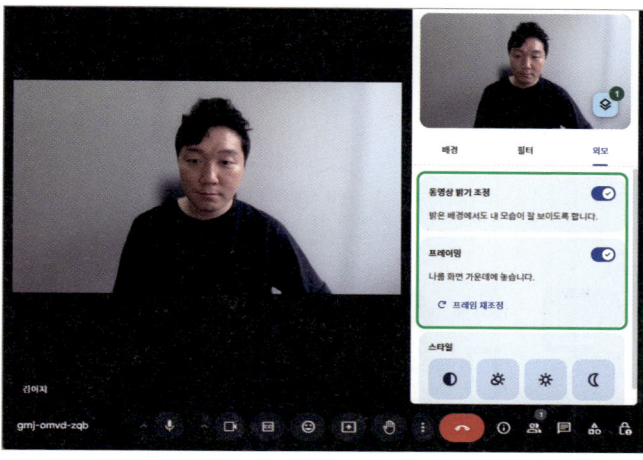

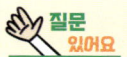

구글 미트에서 녹화나 실시간 스트리밍을 할 수 있나요?

아쉽게도 무료 버전에서는 녹화나 스트리밍 서비스를 지원하지 않습니다. 구글 원 Premium 요금제(2TB 이상의 스토리지 요금제)를 구독하면 구글 미트의 녹화나 스트리밍 기능을 사용할 수 있습니다. 녹화는 내 구글 드라이브에 저장되며, 스트리밍은 유튜브 스트리밍을 지원합니다.

13 • 재택근무와 비대면 업무를 위한 화상 회의, 구글 미트 **281**

14 실시간으로 조사하고 결과 정리까지,
구글 설문지

이번 장에서는 구글의 온라인 설문 조사 서비스인
구글 설문지의 특징과 사용법을 알아봅니다.
질문 작성 및 배포 방법부터 설문 조사 결과를 정리하고
저장하는 방법까지 온라인 설문지를 만드는
주요 기능을 익히고 업무에 활용할 수 있습니다.

14-1 참여도는 올리고 설문 결과는 자동으로 정리하는 구글 설문지
14-2 누구나 쉽게 만드는 온라인 설문지
14-3 스프레드시트로 설문 결과 받아 보기
14-4 다른 설문지에서 질문 가져오기
[능력자 인터뷰 7] 미국 IT 기업의 스마트 워크, 이렇게 한다! — 나원택 님
[스페셜] 개인 생활도 스마트하게! 알아 두면 유용한 구글 서비스 11가지

14-1

참여도는 올리고 설문 결과는 자동으로 정리하는 구글 설문지

기존의 설문 조사 방식은 이제 먼 옛날이야기가 됐어요!

설문 조사, 강의 신청, 만족도 평가 등 설문지를 작성하는 상황은 다양합니다. 그런데 설문 질문(문항)을 작성하는 것부터 조사 결과를 하나씩 취합하는 과정까지 결코 만만치 않죠. 그나마 종이에 수기로 하던 과거와 달리 이메일 등으로 설문 조사를 할 수 있어서 편해지긴 했습니다. 하지만 이 또한 일일이 내용을 확인해서 엑셀로 정리해야 하므로 시간이 많이 걸립니다.

이런 설문 조사도 구글 설문지나 네이버 폼 같은 온라인 설문 서비스를 이용하여 쉽고 간편하게 진행할 수 있어요.

누구나 스마트폰으로 1분이면 설문 완료! 참여도가 올라가요!

구글 설문지는 모든 작업이 온라인으로 이루어집니다. 온라인 환경에서 설문지를 만들어 링크로 배포되니 언제 어디서나 편하게 응답할 수 있습니다. 그리고 구글 설문지는 설문 결과를 실시간으로 보여 줄 뿐만 아니라 스프레드시트로 바로 수집합니다. 따라서 이제는 설문지의 삐뚤빼뚤한 글씨를 힘들게 읽어 가며 엑셀에 직접 타이핑하지 않아도 됩니다.

온라인 설문지는 여러 형태로 활용할 수 있습니다. 일반적인 의견 취합과 만족도 조사는 물론이고, 선호도 투표나 명절 선물 주소 취합, 뉴스레터 수신 이메일 취합도 할 수 있습니다. 섹션 기능으로 간단한 개인 정보를 입력하면 PDF 배포 자료를 전달할 수도 있고, 심지어 시험을 치르고 정답과 설명까지 보여 줄 수 있으니 활용도가 정말 무궁무진하죠?

설문 결과를 정리하느라 고생하지 않아도 돼요!

구글 설문지는 참여자의 답변을 정리하는 시간을 크게 줄여 줍니다. 모든 답변을 실시간으로 볼 수 있을 뿐만 아니라 구글이 자동으로 정리해서 보고서까지 만들어 주기 때문입니다.

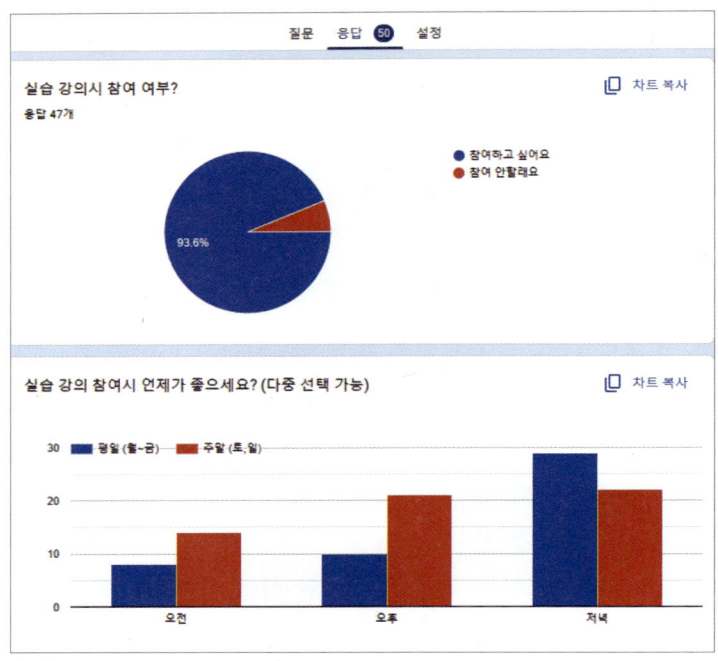

구글 설문지 미리 보기

구글 설문지를 아직 본 적이 없다면 다음 링크를 입력해서 설문지 샘플을 확인해 보세요.

http://bit.ly/구글설문지-예시문항

10가지 질문 유형을 볼 수 있습니다. 각 질문 유형의 특징과 기능을 살펴볼까요?

- **단답형**: 한 줄 이내로 짧은 답변을 받아야 할 때 사용합니다.

- **장문형**: 소감 등 긴 문장으로 답변을 받아야 할 때 사용합니다.

- **객관식 질문**: 여러 보기 중에서 하나만 선택할 수 있습니다.

- **체크박스**: 여러 보기 중에서 중복해서 선택할 수 있습니다.

- **드롭다운**: 여러 항목을 펼쳐서 그 중에서 하나만 선택할 수 있습니다.

- **파일 업로드**: 설문 참여자에게 사진, 신분증 사본 등 첨부 파일을 받아야 할 때 사용합니다.

- **선형 배율**: 개인의 주관적인 답변을 수치로 평가할 때 사용합니다.

- **등급**: 사용자에게 점수를 선택할 수 있는 범위를 제공합니다. 별, 하트, 엄지척 아이콘을 활용합니다.

- **객관식 그리드**: 직선 단계 유형의 질문을 여러 개 활용할 때 사용합니다.

- **체크박스 그리드**: 객관식 그리드와 같지만 답변을 2개 이상 선택할 수 있습니다.

- **날짜·시간:** 설문 참여자가 원하는 날짜나 시간을 조사할 때 활용합니다.

설문 조사에서 받은 첨부 파일은 어디에 저장되나요?

설문 시작과 동시에 내 구글 드라이브에 해당 설문지가 들어간 폴더가 자동으로 만들어집니다. 첨부 파일은 해당 설문지가 있는 폴더 안에 새 폴더로 저장됩니다.

14-2

누구나 쉽게 만드는
온라인 설문지

기존 오프라인에서 사용하는 종이 설문지는 워드프로세서로 제작한 뒤 출력했습니다. 하지만 구글 설문지는 워드프로세서가 아니라 구글 설문지 전용 서비스를 이용해서 누구나 쉽게 작성할 수 있습니다. 제작도 활용도 정말 쉬운 구글 설문지, 한번 만들어 볼까요?

하면 된다! } 온라인 설문지 만들기

1. 크롬에서 [설문지 📄]를 선택하거나 주소 창에 FORMS.google.com을 입력해 접속합니다. ➕를 눌러 새 설문지를 생성합니다.

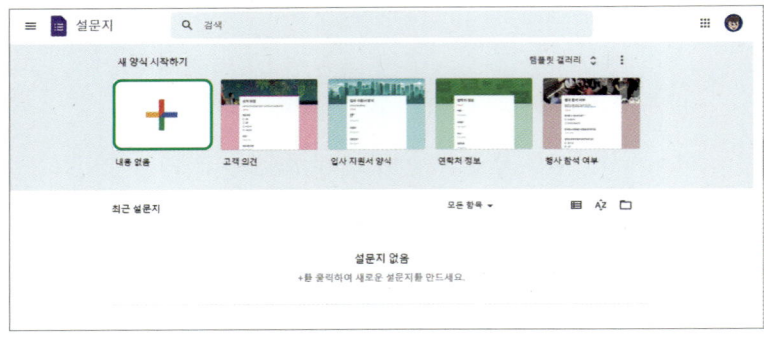

2. 설문지는 질문을 하나씩 나열하는 방식입니다. 먼저 제목 부분에 '이지스컴퍼니 고객 초청 세미나 만족도 조사'를 입력한 후, 화면 오른쪽에 있는 콘텐츠 추가 메뉴 중에서 [제목 및 설명 추가 Tr]를 클릭해 텍스트 상자를 추가합니다.

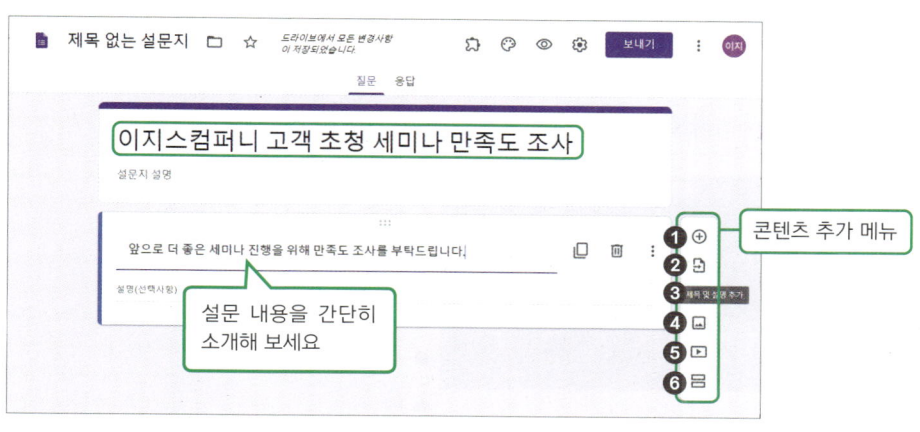

❶ **질문 추가**: 질문을 추가합니다.
❷ **질문 가져오기**: 이전에 만든 설문지에서 필요한 질문을 골라서 불러올 수 있습니다.
❸ **제목 및 설명 추가**: 텍스트 상자를 추가합니다.
❹ **이미지 추가**: 이미지를 직접 업로드하거나 '구글 이미지 검색'이나 '내 구글 포토' 등에서 불러옵니다.
❺ **동영상 추가**: 유튜브 동영상이나 특정 URL 영상을 추가합니다.
❻ **섹션 추가**: 영역을 나눠 줄 분기점을 만들 수 있습니다.

3. 설문지와 관련된 사진이나 영상을 추가해 보세요. 설문에 대한 흥미를 유발하고 정보 전달력을 높일 수 있습니다. [이미지 추가 🖼]를 클릭해 사진을 추가합니다.

사진 출처: https://unsplash.com/photos/uf2nnANWa8Q

4. 이제 본격적으로 설문 질문을 만들어 보겠습니다. 화면 오른쪽에 있는 콘텐츠 추가 메뉴에서 [질문 추가 ⊕]를 클릭해서 텍스트 상자를 추가해 주세요. 질문 유형은 [날짜]로 선택하고 언제 세미나를 청강하셨나요?라고 입력합니다.

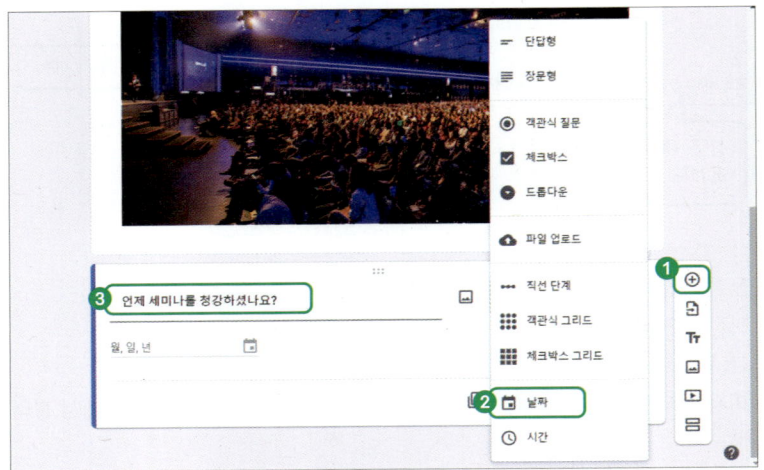

5. 반드시 답변을 받아야 한다면 질문 창 오른쪽 아래에서 [필수] 항목을 선택하세요. 참여자가 이 질문에 답변하지 않으면 제출되지 않거나 다음 페이지로 넘어갈 수 없습니다.

6. 이제 유형별로 설문 질문을 하나씩 작성해 설문지를 완성하세요.

7. 설문 질문을 모두 작성했으면 화면 오른쪽 위에서 [미리보기 👁]를 선택하여 설문지가 실제로 어떻게 보이는지 확인해 보세요.

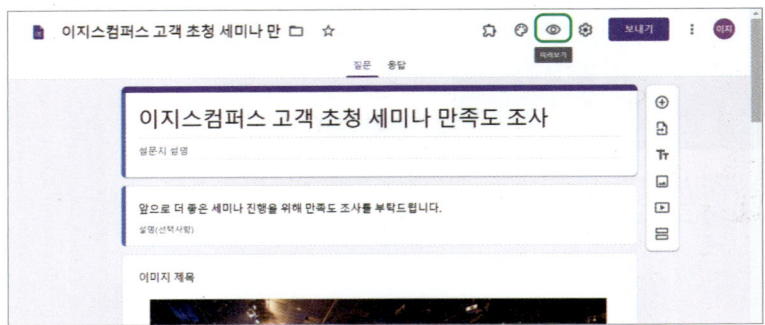

8. 상단에 🎨 버튼을 클릭해 설문지의 글꼴과 전체적인 샤상을 변경할 수 있습니다. 글꼴은 가독성이 좋은 Noto Sans KR를 추천합니다. 색상은 원하는 색상이나 회사의 로고 색상을 활용해 보세요.

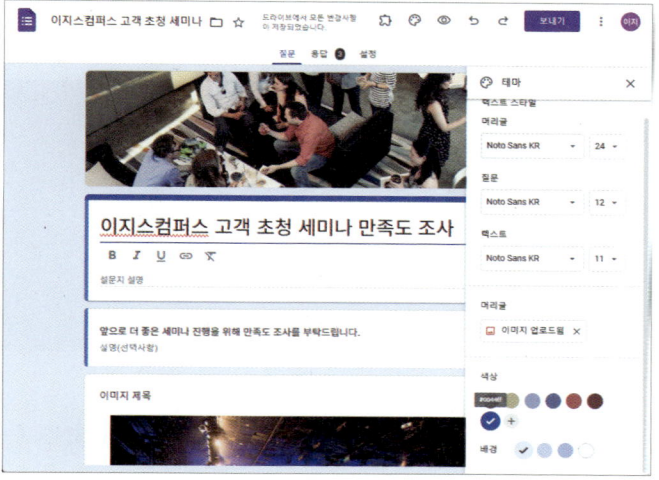

9. [게시]를 누르면 [게시 양식] 창이 뜹니다. 다시 [게시]를 누르면 온라인에 공개가 됩니다. 이때 응답자 관리를 통해 응답 내용 공개 여부 및 설문지 권한 설정도 할 수 있습니다. 게시된 이후 [게시됨]을 클릭해서 [응답자 링크 복사] 또는 🔗 버튼을 클릭해서 공유 링크를 복사할 수 있습니다.

10. 링크를 전체 선택한 뒤 Ctrl + C로 단축한 URL을 복사해 메신저나 SNS 등을 이용해서 배포해 보세요.

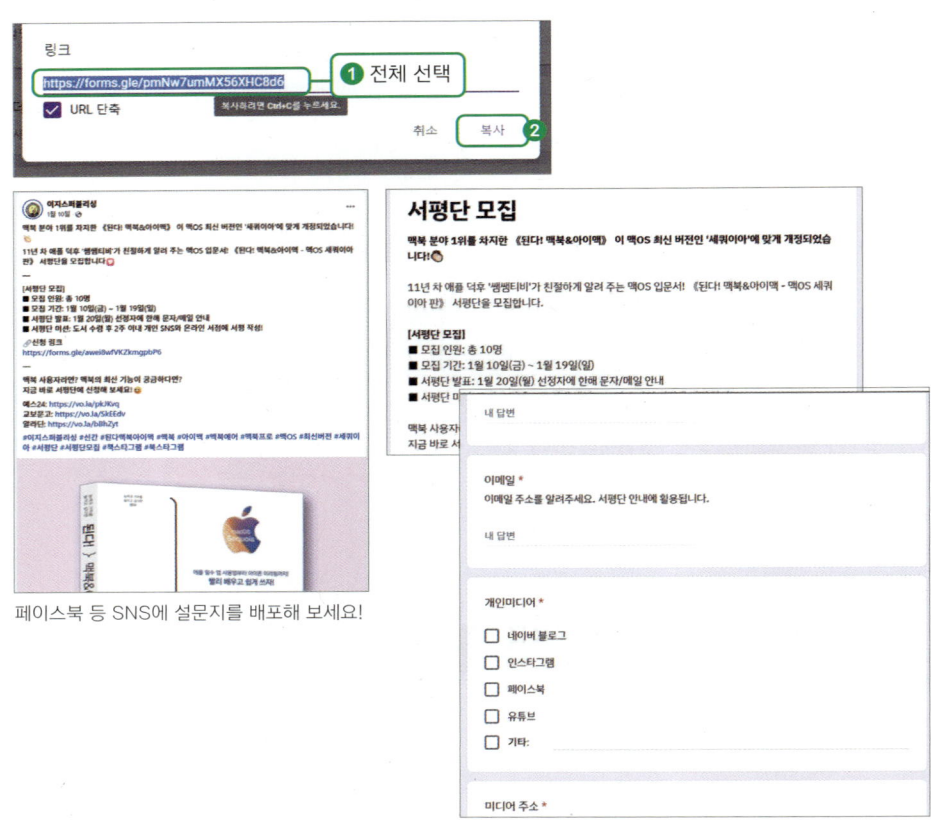

페이스북 등 SNS에 설문지를 배포해 보세요!

된다! 1분 팁 | 설문지 보내기 전에 사용자 제한 체크 해제!

기업용 워크스페이스 계정을 사용하는 경우 [로그인 필요]의 사용자 제한에서 체크를 해제해야만 설문 응답을 받을 수 있습니다. 설문을 보내기 전에 꼭 확인하세요!

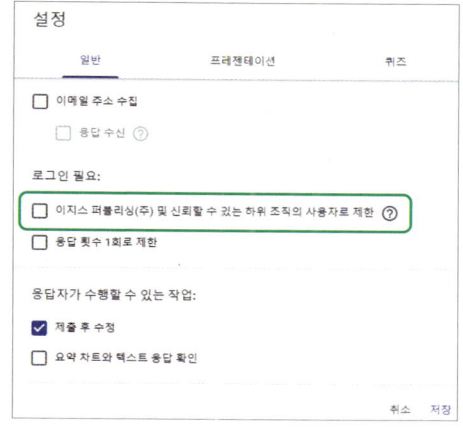

 **설문지의 질문이나 구성을 어떻게 할지 막막해요**

걱정하지 마세요! 구글은 17가지 설문지 템플릿을 제공합니다. [설문지] 첫 화면에서 오른쪽 위에 있는 [템플릿 갤러리]를 클릭해 보세요. 템플릿을 불러와서 질문만 수정하면 설문지를 쉽게 만들 수 있습니다.

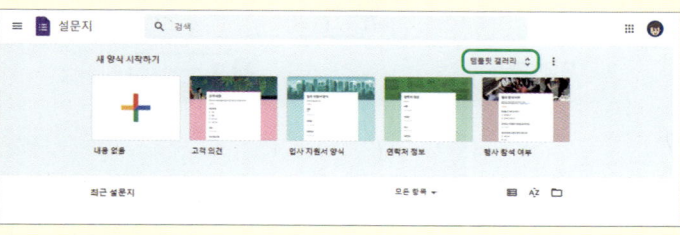

14 · 실시간으로 조사하고 결과 정리까지, 구글 설문지

14-3
스프레드시트로 설문 결과 받아 보기

그동안 설문 조사를 하면 엑셀 등으로 데이터를 가져와 직접 정리해야 했습니다. 그러나 구글 설문지를 이용하면 실시간으로 설문 결과를 볼 수도 있고 파일로 한 번에 저장할 수도 있습니다.

하면 된다! } 설문 조사 결과를 구글 스프레드시트로 정리하기

1. 설문지 화면 위쪽 가운데에서 [응답] 탭을 눌러 실시간으로 설문 결과를 확인해 봅니다. 이어서 [Sheets에 연결 🟩]을 클릭합니다.

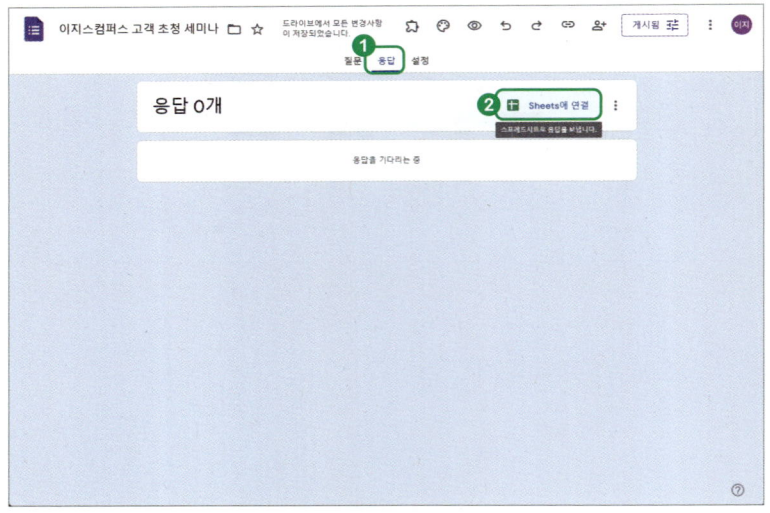

2. [새 스프레드시트 만들기]를 선택하고 [만들기]를 클릭하면 설문 결과가 스프레드시트 화면에서 열립니다. 이제 설문 결과가 스프레드시트 파일에도 실시간으로 연동됩니다.

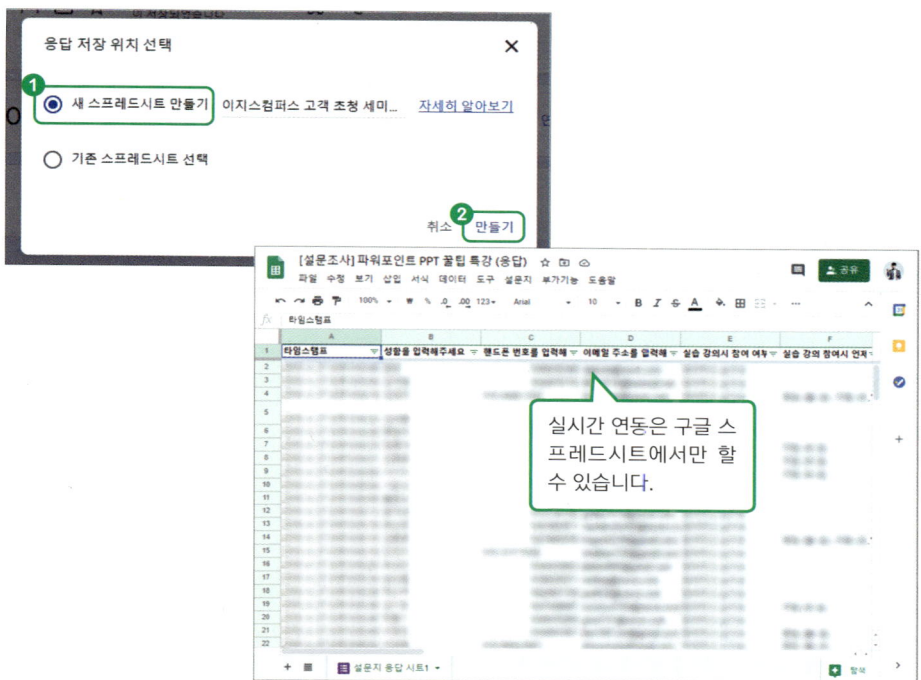

실시간 연동은 구글 스프레드시트에서만 할 수 있습니다.

3. 불러온 설문 결과는 [파일 → 다운로드]를 클릭해서 엑셀, PDF 등 다른 파일 형식으로도 저장할 수 있습니다. 회사에서 주로 엑셀을 사용하거나 엑셀에만 있는 기능을 활용해야 한다면 설문 조사를 완전히 마친 후 엑셀 파일로 저장하세요.

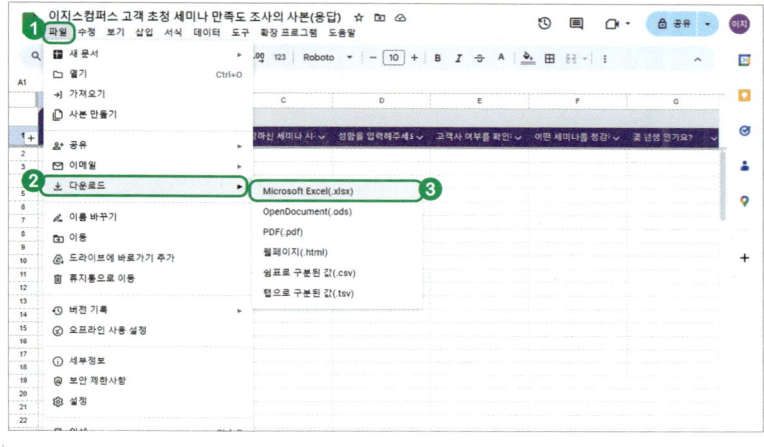

14 · 실시간으로 조사하고 결과 정리까지, 구글 설문지   **295**

14-4

다른 설문지에서 질문 가져오기

새로 설문지를 만들려고 하는데 전에 만들었던 설문지의 질문이 필요하다면 [질문 가져오기] 기능을 이용해 보세요.

하면 된다! } 다른 설문지 질문 가져오기

1. 새 설문지 작성 화면을 열고 화면 오른쪽 메뉴에서 [질문 가져오기 📄]를 선택합니다. 이전에 만들었던 설문지 중에 다시 사용할 질문이 있는 설문지를 선택합니다.

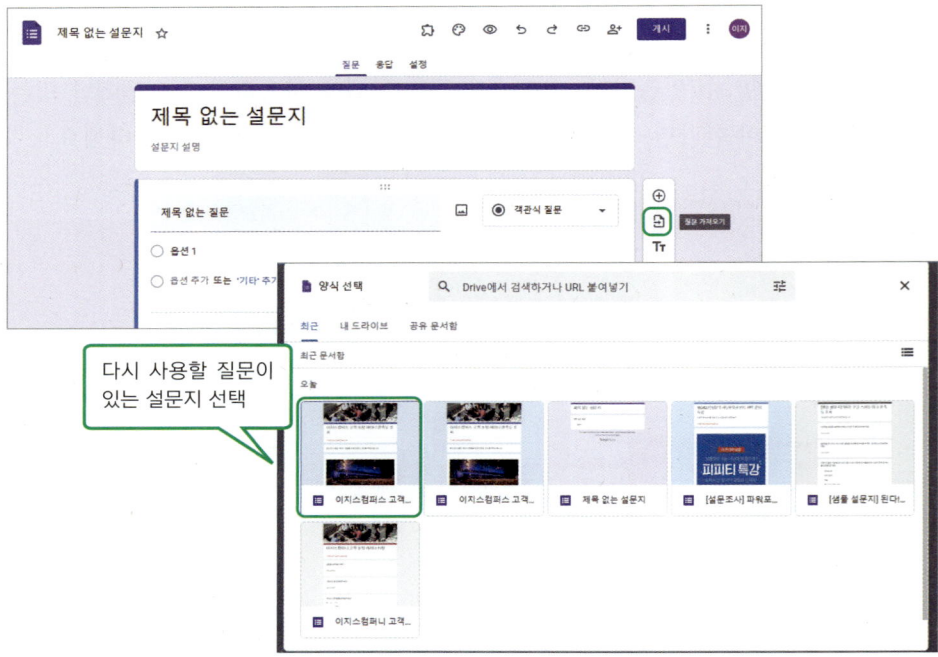

2. 화면 오른쪽에 이전 설문지의 질문들이 체크 박스와 함께 나열됩니다. 그중에 필요한 질문만 선택하고 [질문 가져오기]를 클릭합니다. 설문지 제목을 붙이고 [보내기]를 클릭합니다.

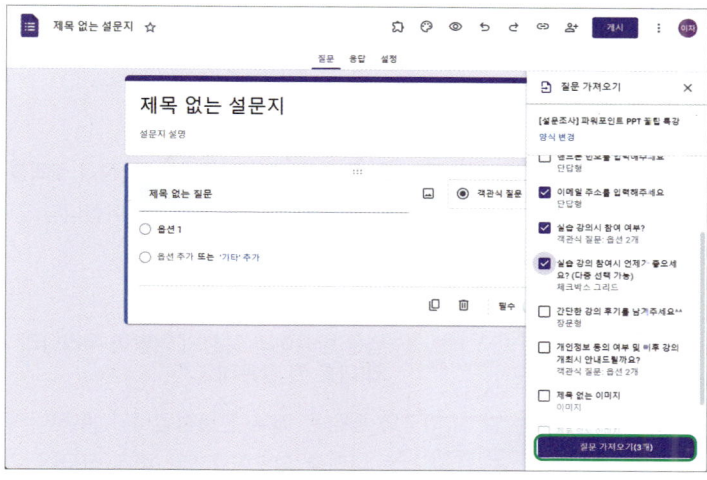

 된다!
1분 팁 | 구글 설문지에서 함께 사용하면 유용한 부가 기능

다른 설문지 서비스처럼 구글 설문지 역시 부가 기능을 추가해 활용할 수 있습니다. 화면 오른쪽 위에서 [더보기 ⋮ → 부가기능]을 클릭하여 어떤 기능이 있는지 살펴보고 추가해 보세요.

구글 설문지에 함께 사용하면 좋은 추천 앱 2가지를 소개합니다.

1. Email Notifications for Forms
참여자가 설문을 완료하면 메일로 결과를 곧바로 받아볼 수 있게 해줍니다.

2. formLimiter
설문 일정과 시간 관리, 그리고 설문에 참여할 인원을 제한해야 할 때 유용합니다.

능력자 인터뷰 7
미국 IT 기업의 스마트 워크, 이렇게 한다!

미국 인터넷 콘텐트 딜리버리 서비스 회사
아카마이 수석 엔지니어
나원택 님

Q 자기소개 부탁드립니다. 어떤 일을 하나요?

샌프란시스코에서 아카마이 테크놀로지스(Akamai Technologies)라는 인터넷 콘텐트 딜리버리 서비스를 하는 회사의 수석 엔지니어로 8년째 일하고 있습니다. 주로 우리 회사와 경쟁사의 서비스 속도를 비교·분석하는 일을 합니다.

Q 현재 어떤 방식으로 일하나요?

회사 일의 기본 단위는 티켓입니다. 우리나라의 기술 기업들도 많이 사용하듯이, 아카마이 역시 오래 전부터 지라(JIRA)라는 프로젝트 관리 소프트웨어의 티케팅 시스템을 활용하고 있습니다.
해야 할 일을 대·중·소, 그리고 일의 성격, 즉 원인을 파악해야 하는지, 분석해야 하는 일인지 또는 새로운 도구를 만들고 테스트 환경을 바꾸는 업무인지 등에 따라 티켓에도 계층 구조(hierarchy)가 있습니다.
예를 들면 업무는 에픽(epic), 태스크(task), 서브태스크(sub-task), 이슈 등으로 분류해 볼 수 있습니다. 에픽이 가장 큰 범위의 업무입니다. 바로 일의 시작과 끝이 있고, 성과가 있는 프로젝트 성격의 일을 말합니다. 에픽 안에 태스크나 서브태스크들이 있으며 이슈도 발생할 수 있습니다.
주로 매니저(팀장)와 상의하여 직접 티켓을 만들고, 그 티켓에 제가 하는 일의 과정과 결과를 업데이트하면서 업무 관리가 이루어집니다.

Q 업무 방식이나 팀장의 역할이 우리나라와 다를 거 같은데요?

미국의 팀장은 매우 전문적입니다. 우리나라에서는 나이를 먹으면 자연스럽게 직급이 오르고 관리자가 되는 경우가 많죠. 아카마이에서 팀장은 직급으로 볼 때 저보다 아래이지만 회사 안에서는 관리자 트랙으로 훈련된 사람입니다. 그래서 매니저라고 합니다.
매니저(팀장)는 해야 할 일을 찾고, 업무를 정리하고, 절차를 만드는 역할을 합니다. 그래서 저 같은 개발자들이 성과를 내는 데에만 전념할 수 있게 서비스해 줍니다.
매니저는 다른 부서와 소통하고, 저희 팀원의 요구를 받아서 일을 분류하고, 우선순위를 정하고, 대략적인 요구 사항과 기대 산출물만 전달해 줍니다. 나머지 상세한 업무 계획과 일정, 산출물을 만드는 방법 등은 저와 같은 수석 엔지니어가 결정해야 합니다.
티켓 시스템 이외의 업무 관리는 매니저와 주 1회 30분 정도 면담으로 이루어집니다. 이 면담 시간에 이해 관계자들의 요구를 간략히 설명하고, 산출물을 놓고 서로 동의하고, 현재 문제가 되는 점과 매니저가 해결할 시급한 문제 등을 이야기합니다.

또, 앞으로 업무 평가와 매니저 개인의 업무 추적을 위해 1주일 단위로 그동안 한 일, 다음 주에 할 일을 문서로 5~10줄 간략하게 정리해서 보내 줍니다.

Q 부서 간의 소통도 티켓을 중심으로 진행하나요?

티켓 시스템은 또 다른 팀원과 조직에게 일을 시키는 중요한 도구입니다. 업무를 진행하다가 다른 팀의 도움을 받아야 하면 그 팀의 티켓 시스템을 활용하여 직접 요청할 수 있습니다. 마찬가지로 다른 팀에서도 제가 필요할 때 저를 티켓 담당자로 지정하여 티켓을 만들 수 있습니다. 만약 그런 티켓들이 확인되면 매니저에게 검토해 달라고 하고 진행 여부 판단을 의뢰합니다.

이렇게 티켓 시스템을 쓰다 보니 업무는 당연히 비동기(asynchronous) 방식으로 이루어집니다. 우리나라에서 일할 때는 항상 요청과 응답이 즉시 이루어져야 하고, 응답이 이루어지지 않으면 하릴없이 대기하는 등 시간을 낭비하는 동기(synchronous) 모드로 일했던 것으로 기억합니다.

그러나 여기에서는 비동기 환경, 즉 요청은 티켓을 만드는 것으로 일단 잊어버리고, 각자 스케줄과 우선순위에 따라 자신의 페이스로 일하므로 덜 부담스럽습니다. 단점은 당연히 일이 좀 늘어지기도 한다는 거죠. 하지만 인력을 낭비하거나 고갈시키지 않고 체력과 편안한 정신 상태 유지를 더욱 우선시하는 분위기입니다.

Q 똑똑하게 일하는 방식을 소개한다면 어떤 게 있을까요?

티켓 시스템과 함께 위키피디아로 잘 알려진 문서 공유 시스템도 운영되고 있습니다. 이 문서 공유 시스템에서는 '합류(Confluence)'라는 위키 도구를 활용합니다. 이 문서 공유 시스템을 사용하므로 굳이 누군가를 만나서 물어보거나 교육받지 않아도 일할 때 필요한 대부분의 지식 정보를 구할 수 있습니다. 회사 시스템을 활용하는 방법, 알고리즘 소개, 새로운 개발 진행 내역 등을 예로 들 수 있지요.

저 역시도 분석 업무를 하면서 알게 된 회사 서비스와 관련된 중요한 문제점과 해결 방법 등을 정리해서 할당된 페이지에 블로그 글처럼 올리고 있습니다.

Q 원격 회의는 어떻게 진행되나요?

코로나 사태가 나기 전부터 회사에서는 출장을 통제하는 대신 화상 회의와 온라인 교육을 중시하고 투자해 왔습니다. 따라서 같은 건물에서 일하더라도 회의는 대부분 화상 회의를 해왔으므로 굳이 같은 사무실에 모여서 일할 필요를 느끼지 않습니다.

저희 팀원만 해도 뉴욕, 보스턴, 오타와, 샌프란시스코에 분산되어 있고, 매니저는 코로나가 발생하기 이전에도 재택근무를 했습니다. 단지 여러 지역으로 흩어져 일해서 불편함이 있다면, 시차가 3시간 정도 난다는 점이라고 할까요?

저는 1주일에 세 번 정도 회의에 참석합니다. 물론 매니저급은 회의가 꽤 많은 것으로 알고 있습니다.

Q 사원 교육도 원격으로 하나요?

회사에 아카마이 대학(Akamai University)이라는 온라인 교육 사이트가 있습니다. 그곳에는 정말 회사 내외에서 사용하는 기술을 총망라해서 다룹니다. 언제 이렇게 많은 강사를 사내 인력 중에서 섭외해서 동영상과 교육 교재를 만들었는지 감탄할 따름입니다.

신입사원 교육 때 어떤 기술을 배웠는지 가물가물해지고, 또 그 기술들이 진화해서 재교육이 필요할 때가 많습니다. 물론 회사의 위키 문서로 배울 수도 있지만, 아카마이 대학 사이트에서 체계적으로 정리한 내용을 직접 들을 수 있어서 크게 도움을 받은 적이 많습니다.

또, 미국 회사의 법적, 사회 규범적 요구에 따라 성희롱, 이해 충돌 금지, 직장 괴롭힘, 보안, 업무 윤리, 부패 방지 등 필수 교육을 받아야 하는데, 이 역시 모두 온라인으로 합니다. 어느 날 갑자기 '○○ 교육을 언제까지 편한 시간에 수강하세요'라는 메일이 오면 온라인으로 시청하면 됩니다.

Q 팬데믹 시대를 맞이해 바뀐 시스템이 있나요?

원격 근무에 익숙한 상태여서 팬데믹을 맞이하여 그렇게 큰 충격은 없었습니다.

하지만 사무실 근무를 선호하던 많은 인력이 강제로 원격 근무를 하면서 발생하는 문제를 해결하기 위해 회사에서는 여러 아이디어를 내어 스트레스를 덜어 주고자 노력하고 있습니다.

먼저 재택근무할 때 사용할 장비를 지원합니다. 상반기와 하반기 두 차례 각각 300달러씩 지원하여 모니터, 키보드, 프린터 등 컴퓨터 보조 장비와 책상, 의자 같은 비품 등을 구매할 수 있도록 했습니다.

또, 팀별로 금요일을 가상 회식(virtual beer time)의 날로 정해서 화상으로 팀원과 맥주 1병씩 손에 들고 마시면서 편하게 개인 이야기를 하는 시간도 가집니다.

부사장급 시니어는 산하 모든 직원을 10~12명으로 나누어 화상 회의를 조직하여, 현재 문제가 되는 부분과 지원이 필요한 부분 등을 경청하고 질문에 답하는 시간을 가집니다. 각 사업 본부 직원이 400명이 넘으니 어떻게 해왔는지 궁금하긴 합니다.

팬데믹 상황이 끝나더라도 회사의 노력과 개인의 경험 덕분으로 이제는 재택근무냐 사무실 근무냐는 순전히 개인의 선호도와 프로젝트에 따라 그때그때 결정될 것입니다.

이제 사무실은 관리자의 통제를 받는 공간이 아니라 회사 친구들을 만나 식사나 다과를 함께하면서 유대감과 소속감을 돈독히 하는 장소가 되겠죠. 학창 시절에 능률을 올리고 싶어 스스로 독서실에 가듯이, 사무실은 방해받지 않고 집중해서 일해야 할 때 필요한 공간이 될 것입니다. 고도의 팀워크가 필요한 프로젝트 일을 할 때 사무실은 협업 공간을 확보할 수 있는 좋은 장소가 될 것입니다.

미국의 웬만한 도시에는 아카마이 사무실이 크고 작은 형태로 존재합니다. 그래서 직원은 가장 살기 좋다고 판단하는 도시를 골라 일의 종류와 개인의 선호도에 따라 집과 사무실을 바꿔 가면서 근무할 수 있습니다.

프로페셔널리즘에 토대를 둔다면, 회사는 직원의 자율을 신뢰하고, 직원은 자기가 가장 행복하다고 판단하는 환경과 업무 방식으로 회사에 공헌하므로 경제학적으로 가장 최적의 선순환 체계를 갖추는 것입니다. 회사가 자신만의 문화적 DNA를 직원에게 주입하고 규범(norm)을 정착시킨다면, 직원은 자신이 자부하는 프로페셔널리즘을 기반으로 하여 장기간에 걸쳐서 최상의 업무 효율로 회사에 기여할 것입니다.

Q 자율성에 바탕을 둔 프로페셔널리즘이란 무엇인지 좀 더 설명한다면?

직원이 자부심을 느낄 정도로 회사의 채용 과정도 3차에 걸쳐 무척 까다롭게 진행합니다. 그러다 보니 회사 안에서는 언프로페셔널리즘을 굉장한 모욕으로 생각하고, 자신의 프로페셔널리즘에 항상 자부심을 가지는 독특한 문화가 있습니다.

예를 들면 사내 연예를 언프로페셔널리즘으로 생각해 기피하는 경향이 있습니다. 또는 회사 비품을 개인적으로 사용하는 경우도 전혀 없는 것은 아니지만, 크게 눈치를 보는 경향이 서로 있습니다. 직원 모두 이러한 프로페셔널리즘을 기반으로 하여 행동할 것이라는 강한 신뢰가 있습니다.

그래서 자율적인 회사 제도를 남용하는 사례가 극히 적습니다. 기억할 게 있어요. 간단한 게임 이론의 원칙인데요. 신뢰에는 신뢰로, 협조에는 협조로 사람들의 심리가 대응한다는 원칙이죠. 그래서 매니저의 역할이 중요한 거죠.

Q 매니저는 구체적으로 어떤 역할을 하나요?

매니저는 관리·통제하는 역할이 아니라 팀원에게 무한정 서비스를 제공하는 조력자로서 임무를 수행합니다. 우리나라에서는 개발자가 산출물과 관련된 PPT 파일을 만들지만, 여기서는 매니저가 구글 슬라이드를 이용해서 프레젠테이션을 직접 제작합니다. 그러고 나서 팀원에게 오류가 있는지, 놓친 부분은 없는지 확인해 달라고 요청합니다.

가장 중요한 서비스는 물론 의사 결정입니다. 의사 결정은 팀원이 최적의 판단으로 받아들일 수 있어야 합니다. 그래서 매니저는 의사 결정을 위한 근거 자료를 찾고 전체 업무를 파악한 후 결정합니다. 또한 다른 팀과 연결을 모색해 주는 서비스도 합니다. 그래서 매니저의 일정은 항상 회의로 가득합니다. 다른 팀과 회의를 많이 해야 하니까요.

업무 평가도 당연히 팀원을 위한 매니저의 서비스라 할 수 있습니다. 팀원이 스스로 업무를 평가하면 매니저는 각 평가 항목의 피드백을 팀원보다 3배 이상 세세하게 해줍니다. 예를 들어 업무에서 더 효율을 올릴 수 있는 방안 등을 정성껏 제시해 주는 식으로요. 그래서 팀원은 매니저의 평가를 충고와 가이드로 받아들입니다.

개인 생활도 스마트하게!
알아 두면 유용한 구글 서비스 11가지

구글 어시스턴트(ASSISTANT.google.com) | 모바일

전 세계에서 사용자가 가장 많은 구글의 'OK 구글!' 음성 서비스입니다. 예를 들어 "날씨 어때?", "와이프에게 전화 걸어 줘", "셀카 찍어 줘!", "근처 마트 몇 시까지 영업해?" 등을 물어보면 그에 맞는 대답을 들려 주거나 앱을 실행합니다.

특히 진동이나 무음으로 설정한 스마트폰을 찾을 수 없을 때는 이렇게 외쳐 보세요. "OK 구글! 볼륨을 최대로 해줘." 1초 내로 어시스턴트가 쩌렁쩌렁한 소리로 대답해 줄 거예요!

"날씨 알려 줘!"라고 하면 날씨 정보를 보여 줍니다.

구글 렌즈(LENS.google.com) | PC , 모바일

구글의 방대한 정보 데이터베이스를 활용한 사물 및 문자 인식 앱입니다. 사물을 분류하고 비교하여 사물과 연관된 다양한 정보를 보여 줍니다. 구글 렌즈를 실행해서 사진 찍듯이 사물을 비춰 보세요.

잠시 기다리면 화면에 검색 아이콘이 생성됩니다. 이 점을 터치하면 화면 아래에 해당 사물의 인식 결과가 나옵니다. 참고로 구글 렌즈는 구글 앱 검색 창 아이콘으로 실행하거나, 삼성 갤럭시 스마트폰이라면 별도의 렌즈 앱이나 서클 투 서치 기능으로도 사용할 수 있습니다.

검색 아이콘을 터치하면 마우스와 관련된 정보가 표시됩니다.

구글 번역(TRANSLATE.google.com) | PC , 모바일

구글 번역 앱만 있으면 텍스트는 물론 음성과 실시간 대화도 바로 번역할 수 있습니다. 사진이나 사물에 있는 텍스트를 직접 입력하여 번역한다면 좀 번거롭겠죠. 이런 경우에는 번역 앱의 카메라 기능을 이용해 보세요.

[카메라] 메뉴를 터치한 후 사진을 찍는 것처럼 비추기만 하면 실시간 번역되어 나타납니다. 또한 [대화] 메뉴를 사용하면 말한 내용을 즉시 번역하여 소리로 들려 주는 동시에 화면에도 보여 줍니다.

[카메라] 기능은 사물에 쓰인 텍스트를 바로 번역해서 보여 줍니다.

구글 지도(MAP.google.com) | PC , 모바일

국내에서는 API가 공개되지 않아 대중교통이나 내비게이션 등의 기능을 사용할 수 없지만 해외에서는 강력한 지도 앱입니다.

GPS를 켜둔 상태라면 프로필 메뉴에서 [내 타임라인]을 클릭해 보세요. 그동안 자신이 방문한 곳이 장소별로 정확한 시간까지 기록되어 있습니다.

자신 방문한 장소와 시간, 이동 유형 등을 상세히 볼 수 있어 유용하게 활용할 수 있습니다.

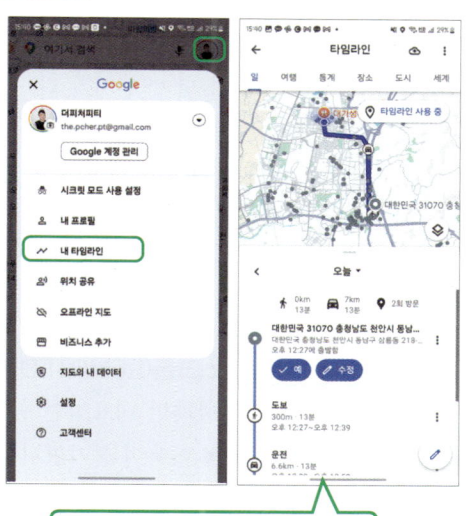

[내 타임라인]에서는 예전에 방문한 장소와 날짜를 볼 수 있습니다.

구글 내 지도(MYMAPS.google.com) | PC

따로 소개하고 싶을 만큼 활용도가 높은 서비스입니다. 구글 지도 서비스와 달리 '제주도 맛집 지도'와 같이 특정 위치만 등록해서 나만의 맞춤형 지도를 만들 수 있습니다. 그리고 여행지의 이동 경로를 미리 설정해 두면 인터넷 연결이 안 되더라도 이동 경로를 확인할 수 있습니다.

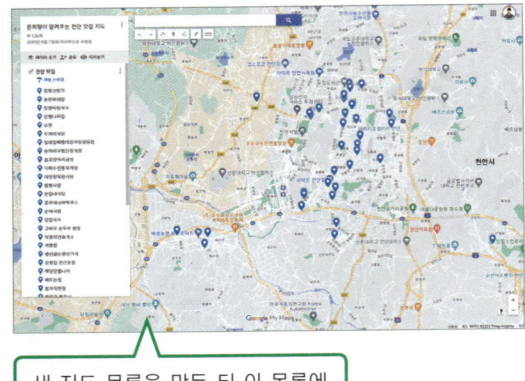

새 지도 목록을 만든 뒤 이 목록에 추가할 곳을 지도에서 선택하세요.

포토스캐너 | 모바일

필름 카메라로 찍은 사진을 스마트폰으로 스캔하면 빛 반사가 일어납니다. 그러나 포토스캐너를 사용하면 인화하여 코팅된 사진을 5번 촬영한 뒤 빛 반사가 되지 않은 부분만 합성하여 깔끔하게 만들어 줍니다. 인화된 사진을 디지털 추억으로 기록하고 싶다면 포토스캐너를 활용해 보세요.

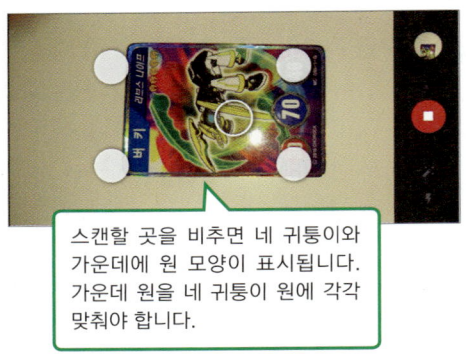

스캔할 곳을 비추면 네 귀퉁이와 가운데에 원 모양이 표시됩니다. 가운데 원을 네 귀퉁이 원에 각각 맞춰야 합니다.

Chrome 원격 데스크톱(REMOTEDESKTOP.google.com) | PC , 모바일

PC끼리 원격으로 연결하려면 대표적인 원격 프로그램인 팀뷰어나 네이트온 메신저를 이용할 수 있지만 상업적 이용이 불가합니다. 반면 구글 Chrome 원격 데스크톱은 기업이나 단체에서도 라이선스 걱정 없이 사용할 수 있습니다. PC에서는 Chrome 웹 스토어에서 'Chrome Remote Desktop'을, 스마트폰에서는 'Chrome 원격 데스크톱' 앱을 설치하면 외부에서 원격 조종할 수 있습니다.

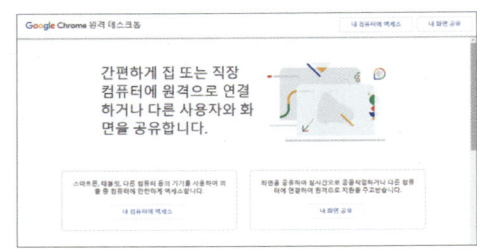

구글 메시지(MESSAGES.google.com) | PC , 모바일

PC에서 스마트폰의 메시지를 확인할 수 있을 뿐만 아니라 답장도 가능합니다. 스마트폰에 구글 메시지를 설치하고 기본 메시지 프로그램으로 설정한 뒤, PC에서 'messages.google.com'에 접속하여 연결하면 됩니다. 스마트폰을 보지 않고도 스마트폰 메시지를 활용할 수 있어 매우 편리하지만, 스마트폰의 기본 메시지 앱을 구글 메시지로 설정해야 합니다.

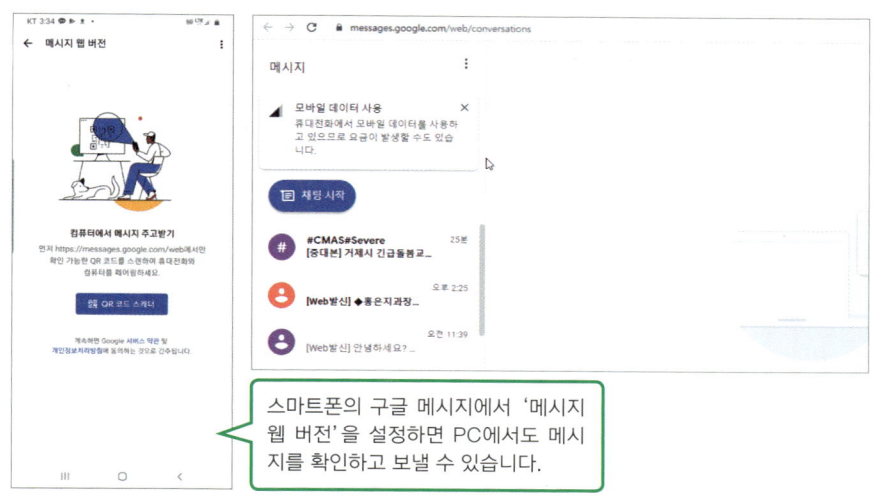

스마트폰의 구글 메시지에서 '메시지 웹 버전'을 설정하면 PC에서도 메시지를 확인하고 보낼 수 있습니다.

음성 자막 변환 및 알림 | 모바일

얼마 전까지 앱 이름이 '실시간 자막'이었는데 '음성 자막 변환 및 알림'으로 바뀌었습니다. 이 앱은 말을 하면 바로 자막으로 변환하여 보여 주는데요. 청각 장애인과 대화할 때 매우 유용하며, 동영상 스크립트도 생성할 수 있습니다. 아직 정식 버전이 아니라서 추후 변경될 수도 있습니다.

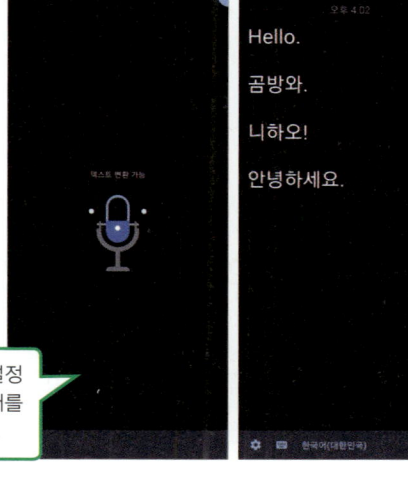

기본 자막 언어는 영어로 설정되어 있으며, 보조 언어 1개를 추가로 지정할 수 있습니다.

구글 뉴스(NEWS.google.com) | `PC`, `모바일`

인터넷이나 스마트폰으로 뉴스 기사를 보면 광고 때문에 불편한 경우가 많습니다. 특히 좁은 스마트폰 화면에 광고가 여기저기 삽입되어 집중도를 떨어뜨리고 심지어 기사 본문까지 가리기도 합니다. Google 뉴스 앱을 이용하면 광고가 거의 없거나 최소화해서 보여 주므로 이런 불편함을 해소할 수 있습니다.

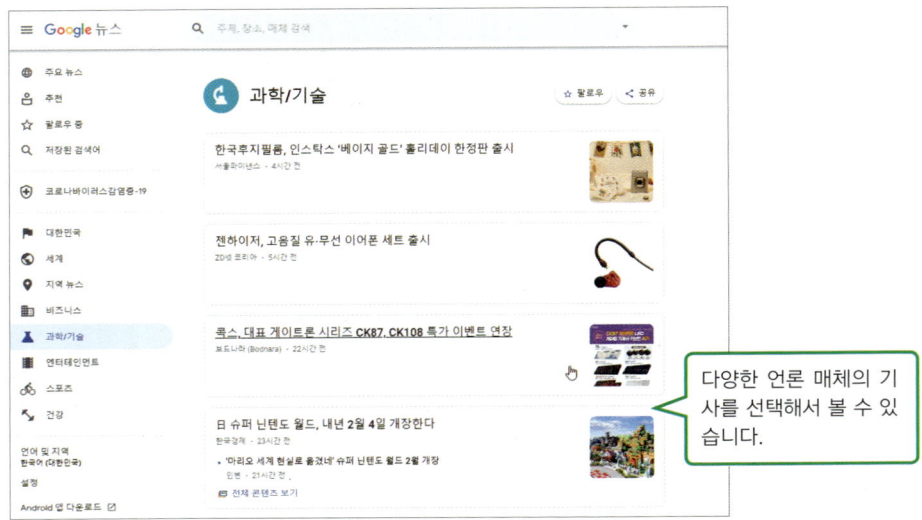

다양한 언론 매체의 기사를 선택해서 볼 수 있습니다.

구글 패밀리링크 (FAMILIES.google.com/familylink) | `PC`

자녀의 기기 사용 시간과 앱 접근을 효율적으로 관리할 수 있습니다.

306 스페셜・개인 생활도 스마트하게! 알아 두면 유용한 구글 서비스 11가지

다섯째마당

스마트 워크의 완성
– 사이트와 보안

15 • 웹 사이트도 구글로 만든다, 사이트 도구
16 • 보안과 문제 해결

15 웹 사이트도 구글로 만든다, **사이트 도구**

개인이 사용할 웹 사이트가 필요하거나
회사 웹 사이트에 올릴 간단한 홍보용 페이지가 필요할 경우에
구글 사이트 도구를 사용해 보세요.
클릭 몇 번 만으로 누구나 빠르고 쉽게 웹 사이트를 만들 수 있답니다.

15-1 클릭 몇 번으로 웹 사이트를 만든다!
15-2 이벤트 웹 페이지 만들기
15-3 '회사명.com'으로 사이트 주소 바꾸기

15-1

클릭 몇 번으로
웹 사이트를 만든다!

 협력 업체에 내일까지 신제품 홍보 페이지 업로드해 달라고 했더니 어렵다는데 어떡하죠?

급하게 요청하는 거라 쉽지 않을 거예요. 그래도 내일까지는 올려야 하잖아요.

 그러게요.ㅠㅠ 좋은 방법 없을까요?

홍보 페이지 내용이 간단하면 구글 사이트 도구로 만들 수 있어요.

간단한 웹 사이트나 페이지를 내가 직접 만들고 관리할 순 없을까?

웹 사이트 개발과 관리는 전문가 영역입니다. 웹 사이트를 만들려면 HTML, JSP, ASP 등 웹 개발 언어를 알아야 하고 DB, 호스팅, 도메인 등 웹 사이트 관리의 기초 지식도 필요하기 때문이죠. 따라서 대부분의 회사는 공식 웹 사이트를 관리하는 전문 개발자를 두거나 외주 업체에 유지·보수를 맡깁니다. 외주 업체에게 맡길 경우에는 작은 수정 사항도 일일이 업무 요청을 해야 하는데요. 이 때문에 업체와 소통하거나 업무 확인할 때 애를 먹곤 합니다.

굳이 전문 웹 사이트가 필요하지 않으면서 무료로 웹 사이트를 만들고 싶다면 구글 사이트 도구를 이용해 보세요. 이벤트 페이지부터 랜딩 페이지, 제품 소개 페이지까지 몇 번 클릭과 드래그하는 것만으로도 웹 사이트를 쉽게 만들 수 있습니다.

필자의 개인 홈페이지(www.이광희강사.com) 역시 구글 사이트 도구 기능을 이용해 만들었습니다. 구글 사이트 도구를 추천하는 이유는 구글의 모든 서비스가 연결되어 있어서 사용하기 편리하기 때문입니다. 유튜브, 캘린더, 지도, 문서, 설문지 등에서 미리 만들어 둔 콘텐츠를 드래그하기만 하면 웹 사이트를 만들 수 있습니다.

PC 화면

모바일 화면

▶ 필자의 개인 홈페이지 기본 주소는 'sites.google.com/view/tpp-lee'이지만, 한글 도메인을 구매하여 포워딩 서비스로 직관적인 주소로 연결하고 있습니다. 도메인은 15-3절에서 자세히 설명합니다.

된다! 1분 팁 | 구글 사이트 도구의 구성

구글 사이트 도구는 페이지 단위로 이루어지는데 우리가 보통 생각하는 페이지 개념과는 약간 다릅니다. 사이트 도구에서 페이지란 화면 위에서 메뉴를 눌렀을 때 나타나는 새로운 메뉴라고 생각하면 됩니다.

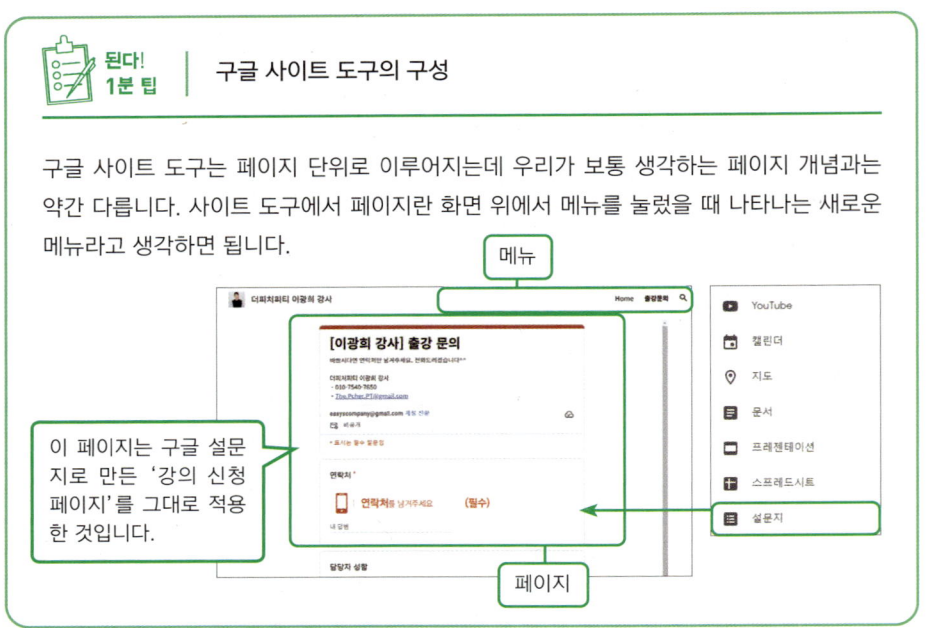

기업이나 상품을 온라인으로 홍보할 때, 팀 프로젝트에서 팀원과 자료를 공유할 때, 커뮤니티가 필요할 때, 또는 온라인 가족 신문을 만들 때 등과 같이 비용을 들이기는 약간 부담스러우면서도 간단한 웹 페이지를 만들어야 한다면 구글 사이트 도구를 활용해 보세요. 가장 큰 장점은 페이지를 만들기 쉽다는 점, 화면 구성을 마우스 드래그만으로 바꿀 수 있다는 점, 그리고 이용 권한과 공유 설정으로 관리하기 쉽다는 점입니다.

다른 사람이 만든 구글 사이트를 보고 싶다면 구글에서 특정 사이트명을 검색해 주는 site: 연산자를 사용해 보세요. 실습을 위해 다음 검색어를 구글에서 검색합니다.

site:https://sites.google.com/view

검사 결과에서 [도구 → 모든 언어 → 한국어 웹]을 선택하던 국내 자료만 골라서 볼 수 있습니다.

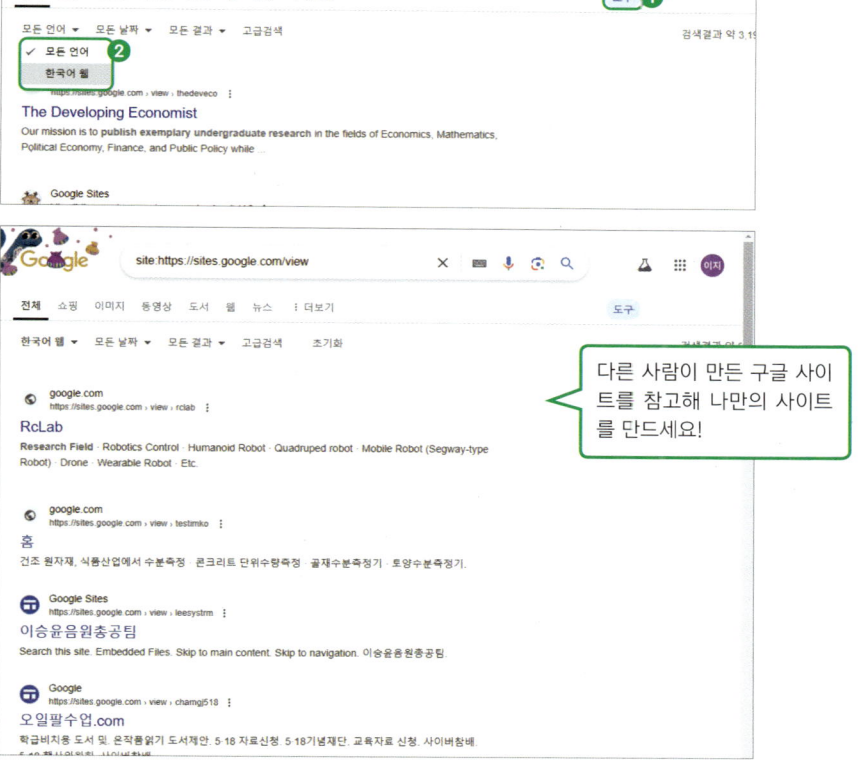

다른 사람이 만든 구글 사이트를 참고해 나만의 사이트를 단드세요!

15 • 웹 사이트도 구글로 만든다, 사이트 도구   311

15-2

이벤트 웹 페이지 만들기

이벤트나 행사를 알리는 웹 페이지를 만들어야 하는데 일정이 촉박하거나 웹 페이지를 따로 의뢰할 여력이 없다면 구글 사이트 도구로 이벤트 웹 페이지를 직접 만들어 보세요. 구글 사이트 도구는 무료로 내가 원하는 이벤트 페이지를 내 입맛대로 만들 수 있는 아주 강력한 기능입니다.

하면 된다! } '고객 초청 세미나' 웹 페이지 콘텐츠 구성하기

1. 구글 앱 메뉴에서 [사이트 도구 📄]를 클릭하거나 SITES.google.com에 접속해서 화면의 ➕를 눌러 새 사이트를 생성합니다. 메뉴가 단순하고 직관적이어서 금방 따라 할 수 있습니다. 이번 실습에서는 '고객 초청 세미나'를 알리는 홍보용 웹 페이지를 만들어 보겠습니다.

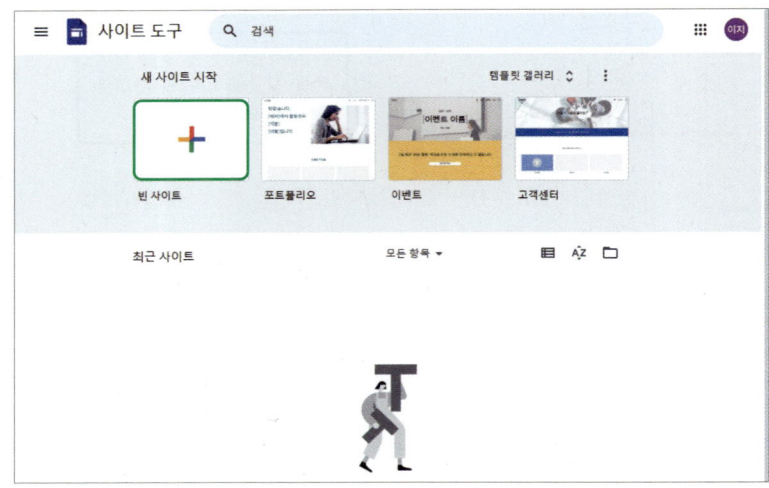

2. 화면 오른쪽에 웹 페이지를 만드는 데 필요한 메뉴가 나타납니다. 각 메뉴의 기능은 다음과 같습니다.

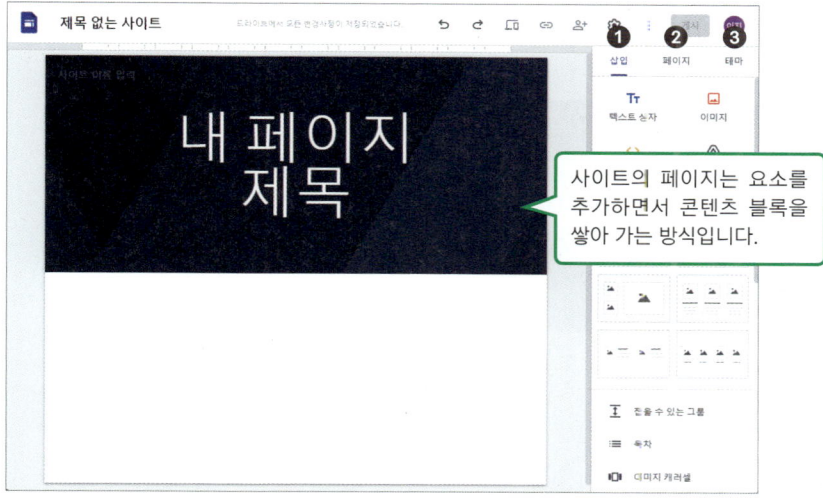

사이트의 페이지는 요소를 추가하면서 콘텐츠 블록을 쌓아 가는 방식입니다.

❶ 삽입: 텍스트, 이미지 등 페이지에 콘텐츠를 추가합니다.
❷ 페이지: 웹 사이트에 새로운 페이지나 다른 사이트 링크를 추가합니다.
❸ 테마: 구글에서 제공하는 6가지 테마를 선택해서 적용할 수 있습니다.

3. 상단 배너 꾸미기

제목 입력란에 '이지스컴퍼니 고객 초청 세미나'를 입력한 뒤, 제목이 한 줄로 보이도록 제목 유형을 [부제목]으로 바꿉니다.

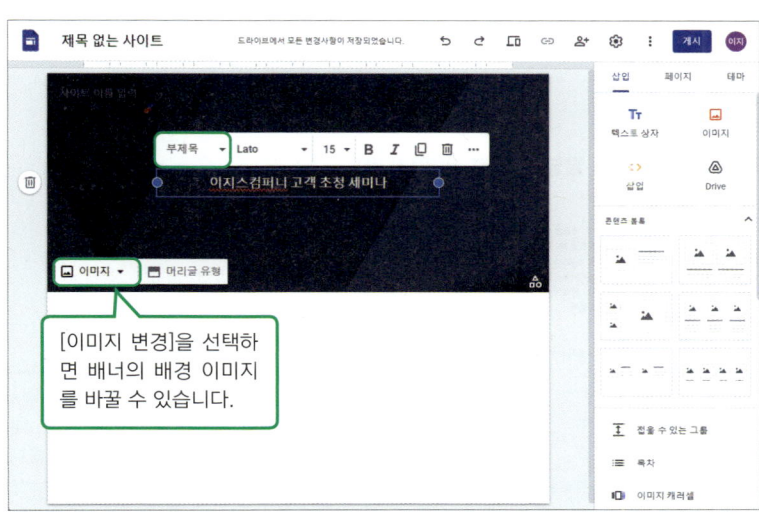

[이미지 변경]을 선택하면 배너의 배경 이미지를 바꿀 수 있습니다.

15 · 웹 사이트도 구글로 만든다, 사이트 도구   **313**

4. 이 웹 페이지는 제목보다 행사 내용이 더 중요하므로 강조하기 위해 배너 아래에서 [머리글 유형]을 [제목만]으로 설정합니다. 그러면 제목 텍스트만 남고 배너 이미지는 사라집니다.

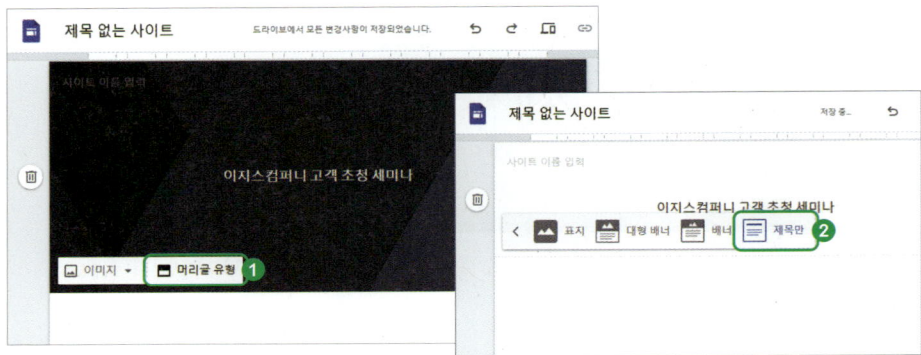

5. 글과 이미지 추가하기

오른쪽 메뉴 중에서 [텍스트 상자]와 [이미지]를 차례로 클릭해 추가합니다. [텍스트 상자]에는 행사 내용을 입력하고 [이미지]에는 행사와 어울리는 이미지를 삽입하세요.

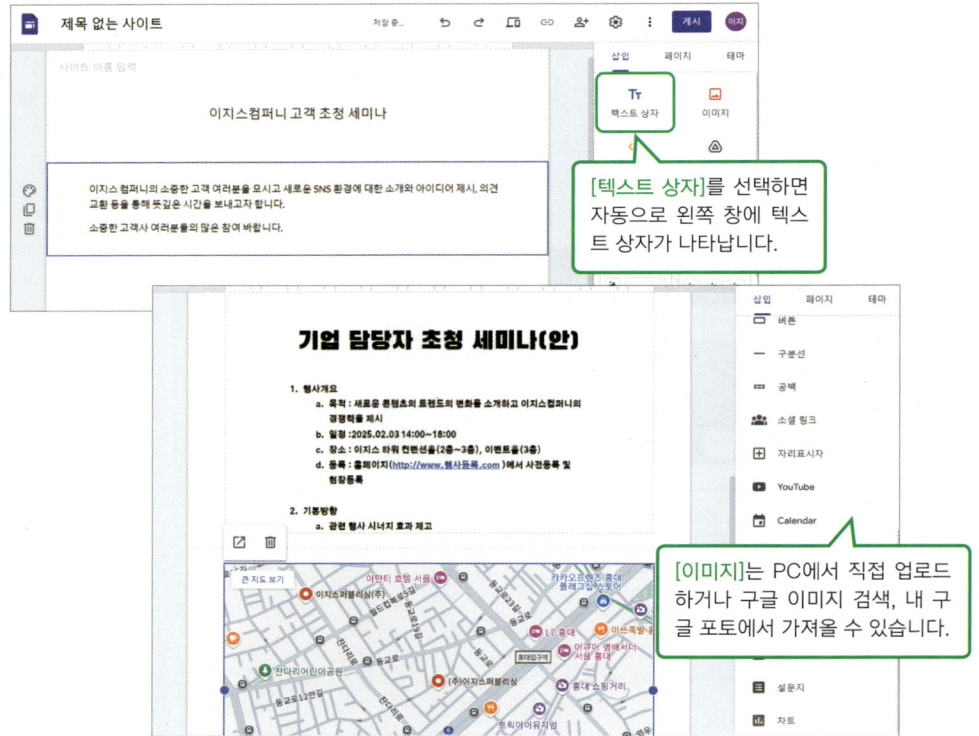

이미지 출처: unsplash.com/photos/uf2nnANWa8Q

6. 구글 문서 가져오기

구글 문서로 작성한 내용이 있다면 그대로 가져와서 웹 페이지에 추가할 수 있습니다. 오른쪽 메뉴에서 스크롤을 내려 [문서]를 클릭한 다음 문서 목록에서 추가할 문서를 선택하고 [INSERT]를 클릭합니다. 삽입한 문서는 화면 너비에 맞게 크기를 조절하세요.

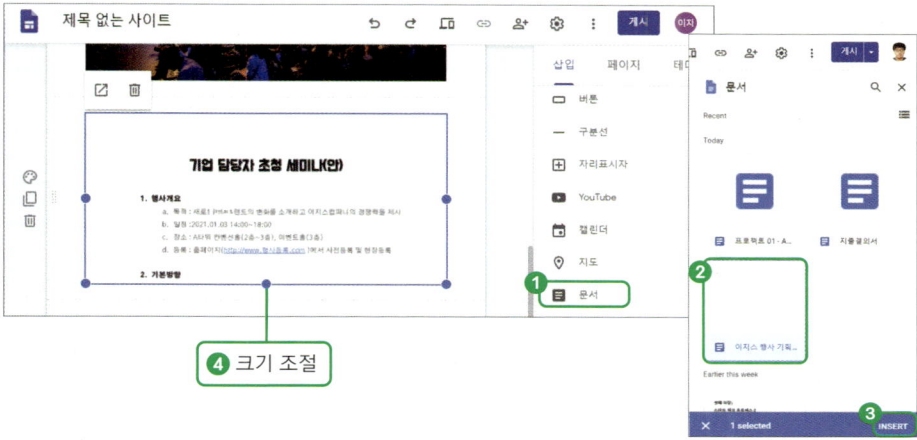

7. 같은 방법으로 행사 관련 유튜브 영상과 세미나 장소를 소개할 지도도 추가해 보세요. 마지막으로 세미나 참가 신청을 위한 설문지를 추가합니다.

요즘에는 메뉴를 여러 개로 나눠서 복잡하게 구성하는 것보다 한 페이지 안에 순서대로 내용을 나열하는 '원 페이지' 구성이 트렌드랍니다.

이렇게 하나의 웹 페이지 안에서 세미나의 내용을 확인하고 곧바로 신청도 할 수 있는 사이트가 완성되었습니다.

하면 된다! } 완성한 웹 페이지의 웹 주소 만들고 게시하기

1. 앞에서 제작한 웹 페이지(사이트)를 다른 사람이 볼 수 있도록 도메인 이름을 설정해 보겠습니다. 화면 오른쪽 위에서 [게시]를 클릭하면 웹 주소를 입력할 수 있는 [웹에 게시] 창이 나옵니다.

구글 사이트는 sites.google.com/view라는 주소를 공통으로 쓰며 그 뒤에 중복되지 않는 나만의 주소를 입력해 완성합니다. 사이트 주소에는 한글이나 특수 문자는 대부분 사용할 수 없으니 영어 소문자나 숫자, 대시(-)를 사용해야 합니다.

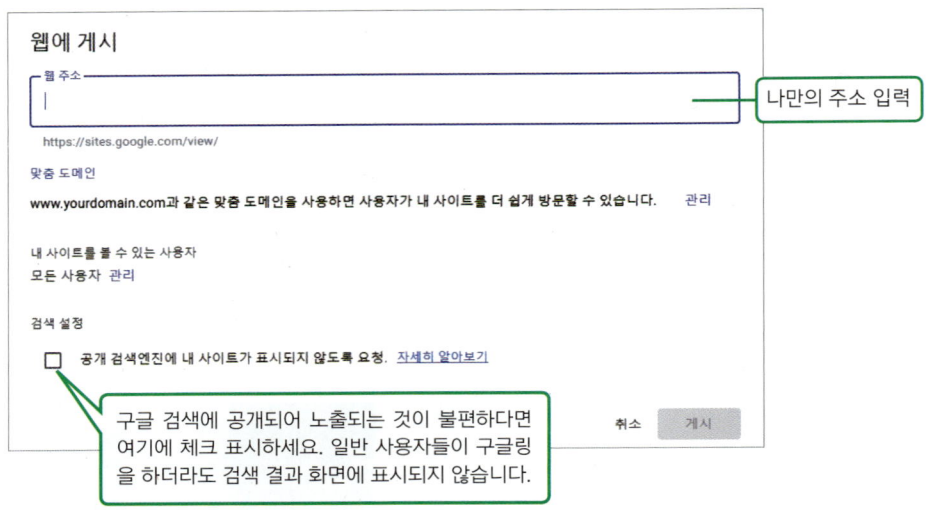

2. 다른 주소와 중복되지 않는다면 [웹 주소] 상자 오른쪽에 체크 표시가 보입니다. 창 아래쪽에서 [게시]를 클릭하면 웹 페이지 주소가 완성됩니다.

15-3

'회사명.com'으로
사이트 주소 바꾸기

구글 사이트 도구를 사용하면 웹 페이지를 쉽고 간편하게 만들 수 있지만, 한 가지 아쉬운 점은 사이트 주소 맨 앞에 'sites.google.com/view'가 항상 붙어서 너무 길다는 것입니다. 복잡하고 긴 사이트 주소를 짧게 만드는 방법과 '우리회사명.com' 또는 '나만의주소.com' 등으로 만드는 방법을 알아봅니다.

방법 1 짧은 주소로 바꾸기

가장 간단한 방법은 무료로 주소를 짧게 줄일 수 있는 서비스를 이용하는 것입니다. 단발성 이벤트나 마케팅 페이지에 활용하면 좋습니다.

▶ 기업에서 사용하는 공식 웹 페이지라면 방법 2 를 활용하는 걸 추천합니다.

• 비틀리

비틀리(bitly.com)는 주소 앞에 bit.ly가 공통으로 붙고 그 뒤에 나만의 주소를 만드는 방식입니다. 무료이며 링크 클릭률 등 간단한 통계를 볼 수 있습니다.
비틀리에 회원 가입한 후 화면 오른쪽 위에서 [Create New → LINK]를 선택해서 줄이고자 하는 긴 주소를 붙여 넣습니다. 그리고 아래쪽에서 [Create your link]를 클릭하면 단축 주소가 만들어지는데, 그 주소의 뒷 부분에 자신이 원하는 키워드를 넣으면 됩니다.

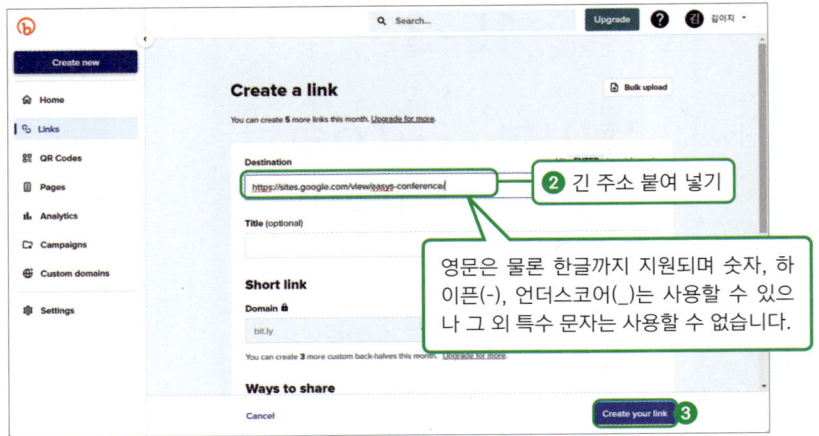

비틀리(bitly.com)

• 니다닷컴

니다닷컴(니다.com)도 기능은 비틀리와 비슷합니다. 그 대신 주소의 앞부분을 한글 단어나 문장으로 만들 수 있어서 직관적이고 기억하기 쉽다는 게 장점입니다.

니다닷컴(니다.com)

방법 2 한글 도메인 사용하기

예전에는 구글 도메인 서비스가 제공되어 사용자가 도메인을 쉽게 등록하고 관리할 수 있었지만, 2023년에 서비스가 종료되었습니다. 이에 따라 국내 도메인 등록 서비스인 Hosting.kr을 이용해 도메인을 구매하고 설정할 수 있습니다.

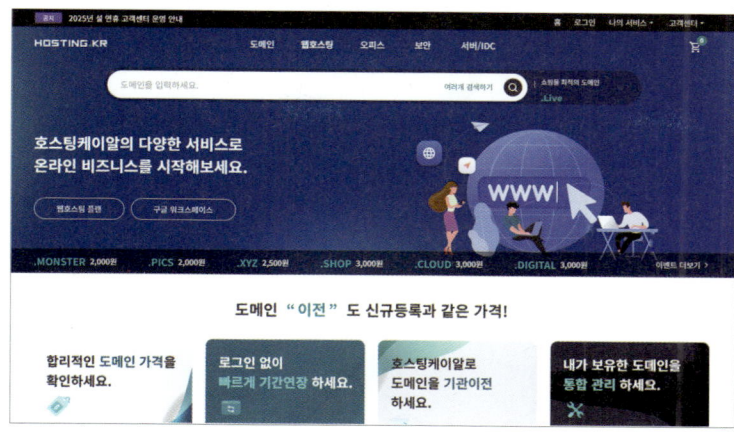

먼저 Hosting.kr에 접속하여 원하는 도메인 이름을 검색하고 사용 가능 여부를 확인합니다. 도메인 종류에 따라 .com은 약 12,000~14,000원, .kr은 약 20,000~30,000원입니다. 회원가입 후 도메인을 선택하고 소유자 정보를 입력한 뒤 결제를 완료하면 도메인이 활성화됩니다.

활성화된 도메인은 DNS 설정을 통해 웹사이트 빌더나 호스팅 서비스에 연결할 수 있습니다. 또한, Hosting.kr의 도메인 관리 메뉴에서 포워딩 설정을 하면, 방문자가 등록한 도메인을 입력했을 때 구글 사이트로 자동 접속되도록 설정할 수 있습니다.

16 보안과 문제 해결

구글 서비스는 구글 계정으로 인터넷에 접속해서 사용하므로
보안 위협을 피할 수 없습니다.
이번 장에서는 구글 계정을 안전하게 관리하는 방법을 알아보고,
아울러 구글 서비스나 크롬 브라우저의 오류 발생에 대비해
자료를 백업하고 초기화하는 과정도 살펴봅니다.

16-1 내 구글 보안 상태 한눈에 보기
16-2 잃어버린 내 기기의 위치 찾기
16-3 원격 로그아웃하기
16-4 정기적으로 백업하세요! 테이크아웃
16-5 구글 서비스 장애, 대시보드에서 확인하기
16-6 구글 고객센터에서 더 많은 정보 확인하기
16-7 크롬 브라우저 초기화하기
16-8 크롬 방문 기록과 구글 활동 정보 삭제하기

스페셜 학습도 스마트하게! 알아 두면 유용한 구글 서비스 6가지

16-1

내 구글 보안 상태
한눈에 보기

Google.com에 접속해서 화면 오른쪽 위에 있는 프로필을 클릭한 뒤 [Google 계정 관리 → 보안]으로 이동합니다. 또는 주소 창에 MYACCOUNT.google.com/security를 입력합니다.

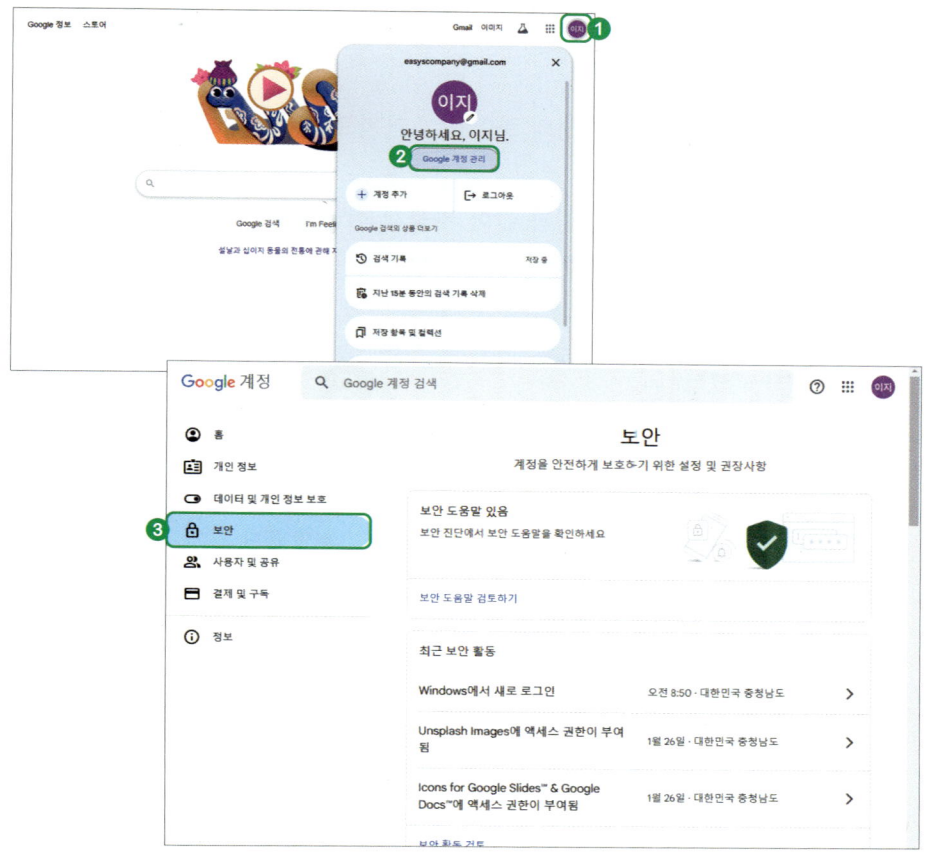

[보안]에서 확인하고 설정할 수 있는 항목은 다음과 같습니다.

보안 권장사항 확인	계정 보안을 강화하기 위한 맞춤형 권장사항을 제공합니다.
최근 보안 활동	최근 계정 활동을 확인하여 의심스러운 접근이나 변경 사항을 모니터링할 수 있습니다.
Google에 로그인하는 방법	비밀번호, 2단계 인증 등 로그인 방식을 관리합니다.
내 기기	현재 계정에 로그인된 기기 목록을 확인하고, 알 수 없는 기기를 제거할 수 있습니다.
서드 파티 앱 및 서비스 연결	계정에 접근 권한을 가진 타사 앱과 서비스를 검토하고 필요에 따라 액세스를 취소할 수 있습니다.
계정을 위한 향상된 세이프 브라우징	피싱 및 악성 소프트웨어로부터 계정을 보호하기 위한 추가적인 브라우징 보안 기능을 제공합니다.
다크 웹 보고서	개인 정보가 다크 웹에 노출되었는지 확인하고, 필요한 조치를 취할 수 있습니다.
비밀번호 관리자	저장된 비밀번호를 관리하고, 취약하거나 재사용된 비밀번호를 식별하여 보안을 강화할 수 있습니다.

이러한 기능들을 통해 구글 계정의 보안을 효과적으로 관리하고 강화할 수 있습니다.

보안 문제가 발견되면 다음 그림과 같이 자물쇠 이미지에 느낌표가 표시됩니다. [계정 보안 강화하기]를 클릭한 후 발견된 문제를 해결하세요.

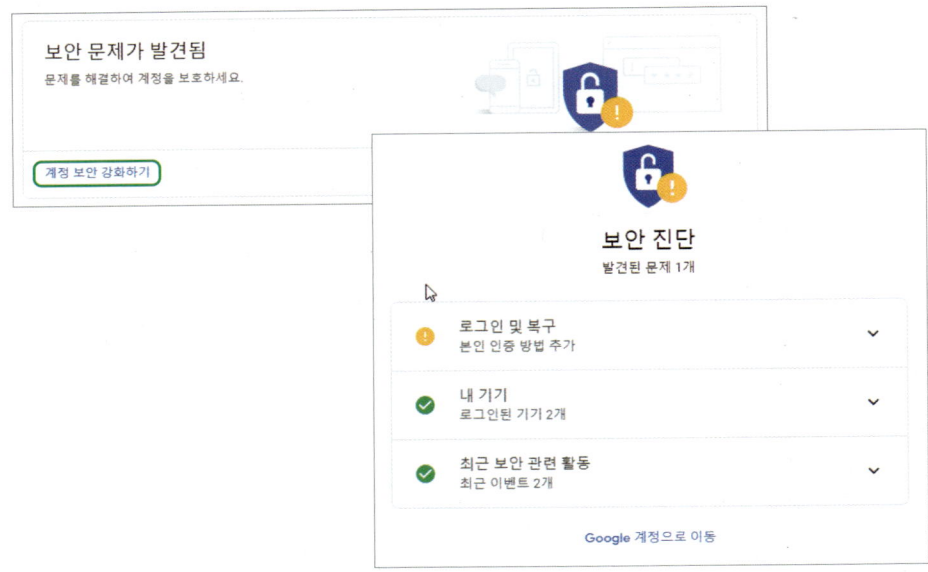

16-2

잃어버린 내 기기의 위치 찾기

스마트폰이나 태블릿 PC를 잃어버린 경우 내 기기 찾기를 이용해 보세요. 방법은 간단합니다. PC의 구글 화면에서 내 기기 찾기를 검색하면 자신이 사용하는 기기의 마지막 위치가 큰 지도 화면에 표시됩니다. 이 기능은 GPS 위치를 활용하므로 찾고자 하는 기기의 GPS가 반드시 활성화되어 있어야 합니다.

GPS가 활성화되어 있는 내 기기들이 모두 표시됩니다. 찾고자 하는 기기를 선택하세요.

▶ [보안 → 내 기기 → 분실 기기 찾기]도 참고하세요.

만약 기기를 도난당한 것이 확인되었다면 곧바로 [기기 잠그기]나 [기기 초기화]를 실행해 내 정보가 악용되거나 유출되지 않도록 대응하세요.

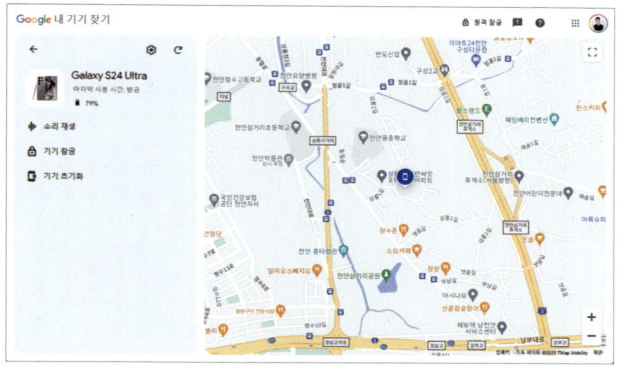

16-3

원격 로그아웃하기

공용 PC나 다른 사람의 PC에서 작업하는 경우가 있습니다. 이때 작업을 마치면서 대부분 로그아웃을 깜빡하곤 하는데요. 이 또한 누군가가 계정을 도용하거나 해킹할 위험이 있으므로 조심해야 합니다.

▶ 공용 PC나 다른 사람의 PC에서는 '시크릿 모드(Ctrl+Shift+N)'를 사용하세요. 자세한 사용 방법은 43쪽을 참고하세요.

하면 된다! } 내 계정으로 로그인된 모든 기기 로그아웃하기

1. [프로필 → Google 계정 관리]를 클릭합니다.

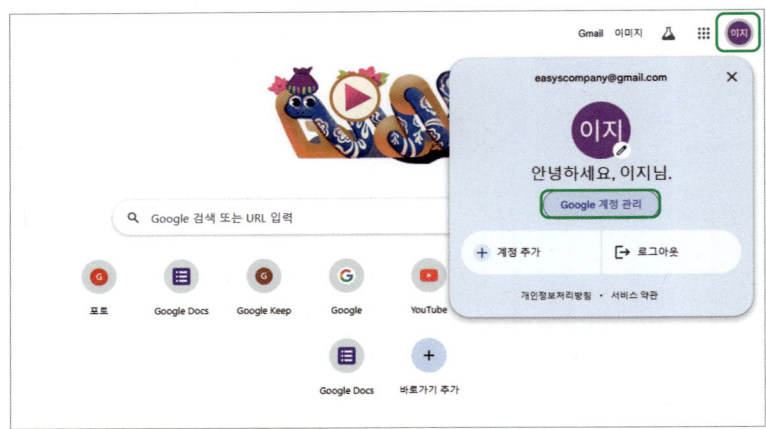

2. [보안] 메뉴로 들어간 후 [모든 기기 관리]를 선택해 주세요.

3. 로그인 내역 중에서 내가 로그인하지 않았거나 의심이 가는 활동을 선택하고 로그아웃해 여러분의 계정 보안을 지켜주세요.

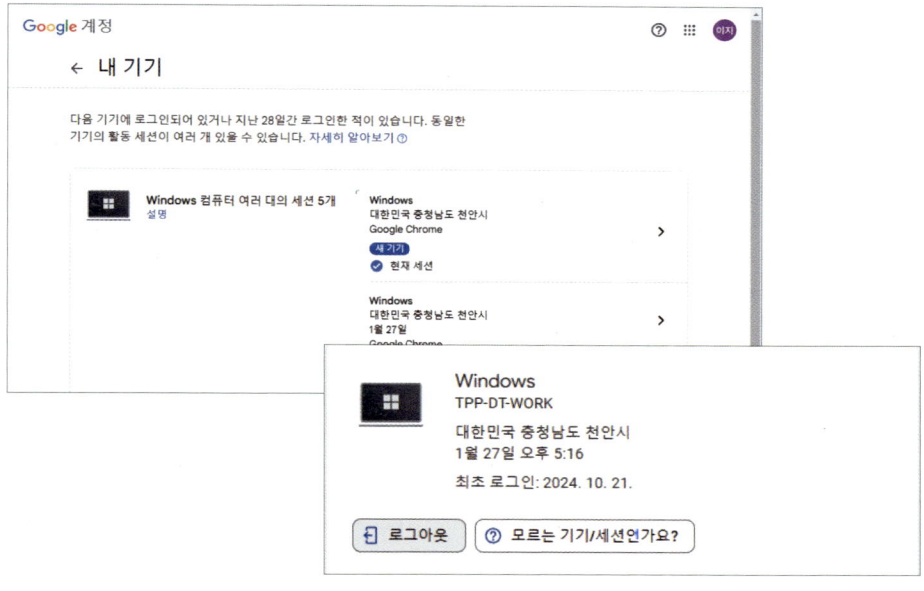

16 • 보안과 문제 해결 **325**

16-4

정기적으로 백업하세요!
테이크아웃

구글 서비스를 이용하다 보면 가끔 이런 생각이 듭니다. '구글 클라우드에 보관한 자료들이 많은데 갑자기 구글이 망하면 어쩌지?', '구글 서버가 장애로 복구되지 않는다면?', '천재지변으로 구글 서버 데이터가 모두 날아가 버리면?' 등과 같은 불안한 상상을 하는데요.

다행히 클라우드에 있는 사용 기록과 파일을 내 컴퓨터나 다른 저장 매체로 백업해 주는 서비스가 있습니다. 구글 테이크아웃이라는 서비스인데요. 구글 서비스의 모든 데이터를 한번에 백업할 수 있습니다.

하면 된다! } 구글 데이터 백업하기

1. TAKEOUT.google.com에 접속해서 스크롤을 내려 보세요. 구글의 거의 모든 서비스를 백업 대상으로 선택할 수 있습니다.

2. 기본적으로 모든 서비스가 선택되어 있으므로 불필요한 서비스는 선택을 해제한 후 페이지 맨 아래에서 [다음 단계]를 클릭하세요.

3. 백업할 위치와 백업 주기, 파일 형식 등을 직접 선택할 수 있습니다. 모든 설정을 마치고 [내보내기 생성]을 클릭하면 백업 작업을 시작합니다. 백업하는 양에 따라 걸리는 시간은 차이가 납니다.

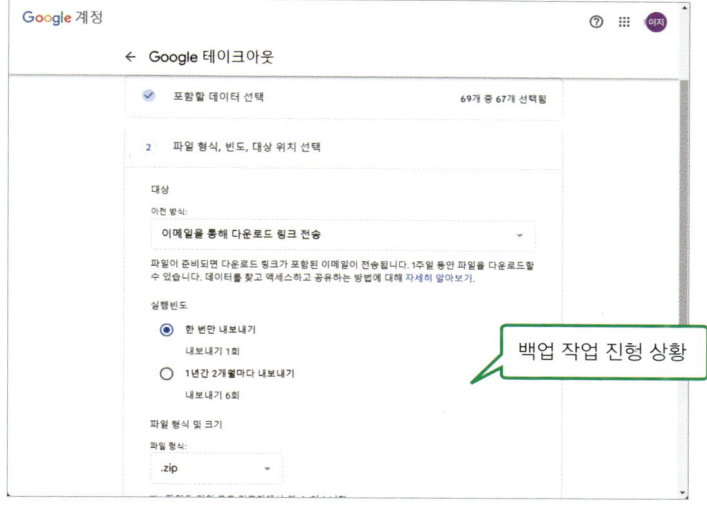

16 • 보안과 문제 해결   **327**

4. 내보내기가 완료되면 다음과 같은 메일을 받습니다. [파일 다운로드]를 클릭하고 계정 인증을 하면 다운로드가 자동으로 진행됩니다.

16-5
구글 서비스 장애, 대시보드에서 확인하기

안정된 서비스를 자랑하는 구글이지만 서비스 장애가 발생할 때가 있습니다. 이때 자신만 서비스를 이용할 수 없는 상태인지, 장애가 맞는지, 또 언제 장애가 끝나는지 알고 싶다면 **상태 대시보드**(google.com/appsstatus)에 접속해서 확인해 보세요. 문제가 발생했다면 색깔별 동그라미 아이콘으로 서비스 상태를 알려 줍니다. 구글은 장애 여부도 투명하게 공개하는군요.

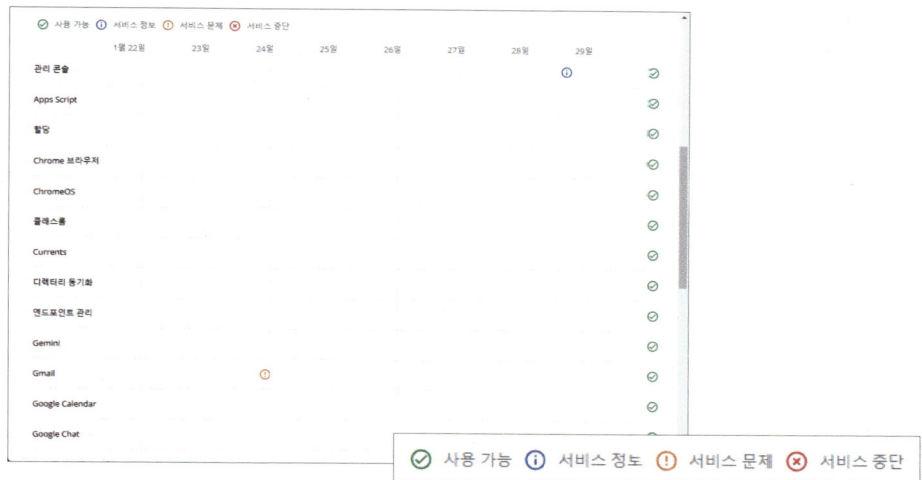

16-6
구글 고객센터에서 더 많은 정보 확인하기

구글 서비스의 정보나 사용법이 궁금하다면 구글 고객센터를 방문해 보세요. 각 서비스의 사용법을 단계별 매뉴얼 형태로 제공하므로 초보자라도 필요한 정보를 쉽게 얻을 수 있답니다. 구글 고객센터는 **구글 고객센터**로 검색하거나 **SUPPORT. google.com**을 입력해서 찾아갈 수 있습니다.

▶ 기업형 플랫폼인 워크스페이스 관리자라면 구글 워크스페이스 관리자 고객센터 (support.google.com/a)를 참고하세요.

구글의 거의 모든 서비스를 자세히 안내하고 있으므로 웬만한 사항은 고객센터에서 해결할 수 있습니다. 하지만 아쉽게도 우리나라 사람들이 선호하는 일대일 전화 문의나 Q&A 섹션 등은 운영하지 않습니다.

16-7
크롬 브라우저 초기화하기

크롬 브라우저가 바이러스나 팝업 광고, 멀웨어, 사이트 피싱 또는 이유를 알지 못하는 오류로 이상한 알림이 오거나 실행이 느려졌다면 크롬을 초기화해 보세요. 먼저 크롬 화면 오른쪽 위에서 [Chrome 맞춤 설정 및 제어 ⋮ → 설정]을 클릭합니다. 그런 다음 설정 화면에서 [설정 초기화 → 설정을 기본값으로 복원]를 클릭하세요. 만약 설정 초기화를 했는데도 같은 문제가 지속된다면 크롬을 시스템에서 제거하고 재설치합니다.

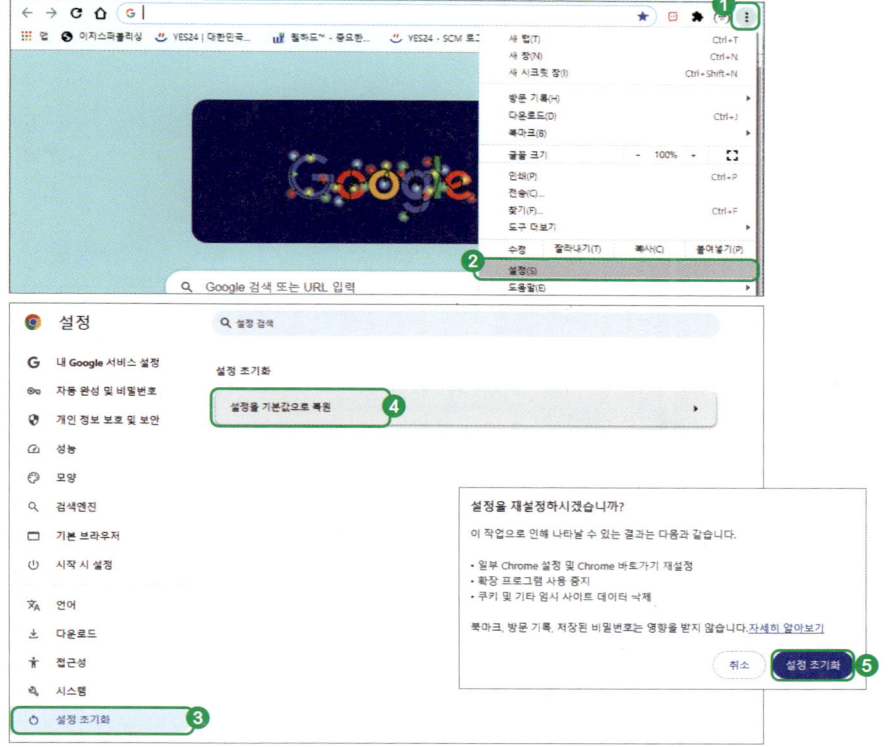

16 · 보안과 문제 해결

16-8

크롬 방문 기록과
구글 활동 정보 삭제하기

구글은 우리도 모르게 많은 내용을 자동으로 저장합니다. 크롬의 경우 방문 기록은 물론 어떤 검색어로 검색했는지, 어떤 앱을 사용하고 무슨 활동을 했는지까지 모두 자동으로 기록합니다. 이런 부분이 불편하다면 다음과 같이 기록을 삭제해 보세요.

하면 된다! } 크롬에서 방문 기록 삭제하기

1. 크롬 화면 오른쪽 위에서 [Chrome 맞춤 설정 및 제어 ⋮ → 방문 기록 → 방문 기록]을 클릭합니다.

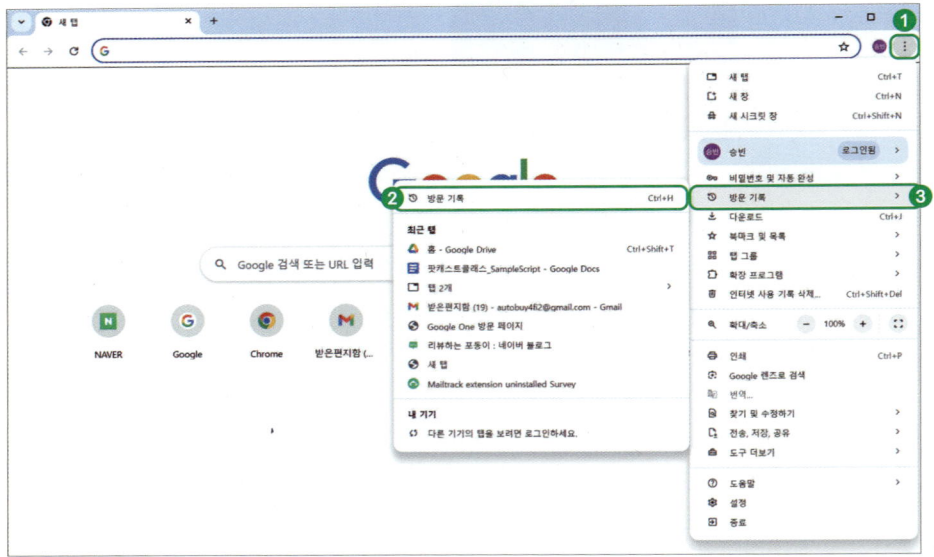

2. 왼쪽에서 [인터넷 사용 기록 삭제]를 클릭합니다.

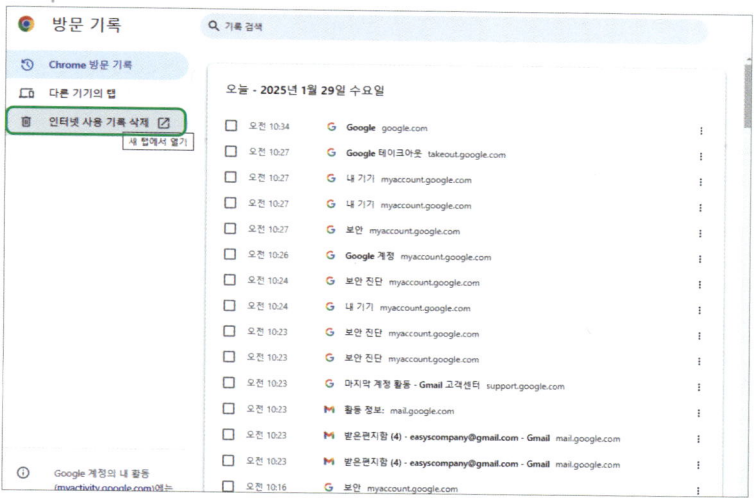

3. 삭제할 기간을 설정하고 [인터넷 사용 기록 삭제]를 클릭합니다. 전체 기간을 선택하면 모든 방문 기록이 삭제됩니다.

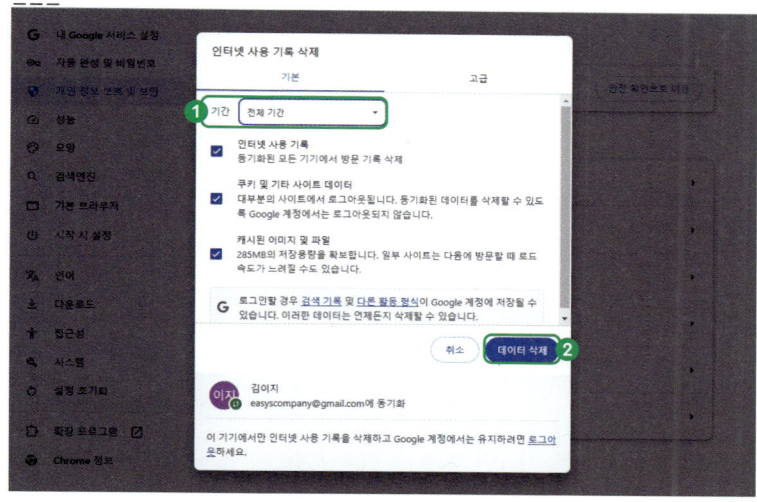

하면 된다! 〉 구글 계정에서 내 활동 삭제하기

1. 크롬 브라우저의 방문 기록 삭제는 크롬 브라우저에 저장된 방문 기록만 삭제됩니다. 놀랍게도 구글은 구글 계정과 관련된 모든 활동을 저장합니다. 내 구글 활동(MYACTIVITY.google.com)으로 접속해 보면 깜짝 놀랄 것입니다.

내가 무슨 검색을 했는지는 물론, 언제 어떤 앱을 사용했는지, 그 앱에서는 어떤 검색어를 사용했는지 확인할 수 있습니다. 또한 유튜브 시청 내역과 음성 명령 기록도 볼 수 있습니다.

내가 했던 모든 인터넷 활동이 기록되어 있어요!

2. 만약 이 기록을 삭제하고 싶다면 [삭제]를 클릭하세요.

3. 삭제할 기간과 서비스를 선택하고 [다음]을 클릭하면 활동 기록이 삭제됩니다. [전체 기간]과 서비스를 모두 선택하면 전체 활동 기록을 삭제할 수 있습니다.

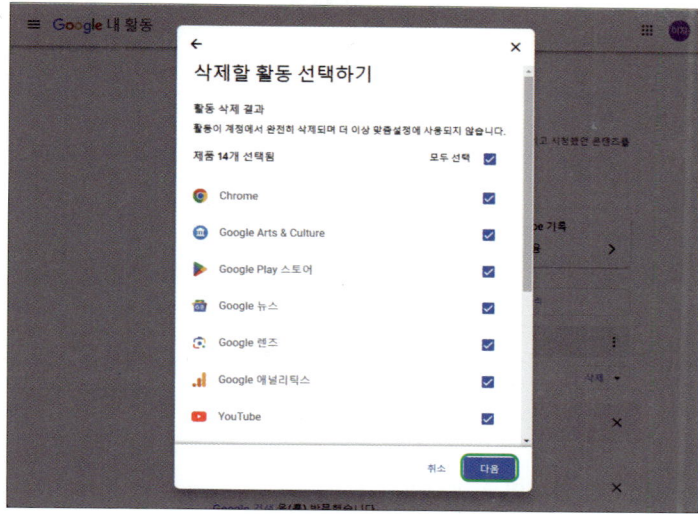

학습도 스마트하게!
알아 두면 유용한 구글 서비스 6가지

구글 클래스룸(CLASSROOM.google.com) | PC , 모바일

구글 클래스룸은 쌍방향 수업을 할 수 있는 온라인 교실로 일부 학교나 단체에서 부분적으로 이용해 왔습니다. 팬데믹 이후 '구글 워크스페이스 For Education'을 도입한 학교에서는 필수 이용 서비스가 되었습니다. 온라인으로 공지 사항을 게시하고 과제를 내거나 시험을 치를 수 있습니다. 수업에서 전하지 못한 내용은 추가 자료를 제공해 줄 수 있습니다. 출석 현황이나 과제 제출 여부, 그리고 시험 성적 등을 한눈에 볼 수 있어 학급·학생 관리, 학사 운영에도 매우 효과적인 서비스입니다.

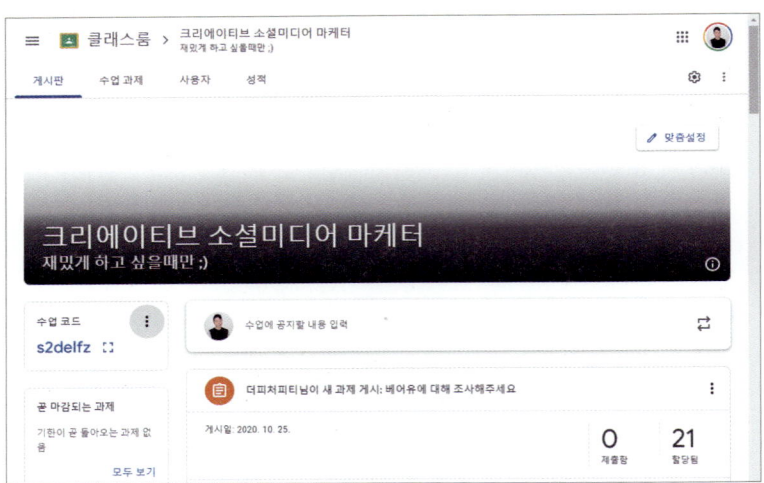

구글 어스(EARTH.google.com) | PC

인터넷이 연결된 크롬 브라우저만 있다면 앉은 자리에서 세계 여행을 할 수 있는 서비스입니다. 파리의 에펠탑이나 하와이 해변은 물론, 콜로세움이나 스톤헨지 등 유명한 명소도 단숨에 날아가 볼 수 있습니다. 단순한 평면 사진이 아니라 3D 모델링으로 보여 주므로 거의 실물을 보는 듯한 시각 경험을 할 수 있습니다.

또한 '구글 스트리트 뷰'로 주변 환경과 위치까지 실제와 가깝게 확인할 수 있습니다. 예전에는 전용 프로그램을 설치해야 했지만, 지금은 크롬 브라우저에 통합되어 구글 앱 목록에서 선택만 하면 됩니다. 국내에서는 구글 어스를 서비스하지 않아 PC에서만 사용할 수 있습니다.

구글 스트리트 뷰는 네이버의 거리 뷰나 다음의 로드 뷰와 같은 서비스입니다. 구글이 촬영한 사진뿐만 아니라 사용자가 올린 사진도 볼 수 있습니다.

🏛 아트 & 컬처(ARTSANDCULTURE.google.com) | `PC` , `모바일`

예술 작품을 기가 픽셀 카메라로 촬영하여 섬세한 붓터치나 질감을 확인할 수 있는 서비스입니다. 증강 현실도 제공해 줘서 마치 박물관에 온 것처럼 둘러볼 수 있습니다. 일반 사물이나 사람을 촬영하여 특정 시대의 트렌드를 반영한 미술 작품 느낌으로 재탄생시켜 주기도 하고, 자신이 촬영한 사진의 특정 색과 유사한 미술 작품을 보여 주기도 합니다. 작품의 해상도가 높아서 확대하면 눈으로 볼 수 없는 아주 작은 부분까지 확인할 수 있어서 전문가뿐 아니라 미술과 예술에 관심이 많은 학생에게 좋은 경험을 제공하고 공부하는 데 많은 도움이 될 것입니다.

✏️ 오토드로(autodraw.com) | `PC`, `모바일`

예전의 디자인 트렌드가 사실적이고 볼거리가 풍부한 스타일이었다면, 요즈음에는 정보를 더욱 단순하게 만들어 빠르고 효과적으로 전달하는 픽토그램(아이콘)이 대세입니다. 그런데 이런 픽토그램을 인터넷에서 찾으려면 워터마크가 찍혀 있거나 화질이 낮은 경우가 대부분이죠. 무엇보다 적재적소에 맞는 픽토그램을 찾기가 매우 어렵습니다.

이럴 때는 오토드로(AutoDraw)를 활용해 보세요. 마우스로 그림을 슥슥 그리기만 하면 인공지능이 관련 픽토그램을 자동으로 추천해 줍니다. 사용자가 색상을 변경·수정할 수 있으며 PNG 파일로 내려받아 문서 작업이나 디자인 작업에 활용할 수 있습니다. 참고로 오토드로의 픽토그램은 디자이너들이 무료로 기부한 것이며 상업 목적으로도 이용할 수 있습니다.

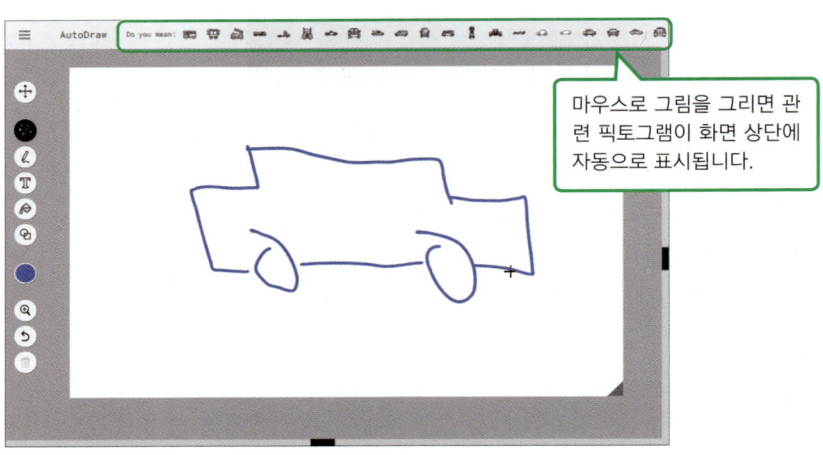

마우스로 그림을 그리면 관련 픽토그램이 화면 상단에 자동으로 표시됩니다.

😊 구글 이모지 키친(Emoji Kitchen) | `PC`, `모바일`

기존 이모지를 조합하여 새로운 이모지를 만들 수 있는 서비스입니다. 두 개의 이모지를 선택하면 AI가 이를 합성해 독특한 디자인의 이모지를 생성해 줍니다. 예를 들어, 웃는 얼굴과 불 이모지를 조합하면 불타는 얼굴 이모지가 만들어지는 식입니다.

모바일과 PC에서 모두 직접 조합해 볼 수 있습니다. 생성된 이모지는 메시지 앱, SNS, 이메일 등에 붙여넣거나 PNG 파일로 저장하여 다양한 용도로 활용할 수 있습니다. 기존에 없는 감정을 표현하거나 개성 있는 이모지를 만들고 싶을 때 유용합니다.

구글에서 emoji kitchen을 검색하세요. 꼭 영어로 검색해야 합니다.

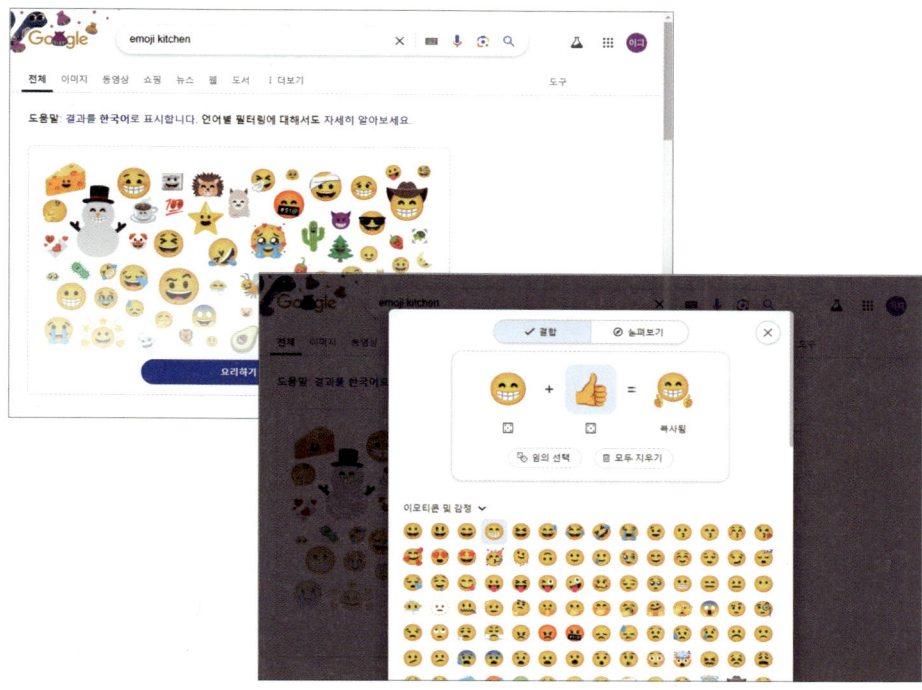

드로잉(DRAWINGS.google.com) | PC , 모바일

윈도우OS에 기본으로 포함된 그림판의 온라인 버전입니다. 여러 사람과 공유하여 볼 수 있고 협업할 수 있다는 장점이 있지만 기능이 다소 부족한 편입니다.

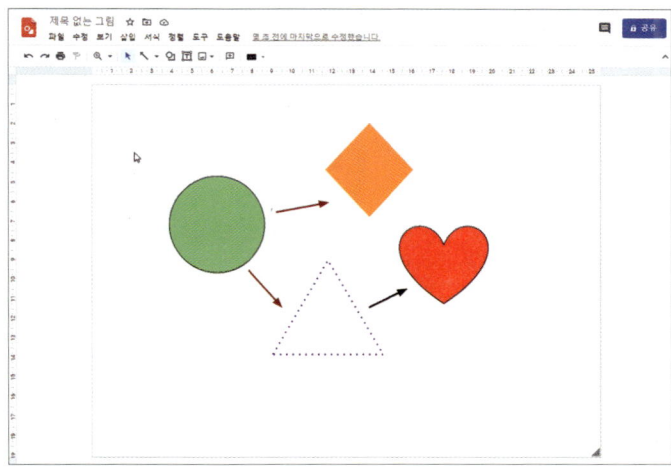

찾아보기

[한글]

ㄱ

가져오기	196
강의 교안 공유	141
개인 일정	253
개인 홈페이지	310
검색	121
검색 엔진	46
검색 엔진 바꾸기	41
검색 연산자	45, 62, 64
게시	168
결과 공유	238
계정 관리	245
계정 보안 강화하기	322
고급 검색 연산자	227
공동작업	132
공동작업자	110
공유	220
공유 권한	162
공유 링크	161
광고	42, 60
구글	26
구글 계정	35, 56
구글 고객센터	330
구글 내 지도	304
구글 드라이브	88, 205, 213
구글 드라이브 설정	214
구글 렌즈	302
구글 메시지	305
구글 문서	147
구글 미트	272
구글 번역	157, 303
구글 서비스	27, 209
구글 서비스 장애	329
구글 설문지	283
구글 스프레드시트	191
구글 어스	336
구글 어시스턴트	302
구글 워크스페이스	244
구글 워크스페이스 도입 절차	247
구글 워크스페이스	

마켓플레이스	186
구글 원	231
구글 이모지 키친	338
구글 지도	240
구글 캘린더	251
구글 클래스룸	336
구글 킵	93, 151
구글 포토	114, 132, 152
구글 포토 앱	115
구글 프레젠테이션	172
구글 협업 도구	139, 219
구글링	44
구독	262
글꼴 추가	202
글자 추출	97
기기 잠그기	323
기기 저장 용량	119
기기 초기화	323

ㄴ

내 구글 활동	333
내 기기 위치 찾기	323
내 활동 삭제	333
노션	93
녹음	69
니다닷컴	318

ㄷ

다운로드	42, 217
단축키	209, 267
대시보드	329
대화형식	71
댓글	164
댓글 달기	179, 226
댓글 작성자	163
데스크톱용 드라이브	228
도메인	245
동기화	35, 40, 118, 142
동영상	178
드로이드캠	270
드로잉	339

ㄹ

라벨링	57, 99
라이브 공유 앨범	126
래리 페이지	28
레이아웃	216
리멤버	79
링크 만들기	129
링크 생성	158
링크가 있는 모든 사용자에게 공개	161

ㅁ

메모 작성	94
메일 개수 늘리기	70
메일 목록 간격	84
메일 열람 만료	81
메일 예약	77
메일 작성	61
메일트랙	87
모바일 데이터 사용량	117
목록형 메모	94
무제한 링크 공유	129
문서 공유	158
문서 번역	156
문서 수정	222
미리보기	222

ㅂ

발표자 보기	182
방문 기록	332
배포	168
백업	326
백업 및 동기화	115
버전 관리	206, 223
버전 기록 보기	206
버전 이름 지정	208
보안	321
보안 관리	245
보안 정책	145
부가기능	87, 186, 297
부가기능 설치하기	87
뷰어 권한	168

블랙 테마	85	애자일	24	인물 및 반려동물	124
비밀 모드	80	액세스 권한 갱신	83	인적 자원	21
비밀 모드 전환	81	언스플래시	188	인터넷 사용 기록 삭제	333
비틀리	317	업로드	117	인프라	24
		업무 캘린더	262	일정 등록	257, 260
ㅅ		업무 프로세스	246	일정 추가	257
사용자 제한	293	엑셀	191		
사이트 도구	310	엑티브엑스	37	**ㅈ**	
사진 관리	120	엣지	30	자동 버전 기록	144
사진 자동 추가	128	영업 팀에 문의	248	자동 분류	60
사진 저장	130	예약 이메일	77	자동응답	72
사진 촬영	96	오토드로	338	자료 공유	142
새 문서	149	오프라인 메일 사용	74	장소 알림	108
생산성	252	온라인 설문지	288	장소 추가	258
생성형 AI	233	온라인 소통	195	저장	205
서명	69	온라인 출석부	142	저장 방식	115
서버	19	외국어	154	저장 정책	118
서비스명	204	요금제	231	저장용량 절약	116
서비스형 소프트웨어	49	운영체제	36	전체답장	71
설문 결과	294	워드프로세서	149	정보성 메일	61
수정 모드	167	워라밸	22	제미나이	233
수집하기	198	원격 로그아웃	324	제안	165
스레드	71	웹 사이트	309	중요한 메일	61
스마트 워크	22	웹 스토어	103	지도	303
스마트폰	35	웹 주소	316	지메일	55
스캔	229	웹 페이지 스크랩	106	지메일 기본 설정	70
스크랩	102, 105	웹에 게시	168	지메일 화면	84
스프레드시트	191	위젯	101	질문	182
시각 효과	280	유튜브	173	질문 가져오기	296
시크릿 모드	43	음력 날짜	266	짧은 주소	317
실시간 공동 협업	143	음성 입력	155		
실시간 스트리밍	281	음성 자막 변환 및 알림	305	**ㅊ**	
실시간 협업	148, 158	의견	163	참석자 추가	258
실행취소	75	이 기기의 여유 공간 확보	119	챗GPT	22, 234
		이 버전 복원하기	207	첨부 파일	63, 287
ㅇ		이메일 서명	67	청중 Q&A	181
아래아한글	170, 226	이메일 전송 취소	75	체크박스	193
아마존 웹 서비스	20	이미지 검색	153	초기화	331
아트 & 컬처	337	이미지 생성	237	추출	225
알림	128	이미지에서 텍스트 가져오기	97		
알림 받기	108	이벤트 웹 페이지	312	**ㅋ**	
알림 허용	42	인물	124	카드 뉴스 기획	141

찾아보기 **341**

카메라 화질	279
캘린더 공유	265
캘린더 종류	255
콘텐츠 영역	215
크롬 설치	31
크롤링	198
크롬	30
크롬 브라우저 초기화	331
크롬 설정	38
크롬 웹 스토어	103
클라우드	20, 115
클라우드 메모	92
클라우드 캘린더	251
킵	93

ㅌ

테이크아웃	326
템플릿	73
템플릿 갤러리	293
특수 문자	154

ㅍ

파워포인트	172
파일 업로드	217
패밀리링크	306
페이지당 표시 개수	70
편집자 권한	167
포토스캐너	304
프레젠테이션	172
프로그램	49
프롬프트	235
플랫아이콘	187
픽토그램	187

ㅎ

한글 도메인	318
한자	154
협업	110
호환	145
화면 공유	276
화면 키우기	61
화상 회의	269, 272
확장 프로그램	103, 239
회사 일정	253
회의 영상 녹화	277
휴대폰과 연결	51

[영어]

A~G

agile	24
and	45
bit.ly	317
Chrome	30
Chrome 원격 데스크톱	304
Chrome 웹 스토어	102
crawling	198
database	191
DB	191
DOCX	170
mail track	87
filetype:	45
FILTER	201
Flaticon	187
Gem 기능	240
Gemini	234
Gmail	55
Google	27
Google LLC	36
Google Workspace	244
Google 뉴스	306

H~P

Hosting.kr	318
HR 시스템	21
IDC 센터	19
IMPORT 함수	196
IMPORTFEED 함수	198
intitle:	45
is:inbox from:	65
Keep	93
Keep 메모	93
MS 오피스	139, 145, 221
Notion	93
ODT	170
OJT	67
on the job training	67
or	45
PDF	170
PDF 파일	224
PDF 파일로 저장	180, 200

R~Z

RaiDrive	228
RSS	198
SaaS	49
Sheet에 연결	294
site:	45
smart work	22
software as a service	49
SORT	201
subject:	65
TF	24
UNIQUE	201
unsplash	188
USB	213
Windows와 연결	51
work and life balance	22
XLOOKUP	201

[기타]

"	45
#	101
..	45
@	164
+	164

마케팅, 업무 활용 무엇이든

된다! 시리즈
구체적으로 도와주는 책

된다! 네이버 블로그 상위 노출

내 글이 네이버 메인에 뜬다!
블로그 만들기부터 인플루언서 되기까지
꾸준히 검색되는 콘텐츠 글쓰기 기술

황윤정 지음 | 18,000원

된다! 실무 엑셀 파워포인트 워드&한글

기업, 관광서 20년 특강 노하우를 담았다!
진짜 실무를 알려 주는 오피스 프로그램 입문서!

한정희, 이충욱 지음 | 30,000원

된다! 최반장의 실무 엑셀 with 피벗 테이블

데이터 분석의 90%는 피벗으로 끝난다!
88개 무료 동영상 강의와 함께 배운다!!

최재완 지음 | 17,000원

된다! 엑셀 수식&함수

복잡한 수식의 원리부터 함수 설명까지!
109가지 실무 예제와 함께 배우는
'엑셀웍스'의 명품 강의!

정태호 지음 | 28,000원

된다! 하루 만에 끝내는 챗GPT 활용법

글쓰기, 영어 공부, 유튜브, 수익 창출까지!
인공지능에게 일 시키고 시간 버는 법

프롬프트 크리에이터 지음 | 17,200원

된다! 하루 5분 노션 활용법

4,000명 방문 포트폴리오의 비밀 공개!
하루 5분 기록으로 인생이 바뀐다!

이다슬 지음 | 16,800원

인공 지능이 생소한

일반인을 위한
생성 AI 실무 입문서!

글쓰기, 영어 공부, 유튜브, 이미지 생성도 된다!
업무부터 자기 계발까지 활용 범위 넓히기

챗GPT 분야 베스트셀러!
전면 개정 2판

된다! 하루 만에 끝내는
챗GPT 활용법
인공지능에게 일 시키고 시간 버는 법

인공지능 전문 유튜버 '프롬프트 크리에이터' 지음

최신 버전 GPT-4o 반영!

유튜브 무료 강의 제공!

최신 생성 AI 정보 업데이트 중!

동영상 강의 무료 제공!

인공지능 전문 유튜버 '프롬프트 크리에이터' 지음 | 224쪽 | 17,200원

이지스 퍼블리싱

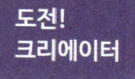

도전! 크리에이터

유튜브를 처음 시작하는 분들을 위한 추천 도서!
컴퓨터를 잘 다루지 못해도 걱정하지 마세요. 차근차근 알려드려요

된다!
조회수 터지는 **유튜브 쇼츠** 만들기

구독 없이도 알고리즘 탄다!
AI로 영상 빠르게 만들어 수익화까지!

최지영 지음 | 248쪽 | 22,000원

된다!
7일 **베가스 프로** 영상 편집

유튜브 자막부터 1분 '쇼츠' 영상까지!
일주일이면 영상 편집 알바 가능!

김나옹 지음 | 416쪽 | 25,000원

> 도전!
> 인플루언서

나만의 블로그를 운영해 보고 싶다면!
생성형 AI로 블로그 글 빠르게 쓰고 체험단 활동으로 수익 창출까지!

된다!
블로그 10분 작성법

상위 1% 블로거가 쓰는 생성형 AI 활용 노하우
기획부터 초안 작성, 사진 보정, 포스팅까지!

코예커플 지음 | 216쪽 | 18,000원

된다! 체험단부터 광고 수익까지
돈 버는 블로그 만들기

하루 30분이면 블로그로 수익 창출 가능!
체험단부터 애드포스트, 광고 수익까지!

마주현 지음 | 248쪽 | 18,000원